Cúrsa na Chéad Bhliana don tSraith Shóisearach

Pearse Ahern
Megan O'Connor

Edco

An Chéad Chló 2021
An Comhlacht Oideachais
Bóthar Bhaile an Aird
Baile Bhailcín
Baile Átha Cliath 12

www.edco.ie

Ball den Smurfit Kappa ctp

© Pearse Ahern, Megan O'Connor, 2021

Gach ceart ar cosaint. Níl sé ceadmhach aon chuid den fhoilseachán seo a atáirgeadh, a stóráil i gcóras aisghabhála ná a tharchur ar aon mhodh nó slí, bíodh sin leictreonach, meicniúil, bunaithe ar fhótachóipeáil, ar thaifeadadh nó eile gan cead a fháil roimh ré ón bhfoilsitheoir nó ceadúnas a cheadaíonn cóipeáil shrianta in Éirinn arna eisiúint ag Gníomhaireacht um Cheadúnú Cóipchirt na hÉireann, 63 Sráid Phádraig, Dún Laoghaire, Baile Átha Cliath.

ISBN 978-1-84536-960-6

Dearadh agus clúdach: EMC
Leagan amach: Carole Lynch
Eagarthóir: Alicia McAuley
Léitheoir profaí: Annemarie Nugent
Léaráidí: Beehive Illustration: Anna Hancock, Dan Lewis, Dusan Pavlic, Adrienn Greta Schönberg

Nóta buíochais

Cuir m'athair (nach maireann) romham leabhar a scríobh agus is as an síol sin a d'fhás *Croí na Gaeilge*. Gabhaim buíochas leis mar sin as an dúshlán. Ba mhaith liom buíochas a ghabháil le Séin Ó Maonaigh as a chuid tacaíochta sa tionscadal seo. Gabhaim buíochas freisin leis an meitheal ar fad ag An Comhlacht Oideachais. Le meas, *Pearse*.

Ba mhaith liom buíochas ó chroí a ghabháil le Pearse as a dhea-chomhairle agus as a thacaíocht leanúnach. Gabhaim buíochas le Clare Grealy agus Diolún Mac Braoin as an tacaíocht a thug siad dom ó thug mé faoin turas seo. Is mian liom freisin buíochas a ghabháil leis an bhfoireann An Comhlacht Oideachais. Le meas, *Megan*.

Buíochas ómósach d'Ógie Ó Céilleachair as a chuid oibre in Aonaid 2 agus 4 agus do Paul Flanagan as a chuid oibre ar Aonad 8.

Clár

Croí na Gaeilge 1 – Do Threoir!	iv
Súil ar an gClár	viii
Aonad 1 An Scoil	2
Aonad 2 Mé Féin	32
Aonad 3 Mo Theaghlach agus Mo Chairde	62
Aonad 4 M'Áit Chónaithe	94
Aonad 5 Mo Cheantar	122
Aonad 6 Caitheamh Aimsire	148
Aonad 7 An Ghaeilge	178
Aonad 8 Spórt agus Sláinte	204
Gramadach	230
Litríocht	282
Scríbhneoireacht	292
Foclóir Gaeilge–Béarla	302

Croí na Gaeilge 1 – Do Threoir!

Fáilte go *Croí na Gaeilge 1*, **cúrsa nua do Ghaeilge na Sraithe Sóisearaí don chéad bhliain**. Cuireann *Croí na Gaeilge 1* beocht sa tsonraíocht nua agus i bhfoghlaim na teanga i do sheomra ranga. Úsáideann an clár **cur chuige uathúil bíseach** (*spiral*), a chabhraíonn leis na daltaí a dtuiscintí ar an nGaeilge a cheangal le chéile. Tá **téacsleabhar, leabhar gníomhaíochta, acmhainn punainne nua, acmhainní fuaime** agus **acmhainní digiteacha** sa chlár seo.

Téacsleabhar

Tá **ocht n-aonad bunaithe ar théamaí difriúla** le fáil i g*Croí na Gaeilge 1*. Tá cur chuige bíseach in úsáid i ngach aonad chun an ghramadach a chur in iúl. Cuireann sé go mór le cumas cumarsáide na ndaltaí maidir leis **na cúig scileanna teanga (léamh, scríobh, éisteacht, labhairt, idirghníomhú cainte).**

Torthaí foghlama: Ar an gcéad leathanach de gach aonad, feicfidh tú na rudaí ginearálta a bheidh ar siúl agat san aonad sin.

Intinní foghlama: Ar an dara leathanach de gach aonad, feicfidh tú cad a bheidh ar eolas agat faoi dheireadh an aonaid.

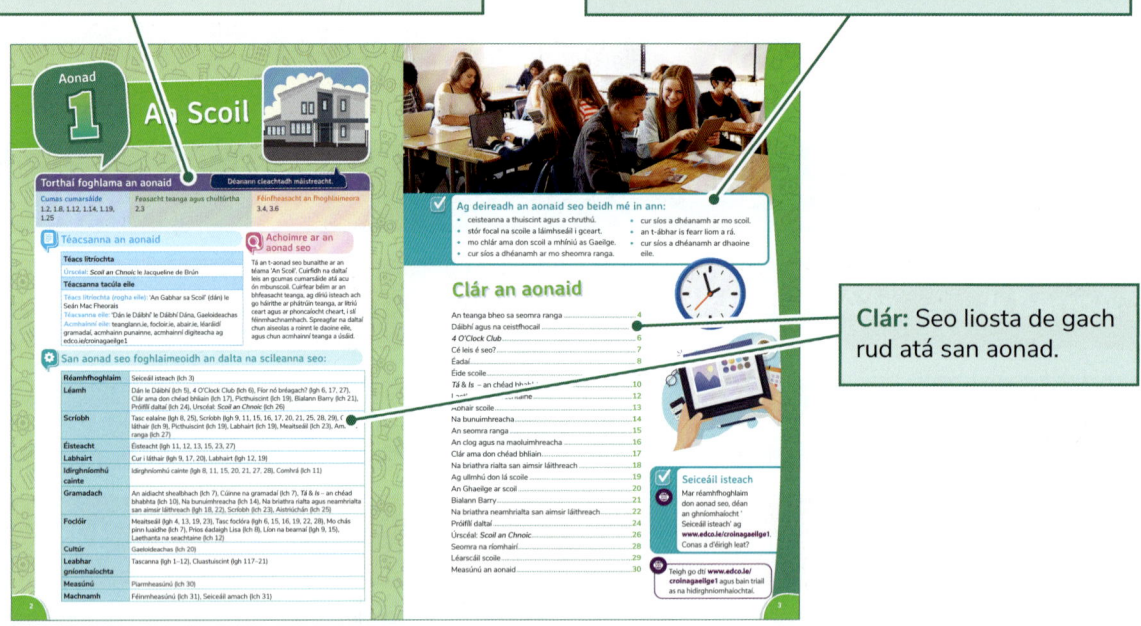

Clár: Seo liosta de gach rud atá san aonad.

Deilbhíní

Feicfidh tú na deilbhíní (*icons*) seo a leanas i ngach aonad.

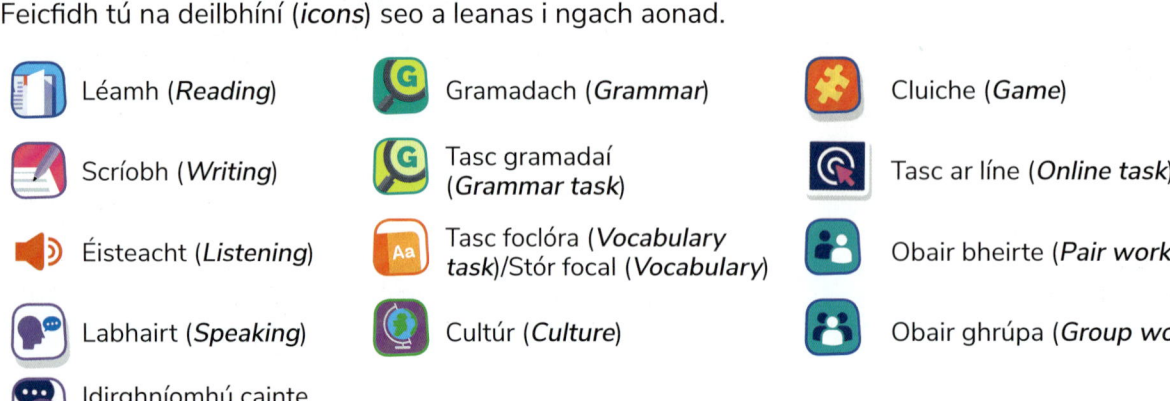

- Léamh (*Reading*)
- Gramadach (*Grammar*)
- Cluiche (*Game*)
- Scríobh (*Writing*)
- Tasc gramadaí (*Grammar task*)
- Tasc ar líne (*Online task*)
- Éisteacht (*Listening*)
- Tasc foclóra (*Vocabulary task*)/Stór focal (*Vocabulary*)
- Obair bheirte (*Pair work*)
- Labhairt (*Speaking*)
- Cultúr (*Culture*)
- Obair ghrúpa (*Group work*)
- Idirghníomhú cainte (*Spoken interaction*)

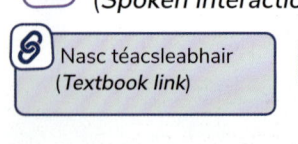
Nasc téacsleabhair (*Textbook link*)

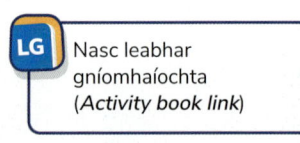
Nasc leabhar gníomhaíochta (*Activity book link*)

Tasc Réamh-MRB (*Pre-CBA task*)

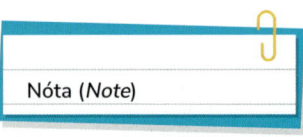
Nóta (*Note*)

Cogar (*Hint in English*)

Leid: (*Hint in Irish*)

Moladh (*Suggestion*)

Gramadach: Tá míniúcháin shimplí ar an ngramadach le fáil sa leabhar, le gníomhaíochtaí ag dul leo.

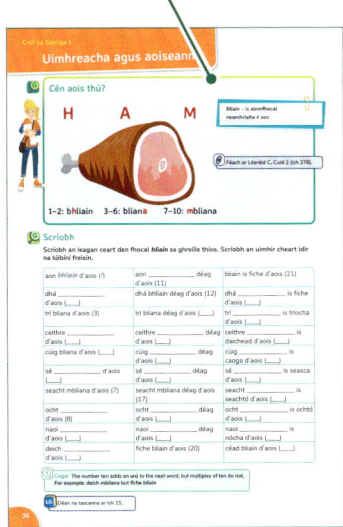

Léaráidí: Féach ar na bileoga gramadaí sa roinn ghramadaí (lgh 230–81) agus san acmhainn punainne.

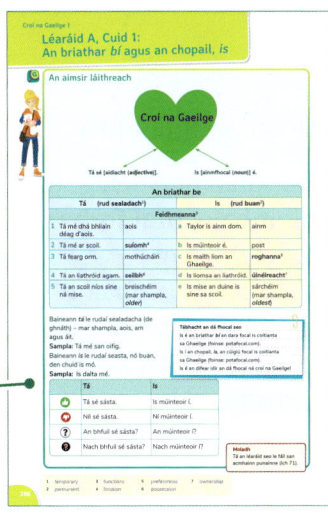

Litríocht: Tá píosa litríochta (dán, amhrán, gearrscannán, gearrscéal nó píosa as úrscéal) i ngach aonad, agus gníomhaíochtaí ag dul leo. Tá roinn litríochta ann freisin (lgh 282–91).

Measúnú: Is féidir libh tástáil a dhéanamh ar a chéile le gníomhaíochtaí piarmheasúnú. Agus is féidir leat tú féin a thástáil le féinmheasúnú agus machnamh.

Ranna eile: Tá roinn scríbhneoireachta ar lgh 292–301. Féach ar an ngluais (*glossary*) úsáideach ar lgh 302–11.

Croí na Gaeilge 1 – Do Threoir!

Leabhar gníomhaíochta

Sa leabhar gníomhaíochta, tá **breis gníomhaíochtaí forbartha** le fáil chun foghlaim neamhspleách agus obair bhaile a sholáthar. Is gníomhaíochtaí ar ardchaighdeán iad, agus tá **roinn cuimsitheach cluastuisceana** freisin chun deiseanna éisteachta a chur ar fáil.

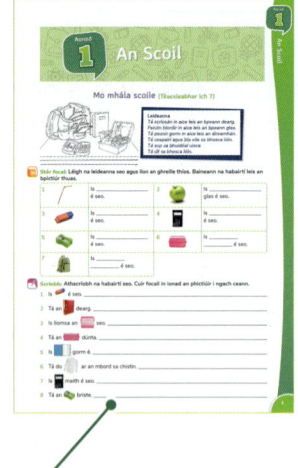

Síneadh foghlama: Cabhraíonn na gníomhaíochtaí leat a bheith cinnte faoi na rudaí a fhoghlaimíonn tú.

Cluastuiscint: Tá cluastuiscintí le fáil do gach aonad.

Acmhainn punainne

Cabhraíonn an acmhainn punainne nua leis na daltaí ar an turas foghlama, agus iad ag ullmhú do na **Measúnuithe Rangbhunaithe (MRB)** do Ghaeilge na Sraithe Sóisearaí. Tá **bileoga folmha** le fáil san acmhainn punainne, agus is féidir iad a úsáid chun **tascanna éagsúla a dhéanamh ón téacsleabhar**.

Do phunann teanga: Tá dhá thaobh ar gach bileog – taobh amháin chun do shonraí pearsanta a líonadh isteach agus chun an tasc a dhéanamh, agus an taobh eile chun machnamh a dhéanamh ar an tasc a rinne tú. Nuair a chríochnaíonn tú tasc, is féidir an bhileog sin a bhaint ón leabhar seo, agus é a stóráil i do phunann nó i d'fhillteán féin.

Acmhainní fuaime

Leis an **Edco Audio App nua**, atá saor in aisce, is féidir leat éisteacht le **tascanna éisteachta ón téacsleabhar** agus le **cluastuiscintí ón leabhar gníomhaíochta** agus tú ag taisteal. Is féidir an aip a íoslódáil saor in aisce ó **Google Play** agus **Apple App Store** ar do ghléas móibíleach nó do ríomhaire deisce, nó is féidir éisteacht ar líne tríd an **Web App** www.edco.ie/audio

Nuair a osclaíonn tú Edco Audio App, beidh rochtain agat ar na taifeadtaí seo a leanas, chun gníomhaíochtaí éisteachta agus cluastuisceana a dhéanamh i ngach aonad.

Aonad	Rianta éisteachta	Rianta cluastuisceana
Aonad 1: An Scoil	Rianta 1.02–07	Rianta 3.02–06
Aonad 2: Mé Féin	Rianta 1.08–12	Rianta 3.07–11
Aonad 3: Mo Theaghlach agus Mo Chairde	Rianta 1.13–21	Rianta 3.12–16
Aonad 4: M'Áit Chónaithe	Rianta 1.22–27	Rianta 4.02–06
Aonad 5: Mo Cheantar	Rianta 2.02–07	Rianta 4.07–11
Aonad 6: Caitheamh Aimsire	Rianta 2.08–11	Rianta 5.02–07
Aonad 7: An Ghaeilge	Rianta 2.12–17	Rianta 5.08–12
Aonad 8: Spórt agus Sláinte	Rianta 2.18–23	Rianta 5.13–17

📺 Acmhainní digiteacha

Cuirfidh acmhainní digiteacha *Croí na Gaeilge 1* go mór le foghlaim sa rang trí na daltaí a spreagadh chun páirt a thógáil agus chun a bheith gníomhach. Tacaíonn siad leis an mbéim a chuirtear i Sonraíocht na Sraithe Sóisearaí Nua ar úsáid na teicneolaíochta nua-aimseartha sa seomra ranga. Tógadh san áireamh na stíleanna foghlama difriúla atá ag daltaí nuair a dearadh na hacmhainní. **Déantar tagairt de na hacmhainní digiteacha ar fud an téacsleabhair**. Tugann na tagairtí seo treoir don mhúinteoir chun iad a úsáid sa seomra ranga, agus chun pleanáil ceachta a dhéanamh. Úsáidtear na deilbhíní seo a leanas:

 **Interactive website**

Suíomh gréasáin an dalta agus ábhar ar **Quizlet** – www.edco.ie/croinagaeilge1 le gníomhaíochtaí gramadaí agus gníomhaíochtaí teanga atá idirghníomhach, agus tráth na gceist

 **Conversation videos**

Sraith **físeán de chomhráite** idir beirt daltaí

 **Vlog**

Vlaganna uathúla a thaispeánann daltaí ag úsáid a scileanna teanga Gaeilge sa ghnáthshaol

 **PowerPoints**

Cuir i láthair **PowerPoint** réamhdhéanta (atá éasca le húsáid, agus gur féidir a athrú), a chlúdaíonn eochairphointí gramadaí, stór focal agus litríocht

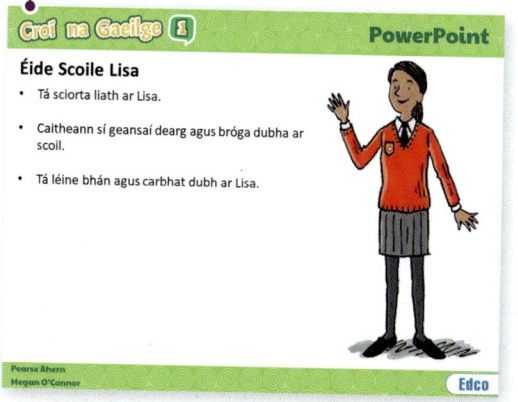

📽 **Animations**

Gearrthóga beochana a chabhraíonn leat tuiscint a fháil ar ghníomhaíochtaí cluastuisceana agus a chabhraíonn le stór focal

Is féidir le múinteoirí rochtain a fháil ar acmhainní digiteacha *Croí na Gaeilge 1* tríd an ríomhleabhar idirghníomhach, atá ar fáil ag **www.edcolearning.ie**. Feicfidh tú anseo **bileoga oibre** (do na comhráite ar fhíseáin, do na vlaganna agus do na gearrthóga beochana), na **comhaid fuaime** i bhfoirm dhigiteach, **tras-scríbhinní** do gach cluastuiscint, **pleananna ceachta gur féidir athrú**, **freagraí** do gach gníomhaíocht, doiciméad leis na **naisc idirlín** agus **póstaeir**.

Croí na Gaeilge 1
Súil ar an gClár

Moladh
Níl clár cuimsitheach i gceist anseo, ach amháin súil ar an gclár. Tá clár iomlán (le heolas faoi na gníomhaíochtaí ar fad) le fáil ag tús gach aonaid.

	Aonad 1: (2–31) An Scoil		Aonad 2: (32–61) Mé Féin		Aonad 3: (62–93) Mo Theaghlach agus Mo Chairde		Aonad 4: (94–121) M'Áit Chónaithe	
Réamhfhoghlaim	Seiceáil isteach	Ich 3	Seiceáil isteach	33	Seiceáil isteach	63	Seiceáil isteach	95
Litríocht	Úrscéal: *Scoil an Chnoic*	26	Gearrscannán: *Yu Ming Is Ainm Dom*	50	Dán: 'Subh Milis'	66	Gearrscéal: 'An Nollaig Fadó'	112
Léamh	4 O'Clock Club	6	Ógie Ó Céilleachair	34	Muintir Uí Chéallaigh	74	Am dinnéir	100
	Fíor nó bréagach?	6	Fíor nó bréagach?	35	Próifílí de bhaill an teaghlaigh	75	An seomra leapa	101
	Clár ama don chéad bhliain	17	Picthuiscint	41	Fíor nó bréagach?	81	Teach Shíle	103
	Bialann Barry	21	Léamh	54	Áine, Seán agus a gcairde	82	Peataí tí	109
	Próifílí daltaí	24	Dán beathaisnéise	58	Saoirse Ronan agus a dlúthchara	85	Fíor nó bréagach?	116
Scríobh	Tasc ealaíne	8	Scríobh	35	Scríobh	65	Scríobh	99
	Scríobh	11	Meaitseáil	37	Iontráil dialainne	76	Cur síos	99
	Meaitseáil	23	Sonraí pearsanta	39	Néal focal	80	Líon na bearnaí	104
					Crann ginealaigh	81		
Éisteacht	Éisteacht	27	Éisteacht	51	Éisteacht	87	Éisteacht	115
Labhairt	Labhairt	12	Cur i láthair	48	Labhairt	78	Labhairt	96
Idirghníomhú cainte	Idirghníomhú cainte	20	Idirghníomhú cainte	57	Idirghníomhú cainte	80	Idirghníomhú cainte	106
Gramadach	An aidiacht shealbhach	7	*Tá & Is* – an dara babhta	36	An chopail agus an trú pearsa	98	An réamhfhocal *do*	98
	Tá & Is – an chéad bhabhta	10	Uimhreacha agus aoiseanna	38	(*é, í, iad*)		An chopail agus an aidiacht	101
	Na bunuimhreacha	14	Na briathra rialta san aimsir chaite	40	Na briathra neamhrialta san aimsir chaite: an sé mór	64	Scéal na ngutaí	110
	Na briathra rialta agus neamhrialta san aimsir láithreach	18, 22	An réamhfhocal *ar*	42	Na briathra neamhrialta san aimsir chaite: an cúig beag	70	An réamhfhocal agus an t-alt	111
			Nach, an agus ní	46	An réamhfhocal *le*	72	An réamhfhocal *de*	118
			Athrú ar an mbriathar rialta san aimsir chaite	47	Na huimhreacha pearsanta	84		
			An réamhfhocal *ag*	53		89		
Foclóir	Mo chás pinn luaidhe	7	Tasc foclóra	41	Meaitseáil	65	Meaitseáil	96
	Prios éadaigh Lisa	8	Aghaidh álainn Ailbhe	49	Tasc foclóra	76	Tasc foclóra	105
	Laethanta na seachtaine	12						
Cultúr	Gaeloideachas	20	Cur in aithne	45	Folláin Teo.	68	An caighdeán agus an chanúint	68
			Ainmneacha Gaeilge	48	Baile Bhuirne	68		113
			Cultúr sa Rinn	55				
Leabhar gníomhaíochta	Tascanna	1	Tascanna	13	Tascanna	23	Tascanna	41
	Cluastuiscint	117	Cluastuiscint	122	Cluastuiscint	127	Cluastuiscint	132
Measúnú	Piarmheasúnú	30	Piarmheasúnú	60	Piarmheasúnú	92	Piarmheasúnú	120
Machnamh	Féinmheasúnú	31	Féinmheasúnú	61	Féinmheasúnú	93	Féinmheasúnú	121

Súil ar an gClár

	Aonad 5: (122–47) Mo Cheantar	Ich	Aonad 6: (148–77) Caitheamh Aimsire		Aonad 7: (178–203) An Ghaeilge		Aonad 8: (204–29) Spórt agus Sláinte	
Réamhfhoghlaim	Seiceáil isteach	123	Seiceáil isteach	149	Seiceáil isteach	179	Seiceáil isteach	205
Litríocht	Gearrscannán: *An tÁdh*	136	Gearrscannán: *Céad Ghrá*	166	Dán: 'Oisín i nDiaidh na Féinne'	196	Úrscéal: *An bhFaca Éinne Agaibh Roy Keane?*	216
Léamh	An teach béal dorais	124	Oíche Netflix	150	Raidió na Life agus *An Bricfeasta Blasta*	180	Pól Ó Flannagáin	206
	Picthuiscint	127	*Stranger Things*	152	Lá sa Ghaeltacht	182	Léamh	212
	Fíor nó bréagach?	137	An fón póca i saol an duine	160	Clár ama sa Ghaeltacht	183	Eimear Considine: imreoir den chéad scoth	224
	Caitríona agus a ceantar	145	CadsAip	175	An Ghaeilge i gCathair Bhéal Feirste	190		
Scríobh	Scríobh	125	Leathanach gréasáin	153	Scríobh	180	Scríobh	210
	Dearbhán	128	Feisteas	165	Deireadh seachtaine	181	Tasc pictiúir	212
	Aistriúchán	135	Cur síos	167	Obair ealaíne	191	Tasc ealaíne	227
	Meaitseáil	139						
Éisteacht	Éisteacht	129	Éisteacht	157	Éisteacht	184	Éisteacht	210
Labhairt	Labhairt	129	Labhairt	170	Labhairt	191	Labhairt	218
Idirghníomhú cainte	Idirghníomhú cainte	131	Idirghníomhú cainte	172	Idirghníomhú cainte	197	Idirghníomhú cainte	227
Gramadach	Na horduimhreacha	131	An chopail agus an t-ainm briathartha	151	*Bhí & Ba*	184	Súilín siar ar na réamhfhocail *ar* agus *ag*	214
	An réamhfhocal *roimh*	133	Na briathra rialta san aimsir fháistineach	158	Na briathra neamhrialta san aimsir fháistineach	192–3	An uimhearthacht	223
	Céimeanna comparáide	140	An réamhfhocal *i*	161	An réamhfhocal *chun/chuig*	199		
	Sliocht díreach & caint indíreach sna haimsirí éagsúla	144	*Ceann, seachtain, uair*	163				
			An réamhfhocal *faoi*	169				
			Caint indíreach: *nach/nár*	173				
Foclóir	Seanfhocail	125	Tasc foclóra	156	Tasc foclóra	186	Tasc foclóra	209
	Logainmneacha	139	An méarchlár	157			Stór focal	210
	Stór focal	141	Meaitseáil	170			Líon na bearnaí	217
Cultúr	Logainmneacha in Éirinn	139	Cultúr	174	Canúintí na Gaeilge	186	An Ghaeilge in Inis	208
	Fógraíocht as Gaeilge inár dtimpeallacht	142			An Ghaeilge i gCathair Bhéal Feirste	190	Gaeilge faoin spéir	215
					Féiríní Gaelacha	200		
Leabhar gníomhaíochta	Tascanna	53	Tascanna	69	Tascanna	87	Tascanna	101
	Cluastuiscint	137	Cluastuiscint	142	Cluastuiscint	147	Cluastuiscint	151
Measúnú	Piarmheasúnú	146	Piarmheasúnú	176	Piarmheasúnú	202	Piarmheasúnú	228
Machnamh	Féinmheasúnú	147	Féinmheasúnú	177	Féinmheasúnú	203	Féinmheasúnú	229
	Seiceáil amach	147	Seiceáil amach	177	Seiceáil amach	203	Seiceáil amach	229

Aonad 1 — An Scoil

Torthaí foghlama an aonaid

Déanann cleachtadh máistreacht.

Cumas cumarsáide	Feasacht teanga agus chultúrtha	Féinfheasacht an fhoghlaimeora
1.2, 1.8, 1.12, 1.14, 1.19, 1.25	2.3	3.4, 3.6

Téacsanna an aonaid

Téacs litríochta
Úrscéal: *Scoil an Chnoic* le Jacqueline de Brún

Téacsanna tacúla eile
Téacs litríochta (rogha eile): 'An Gabhar sa Scoil' (dán) le Seán Mac Fheorais
Téacsanna eile: 'Dán le Dáibhí' le Dáibhí Dána, Gaeloideachas
Acmhainní eile: teanglann.ie, focloir.ie, abair.ie, léaráidí gramadaí, acmhainn punainne, acmhainní digiteacha ag edco.ie/croinagaeilge1

Achoimre ar an aonad seo

Tá an t-aonad seo bunaithe ar an téama 'An Scoil'. Cuirfidh na daltaí leis an gcumas cumarsáide atá acu ón mbunscoil. Cuirfear béim ar an bhfeasacht teanga, ag díriú isteach ach go háirithe ar phátrúin teanga, ar litriú ceart agus ar phoncaíocht cheart, i slí féinmhachnamhach. Spreagfar na daltaí chun aiseolas a roinnt le daoine eile, agus chun acmhainní teanga a úsáid.

San aonad seo foghlaimeoidh an dalta na scileanna seo:

Réamhfhoghlaim	Seiceáil isteach (lch 3)
Léamh	Dán le Dáibhí (lch 5), 4 O'Clock Club (lch 6), Fíor nó bréagach? (lgh 6, 17, 27), Clár ama don chéad bhliain (lch 17), Picthuiscint (lch 19), Bialann Barry (lch 21), Próifílí daltaí (lch 24), Úrscéal: *Scoil an Chnoic* (lch 26)
Scríobh	Tasc ealaíne (lgh 8, 25), Scríobh (lgh 9, 11, 15, 16, 17, 20, 21, 25, 28, 29), Cur i láthair (lch 9), Picthuiscint (lch 19), Labhairt (lch 19), Meaitseáil (lch 23), Amhrán ranga (lch 27)
Éisteacht	Éisteacht (lgh 11, 12, 13, 15, 23, 27)
Labhairt	Cur i láthair (lgh 9, 17, 20), Labhairt (lgh 12, 19)
Idirghníomhú cainte	Idirghníomhú cainte (lgh 8, 11, 15, 20, 21, 27, 28), Comhrá (lch 11)
Gramadach	An aidiacht shealbhach (lch 7), Cúinne na gramadaí (lch 7), *Tá* & *Is* – an chéad bhabhta (lch 10), Na bunuimhreacha (lch 14), Na briathra rialta agus neamhrialta san aimsir láithreach (lgh 18, 22), Scríobh (lch 23), Aistriúchán (lch 25)
Foclóir	Meaitseáil (lgh 4, 13, 19, 23), Tasc foclóra (lgh 6, 15, 16, 19, 22, 28), Mo chás pinn luaidhe (lch 7), Prios éadaigh Lisa (lch 8), Líon na bearnaí (lgh 9, 15), Laethanta na seachtaine (lch 12)
Cultúr	Gaeloideachas (lch 20)
Leabhar gníomhaíochta	Tascanna (lgh 1–12), Cluastuiscint (lgh 117–21)
Measúnú	Piarmheasúnú (lch 30)
Machnamh	Féinmheasúnú (lch 31), Seiceáil amach (lch 31)

 Ag deireadh an aonaid seo beidh mé in ann:
- ceisteanna a thuiscint agus a chruthú.
- stór focal na scoile a láimhseáil i gceart.
- mo chlár ama don scoil a mhíniú as Gaeilge.
- cur síos a dhéanamh ar mo sheomra ranga.
- cur síos a dhéanamh ar mo scoil.
- an t-ábhar is fearr liom a rá.
- cur síos a dhéanamh ar dhaoine eile.

Clár an aonaid

An teanga bheo sa seomra ranga	4
Dáibhí agus na ceistfhocail	5
4 O'Clock Club	6
Cé leis é seo?	7
Éadaí	8
Éide scoile	9
Tá & *Is* – an chéad bhabhta	10
Laethanta na seachtaine	12
Ábhair scoile	13
Na bunuimhreacha	14
An seomra ranga	15
An clog agus na maoluimhreacha	16
Clár ama don chéad bhliain	17
Na briathra rialta san aimsir láithreach	18
Ag ullmhú don lá scoile	19
An Ghaeilge ar scoil	20
Bialann Barry	21
Na briathra neamhrialta san aimsir láithreach	22
Próifílí daltaí	24
Úrscéal: *Scoil an Chnoic*	26
Seomra na ríomhairí	28
Léarscáil scoile	29
Measúnú an aonaid	30

 **Seiceáil isteach**

 Mar réamhfhoghlaim don aonad seo, déan an ghníomhaíocht 'Seiceáil isteach' ag **www.edco.ie/croinagaeilge1**. Conas a d'éirigh leat?

 Téigh go dtí **www.edco.ie/croinagaeilge1** agus bain triail as na hidirghníomhaíochtaí.

Croí na Gaeilge 1
An teanga bheo sa seomra ranga

 ## Meaitseáil

> Beatha teanga í a labhairt.

Meaitseáil gach abairt ón ngreille thíos leis an bpictiúr ceart.

Múinteoir ag caint *(Bí ag éisteacht.)*	Dalta ag caint *(Bí ag cleachtadh.)*
1 Tógaigí síos an obair bhaile ón gclár bán.	4 Cá bhfuilimid sa téacsleabhar?
2 Déanaigí na ceisteanna ar leathanach a cúig.	5 An bhfuil cead agam dul go dtí an leithreas?
3 Bí ag obair le duine eile sa rang.	6 An féidir leat é sin a rá arís, le do thoil?

A	B	C	D	E	F

Dáibhí agus na ceistfhocail

Léamh

Léigh an dán simplí seo agus ansin freagair na ceisteanna a théann leis.
Is súil siar é seo ar na ceistfhocail a rinne tú sa bhunscoil.

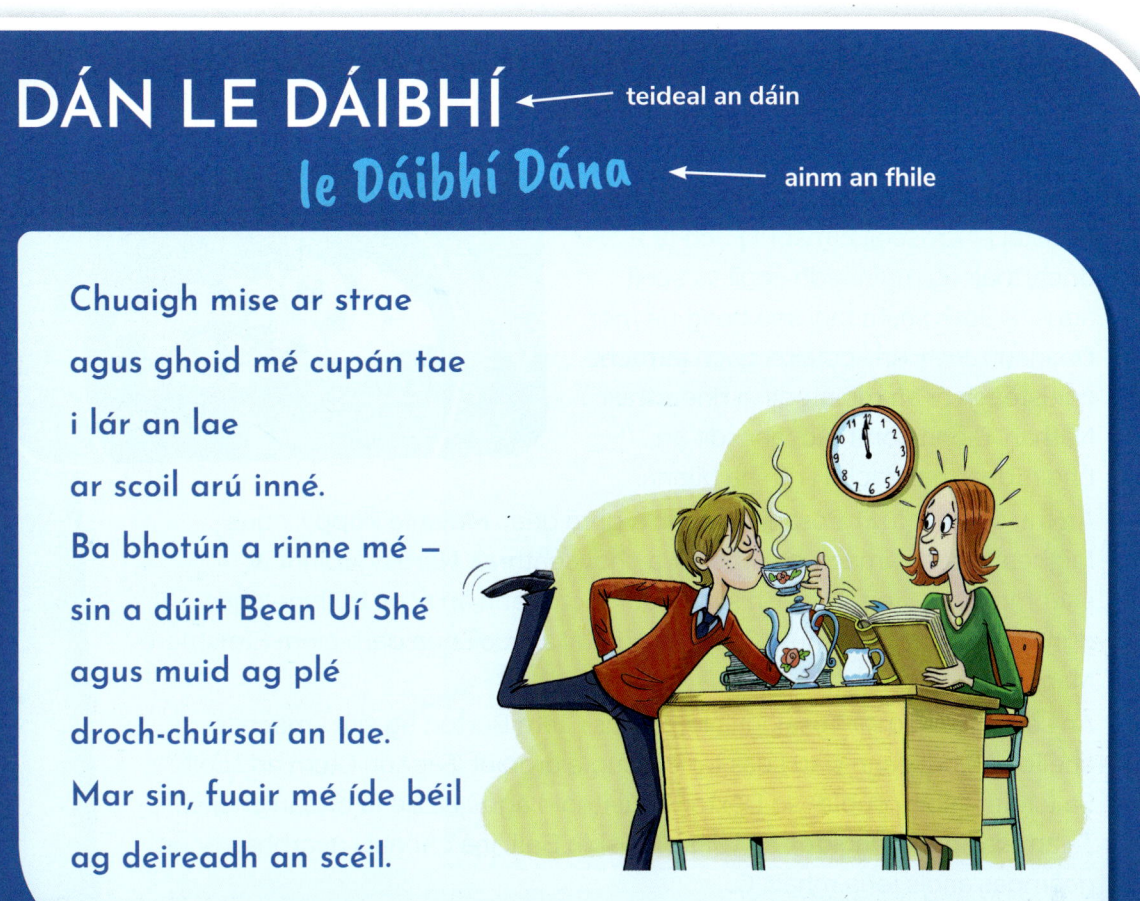

DÁN LE DÁIBHÍ ← teideal an dáin
le Dáibhí Dána ← ainm an fhile

Chuaigh mise ar strae
agus ghoid mé cupán tae
i lár an lae
ar scoil arú inné.
Ba bhotún a rinne mé –
sin a dúirt Bean Uí Shé
agus muid ag plé
droch-chúrsaí an lae.
Mar sin, fuair mé íde béil
ag deireadh an scéil.

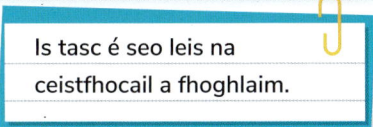
Is tasc é seo leis na ceistfhocail a fhoghlaim.

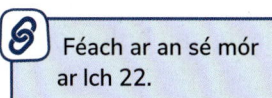
Féach ar an sé mór ar lch 22.

1. **Cá**[1] ndeachaigh Dáibhí inné?
2. **Cad**[2] a ghoid sé?
3. **Cén t-am/Cá huair**[3] a ghoid sé an cupán tae? *Leid: Cén = Cad é an = C + é + n = Cén*
4. An raibh Dáibhí ar scoil inné? *Leid: Is ceist dhúnta í seo.*
5. **Cén**[4] post atá ag Bean Uí Shé? *Leid: Is ceist oscailte í seo.*
6. Céard a rinne Dáibhí inné, dar le Bean Uí Shé? *Leid: Céard = Cad é an rud = C + é + a + rd*
7. An raibh Bean Uí Shé sásta? *Leid: Is ceist dhúnta í seo mar tosaíonn sé le **An**.*
8. **Cén fáth**[5] a bhfuair Dáibhí íde béil? *Leid: Cén fáth? = Cad é an fáth?* (**What is the reason?**)
9. **Cé**[6] a thug íde béil do Dháibhí?
10. **Cé mhéad**[7] duine atá sa dán seo? *Leid: Cé mhéad + uimhir uatha (**singular**)*

---

[1] Where? [2] What? [3] What time? [4] Which? [5] Why? [6] Who? [7] How many?

Croí na Gaeilge 1

4 O'Clock Club

 ## Léamh

Léigh an téacs.

Thosaigh an clár teilifíse *4 O'Clock Club* sa bhliain 2012 agus tá sé fós ag dul ó neart go neart. Is clár grinn é agus is ceoldráma é freisin. Tá an clár suite i meánscoil i Sasana.

An chéad sraith (2012): Tá Josh Carter ag freastal ar Ardscoil Elmsbury ach tá a dheartháir ag múineadh ceoil sa scoil agus níl Josh sásta faoi seo beag ná mór. Déanann Josh, an scoláire, gach **iarracht**[1] cur isteach ar an múinteoir, a dheartháir Nathan. Bíonn **comhrac**[2] ann idir an bheirt deartháireacha i rith na bliana.

© BBC

An tríú sraith (2014): Pósann Nathan a ghrá geal, Melanie Poppy, agus faigheann Josh amach go mbeidh a chol ceathrair Nero ag roinnt a sheomra leapa leis. Níl Josh sásta faoi seo. Téann an scoil trí thine agus dúnann Ardscoil Elmsbury. Téann na daltaí ar scoil nua darb ainm Elmsmere Manor High.

An séú sraith (2017): Tosaíonn Nero agus Clem Burton ag siúl amach le chéile ach briseann siad suas tar éis cúpla argóint. Fágann Clem an scoil. Sa tsraith seo tá **cúpla**[3] ag Dexter (múinteoir) agus Lizzie (a bhean chéile). Tá **an t-iar-phríomhoide**[4], an tUasal Crispin Bell, ina chónaí i gcarbhán ar an gcampas anois lena mhac, CJ.

Fíor nó bréagach?

Cuir tic sa cholún ceart.

		✔	✘
1	Thosaigh an clár seo sa bhliain 2013.		
2	Is deartháireacha iad Nathan agus Josh.		
3	Tá col ceathrair ag Josh darb ainm Nero.		
4	Tá triúr páistí ag Lizzie agus Dexter.		
5	Is múinteoir é Dexter.		

 ### Tasc foclóra

 Aimsigh na focail seo a bhaineann le daoine ar scoil ar teanglann.ie, ar tearma.ie nó i d'fhoclóir féin.

1 dalta **2** scoláire **3** múinteoir **4** príomhoide **5** leas-phríomhoide

Chun níos mó eolais a fháil faoi conas foclóir a úsáid, féach ar lch 302.

---

[1] effort   [2] conflict   [3] twins   [4] the former principal

Cé leis é seo?

An aidiacht shealbhach

Is aidiachtaí sealbhacha iad na focail *mo, do, a, ár* agus *bhur*.

Cuirfimid na haidiachtaí sealbhacha i **dtromán lúith**[1] chun iad a fhoghlaim.

Le consan	Le guta	Le f + guta
Séimhiú mo chara / do chara / a(1) chara	**Gan athrú** m'uncail / d'uncail / a(1) uncail	**Séimhiú ar f** m'fhón póca / d'fhón póca / a(1) fhón póca
Gan athrú a(2) cara	**h roimh ghuta** a(2) huncail	**Gan athrú** a(2) fón póca
Urú ár gcara / bhur gcara / a(3) gcara	**n- roimh ghuta** ár n-uncail / bhur n-uncail / a(3) n-uncail	**Urú** ár bhfón póca / bhur bhfón póca / a(3) bhfón póca

- Is gnáthchonsan é an *f* má tá consan eile ina dhiaidh.
  Sampla: mo fhleasc
- Tá *fh* iomlán ciúin i gcónaí sa Ghaeilge. Fuaimníonn tú *fha* mar *a*.
- Ní thógann na litreacha *l* ná *n* ná *r* séimhiú riamh.
  'Ní maith leis an gcailín Eleanor an séimhiú!'

a(1) = his
a(2) = her
a(3) = their

Mo chás pinn luaidhe

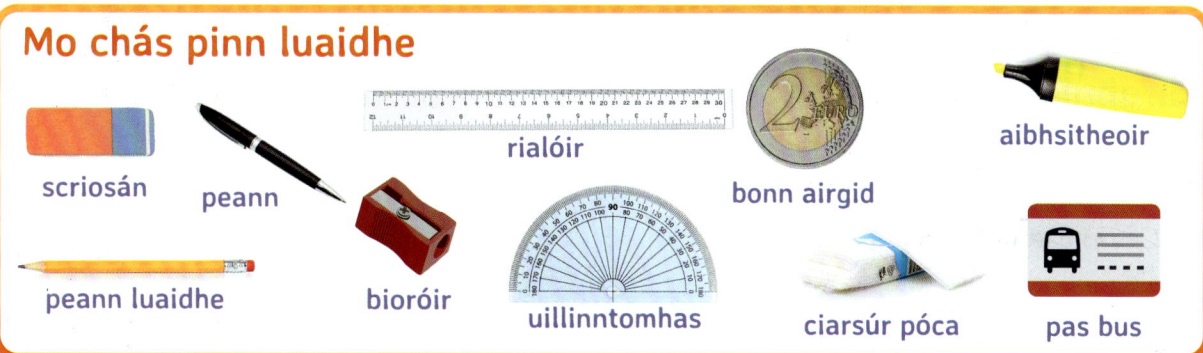

scriosán · peann · rialóir · aibhsitheoir · peann luaidhe · bioróir · uillinntomhas · bonn airgid · ciarsúr póca · pas bus

Cúinne na gramadaí

Athscríobh na línte thíos agus athraigh na focail sna lúibíní, más gá.
Tá an chéad cheann déanta duit mar shampla.

1. Thit a(1) (peann luaidhe) ar an urlár. *Thit a pheann luaidhe ar an urlár.*
2. Chaill Síle a(2) (rialóir).
3. Chuir mé (mo aibhsitheoir) ar an mbord.
4. Ar chaill tú do (pas bus) sa pháirc inné?
5. Shéid sé a(1) (srón) lena (ciarsúr) póca. *Leid: le + a = lena*
6. Chuireamar ár (uillinntomhais) ar an mbord don scrúdú.
7. Stróic mé an leathanach le mo (scriosán).
8. Chuir sé barr ar a(3) (pinn luaidhe) le mo (bioróir).

Cogar Remember:
a(1) = his
a(2) = her
a(3) = their

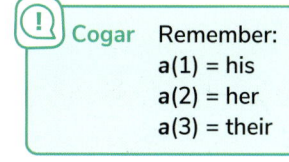
Tá tuilleadh eolais le fáil ar lch 239.

Déan na tascanna ar lgh 1–2.

Croí na Gaeilge 1
Éadaí

Prios éadaigh Lisa

Seo **prios éadaigh**[1] Lisa. Cuir lipéid ar na baill éadaigh atá le feiceáil ann.

cóta   scairf   geansaí   carbhat   léine   sciorta   bróga   stocaí

1 ____   2 ____   3 ____   4 ____

5 ____   6 ____   7 ____   8 ____

Idirghníomhú cainte

Cuir na ceisteanna seo a leanas ar a chéile.

1. Cé mhéad cóta atá ag Lisa?
2. Cé mhéad geansaí atá ag Lisa?
3. Cé mhéad sciorta atá ag Lisa?
4. Cé mhéad léine atá ag Lisa?
5. Cé mhéad péire bróg atá ag Lisa?
6. Cé mhéad scairf atá ag Lisa?
7. Cé mhéad péire stocaí atá ag Lisa?
8. Cé mhéad carbhat atá ag Lisa?

Tasc ealaíne *Réamh-MRB*

Tarraing pictiúr de na héadaí ab fhearr leat a fheiceáil i do phrios éadaigh féin. Cé mhéad cóta, geansaí, sciorta, srl. atá ann?

Úsáid an acmhainn punainne (lch 1) mar chabhair duit.

[1] wardrobe

Éide scoile

Aonad 1
An Scoil

Scríobh

Roghnaigh scoil eile atá i do cheantar. Tarraing pictiúr den éide scoile agus scríobh cúpla abairt fúithi.

Sampla: *Caitheann na daltaí léine ghorm.*

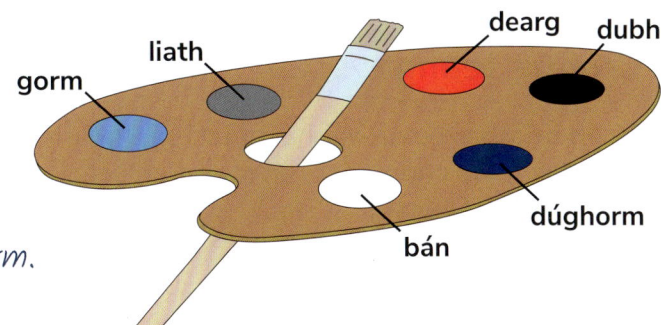
gorm liath dearg dubh dúghorm bán

Líon na bearnaí

Freastalaíonn Liam agus Lisa ar scoileanna difriúla. Líon isteach na bearnaí sna habairtí seo thíos.

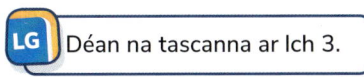 Déan na tascanna ar lch 3.

1 Tá **léine** ghorm ar Liam.

Leid: Cuireann tú séimhiú ar aidiacht a leanann ainmfhocal baininscneach.

2 Tá _____ liath ar Liam.

3 Tá _____ glas ar Liam.

4 Tá _____ dubha ar Liam.

5 Tá _____ dúghorm ar Liam.

Liam

1 Caitheann Lisa _____ liath.

2 Caitheann Lisa _____ dubha.

3 Caitheann Lisa _____ dearg.

4 Caitheann Lisa _____ bhán.

Leid: Tá an t-ainmfhocal anseo baininscneach.

5 Caitheann Lisa _____ dubh.

Lisa

Cur i láthair

1 Tá comórtas ar siúl ar scoil. Beidh deis ag an m**buaiteoir**[1] éide scoile nua **a dhearadh**[2]. Tarraing pictiúr den éide scoile ab fhearr leat agus déan cur síos uirthi os comhair an ranga. Úsáid an acmhainn punainne (lch 3) mar chabhair duit.

Critéir ratha:
- Déan cinnte go bhfuil éadaí difriúla ar fáil do na buachaillí agus do na cailíní.
- Luaigh na dathanna a bheidh ar na baill éadaigh.

Moladh
Déan taifeadadh digiteach de dhaoine ag labhairt anseo.

2 Déan taighde ar do **shuaitheantas**[3] scoile nó ar shuaitheantais na scoileanna áitiúla. Déan cur i láthair os comhair an ranga faoi. Úsáid an acmhainn punainne (lch 5) mar chabhair duit.

Critéir ratha:
- Luaigh an **cruth**[4] atá ar an suaitheantas.
- Luaigh na dathanna atá le feiceáil.
- Má tá focail ann, mínigh iad.
- Déan cur síos ar na h**íomhánna**[5] atá sa suaitheantas.

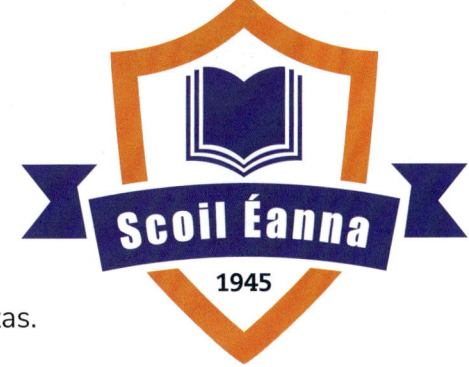

| 1 winner | 2 design | 3 badge | 4 shape | 5 images |

Croí na Gaeilge 1

Tá & Is – an chéad bhabhta

Croí na teanga: scéal an dá thaobh

Féach ar Léaráid A, Cuid 1 (lch 266).

Tá an briathar *be* an-tábhachtach sa Bhéarla. Féach ar an eolas thíos chun an dá thaobh den scéal seo a thuiscint sa Ghaeilge.

An briathar *be*				
Tá (rud **sealadach**[1])			**Is** (rud **buan**[2])	
Feidhmeanna[3]				
1	Tá mé dhá bhliain déag d'aois.	aois	a	Taylor is ainm dom.	ainm
2	Tá mé ar scoil.	**suíomh**[4]	b	Is múinteoir é.	post
3	Tá fearg orm.	mothúcháin	c	Is maith liom an Ghaeilge.	**roghanna**[5]
4	Tá an liathróid agam.	**seilbh**[6]	d	Is liomsa an liathróid.	**úinéireacht**[7]
5	Tá an scoil níos sine ná mise.	breischéim (mar shampla, *older*)	e	Is mise an duine is sine sa scoil.	sárchéim (mar shampla, *oldest*)

Baineann *tá* le rudaí sealadacha (de ghnáth): aois, am, áit.
Sampla: Tá mé san oifig.

Ach baineann *is* le rudaí **seasta**[8], nó buan, den chuid is mó.
Sampla: Is dalta mé.

Cleas cuimhne		
Is [ainmfhocal] mé.	*ach*	Tá mé [aidiacht].
Sampla:		
Is dalta mé.	*ach*	Tá mé cliste.

1	temporary	3	functions	5	preferences	7	ownership
2	permanent	4	location	6	possession	8	fixed

 Comhrá

 Cuir na ceisteanna seo ar dhuine éigin eile i do rang.

1. Cad is ainm duit?
2. Cén aois thú?
3. Cá bhfuil tú anois?
4. An bhfuil ocras ort?
5. An maith leat an scoil seo?

Scríobh

Aistrigh na habairtí seo ó Bhéarla go Gaeilge. Bain úsáid as an bhfoclóir, más gá.

1. I am a student.
2. I like my class.
3. My name is Peadar.
4. I am a principal.
5. I am in the yard (*clós*).

 Éisteacht Rian 1.02

Éist leis na habairtí seo agus scríobh amach ina n-iomlán iad.

1. Is _____ é.
2. Tá an _____ gorm.
3. Is _____ _____ é.
4. Tá an _____ san _____.
5. Is _____ iontach í.

Idirghníomhú cainte

 Féach ar an bpictiúr seo agus cruthaigh abairtí bunaithe ar na focail *tá* agus *is*. An féidir leat deich n-abairt a chruthú, cúig le *tá* iontu agus cúig eile le *is* iontu? Is féidir focail nua a aimsiú san fhoclóir, más gá. Déan é seo in aghaidh an chloig.

Samplaí:

1. *Tá múinteoir sa seomra.*
2. *Is maith liom an mála gorm.*

Noda:

clár bán, clog, deasc, doras, fuinneog, geansaí

Croí na Gaeilge 1

Laethanta na seachtaine

Labhairt

Seo **rabhlóga**[1] le laethanta na seachtaine a chur de ghlanmheabhair.

An Luan
Lasann Liam an lampa in aice lena leaba lena leabhar a léamh ar an Luan.

An Mháirt
Milleann[2] Máire mo mhadra le míle milseán óna mála mór millteach ar an Máirt.

An Chéadaoin
Ceapann Cáit go gcuireann Ciarán na cistine ceithre chupán **faoi cheilt**[3] i gcúl an chófra gach Céadaoin.

An Déardaoin
Déanann Daithí drochdhinnéar go déanach dá dheirfiúr Deirdre ar an Déardaoin.

An Aoine
Athraíonn Alan a anorac ar an Aoine ach bíonn **a lán amhrais**[4] ar Áine aontú lena athrú.

An Satharn
Seasann Síle go sona sásta ar **sheansúgán**[5] **suarach**[6] sa siopa seodra sa samhradh.

An Domhnach
Deir Dáibhí Dána le daoine difriúla dul díreach go Doire ar an Domhnach.

An difear idir *ar an Domhnach* agus *Dé Domhnaigh*:
ar an Domhnach = **on Sundays**
Dé Domhnaigh = **on Sunday**
Samplaí:
• Ní bhíonn scoil againn ar an Domhnach.
• Beidh turas scoile againn Dé Domhnaigh.

Moladh
Déan taifeadadh digiteach de dhaoine ag labhairt anseo.

Éisteacht (Rian 1.03)

Éist leis na rabhlóga ceann ar cheann agus déan iarracht iad a fhoghlaim agus a rá os ard.

Laethanta na seachtaine

An Luan	An Déardaoin	An Domhnach
An Mháirt	An Aoine	
An Chéadaoin	An Satharn	

An Aoine
19 Iúil

---

1 tongue-twisters 3 hidden 5 an old straw chair
2 spoils 4 a lot of doubt 6 worn out

Ábhair scoile

Aa Meaitseáil

Meaitseáil na habairtí seo thíos leis na freagraí cearta. Scríobh an uimhir cheart faoi gach litir.

LG Déan an tasc ar lch 4.

1	Téann na daltaí go dtí an halla spóirt don ábhar seo agus bíonn siad ag imirt cluichí éagsúla sa rang.	A	staidéar gnó[3]
2	Feiceann tú rudaí san ábhar seo faoi thíortha difriúla, ar nós Sasana nó Meiriceá, agus léann tú faoi **aibhneacha**[1], cnoic agus scamaill sa spéir.	B	an reiligiún[4]
3	Uaireanta caitheann tú cóta bán don rang seo. Tá trí chuid leis an ábhar seo: ceimic, fisic agus bitheolaíocht. Bíonn sé ar siúl sa t**saotharlann**[2].	C	an corpoideachas[5]
4	Bíonn tú ag obair leis na huimhreacha san ábhar seo agus úsáideann tú an t-áireamhán.	D	an ealaín[6]
5	Bíonn tú ag foghlaim faoi na rudaí a tharla san am a chuaigh thart – mar shampla, turas Cholambas go Meiriceá nó turas Neil Armstrong go dtí an ghealach.	E	an Ghaeilge[7]
6	Cén rang ina bhfuil tú faoi láthair? *Leid: teanga na hÉireann*	F	an stair[8]
7	An teanga a labhraítear i Sasana, i Meiriceá agus san Astráil.	G	an tíreolaíocht/ an tíreolas[9]
8	Faigheann tú eolas faoin mbíobla nó faoi leabhair naofa eile sa rang seo agus in amanna, deir tú paidreacha ann.	H	an eolaíocht[10]
9	Déanann tú staidéar ar airgead agus ar na bainc san ábhar seo.	I	an Béarla[11]
10	Déanann tú obair le péint agus páipéar san ábhar seo.	J	an mhata[12]

A	B	C	D	E	F	G	H	I	J

> Sa Ghaeilge, is cóir duit **an** a chur leis an ainm nuair atá tú ag caint faoi ábhar scoile.

Éisteacht Rian 1.04

Cloisfidh tú daoine ag caint faoi ábhair scoile. Scríobh an t-ainm ceart faoin bpictiúr ceart. Seo iad na hainmneacha: Miguel, Deirdre, Tom, Monica, Ciarán. Cloisfidh tú na daoine faoi dhó.

[1] rivers	[3] business studies	[5] PE	[7] Irish	[9] geography	[11] English
[2] lab	[4] religion	[6] art	[8] history	[10] science	[12] maths

Croí na Gaeilge 1
Na bunuimhreacha

Na huimhreacha 1–20

Féach ar Léaráid C, Cuid 1 (lch 274).

Nuair atá tú ag comhaireamh rudaí (seachas daoine), úsáideann tú na bunuimhreacha.

Cuir séimhiú ar an ainmfhocal leis na huimhreacha 1–6.

Sampla: trí chapall

Cuir urú **nó** *n-* roimh ghuta ar an ainmfhocal leis na huimhreacha 7–10.

> Úsáid an uimhir uatha den ainmfhocal.
> *Trí chapall*: go litriúil, ciallaíonn sé seo **three horse**; ach sa Bhéarla úsáideann tú an uimhir iolra – **three horses**.
> Seo difear idir an dá theanga.

Sampla: seacht gcapall

Ná hathraigh an t-ainmfhocal ar chor ar bith tar éis 20, 30, 40, 50, srl.

Sampla: fiche capall

1–10		11–20	
Bunuimhir + consan	Bunuimhir + guta	Consan + *déag*	Guta + *dhéag*
peann/peann amháin	úll/úll amháin	aon teach* déag	aon mhála dhéag
dhá pheann	dhá úll	dhá theach déag	dhá mhála dhéag
trí pheann	trí úll	trí theach déag	trí mhála dhéag
ceithre pheann	ceithre úll	ceithre theach déag	ceithre mhála dhéag
cúig pheann	cúig úll	cúig theach déag	cúig mhála dhéag
sé pheann	sé úll	sé theach déag	sé mhála dhéag
seacht bpeann	seacht n-úll	seacht dteach déag	seacht mála** dhéag
ocht bpeann	ocht n-úll	ocht dteach déag	ocht mála dhéag
naoi bpeann	naoi n-úll	naoi dteach déag	naoi mála dhéag
deich bpeann	deich n-úll	fiche teach	fiche mála

séimhiú	urú/*n*- roimh ghuta	níl aon athrú ann

* Ní chuireann an focal *aon* séimhiú ar *d*, *t* ná *s*.
** Ní ghlacann *m* urú.

Na huimhreacha os cionn 20

an uimhir bheag	an t-ainmfhocal	*agus*	an uimhir mhór

dhá bhord agus* fiche	trí bhord agus tríocha	cúig bhord agus caoga
seacht mbord agus seasca	naoi mbord agus ochtó	nócha bord

* Go minic cuireann tú *is* in áit *agus* nuair atá tú ag comhaireamh.

 Déan na tascanna ar lch 5.

An seomra ranga

Tasc foclóra

 Animation

Bain úsáid as na focail ar dheis chun lipéid a chur ar an bpictiúr.

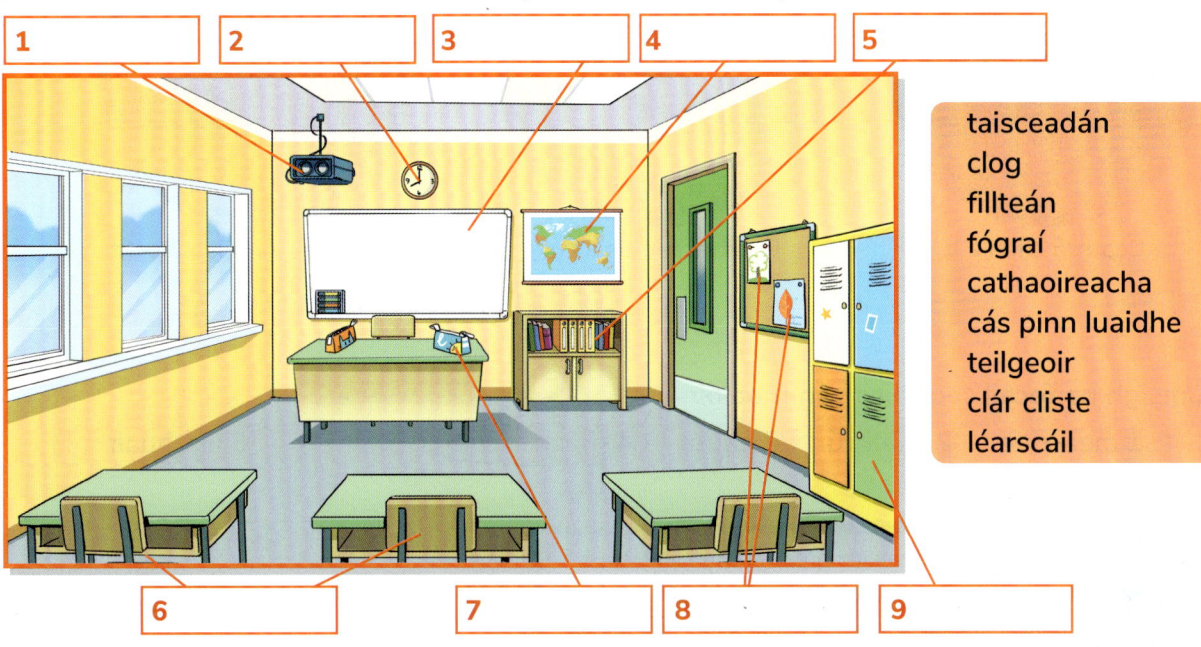

taisceadán
clog
fillteán
fógraí
cathaoireacha
cás pinn luaidhe
teilgeoir
clár cliste
léarscáil

Scríobh

Féach ar an bpictiúr thuas agus freagair na ceisteanna seo a leanas.

1. Cé mhéad taisceadán atá sa seomra ranga seo?
2. Cé mhéad cathaoir a fheiceann tú?
3. Cé mhéad deasc atá sa phictiúr seo?
4. Cé mhéad clog atá ar an mballa?
5. Cé mhéad cás pinn luaidhe atá ar bhord an mhúinteora?
6. Cé mhéad fillteán atá ar an tseilf in aice leis an doras?

Líon na bearnaí

  Animation

Bain úsáid as na focail thuas chun na bearnaí a líonadh.

Is mise Niall de Paor agus táim sa chéad bhliain. Is breá liom mo sheomra ranga ar scoil. Sroichim an scoil ag leathuair tar éis a hocht ar an Luan. Bíonn tíreolaíocht agam ar dtús. Tá jab beag le déanamh ag gach dalta i mo rang. Tarraingím féin na (1)_____ anuas ar maidin. Ansin faighim mo leabhair agus mo chóipleabhair ón (2)_____. Suím síos agus cuirim mo (3)_____ _____ _____ ar an deasc. Tá dhá pheann, aibhsitheoir amháin, scriosán agus rialóir ann. Cuireann an múinteoir an (4)_____ ar siúl agus féachaimid ar vlag machnaimh ar YouTube sula dtosaíonn an rang. Brúnn an múinteoir na cnaipí ar an (5) g_____ _____. Ní úsáideann sí marcóirí ná cailc. Déanaim féin agus mo chairde taighde ar an (6)_____ dár dtionscadal. Féachann Liam ar an (7) g_____ nuair a thagann leadrán air. Ní maith leis tíreolaíocht. Cuirim mo nótaí i (8) m' _fh_____ ag deireadh an cheachta.

Éisteacht Rian 1.05

Éist leis na freagraí cearta agus déan seiceáil ar do chuid freagraí féin. Cloisfidh tú na freagraí faoi dhó.

Cogar The word *féin* is often used in Irish for emphasis.

Idirghníomhú cainte

Labhair le duine eile sa rang faoi líon na rudaí i do sheomra ranga féin.

Samplaí: *Níl teilgeoir sa seomra ranga.*
Tá fiche bord agus fiche cathaoir sa seomra ranga.

An clog agus na maoluimhreacha

Ceathrú chun a trí Ceathrú tar éis a cúig Leathuair tar éis a hocht

Tasc foclóra

Aimsigh na focail seo thíos san fhoclóir.

1 meán lae   2 ceathrú   3 chun   4 meán oíche   5 tar éis   6 leathuair

> Baineann tú úsáid as na maoluimhreacha chun an t-am a insint – a haon, a dó, a trí, a ceathair, a cúig, a sé, a seacht, a hocht, a naoi, a deich, a haon déag, a dó dhéag.

Scríobh

Obair le duine eile sa rang chun an ghreille a líonadh. Tá cuid den ghreille déanta duit.

An clog analógach	An clog 24 uair	An clog 12 uair	An t-am i bhfocail
	15.55	3.55 i.n.	cúig chun a ceathair
	1.15		
			meán oíche
		2.25 i.n.	

Déan na tascanna ar lgh 6–7.

16

Clár ama don chéad bhliain

Aonad 1 — An Scoil

Léamh

Féach ar an gclár ama don chéad bhliain agus freagair na ceisteanna seo a leanas.

	An Luan	**An Mháirt**	**An Chéadaoin**	**An Déardaoin**	**An Aoine**
8.50	An Fhraincis	An ealaín	Staidéar gnó	An Fhraincis	An Béarla
9.30	An mhata	An ceol	An reiligiún	An tíreolaíocht	An ealaín
10.10	An reiligiún	An Ghaeilge	An Béarla	An mhata	An eolaíocht
10.45	Sos	Sos	Sos	Sos	Sos
11.00	An corpoideachas	An Béarla	An mhata	An Ghaeilge	Staidéar gnó
11.40	An corpoideachas	An Fhraincis	Ríomhairí	An reiligiún	An Ghaeilge
12.20	An Ghaeilge	An tíreolaíocht	Ríomhairí	An stair	An mhata
12.55	Am lóin	Am lóin	Abhaile	Am lóin	Am lóin
1.35	An Béarla	Staidéar gnó	Leathlá	An tíos	An stair
2.15	An stair	An eolaíocht	Leathlá	An tíos	An leabharlann
2.55	An tíreolaíocht	An eolaíocht	Leathlá	An ceol	Tionól
3.35	Abhaile	Abhaile		Abhaile	Abhaile

Fíor nó bréagach?

Cuir tic sa cholún ceart.

		✔	✘
1	Bíonn an tíreolaíocht ag muintir na chéad bhliana ar an Luan.		
2	Bíonn rang dúbailte acu sa Fhraincis ar an Máirt.		
3	Ní bhíonn **ceachtanna**[1] acu tar éis am lóin ar an gCéadaoin.		
4	Bíonn ceithre cheacht Gaeilge sa tseachtain acu.		

Scríobh

1. Cad é an dara ceacht ar an Luan? *Leid: Is é an _____ é.*
2. An mbíonn an tíreolaíocht ag muintir na chéad bhliana ar an Luan? *Leid: Is ceist dhúnta í seo.*
3. Cén rang dúbailte a bhíonn ag na daltaí ar an Máirt?
4. Cén lá a mbíonn ceachtanna ríomhaire ag muintir na chéad bhliana?

Cur i láthair

Scríobh amach do chlár ama féin ar leathanach bán agus ar an taobh eile de, tarraing pictiúr de na rudaí is fearr leat faoi do scoil. Labhair faoi do scoil os comhair an ranga ar feadh 30 soicind. Úsáid an acmhainn punainne (lch 7) mar chabhair duit.

Critéir ratha:

Luaigh na nithe seo a leanas: na hábhair is fearr leat, na **háiseanna**[2] sa scoil, na múinteoirí, na daltaí eile.

> **Moladh**
> Déan taifeadadh digiteach de dhaoine ag labhairt anseo.

[1] lessons   [2] facilities

Croí na Gaeilge 1

Na briathra rialta san aimsir láithreach

Rialacha

Nuair a bhíonn daoine ag caint i nGaeilge (nó in aon teanga), bíonn siad ag caint faoi *mé/mise* (an chéad phearsa, uimhir uatha) agus *muid/sinn/muidne/sinne* (an chéad phearsa, uimhir iolra) go han-mhinic. Is í an aimsir láithreach an aimsir is mó agus is coitianta sa teanga freisin.

> Ar chuala tú faoin riail 'caol le caol agus leathan le leathan' agus tú ar an mbunscoil?
> Ní bhriseann aon bhriathar sa Ghaeilge an riail seo in aon aimsir riamh.
> *i* agus *e* = na gutaí caola   *a*, *o* agus *u* = na gutaí leathana

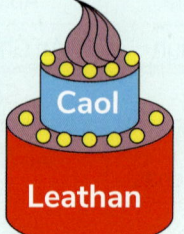

Briathar	Fréamh*	Siolla**	
éist	éist	1	Tá an briathar *éist* **gearr** agus **caol**.
glan	glan	1	Tá an briathar *glan* **gearr** agus **leathan**.
bailigh	bail	2	Tá an briathar *bailigh* **fada** agus **caol**.
tosaigh	tos	2	Tá an briathar *tosaigh* **fada** agus **leathan**.

> * I gcás briathar gearr: an **fhréamh** = an briathar.
> ** Tá **siolla** amháin ag briathra gearra. Tá siad sa chéad réimniú.
> ** Tá dhá **shiolla** ag briathra fada. Tá siad sa dara réimniú.

	Éist	Glan	Bailigh	Tosaigh
mé/mise	éistim	glanaim	bailím	tosaím
muid/sinn	éistimid	glanaimid	bailímid	tosaímid
tú, sé, sí, sibh, siad	éisteann sé	glanann sí	bailíonn sibh	tosaíonn siad
ní . . . (+ séimhiú)	ní éisteann sé	ní ghlanann sí	ní bhailíonn sibh	ní thosaíonn siad
an . . .? (+ urú)	an éisteann tú?	an nglanann tú?	an mbailíonn tú?	an dtosaíonn tú?
nach . . .? (+ urú)	nach n-éisteann tú?	nach nglanann tú?	nach mbailíonn tú?	nach dtosaíonn tú?

- Tá *m* ag deireadh an bhriathair nuair atá *mé/mise* i gceist.
- Nuair atá an fhréamh leathan, tá *a* ann freisin. Cuireann tú *-aim/-ann/-aím/-aíonn* leis an bhfréamh leathan.
  Sampla: tosaíonn siad (is *a* ciúin go hiomlán é seo)
- Más briathar fada atá i gceist, cuireann tú *-ím/-íonn/-aím/-aíonn* leis an bhfréamh.
- Cuireann tú *n-* roimh ghuta tar éis *nach*. Ní tharlaíonn sé sin le *an*.

Tá tuilleadh eolais le fáil ar lch 250.

Déan an tasc ar lch 8.

Ag ullmhú don lá scoile

Aonad 1 — An Scoil

Tasc foclóra

Aimsigh na **briathra**[1] seo san fhoclóir.

| 1 ith | 2 éirigh | 3 fan | 4 dúisigh | 5 téigh | 6 scuab | 7 cuir |

Picthuiscint

Féach ar an tsraith pictiúr seo d'Áine ag ullmhú don lá scoile. Léigh na habairtí a théann leis an tsraith agus scríobh an litir cheart faoi gach pictiúr.

A Ithim **calóga**[2] agus ólaim cupán tae.
B Fanaim leis an mbus.
C Dúisím ar maidin nuair a phreabann m'fhón póca. *Leid: Seo an chéad cheann.*
D Sa **seomra folctha**[3] scuabaim m'fhiacla agus mo chuid gruaige.

Meaitseáil

Féach ar an seomra folctha seo agus scríobh an uimhir cheart faoi gach focal sa ghreille thíos.

gallúnach	doirteal
scáthán	leithreas
sconna	seampú
cith	tuáille
scuab fiacla	cíor

Labhairt

Scríobh cúig abairt faoi rudaí a dhéanann tú gach lá agus tú ag ullmhú don lá scoile. Léigh amach os ard iad do dhuine eile sa rang.

Samplaí:
Pacálaim mo mhála scoile.
Ithim mo bhricfeasta.

> **Moladh**
> Déan taifeadadh digiteach de dhaoine ag labhairt anseo.

[1] verbs [2] flakes [3] bathroom

Croí na Gaeilge 1
An Ghaeilge ar scoil

 ### Gaeloideachas

Is **eagras**[1] é Gaeloideachas atá ag obair ar son na Gaeilge ar fud na tíre. Bunaíodh an t-eagras seo sa bhliain 1973. Anois tá gaelscoil (**bunscoil**[2] ag obair trí Ghaeilge) i ngach contae in Éirinn. Is cinnte go bhfuil a lán daoine ag iarraidh an Ghaeilge a fhoghlaim.

Tá 53,000 duine ar scoileanna atá ag obair trí Ghaeilge. Seo réimse ina bhfuil an teanga **faoi bhláth**[3]. De réir na staitisticí, tá níos mó ná 6% (sé faoin gcéad) de na daltaí bunscoile in Éirinn ag freastal ar ghaelscoileanna. Tá níos mó ná 4% (ceithre faoin gcéad) de dhaltaí **meánscoile**[4] ag freastal ar ghaelcholáistí.

Cuireann na scoileanna seo go mór le saol na Gaeilge agus leis an teanga bheo in áiteanna lasmuigh den Ghaeltacht.

 ### Idirghníomhú cainte

 Labhair i mionghrúpa faoi na rudaí is féidir leat a dhéanamh ar son na Gaeilge i do scoil féin.

Noda:
- Is féidir linn . . . a chur in airde.
- Tig linn . . . a dhéanamh ar maidin.
- Féadfaimid Gaeilge a labhairt sa . . .
- Ba mhaith liom Gaeilge a labhairt gach . . .

 ### Cur i láthair

 Déan taighde ar líne ar na ceisteanna thíos agus déan cur i láthair don rang.
Cad iad na gaelscoileanna (bunscoileanna) i do cheantar nó i do chontae féin?

1. An bhfuil aon ghaelcholáiste nó meánscoil ag obair trí Ghaeilge i do cheantar féin?
2. Cé mhéad dalta atá ag foghlaim trí Ghaeilge i do chontae féin?
3. Cad í an ghaelscoil is sine in Éirinn lasmuigh den Ghaeltacht?
4. Cén bhliain inar oscail do scoil féin?

> **Moladh**
> Déan taifeadadh digiteach de dhaoine ag labhairt anseo.

 ### Scríobh

Scríobh cúpla líne faoin méid is féidir leat a dhéanamh chun níos mó Gaeilge a úsáid i do shaol laethúil.

Critéir ratha:
- An féidir libh labhairt as Gaeilge ar feadh cúpla nóiméad gach lá?
- An féidir libh comharthaí Gaeilge a chur timpeall na scoile?
- An féidir libh éisteacht le Raidió Rí-Rá ar an mbealach abhaile ón scoil?

---

1 organisation 2 primary school 3 flourishing 4 secondary school

Bialann Barry

Léamh
Léigh an téacs sa bhiachlár agus freagair na ceisteanna seo a leanas.

1. Cad é an dinnéar **is daoire**[1] ar an mbiachlár?
2. Cad é an dinnéar **is saoire**[2] ar an mbiachlár?
3. Cé mhéad smailc atá ar fáil sa bhialann?
4. Cad í an mhilseog is daoire ar an mbiachlár?
5. Cad í an deoch is saoire ar an mbiachlár?
6. Cad í an rogha **is sláintiúla**[3] ar an mbiachlár, meas tú?

Idirghníomhú cainte

Labhair le duine eile sa rang. Tá duine amháin ag obair sa bhialann agus tá an duine eile ag ordú bia.
Noda:
- Ba mhaith liom . . .
- Cé mhéad . . . ?
- Cén costas atá ar . . . ?
- Seo duit an tsóinseáil.

Scríobh

Ba mhaith le Coiste na nDaltaí biachlár nua a chruthú ar scoil. D'iarr siad ar gach dalta sa scoil biachlár a scríobh. Úsáid an acmhainn punainne (lch 9) mar chabhair duit.
Critéir ratha:

Déan cinnte go bhfuil na rudaí seo a leanas luaite ar an mbiachlár: smailc, dinnéar, milseog, deoch, praghas.

[1] dearest   [2] cheapest   [3] healthiest

Croí na Gaeilge 1

Na briathra neamhrialta san aimsir láithreach

Na 11 bhriathar neamhrialta

Tá 11 bhriathar neamhrialta sa Ghaeilge. Tá dhá ghrúpa i gceist leis na briathra neamhrialta.

An sé mór	An cúig beag
abair	clois
bí	ith
faigh	tabhair
feic	tar
téigh	beir
déan	

Féach ar Léaráid B (lch 270).

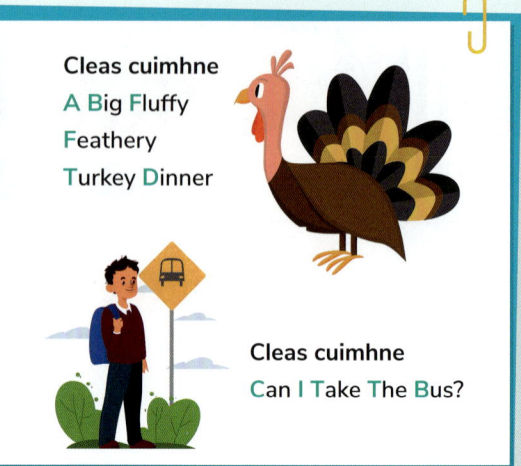

Cleas cuimhne
A Big **F**luffy **F**eathery **T**urkey **D**inner

Cleas cuimhne
Can **I** **T**ake **T**he **B**us?

Tasc foclóra

Cuir Béarla ar na briathra neamhrialta ar fad. Bain úsáid as foclóir nó as foclóir ar líne, más gá.

An sé mór san aimsir láithreach (*tú, sé, sí, sibh, siad*)

	An fhoirm dhearfach 👍	An fhoirm dhiúltach 👎	An fhoirm cheisteach ?
Abair	deir tú	ní deir tú	an ndeir tú?
Bí	tá/bíonn sé	níl/ní bhíonn sé	an bhfuil/an mbíonn sé?
Faigh	faigheann sí	ní fhaigheann sí	an bhfaigheann sí?
Feic	feiceann sibh	ní fheiceann sibh	an bhfeiceann sibh?
Téigh	téann siad	ní théann siad	an dtéann siad?
Déan	déanann tú	ní dhéanann tú	an ndéanann tú?

An sé mór san aimsir láithreach (*mise* agus *muid*)

	An fhoirm dhearfach 👍	An fhoirm dhiúltach 👎	An fhoirm cheisteach ?
Abair	deirim(id)	ní deirim(id)	an ndeirim(id)?
Bí	táim(id)/bím(id)	nílim(id)/ní bhím(id)	an bhfuilim(id)/an mbím(id)?
Faigh	faighim(id)	ní fhaighim(id)	an bhfaighim(id)?
Feic	feicim(id)	ní fheicim(id)	an bhfeicim(id)?
Téigh	téim(id)	ní théim(id)	an dtéim(id)?
Déan	déanaim(id)	ní dhéanaim(id)	an ndéanaim(id)?

ní + séimhiú	an + urú	níl athrú ar bith ann

An cúig beag san aimsir láithreach (*tú, sé, sí, sibh, siad*)

	An fhoirm dhearfach 👍	An fhoirm dhiúltach 👎	An fhoirm cheisteach ❓
Clois	cloiseann tú	ní chloiseann tú	an gcloiseann tú?
Ith	itheann sí	ní itheann sí	an itheann sí?
Tar	tagann sibh	ní thagann sibh	an dtagann sibh?
Tabhair	tugann sé	ní thugann sé	an dtugann sé?
Beir	beireann siad	ní bheireann siad	an mbeireann siad?

An cúig beag san aimsir láithreach (*mise* agus *muid*)

	An fhoirm dhearfach 👍	An fhoirm dhiúltach 👎	An fhoirm cheisteach ❓
Clois	cloisim(id)	ní chloisim(id)	an gcloisim(id)?
Ith	ithim(id)	ní ithim(id)	an ithim(id)?
Tar	tagaim(id)	ní thagaim(id)	an dtagaim(id)?
Tabhair	tugaim(id)	ní thugaim(id)	an dtugaim(id)?
Beir	beirim(id)	ní bheirim(id)	an mbeirim(id)?

Meaitseáil

Meaitseáil na habairtí leis na pictiúir.

1. Téim ar scoil ar an mbus gach maidin.
2. Faighim obair bhaile gach oíche.
3. Déanaim an corpoideachas gach Luan.
4. Deirim gach rud le mo chairde ag am lóin.
5. Bím déanach don bhus uair sa tseachtain.
6. Feicim daoine ag dul ar scoil.

Scríobh

Líon na bearnaí le briathra sa chéad phearsa, uimhir uatha (*mé/mise*).

1. _____ go bialann na scoile gach lá.
2. _____ scrúdú beag gach seachtain sa mhata.
3. Ní _____ go dtí an oifig go rómhinic.
4. _____ sásta le mo scoil nua.
5. Ní _____ obair bhaile ón múinteoir reiligiúin.
6. _____ daoine ag imirt peile sa chlós ag am lóin.
7. Ní _____ an eolaíocht ar scoil ach déanaim ealaín.

Éisteacht

Éist leis na freagraí ar na ceisteanna sa tasc thuas agus ceartaigh do chuid oibre.

Croí na Gaeilge 1

Próifílí daltaí

1 Léamh

Léigh anseo faoi sheisear daltaí difriúla.

Ainm: Seán Ó Sé
Aois: dhá bhliain déag d'aois
Rang: an chéad bhliain
Cineál scoile: meánscoil mheasctha
An t-ábhar is fearr leis: an mhata
An t-ábhar is fuath leis: an Béarla
An múinteoir is fearr leis: an múinteoir mata
'Tá mé go maith sa mhata.'

Ainm: Clare O'Brien
Aois: cúig bliana déag d'aois
Bliain: an ceathrú bliain
Cineál scoile: gaelscoil
An t-ábhar is fearr léi: an corpoideachas
An t-ábhar is fuath léi: an chuntasaíocht
An múinteoir is fearr léi: an múinteoir ealaíne
'Tá mé go measartha sa chorpoideachas.'

Ainm: Máire Ní Choilm
Aois: ceithre bliana déag d'aois
Rang: an tríú bliain
Scoil: meánscoil do chailíní
An t-ábhar is fearr léi: an Fhraincis
An t-ábhar is fuath léi: an eolaíocht
An múinteoir is fearr léi: an múinteoir staire
'Tá mé réasúnta maith sa Fhraincis.'

Ainm: Juan Delaney
Aois: seacht mbliana déag d'aois
Rang: an séú bliain
Cineál scoile: gaelscoil
An t-ábhar is fearr leis: an Ghaeilge
An t-ábhar is fuath leis: an fhisic
An múinteoir is fearr leis: an múinteoir Gearmáinise
'Tá mé an-mhaith sa Ghaeilge.'

Ainm: Amira Ní Riain
Aois: trí bliana déag d'aois
Rang: an dara bliain
Cineál scoile: pobalscoil
An t-ábhar is fearr léi: an Spáinnis
An t-ábhar is fuath léi: an tíreolaíocht
An múinteoir is fearr léi: an múinteoir corpoideachais
'Tá mé maith go leor sa Spáinnis.'

Ainm: Liam de Paor
Aois: sé bliana déag d'aois
Rang: an cúigiú bliain
Cineál scoile: meánscoil do bhuachaillí
An t-ábhar is fearr leis: an bhitheolaíocht
An t-ábhar is fuath leis: staidéar gnó
An múinteoir is fearr leis: an múinteoir reiligiúin
'Tá mé go hiontach sa bhitheolaíocht.'

Scríobh

Freagair na ceisteanna a bhaineann leis na daltaí.
1. Cén aois é Seán?
2. Cén t-ábhar scoile is fearr leis?
3. Cén múinteoir is fearr leis?
4. Cén bhliain ina bhfuil Clare?
5. Cén cineál scoile í scoil Clare?
6. Cén t-ábhar is fuath léi?
7. Cén aois é Juan?
8. Cén t-ábhar is fearr leis?
9. Cén múinteoir is fearr leis?
10. Cén cineál scoile í scoil Amira?
11. Cén t-ábhar is fuath léi?
12. Cén aois é Liam?
13. Cén múinteoir is fearr leis?
14. An bhfuil Liam go maith sa bhitheolaíocht?

Bain úsáid as ráitis na ndaltaí le cur síos a dhéanamh ar do chumas féin sna hábhair scoile éagsúla.
1. Tá mé go maith sa _____.
2. Tá mé go measartha sa _____.
3. Tá mé réasúnta maith sa _____.
4. Tá mé an-mhaith sa _____.
5. Tá mé maith go leor sa _____.
6. Tá mé go hiontach sa _____.

Aistriúchán

Aistrigh na habairtí seo ó Bhéarla go Gaeilge. Tá na briathra ar fad neamhrialta sa Ghaeilge.

1. I go to school on the bus.
2. He eats his lunch at one o'clock.
3. We give the homework to the teacher. *Leid:* **don**
4. I make my lunch every night.
5. I hear the bell every morning.
6. She does not go to the canteen every day.
7. We do Irish in my school.
8. We see teachers in the yard.

> **Cogar** To change *I* to *we*, just add *-id*. This is always true in the present tense.

Dhá cheist faoin mbriathar rialta
1. An bhfuil an fhréamh caol nó leathan?
   Seo ceist faoi na gutaí sa bhriathar.
2. An bhfuil an briathar gearr nó fada?
   Seo ceist faoi líon na siollaí sa bhriathar.

Tasc ealaíne

Tarraing nó faigh ón idirlíon dhá phictiúr:
1. Pictiúr de thurcaí. Scríobh liosta de na briathra *abair*, *bí*, *faigh*, *feic*, *téigh* agus *déan* faoi.
2. Pictiúr de dhuine ag dul ar an mbus. Scríobh liosta de na briathra *clois*, *ith*, *tar*, *tabhair* agus *beir* faoi.

Cleas cuimhne
An sé mór: 'A Big Fluffy Feathery Turkey Dinner'
An cúig beag: 'Can I Take The Bus?'

Úrscéal: Scoil an Chnoic

Is úrscéal é *Scoil an Chnoic* le Jacqueline de Brún. Tarlaíonn rudaí aisteacha sa scoil agus tá **rún**[1] nó dhó ann. Lá amháin, téann pictiúr **ar iarraidh**[2] ón mballa i halla na scoile. Déanann beirt de na daltaí iarracht an **mhistéir**[3] a réiteach, mistéir a théann siar breis agus céad bliain.

Literature

Tá tuilleadh téarmaí litríochta le fáil ar lch 290.

Téarmaí litríochta

úrscéal	novel	an t-úrscéal	the novel
ag tús an úrscéil	at the start of the novel	ag críoch an úrscéil	at the end of the novel
caibidil	a chapter	an chaibidil	the chapter
sliocht	an excerpt	an sliocht	the excerpt
alt	a paragraph	an t-alt	the paragraph
údar	an author	an t-údar	the author

 Léigh an cur síos seo ar chaibidil a dó san úrscéal.

SCOIL AN CHNOIC
le Jacqueline de Brún
Cur síos ar chaibidil a dó

Seo scéal faoi bhuachaill naoi mbliana d'aois darb ainm Seán Ó Seáin. Tá sé ina chónaí i mBaile an Chnoic agus tá sé ar an mbunscoil áitiúil. Tá Seán cliste ach níl sé go maith sa mhata. Éiríonn sé go luath gach maidin agus siúlann sé suas an cnoc go dtí an scoil. Fágann sé an teach ar leathuair tar éis a seacht agus tosaíonn an lá i Scoil an Chnoic ag a naoi gach maidin. Tá an turas ann deacair mar tá an bóthar **crochta**[4]. Tá rópa in aice leis an mbóthar agus tugann sé sin cúnamh do na daltaí agus iad ag siúl suas an cnoc.

Tá na daltaí sa scoil seo cosúil leis na daoine in aon scoil eile, agus tá na múinteoirí aisteach uaireanta, mar a bhíonn múinteoirí i ngach scoil eile.

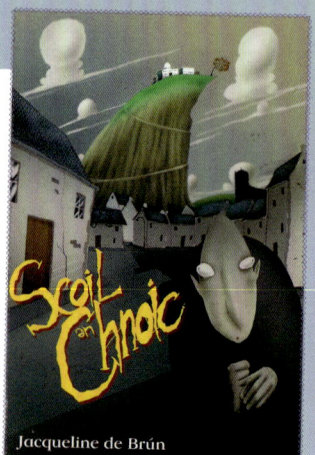
© An Gúm

Tosaíonn gach lá le **tionól**[5] sa halla do na daltaí leis an bpríomhoide agus na múinteoirí eile. Bíonn ar na daltaí amhrán na scoile a chanadh gach lá, ach tá siad bréan den amhrán agus ní maith leo é a chanadh. Ní fhaigheann siad aon inspioráid ón amhrán ach fós bíonn orthu é a chanadh gach lá.

Cuireann beirt daltaí focail eile leis an gceol ach ní chloiseann na múinteoirí iad. Bíonn Daltún agus Micí Mac Suibhne ag déanamh magadh faoin scoil agus déanann na daltaí sa chéad bhliain gáire nuair a chloiseann siad an bheirt bhuachaillí ag canadh. Lá amháin, ag an tionól sa halla, cloiseann na daltaí agus na múinteoirí scéal ón bpríomhoide a athraíonn gach rud. Ach céard atá ann?

[1] a secret [2] missing [3] mystery [4] steep [5] assembly

Éisteacht Rian 1.07

Éist leis an gcur síos ar chaibidil a dó ón leabhar *Scoil an Chnoic* le Jacqueline de Brún.

Fíor nó bréagach?

LG Tá cluastuiscintí don aonad seo le fáil ar lgh 117–21.

Cuir tic sa cholún ceart.

		✔	✘
1	Tá Seán cúig bliana d'aois.		
2	Tá Seán go maith sa mhata.		
3	Fágann sé an teach gach maidin ag leathuair tar éis a seacht.		
4	Ní maith leis na páistí amhrán na scoile a chanadh.		
5	Cuireann Seán focail eile leis an amhrán.		

Scríobh

Freagair na ceisteanna seo a leanas.

1. Cá bhfuil Seán ina chónaí?
2. Cén scoil ar a bhfuil sé?
3. Cén t-am a thosaíonn an lá scoile gach maidin?
4. Cad atá in aice leis an mbóthar chun cúnamh a thabhairt do na daltaí siúl suas an cnoc?
5. Ainmnigh an bheirt bhuachaillí a chuireann focail eile le hamhrán na scoile.

Idirghníomhú cainte

Tabhair do thuairim ar an scéal atá ag an bpríomhoide ag an tionól sa halla scoile agus déan plé air le daoine eile sa rang.

Noda:
- Sílim go . . .
- Measaim féin go . . .
- Ceapaim go . . .

Amhrán ranga

Seo thíos focail amhrán na scoile ón úrscéal *Scoil an Chnoic*. Déan iarracht cúpla líne, nó fiú véarsa nó dhó, a scríobh mar amhrán ranga. Más féidir, cuir ceol leis na liricí.

AMHRÁN SCOIL AN CHNOIC

Ó Scoil an Chnoic, an scoil is fearr,
Ar gach aon dóigh, tá an scoil thar barr.
Tá oideachas den scoth ar fáil
Ar fud an domhain tá clú agus cáil,
Ar na daltaí seo atá cliste cóir
A fhágtar cách amuigh sa tóir.

© Jacqueline de Brún, An Gúm

Croí na Gaeilge 1
Seomra na ríomhairí

 Tasc foclóra

 Aimsigh na focail seo san fhoclóir agus cuir Béarla orthu.

1. scáileán
2. ríomhaire
3. méarchlár
4. cnaipe
5. luch
6. fón póca
7. luchtaire

 Scríobh

 Tá stór focal an aonaid seo le fáil ar lch 303.

Athscríobh na habairtí seo thíos agus cuir focal in áit gach pictiúr. Bain úsáid as an bhfoclóir más gá.

Vocabulary

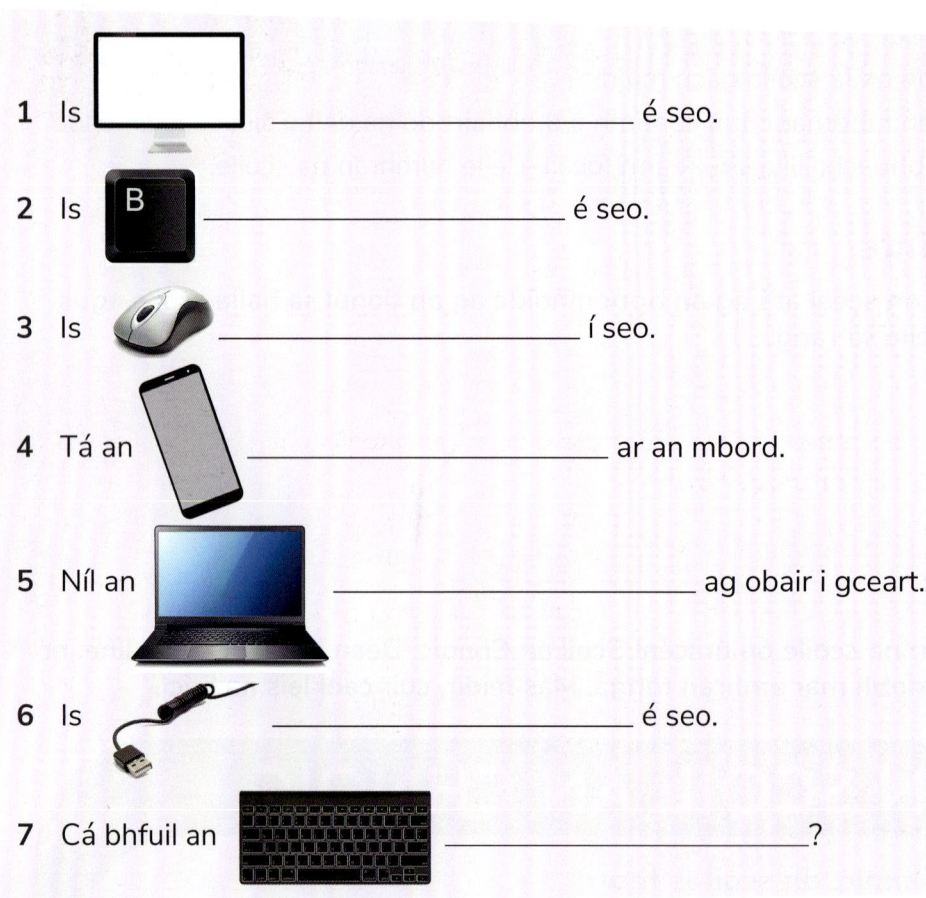

1. Is _____ é seo.
2. Is _____ é seo.
3. Is _____ í seo.
4. Tá an _____ ar an mbord.
5. Níl an _____ ag obair i gceart.
6. Is _____ é seo.
7. Cá bhfuil an _____ ?

 Idirghníomhú cainte

 Cad é an riail i do scoil faoin bhfón póca? Pléigh an tuairim atá agat faoin riail seo le daoine eile sa rang. Smaoinigh ar na ceisteanna seo a leanas.

- An maith leat an riail?
- Ar bhris tú an riail riamh?
- Cén riail a bhí agaibh sa bhunscoil?

Léarscáil scoile

Ar chlé ← **Ar dheis** →

Thíos staighre

An seomra ealaíne	Pasáiste	Seomra na ríomhairí
Na leithris		An leabharlann
An tsaotharlann		An chistin
	Oifig an phríomhoide	

Thuas staighre

An chéad bhliain	Pasáiste	An dara bliain
An tríú bliain		An ceathrú bliain
An cúigiú bliain		An séú bliain
	Barr an staighre	

Na horduimhreacha
an chéad, an dara, an tríú

Thuas staighre

Thíos staighre

📝 Scríobh

Téann tú amach as oifig an phríomhoide. Bain úsáid as an léarscáil scoile leis na ceisteanna seo a leanas a fhreagairt.

1. Cad é an dara seomra ar chlé?
   Is iad na _____ an dara seomra ar chlé.
2. Cad atá ar fáil sa dara seomra ar dheis? Cuir tic leis an bhfreagra ceart.
   bia ☐   péint ☐   leabhair ☐
3. An bhfuil ceol ar siúl sa tríú seomra ar chlé? *Leid: Is ceist dhúnta í seo.*
4. Cén seomra ina bhfuil an t-idirlíon (*internet*) ar fáil?
   Tá sé ar fáil i _____.
5. Cá bhfuil an tsaotharlann suite?
   Tá sí _____.
6. Cad atá ar chlé idir an tsaotharlann agus an seomra ealaíne?

Tá tú ag barr an staighre anois. Freagair na ceisteanna seo.

1. Cá bhfuil an chéad bhliain suite? Tá siad sa _____ seomra ar _____.
2. Cé atá sa dara seomra ar dheis?
3. Cén seomra ina bhfuil an tríú bliain?
4. Cé mhéad seomra atá thuas staighre?
5. Cén rang atá idir an séú bliain agus an dara bliain?
6. An bhfuil an séú bliain sa chéad seomra ar chlé?

LG Déan na tascanna ar lgh 9–12.

Aonad 1 — An Scoil

Measúnú an aonaid

Piarmheasúnú: Crosfhocal

Agus sibh ag obair i mbeirteanna, déanaigí iarracht an crosfhocal seo a dhéanamh. Tá an t-eolas do gach freagra ar fáil san aonad féin.

Trasna

4 Is féidir leabhar a léamh san áit seo. (11)

7 Cén dath atá ar gheansaí Bhaile Átha Cliath? (4)

9 Cuireann tú _____ ar an ainmfhocal tar éis *ag an*.

10 3.20 ar an gclog = _____ tar éis a trí. (5)

13 An duine sa scoil atá san oifig. (10)

14 Déanann tú staidéar ar an am atá thart san ábhar scoile seo. (2, 5)

16 Cad é an Ghaeilge ar *music*? (2, 4)

19 Cad é an Ghaeilge ar *second*? (4)
Leid: orduimhir

Síos

1 Péinteálann tú pictiúir iontacha sa seomra _____. (7)

2 Tá dath dearg ar ár g_____ corpoideachais. (7)

3 Cé mhéad lá atá sa tseachtain? (6) *Leid: Féach ar an bhfocal féin!*

5 Téann tú go dtí an halla spóirt don rang seo. (2, 13)

6 An focal ar 9. (4)

8 Focal eile don fhocal *sinn*. Tosaíonn sé le *m*. (4)

11 Lá sa tseachtain a thosaíonn leis an litir A. (5)

12 Úsáideann tú [image] don mhata. (9)

14 Cén rang ina bhfuil tú anois? (2, 8)

15 *Faigh* + *muid* san aimsir láithreach. (9)

17 Cad é an Ghaeilge ar *charger*? (9)

18 Seán an t-ainm atá _____. (3)

Téigh go dtí **www.edco.ie/croinagaeilge1** agus bain triail as na hidirghníomhaíochtaí.

Conversation video

Worksheet

Aonad 1 — An Scoil

Féinmheasúnú

Nuair atá an piarmheasúnú déanta agat, comhlánaigh an ghreille seo thíos. Léigh gach intinn foghlama agus abairt mhachnaimh sa chéad cholún. An ndearna tú dul chun cinn? Cuir tic sa cholún cuí.

Anois táim in ann . . .	🙂	😐	🙁
ceisteanna a thuiscint agus a chruthú.			
stór focal na scoile a láimhseáil i gceart.			
mo chlár ama don scoil a mhíniú as Gaeilge.			
cur síos a dhéanamh ar mo sheomra ranga.			
cur síos a dhéanamh ar mo scoil.			
an t-ábhar is fearr liom a rá.			
cur síos a dhéanamh ar dhaoine eile.			
Déan machnamh ar na habairtí seo a leanas:			
Bhain mé sult as na rabhlóga.			
D'fhoghlaim mé ó dhaltaí eile san idirghníomhú cainte.			
Tuigim an aimsir láithreach níos fearr anois.			

Anois comhlánaigh an plean feabhsúcháin seo thíos. Tá tuilleadh eolais le fáil ar lch 300 chun cabhrú leat.

Trí rud a d'fhoghlaim mé
1 _____
2 _____
3 _____

Dhá rud atá le cleachtadh agam
1 _____
2 _____

Rud a dhéanfaidh mé chun feabhas a chur ar mo chuid Gaeilge

```
_____
_____
_____
```

✓ Seiceáil amach

Mar iarfhoghlaim don aonad seo, déan an ghníomhaíocht 'Seiceáil amach' ag **www.edco.ie/croinagaeilge1**. Conas a d'éirigh leat?

Aonad 2 — Mé Féin

> Aithníonn ciaróg ciaróg eile.

Torthaí foghlama an aonaid

Cumas cumarsáide
1.3, 1.6, 1.15, 1.22, 1.26

Feasacht teanga agus chultúrtha
2.4

Féinfheasacht an fhoghlaimeora
3.1, 3.8

Téacsanna an aonaid

Téacs litríochta
Gearrscannán: Yu Ming Is Ainm Dom

Téacsanna tacúla eile
Téacs litríochta (rogha eile): 'An Gleann inar Tógadh Mé' (dán) le Dubhghlas de hÍde
Téacsanna eile: Cultúr sa Rinn, Dán beathaisnéise
Acmhainní eile: teanglann.ie, foclóir.ie, abair.ie, léaráidí gramadaí, acmhainn punainne, acmhainní digiteacha ar edco.ie/croinagaeilge1

Achoimre ar an aonad seo

Tá an t-aonad seo bunaithe ar an téama 'Mé Féin'. Leanfaidh na daltaí ar aghaidh ag cur lena gcumas cumarsáide sna scileanna teanga difriúla. Cuirfear béim ar fheasacht teanga agus chultúrtha. Díreofar go háirithe ar na difríochtaí gramadaí agus comhréire idir teangacha, ar phatrúin teanga agus ar an ilteangachas. Spreagfar na daltaí chun cinntí neamhspleácha agus féinmheasúnú a dhéanamh mar fhoghlaimeoirí, agus chun acmhainní teanga a úsáid.

San aonad seo foghlaimeoidh an dalta na scileanna seo:

Réamhfhoghlaim	Seiceáil isteach (lch 33)
Léamh	Ógie Ó Céilleachair (lch 34), Fíor nó bréagach? (lgh 35, 51, 57), Picthuiscint (lch 41), Léamh (lgh 43, 45, 54), Cultúr sa Rinn (lch 55), Dán beathaisnéise (lch 58)
Scríobh	Scríobh (lgh 35, 39, 44, 45, 47, 50, 51, 54, 56, 57, 59, 60), Próifíl (lch 35), Meaitseáil (lch 37), Tasc scríofa (lgh 39, 59), Sonraí pearsanta (lch 39), Picthuiscint (lch 41), Líon na bearnaí (lgh 44, 52), Léamh (lgh 45, 58), Ainmneacha Gaeilge (lch 48), Cur i láthair (lch 48), Labhairt (lch 49), Dialann (lch 54)
Éisteacht	Éisteacht (lgh 39, 51, 52, 56, 59)
Labhairt	Cur i láthair (lch 48), Labhairt (lch 49)
Idirghníomhú cainte	Idirghníomhú cainte (lgh 37, 43, 45, 46, 47, 51, 52, 57, 59, 60), Tasc pictiúr (lch 52)
Gramadach	*Tá* & *Is* – an dara babhta (lch 36), Scríobh (lgh 37, 38, 41, 43, 46), Uimhreacha agus aoiseanna (lch 38), Na briathra rialta san aimsir chaite (lch 40), An réamhfhocal *ar* (lch 42), *Nach*, *an* agus *ní* (lch 46), Athrú ar an mbriathar rialta san aimsir chaite (lch 47), An réamhfhocal *ag* (lch 53), Cúinne na gramadaí (lch 54)
Foclóir	Tasc foclóra (lgh 35, 41, 50, 57), Aghaidh álainn Ailbhe (lch 49), Tasc pictiúr (lch 52)
Cultúr	Cur in aithne (lch 45), Ainmneacha Gaeilge (lch 48), Cultúr sa Rinn (lch 55)
Leabhar gníomhaíochta	Tascanna (lgh 13–22), Cluastuiscint (lgh 122–6)
Measúnú	Piarmheasúnú (lch 60)
Machnamh	Féinmheasúnú (lch 61), Seiceáil amach (lch 61)

Ag deireadh an aonaid seo beidh mé in ann:
- cur síos sonrach a dhéanamh ar dhaoine.
- plé le briathra rialta san aimsir chaite.
- plé leis na réamhfhocail *ar* agus *ag* i gceart.
- an chopail a úsáid san aimsir láithreach.
- anailís shimplí a dhéanamh ar ghearrscannán.
- dán beathaisnéise a scríobh.
- an briathar a athrú (an fhoirm dhiúltach, an fhoirm cheisteach) san aimsir láithreach.

Clár an aonaid

Ógie Ó Céilleachair	34
Tá & *Is* – an dara babhta	36
Ag cur síos ort féin	37
Uimhreacha agus aoiseanna	38
Cleachtadh ar aoiseanna	39
Na briathra rialta san aimsir chaite	40
Dialann Chiara	41
An réamhfhocal *ar*	42
Ceiliúráin	44
Cur in aithne	45
Nach, *an* agus *ní*	46
Ainmneacha Gaeilge	48
Aghaidh álainn Ailbhe	49
Gearrscannán: *Yu Ming Is Ainm Dom*	50
Dathanna	52
An réamhfhocal *ag*	53
Dialann Shíofra	54
Cultúr sa Rinn	55
Dán beathaisnéise	58
Measúnú an aonaid	60

Seiceáil isteach

Mar réamhfhoghlaim don aonad seo, déan an ghníomhaíocht 'Seiceáil isteach' ag **www.edco.ie/croinagaeilge1**. Conas a d'éirigh leat?

Téigh go dtí **www.edco.ie/croinagaeilge1** agus bain triail as na hidirghníomhaíochtaí.

Ógie Ó Céilleachair

Mé féin agus mo theaghlach

Léigh an t-alt thíos agus déan na tascanna a bhaineann leis.

Is mise Ógie Ó Céilleachair agus is as an Rinn i nGaeltacht na nDéise i gContae Phort Láirge mé. Tá an Rinn suite cois farraige in **oirdheisceart**[1] na hÉireann, in aice le baile mór Dhún Garbhán. Is múinteoir i nGaelcholáiste Luimnigh i gCathair Luimnigh mé. Múinim an stair, **an pholaitíocht agus an tsochaí**[2], an Ghaeilge agus an drámaíocht. Is údar mé freisin. Tá dhá leabhar ficsin foilsithe agam, *Cúpla* agus *Katfish agus Scéalta Eile*.

Rugadh mé ar an 11ú lá de Mheán Fómhair 1982. Tomás Óg an **fíorainm**[3] atá orm, ach ón uair a rugadh mé thug gach duine 'Ógie' orm. Is as Ceann Trá i nGaeltacht Chorca Dhuibhne do mo dhaid, Tomás, agus tá sé gafa le peil Chiarraí. Bhí imreoir darbh ainm Ógie Moran ag imirt le foireann iontach Chiarraí sna hochtóidí agus thaitin sé go mór le mo dhaid mar imreoir. Tá mise ainmnithe as.

Is as Caisleán Ó gConaing i Luimneach do mo mham agus is **amhránaí**[4] cáiliúil í. Tá cúigear i mo chlann, mé féin san áireamh. Is mise an duine is óige. Tá triúr deirfiúracha agam sa lár agus deartháir amháin, an duine is sine sa teaghlach.

D'fhreastail mé ar Scoil Náisiúnta na Rinne i Maoil an Choirnigh sa Rinn. Ní raibh ach siúlóid ghairid le déanamh agam gach maidin chun dul ar scoil agus thaitin sé sin go mór liom. Nuair a bhí mé 13 bliana d'aois, thosaigh mé ag freastal ar Mheánscoil San Nioclás i mBóthar na Sop sa Rinn. Scoil bheag a bhí inti. Ní raibh ach tuairim is 90 dalta sa scoil ag an am sin. Bhí aithne againn ar fad ar a chéile agus bhí gach duine i ngach bliainghrúpa cairdiúil lena chéile. Bhí argóintí againn ó am go ham ach is rud nádúrtha é sin.

---

[1] south-east   [2] politics and society   [3] real name   [4] singer

Aonad 2 — Mé Féin

1 Fíor nó bréagach?

Fíor nó bréagach? Cuir tic sa cholún ceart.

		✔	✘
1	Is as Luimneach Ógie.		
2	Tá beirt deirfiúracha aige.		
3	Tá leabhar amháin foilsithe ag an bhfear seo.		
4	Is as Luimneach a mháthair.		
5	Is maith lena athair an pheil.		
6	D'fhreastail Ógie ar Scoil Náisiúnta na Rinne.		
7	Is bunscoil í sin.		

CÚPLA — Ógie Ó Céilleachair

Scríobh

Leigh na ceisteanna thíos agus freagair iad. Tá an chéad cheann déanta mar shampla duit.

1. Cárb as Ógie Ó Céilleachair? *Is as an Rinn é.*
   Leid: Ná freagair sa chéad phearsa! Cuir **é** in ionad **mé**.
2. Cén contae ina bhfuil an Rinn?
3. Cá bhfuil Ógie ag múineadh?
4. Ar rugadh é i mí Mheán Fómhair?
5. An as an nGaeltacht a athair nó a mháthair?
6. Cé mhéad deirfiúr atá ag Ógie?
7. Cé hé/hí an duine is óige ina theaghlach?
8. Cén aois a bhí Ógie nuair a thosaigh sé ar an meánscoil?
9. Cá bhfuil Meánscoil San Nioclás suite?
10. Cé mhéad dalta a bhí sa scoil sin?

Tasc foclóra

Cuir Béarla ar na focail sa chéad cholún sa phróifíl seo. Bain úsáid as foclóir nó as foclóir ar líne más gá.

🔗 Chun tuilleadh eolais a fháil faoi conas foclóir a úsáid, féach ar lch 302.

Próifíl

Ainm	Ógie Ó Céilleachair is ainm dom.
Áit dhúchais	
Dáta breithe	
Post	
Teidil na leabhar atá foilsithe agat	
Bunscoil	
Meánscoil	

Próifíl

Líon an phróifíl thuas leis na sonraí pearsanta cearta. Déan é seo sa chéad phearsa (mé, liom, agam, dom, srl.) agus bain úsáid as abairtí iomlána. Tá an chéad cheann déanta duit.

LG Déan na tascanna ar lch 13.

Tá & Is – an dara babhta

Dearfach, diúltach agus ceisteach

Féach ar lch 10.

Seo níos mó eolais faoin difear idir tá agus is. Sa chéad aonad bhíomar ag féachaint ar an bhfoirm dhearfach. Féachfaimid anois ar an bhfoirm dhiúltach agus ar an bhfoirm cheisteach.

An briathar *bí* san aimsir láithreach		An chopail	
Tá ocras orm.	👍	Is dalta mé.	👍
Níl áthas orm.	👎	Ní múinteoir mé.	👎
An bhfuil mé sa siopa?	❓	An as Éirinn mé?	❓
Nach bhfuil mé ag dul anocht?	❗	Nach liomsa an peann sin?	❗

Ní + fuil = Ní fhuil = Níl

Cleas cuimhne
Seo cleas cuimhne chun na foirmeacha eile den chopail a chur de ghlanmheabhair.
Nach An your Ní = **Knock on your knee!**

Tá (rud sealadach – mar shampla, d'aois)	Is (rud buan – mar shampla, d'ainm)
Níl mé i mo chónaí anseo.	Seán is ainm dom.
An bhfuil mé 13 bliana d'aois?	An tusa Máire?
Nach bhfuil an fón póca agamsa? *seilbh: sealadach*	Nach le hÁine an fón póca? *úinéireacht: buan*

Féach ar Léaráid A, Cuid 1 (lch 266).   Déan na tascanna ar lch 14.

Ag cur síos ort féin

Aonad 2 — Mé Féin

Is mise Micheál. *buan*
Táim 13 bliana d'aois. *sealadach*
Is as Contae an Chláir mé . . . *áit dhúchais, buan*
. . . ach táim i mo chónaí sa Longfort.
áit chónaithe, sealadach
Is breá liom an Ghaeilge. *rogha, buan*
Tá mo rothar ag mo chara . . . *sealadach*
. . . ach fós, is liomsa an rothar sin. *buan*

Alaba is ainm dom. *buan*
Tá mé sa chéad bhliain ar scoil. *sealadach*
Is as Londain dom. *áit dhúchais, buan*
Táim i mo chónaí i nGaillimh.
áit chónaithe, sealadach
Tá dhá fhón póca agam. *seilbh*
Is maith liom pasta . . . *rogha*
. . . nuair atá ocras orm. *mothúchán, sealadach*

Idirghníomhú cainte

Déan cur síos ort féin don duine in aice leat.

Critéir ratha:

Luaigh na pointí seo a leanas.
- d'ainm
- an bhliain scoile ina bhfuil tú
- d'áit chónaithe
- rud amháin a thaitníonn/ nach dtaitníonn leat

Níl agus Ní

Seo eolas faoin mbeirt thuas san fhoirm dhiúltach.

Micheál	Alaba
Níl sé 14 bliana d'aois.	Níl sí sa dara bliain ar scoil.
Ní as Luimneach é.	Ní as Páras í.
Níl sé ina chónaí san Iarmhí.	Níl sí ina cónaí i gContae Mhaigh Eo.
Ní breá leis an stair.	Níl aon rothar aici.
Níl a rothar sa bhaile.	Ní maith léi pasta mura bhfuil ocras uirthi.
Ní leis a chara an rothar sin.	Níl ocras uirthi faoi láthair.

Meaitseáil

Meaitseáil gach abairt leis an bpictiúr ceart.

1. Níl rothar agam.
2. Tá ocras ar Pheadar.
3. Is maith liom Páras.
4. Ní maith liom an pheil.

A ✓ (Eiffel Tower)
B ✗ (bicycle)
C ✗ (football)
D ✓ (boy)

Scríobh

Cuir Gaeilge ar na habairtí seo a leanas.

1. I am not a teacher.
2. I don't have homework.
3. I don't like geography.
4. I am not in the laboratory.

Uimhreacha agus aoiseanna

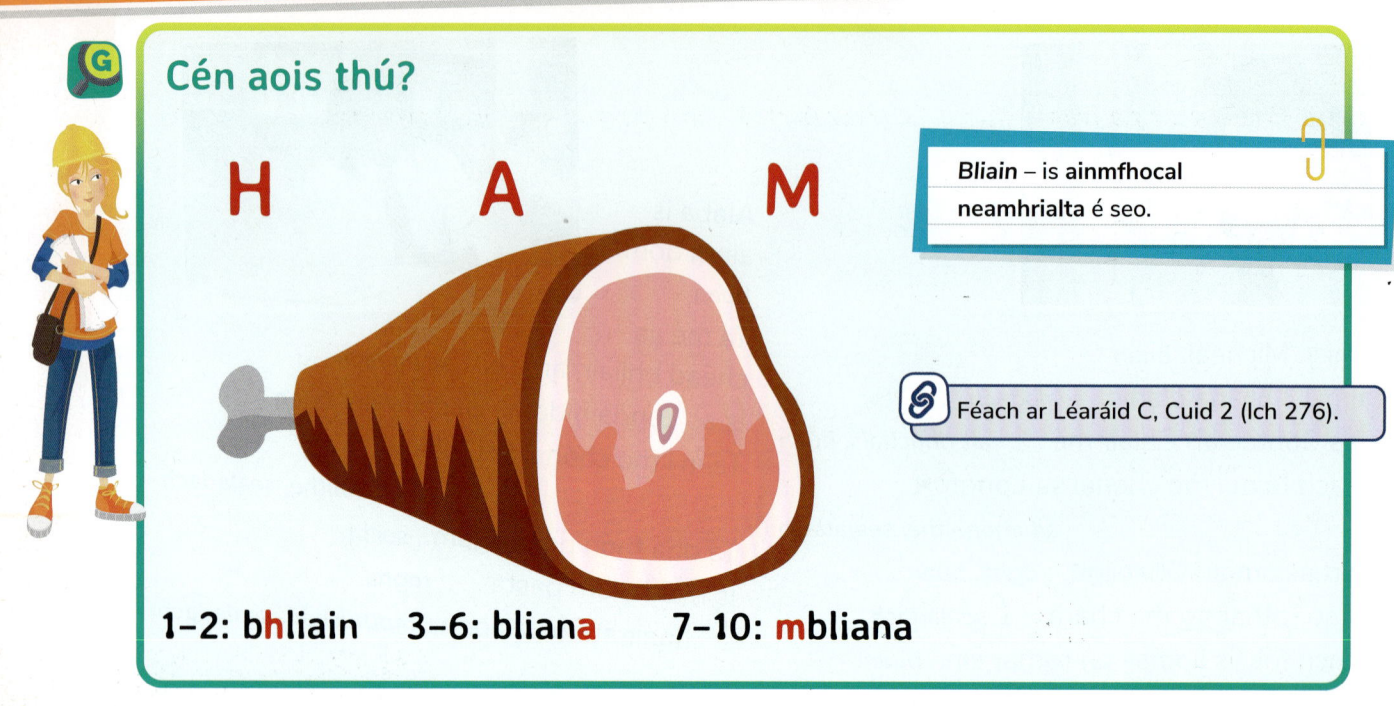

Croí na Gaeilge 1

Cén aois thú?

H A M

Bliain – is **ainmfhocal neamhrialta** é seo.

Féach ar Léaráid C, Cuid 2 (lch 276).

1–2: **bh**liain   3–6: blian**a**   7–10: **m**bliana

Scríobh

Scríobh an leagan ceart den fhocal *bliain* sa ghreille thíos. Scríobh an uimhir cheart idir na lúibíní freisin.

aon *bhliain* d'aois (*1*)	aon _____ déag d'aois (11)	bliain is fiche d'aois (21)
dhá _____ d'aois (___)	dhá bhliain déag d'aois (12)	dhá _____ is fiche d'aois (___)
trí bliana d'aois (3)	trí bliana déag d'aois (___)	trí _____ is tríocha d'aois (___)
ceithre _____ d'aois (___)	ceithre _____ déag d'aois (___)	ceithre _____ is daichead d'aois (___)
cúig bliana d'aois (___)	cúig _____ déag d'aois (___)	cúig _____ is caoga d'aois (___)
sé _____ d'aois (___)	sé _____ déag d'aois (___)	sé _____ is seasca d'aois (___)
seacht mbliana d'aois (7)	seacht mbliana déag d'aois (17)	seacht _____ is seachtó d'aois (___)
ocht _____ d'aois (8)	ocht _____ déag d'aois (___)	ocht _____ is ochtó d'aois (___)
naoi _____ d'aois (___)	naoi _____ déag d'aois (___)	naoi _____ is nócha d'aois (___)
deich _____ d'aois (___)	fiche bliain d'aois (20)	céad bliain d'aois (___)

Cogar The number ten adds an **urú** to the next word, but multiples of ten do not.
For example: *deich mbliana* but *fiche bliain*

LG Déan na tascanna ar lch 15.

Cleachtadh ar aoiseanna

Tasc scríofa

Cuir Gaeilge ar na frásaí thíos. Tá an chéad cheann déanta duit mar shampla.

twenty years of age	*fiche*	**bliain**	*d'aois*
thirty years of age	_____	_____	_____
forty years of age	_____	_____	_____
fifty years of age	_____	_____	_____
sixty years of age	_____	_____	_____
seventy years of age	_____	_____	_____
eighty years of age	_____	_____	_____
ninety years of age	_____	_____	_____
a hundred years of age	_____	_____	_____

Scríobh

> Féach ar mhíonna na bliana ar lch 305.

Freagair na ceisteanna seo.

1. Cén aois thú?   Tá mé _____.
2. Cathain a rugadh thú?   Rugadh mé _____.

Sonraí pearsanta   *Réamh-MRB*

Déan greille le trí cholún: **Ainm**, **Aois** agus **Dáta breithe**. Scríobh isteach an t-eolas seo faoi gach duine i do theaghlach nó déan taighde ar dhaoine cáiliúla. Bain úsáid as an acmhainn punainne (lch 11) mar chabhair duit.

Éisteacht   *Rian 1.08*

Éist leis na habairtí seo agus scríobh abairt faoi aois gach duine. Tá an chéad cheann déanta mar shampla duit.

Tony	Molly	Peadar	Ciara	Carlos

Tony: *Tá Tony ocht mbliana d'aois.*

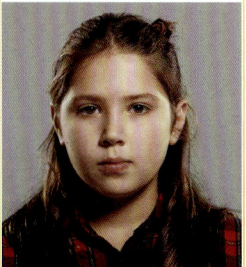

Molly: _____

Peadar: _____

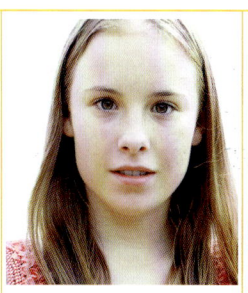

Ciara: _____

Carlos: _____

Aonad 2 — Mé Féin

Croí na Gaeilge 1

Na briathra rialta san aimsir chaite

Fréamh an bhriathair

Féach ar Léaráid A, Cuid 2 (lch 268).

Tá fréamh leathan, *freagr*, ag an mbriathar fada *freagair*.
Tá fréamh chaol, *éir*, ag an mbriathar fada *éirigh*.
I gcás briathar gearr, an fhréamh = an briathar – mar shampla, *cuir* agus *ól*.

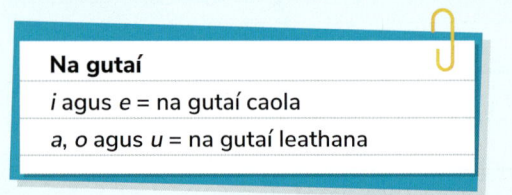

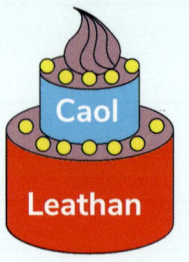

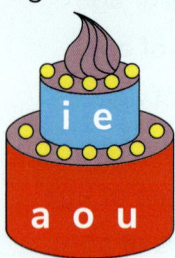

Na gutaí
i agus *e* = na gutaí caola
a, *o* agus *u* = na gutaí leathana

Caol — Leathan
i e — a o u

Dhá cheist faoin mbriathar rialta

1 An bhfuil an fhréamh caol nó leathan? Seo ceist faoi na **gutaí** sa bhriathar.
2 An bhfuil an briathar gearr nó fada? Seo ceist faoi **líon na siollaí** sa bhriathar.

Na siollaí

Tá **siolla amháin** i mbriathar gearr – mar shampla, *cuir* agus *ól*. Tá na briathra seo sa chéad réimniú.

Tá **dhá shiolla** i mbriathar fada – mar shampla, *éirigh* agus *freagair*. Tá na briathra seo sa dara réimniú.

Briathar	Siollaí	Fréamh	
cuir	1	cuir	Tá an briathar *cuir* **gearr** agus **caol**.
ól	1	ól	Tá an briathar *ól* **gearr** agus **leathan**.
éirigh	2	éir	Tá an briathar *éirigh* **fada** agus **caol**.
freagair	2	freagr	Tá an briathar *freagair* **fada** agus **leathan**.

Seo thíos roinnt briathra rialta san aimsir chaite.

		Cuir*	Ól**	Éirigh	Freagair***
mé	👍	chuir mé	d'ól mé	d'éirigh mé	d'fhreagair mé
muid/sinn	👍	chuireamar	d'ólamar	d'éiríomar	d'fhreagraíomar
tú, sé, sí, sibh, siad	👍	chuir sé	d'ól sí	d'éirigh sibh	d'fhreagair siad
níor (+ séimhiú)	👎	níor chuir sé	níor ól sí	níor éirigh sibh	níor fhreagair siad
ar (+ séimhiú)	❓	ar chuir tú?	ar ól tú?	ar éirigh tú?	ar fhreagair tú?
nár (+ séimhiú)	❓	nár chuir tú?	nár ól tú?	nár éirigh tú?	nár fhreagair tú?

* San **aimsir chaite**, cuireann tú séimhiú ar bhriathar a thosaíonn ar chonsan.
(Cuimhnigh nach féidir séimhiú a chur ar *l*, *n* ná *r* riamh.)
** Cuireann tú *d'* roimh an bhfoirm dhearfach de bhriathar a thosaíonn ar ghuta.
*** Cuireann tú séimhiú agus *d'* roimh an bhfoirm dhearfach de bhriathar a thosaíonn le *f*.

Déan na tascanna ar lgh 16–17.

Dialann Chiara

Tasc foclóra

Aimsigh na briathra seo a leanas i bhfoclóir.

| 1 dúisigh | 2 cóirigh | 3 fág | 4 siúil |
| 5 tosaigh | 6 buail (le) | 7 labhair | 8 ceannaigh |

Picthuiscint

Féach ar an tsraith pictiúr seo. Léigh na habairtí a théann leis an tsraith agus scríobh na habairtí san ord ceart.

| A | B | C | D | E |

1. Thosaigh an scrúdú Gaeilge ag leathuair tar éis a naoi.
2. Bhuail mé le mo chairde ag am sosa agus labhraíomar faoin deireadh seachtaine.
3. Dhúisigh mé ag a seacht a chlog ach níor éirigh mé go dtí leathuair tar éis a seacht.
4. D'fhág mé an teach ag leathuair tar éis a hocht agus shiúil mé chun na scoile.
5. Chuir mé mo chuid leabhar agus mo bhosca lóin i mo mhála scoile.

Scríobh

Scríobh an fhoirm dhiúltach de na habairtí sa ghreille seo. Tá an chéad cheann déanta duit.

An fhoirm dhearfach 👍	An fhoirm dhiúltach 👎
1 D'fhágamar an scoil ag a trí a chlog.	*Níor fhágamar an scoil ag a trí a chlog.*
2 D'éirigh go maith leo sa scrúdú mata.	
3 Labhair mé le mo chara.	
4 Thosaigh an seó go déanach.	
5 Chóirigh sé a leaba ar maidin.	
6 Dhúisigh siad go moch ar maidin.	

Anois, scríobh amach an fhoirm cheisteach de na habairtí sa ghreille thuas i do chóipleabhar.

Aonad 2
Mé Féin

Croí na Gaeilge 1

An réamhfhocal *ar*

Réamhfhocail

Tá a lán rudaí le rá ag an bhfocal *ar*.
Is réamhfhocal é *ar*.

LG Déan na tascanna ar lch 18.

> **réamhfhocal** m1 preposition
> réamhfhocal simplí: ar
> forainm réamhfhoclach: orm

Tá tuilleadh eolais le fáil ar lch 256.

mothúcháin[1]
Tá áthas orm.

suíomh[2]
Bhí mé ar an mbus.

ar

toise[3]
Táim cúig troithe ar airde.

oibleagáid[4]
Tá orm imeacht anois.

éadaí agus gruaig
Tá geansaí bán ar Sheán.
Tá gruaig fhionn ar Mháire.

Forainmneacha réamhfhoclacha

Is forainm é *mé/mise*. Is é an chéad phearsa, uimhir uatha é.
Seo forainmneacha eile: *tú, sé, sí, muid/sinn, sibh, siad*.

> **forainm** m1 pronoun

Cuir forainm agus réamhfhocal le chéile agus tá forainm réamhfhoclach agat.

ar	+	mé/mise	=	orm
réamhfhocal	+	forainm	=	forainm réamhfhoclach

Réamhfhocal	ar						
Forainm	mé	tú	sé	sí	muid/sinn	sibh	siad
Forainm + réamhfhocal	orm	ort	air	uirthi	orainn	oraibh	orthu

> Nuair atá an chéad phearsa i gceist, críochnaíonn an forainm réamhfhoclach ar an litir **m**.
> Feicfidh tú é seo tríd an leabhar – bí ag féachaint amach dó!
>
> ar + mé/mise = or**m**   le + mé/mise = lio**m**
> ag + mé/mise = aga**m**   do + mé/mise = do**m**

[1] emotions   [2] location   [3] dimensions   [4] obligation

📖 Léamh

Léigh na habairtí sa phictiúr seo thíos. Tá siad bunaithe ar an bhfocal ar.

9 Éirím gach maidin **ar** a seacht a chlog.
    *Tá rogha agat idir **ar** agus **ag**.*

1 Tá gruaig dhubh **orm**. *ar + mé*

2 Ní bhíonn áthas **orm** ar maidin. *mothúcháin*

8 Táim **cúig** troithe **ar** airde. *toise*

3 Tá t-léine bhuí agus bríste gorm **orm**. *éadaí*

4 Tá **orm** m'fhiacla a scuabadh gach maidin. *oibleagáid*

5 Táim i mo sheasamh **ar** an meá. *suíomh*

6 Dar leis an meá, táim **seacht g**cloch **ar** meáchan. *toise*

7 Tá an leithreas **ar** chlé sa seomra folctha agus tá an báisín **ar** dheis. *treoracha*

✏️ Scríobh

Scríobh an fhoirm dhiúltach de na habairtí thuas.

Sampla: 1 Tá gruaig dhubh orm.
              An fhoirm dhiúltach: *Níl gruaig dhubh orm.*

💬 Idirghníomhú cainte

Breac síos cúig rud fút féin agus labhair faoi na rudaí sin le duine eile sa rang.

Croí na Gaeilge 1

Ceiliúráin

Scríobh

Cén aois iad? Líon na bearnaí faoi na pictiúir thíos. Bain úsáid as d'áireamhán más gá.

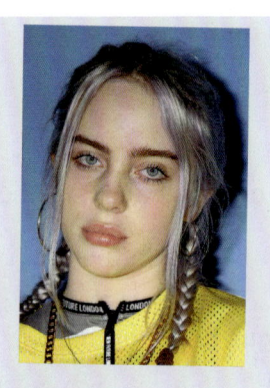

Rugadh Billie Eilish ar an 18ú lá de mhí na Nollag sa bhliain 2001.

Tá sí _____ _____ d'aois.

Rugadh Lewis Capaldi ar an seachtú lá de mhí Dheireadh Fómhair sa bhliain 1996.

Tá sé _____ _____ d'aois.

Rugadh Jennifer Lawrence ar an 15ú lá de mhí Lúnasa sa bhliain 1990.

Tá sí _____ _____ d'aois.

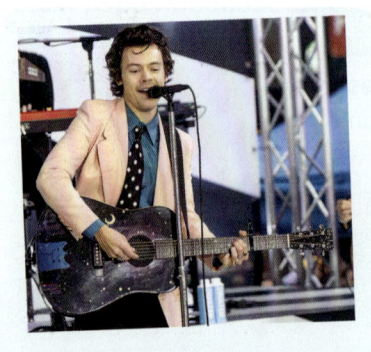

Rugadh Harry Styles ar an gcéad lá de mhí Feabhra sa bhliain 1994.

Tá sé _____ _____ d'aois.

Rugadh Kylie Jenner ar an deichiú lá de mhí Lúnasa sa bhliain 1997.

Tá sí _____ _____ d'aois.

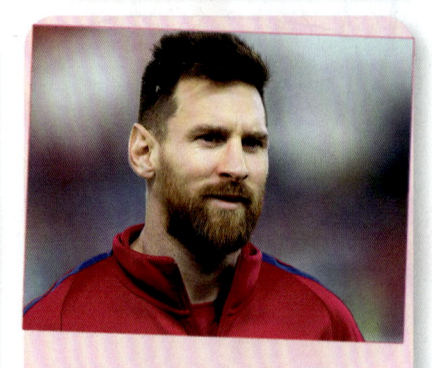

Rugadh Lionel Messi ar an 24ú lá de mhí an Mheithimh sa bhliain 1987.

Tá sé _____ _____ d'aois.

Líon na bearnaí

Líon na bearnaí sna habairtí thíos. Scríobh na haoiseanna amach i bhfocail. Tá an chéad cheann déanta mar shampla duit.

1. Tá m'athair *daichead bliain d'aois*. (40)
2. Tá mo mháthair _____. (39)
3. Tá mise _____. (13)
4. Tá mo dheartháir Matthew _____. (21)
5. Tá mo dheirfiúr Nicole _____. (9)
6. Tá mo sheantuismitheoirí _____. (78)

> Beidh an t-eolas ar lgh 37–8 agus 276 mar chabhair agat.

Cur in aithne

Aonad 2 – Mé Féin

Tá cúpla bealach ann chun d'ainm a rá i nGaeilge.

- Cad is ainm duit?
- Cén t-ainm atá ort?
- Cé thusa?

- Tony O'Rourke is ainm dom.
- Sorcha Ní Riain an t-ainm atá orm.
- Is mise Darius Mac Gabhann.

- Cén **sloinne**[1] atá ort?
- O'Rourke an sloinne atá orm.
- Ní Riain an sloinne atá orm.
- Mac Gabhann an sloinne atá orm.

Scríobh

Scríobh d'ainm féin ar na trí bhealach atá **luaite**[2] thuas.

1 _____
2 _____
3 _____

Idirghníomhú cainte

Cuir na ceisteanna seo ar dhuine eile sa rang.
1. Cén sloinne atá ort?
2. An bhfuil do shloinne ar eolas agat i nGaeilge?

Léamh

Léigh an t-alt seo agus scríobh amach é i bhfocail seachas figiúirí, gan lúibíní.

> Is mise Karina agus is breá liom ceol. Táim (13 bliana) d'aois. Rugadh mé ar an (2ú) lá de mhí Eanáir. Tá cúigear i mo theaghlach – mise, mo bheirt deartháireacha agus mo thuismitheoirí. Juan is ainm do m'athair. Is as Maidrid é. Tá sé (40) bliain d'aois. Is múinteoir í mo mháthair. Karen is ainm di. Éirím gach maidin ag a (8) a chlog.

[1] surname [2] mentioned

Croí na Gaeilge 1

Nach, an agus *ní*

Feidhmeanna

Tá tuilleadh eolais le fáil ar lch 266.

Feidhm 1
An chopail san aimsir láithreach

An fhoirm dhearfach 👍	An fhoirm dhiúltach ⛔	An fhoirm cheisteach ❓	An cheist dhiúltach ❓
Is fear é.	**Ní** fear é.	**An** fear é?	**Nach** fear é?

Feidhm 2
Míreanna leis na briathra san aimsir láithreach

An fhoirm dhearfach	An fhoirm dhiúltach (*ní* + séimhiú)	An fhoirm cheisteach (*an* + urú)	An cheist dhiúltach (*nach* + urú agus *n-* roimh ghuta)
Téann sé ar phobalscoil.	Ní théann sé ar phobalscoil.	An dtéann sé ar phobalscoil?	Nach dtéann sé ar phobalscoil?
Tá súile gorma aici.	Níl súile gorma aici. *Níl = Ní + fhuil*	An bhfuil súile gorma aici?	Nach bhfuil súile gorma aici?
Glanaim mo sheomra.	Ní ghlanaim mo sheomra.	An nglanann tú do sheomra?	Nach nglanann tú do sheomra?
Ólaim bainne.	Ní ólaim bainne.	An ólann tú bainne?	Nach n-ólann tú bainne?
Ithim bricfeasta.	Ní ithim bricfeasta.	An itheann tú bricfeasta?	Nach n-itheann tú bricfeasta?

An fhoirm dhiúltach: cuireann *ní* séimhiú ar an mbriathar.
An fhoirm cheisteach: cuireann *an* urú ar an mbriathar.
An cheist dhiúltach: cuireann *nach* urú ar an mbriathar agus *n-* roimh ghuta.

Scríobh

Scríobh amach an fhoirm dhiúltach, an fhoirm cheisteach agus an cheist dhiúltach de na habairtí seo san aimsir láithreach. *Leid: Ní bheidh le hathrú ach an túslitir (más gá).* **Tá an chéad cheann déanta duit.**

1. Glanaim mo sheomra gach Satharn.
   a Ní ghlanaim mo sheomra gach Satharn. b An nglanann tú do sheomra gach Satharn? c Nach nglanann tú do sheomra gach Satharn?
2. Rithim abhaile gach lá.
3. Ceannaím mo lón ar scoil gach lá.
4. Cuirim an raidió ar siúl agus mé ag staidéar.
5. Fágaim an teach ag a hocht a chlog gach maidin.
6. Glanaim mo sheomra gach Satharn.

LG Déan na tascanna ar lch 19.

Idirghníomhú cainte

Inis trí rud a dhéanann tú gach lá agus trí rud nach ndéanann tú gach lá do dhuine eile sa rang.

Critéir ratha: Bain úsáid as an aimsir láithreach. Cuimhnigh ar an séimhiú tar éis *ní*, más gá.

Athrú ar an mbriathar rialta san aimsir chaite

Féach ar Léaráid B, Cuid 1 (lch 270).

	An fhoirm dhearfach 👍	An fhoirm dhiúltach 👎	An fhoirm cheisteach ❓	An cheist dhiúltach
An aimsir láithreach	Ólaim bainne.	Ní ólaim bainne.	An ólann tú bainne?	Nach n-ólann tú bainne?
An aimsir chaite	D'ól mé bainne.	Níor ól mé bainne.	Ar ól tú bainne?	Nár ól tú bainne?

Athrú ar *bí* san aimsir chaite

Úsáidimid *ní*, *an* agus *nach* leis an mbriathar *bí* san aimsir chaite.

Féach ar an sampla seo:

Bhí súile gorma aige. (abairt dhearfach)
Ní raibh súile gorma aige. (abairt dhiúltach)
An raibh súile gorma aige? (ceist dhearfach)
Nach raibh súile gorma aige? (ceist dhiúltach)

Idirghníomhú cainte

Cuir na ceisteanna seo ar do chara. Ansin freagair na ceisteanna céanna nuair a chuireann do chara ort iad. Tá an chéad cheann déanta duit.

1. An raibh tú tinn inné? *Ní raibh.*
2. An raibh tú ar scoil inné?
3. Ar tháinig tú ar scoil ar an mbus?
4. An raibh tú ar an mbus ar maidin?
5. Ar ól tú uisce ag am lóin inné?
6. An raibh uisce agat ag am lóin inné?
7. Ar ghlan tú do sheomra inné?
8. An raibh tú ag glanadh do sheomra inné?

Scríobh

Scríobh seacht n-abairt dhiúltacha faoi rudaí nach ndearna tú inné.

Critéir ratha:

- Bain úsáid as seacht mbriathar dhifriúla.
- Cinntigh go bhfuil na habairtí uilig san aimsir chaite.

Ainmneacha Gaeilge

Scríobh

Féach conas d'ainm a rá ar lch 45.

An bhfuil ainm Gaeilge ar aon duine i do rang? Déan liosta de na hainmneacha Gaeilge.

Doireann    Séamas    Bríd    Oisín

Gearóid    Niamh    Lasairfhíona    Eoghan

Cormac    Úna    Méabh    Ruairí

Cur i láthair *Réamh-MRB*

Roghnaigh ainm cailín agus ainm buachalla atá luaite thuas agus déan taighde orthu. Déan cur i láthair don rang. Bain úsáid as an acmhainn punainne (lch 13) mar chabhair duit.

Critéir ratha:

- Cad is brí leis an ainm seo?
- An raibh an t-ainm seo ar aon duine cáiliúil sa stair?
- An bhfuil an t-ainm seo ar aon duine cáiliúil anois?
- An bhfuil an t-ainm seo ar aon duine de do ghaolta nó do chairde?
- An bhfuil an t-ainm seo ar aon charachtar i scéal nó i gclár teilifíse?
- An bhfuil an t-ainm seo coitianta i do scoil?

Moladh
Déan taifeadadh digiteach de dhaoine ag labhairt anseo.

Aghaidh álainn Ailbhe

Aonad 2 – Mé Féin

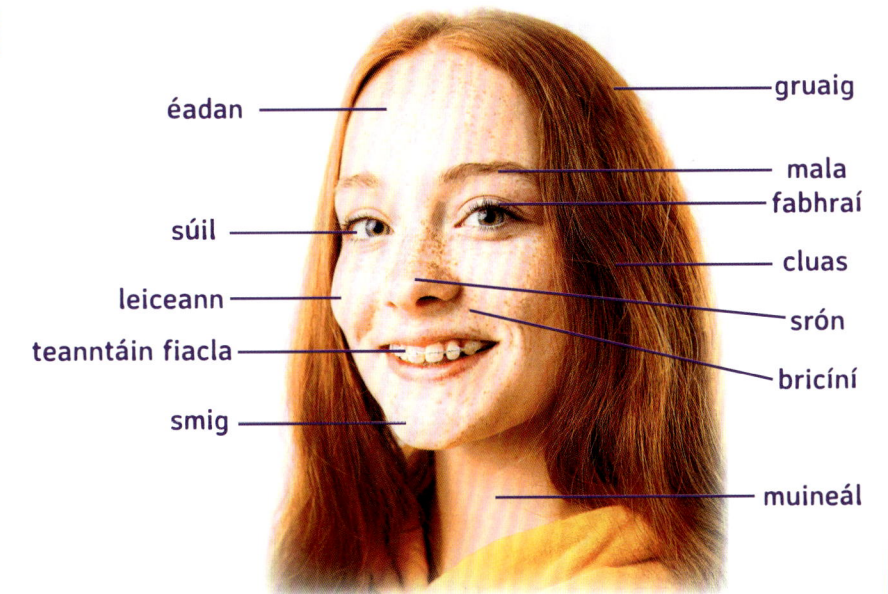

Animation

- gruaig
- éadan
- mala
- fabhraí
- súil
- cluas
- leiceann
- srón
- teanntáin fiacla
- bricíní
- smig
- muineál

Cleas cuimhne
Tá gruaig ghorm orm.

1. Ball coirp + **ar** = taobh amuigh
   Tá gruaig dhonn ar Ailbhe.
   Ball coirp + **ag** = taobh istigh
   Tá súile gorma ag Ailbhe.
2. Tá gruaig d**h**onn ar Ailbhe.
   Tá séimhiú ar **donn** mar tá **gruaig** baininscneach. Cuir séimhiú ar an aidiacht (**dhonn**) nuair atá an t-ainmfhocal baininscneach (**an ghruaig**).
3. Tá súile gorma ag Ailbhe.
   Tá **gorm** san uimhir iolra mar tá **súil** san uimhir iolra. Cuir an aidiacht san uimhir iolra (**gorma**) nuair atá an t-ainmfhocal san uimhir iolra (**súile**).

Labhairt

Déan cur síos ar ghruaig agus ar shúile na gceiliúrán seo thíos. Scríobh amach na freagraí agus abair os ard iad.

Tá gruaig _____
_____ Billie Eilish.
Tá súile _____
_____ Billie Eilish.

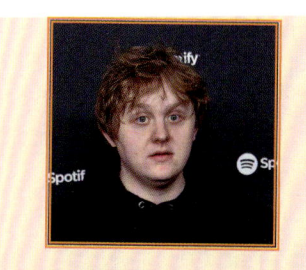

Tá gruaig _____
_____ Lewis Capaldi.
Tá súile _____
_____ Lewis Capaldi.

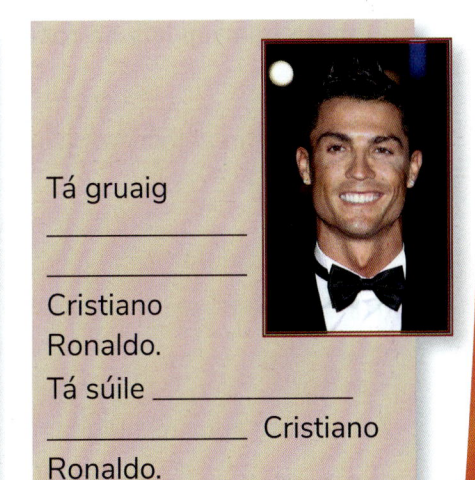

Tá gruaig _____
_____
Cristiano Ronaldo.
Tá súile _____
_____ Cristiano Ronaldo.

Gearrscannán: *Yu Ming Is Ainm Dom*

Chun féachaint ar *Yu Ming Is Ainm Dom*, cuardaigh ar líne do *Yu Ming Is Ainm Dom*.

Literature

Téarmaí litríochta

Is comhfhocal é **gearrscannán**: **gearr** + **scannán**.

gearrscannán	a short film	an gearrscannán	the short film
tús an ghearrscannáin	the start of the short film	críoch an ghearrscannáin	the end of the short film
carachtar	a character	an carachtar	the character
carachtair	characters	na carachtair	the characters
príomhcharachtar	a main character	an príomhcharachtar	the main character
radharc	a scene	plota	plot

Tasc foclóra

Cad is brí leis na focail sa ghreille? Aimsigh san fhoclóir iad más gá. Tá ceann amháin déanta duit.

aerfort		fear	
Astrálach		fir	
áthas		leabharlann	
brón		leadránach	
cleachtadh		scáthán	
cruinneog		ollmhargadh	*supermarket*
custaiméirí		teanga	
deireadh		tír	

Scríobh

Tá tuilleadh téarmaí litríochta le fáil ar lch 282.

Líon na bearnaí leis na focail sa ghreille thuas.

Is (1)_____ óg é Yu Ming. Ag tús an scannáin tá sé ina chónaí sa tSín. Tá sé ag obair mar fhreastalaí siopa in (2)_____ agus ní maith leis a phost. Tá sé bréan dá shaol (3)_____. Tugann sé cuairt ar an (4)_____ áitiúil, casann sé (5)_____ agus stopann sé lena mhéar í. Stopann an chruinneog ar Éirinn. Déanann sé staidéar ar an (6)_____ agus ar an (7)_____ náisiúnta. Caitheann sé sé mhí ag foghlaim Gaeilge agus déanann sé (8)_____ uirthi gach lá. Labhraíonn sé leis féin sa (9)_____ ar maidin. Nuair a shroicheann sé Éire, feiceann sé comharthaí dátheangacha san (10)_____ agus ar an mbus. Tá (11)_____ ag obair sa bhrú i mBaile Átha Cliath agus ní thuigeann sé Yu Ming nuair a labhraíonn sé Gaeilge leis. Ní thuigeann na (12)_____ sa bheár é ach oiread. Ceapann Yu Ming nach bhfuil Gaeilge mhaith aige. Míníonn Paddy dó nach bhfuil Gaeilge ag go leor den phobal. Tá (13)_____ ar Yu Ming. Ag (14)_____ an scannáin tá Yu Ming ag obair i dteach tábhairne i nGaeltacht Chonamara. Is féidir leis Gaeilge a labhairt leis na (15)_____. Tá (16)_____ an domhain ar Yu Ming.

🔊 Éisteacht Rian 1.09

Éist leis na freagraí agus déan seiceáil ar d'obair féin.

📓 Fíor nó bréagach?

An bhfuil na habairtí seo a leanas fíor nó bréagach? Cuir tic sa cholún ceart.

		✓	✗
1	Is Seapánach é Yu Ming.		
2	Foghlaimíonn sé conas Fraincis a labhairt.		
3	Tá Yu Ming bréan dá shaol sa tSín.		
4	Tá sé ag obair i leabharlann sa tSín.		
5	Ceapann na fir sa bheár go bhfuil Yu Ming ag labhairt Béarla.		
6	Caitheann Yu Ming cúig mhí ag foghlaim Gaeilge.		
7	Tosaíonn Yu Ming ag obair i dteach tábhairne i nGaeltacht Chonamara.		

✍️ Scríobh

Freagair na ceisteanna seo a leanas.

1. Cá bhfuil Yu Ming ina chónaí ag tús an scannáin?
2. Cá bhfuil Yu Ming ag obair ag tús an scannáin?
3. Cad é an chéad cheist a fhoghlaimíonn Yu Ming i nGaeilge?
4. Scríobh síos an Ghaeilge a fheiceann Yu Ming nuair a shroicheann sé Éire.
5. An bhfuil Yu Ming uaigneach agus é i mBaile Átha Cliath? Cén fáth?
6. Cad a deir Paddy faoi Ghaeilge Yu Ming?
7. An bhfuil Yu Ming sásta nuair atá sé i gConamara? Cén fáth?

💬 Idirghníomhú cainte

An maith leat an gearrscannán *Yu Ming Is Ainm Dom*? Labhair le duine eile sa rang faoi na tuairimí atá agat.

Critéir ratha:

Smaoinigh ar na ceisteanna seo a leanas.
- Ar thaitin an scannán leat?
- Ar chuir an scannán áthas nó brón ort?
- Cad a cheap tú faoi chríoch an scannáin?
- An maith leat an príomhcharachtar?

LG Déan na tascanna ar lch 20.

Aonad 2 — Mé Féin

Croí na Gaeilge 1
Dathanna

rialóir · peann · geansaí scoile · cás pinn luaidhe · bosca lóin · aibhsitheoir · bord · fillteán · liathróid chispheile · sciorta · mála scoile

Tasc pictiúr

Féach ar na pictiúir thuas. Iarr ar an duine in aice leat a m(h)éar a chur ar rud den dath ceart.

Samplaí: *Cuir do mhéar ar rud glas. Taispeáin dom rud buí.*

> rud glas   rud buí   rud liath   rud dúghorm   rud donn   rud corcra
> rud gorm   rud bándearg   rud dearg   rud dubh   rud oráiste

Líon na bearnaí

Líon na bearnaí thíos. Féach ar na litreacha troma – cad a thugann tú faoi deara?

1. Tá dath _____ ar an **g**cás pinn luaidhe.
2. Tá dath _____ ar an sciorta.
3. Tá dath _____ ar an **m**bosca lóin.
4. Tá dath _____ ar an **bh**fillteán.
5. Tá dath _____ ar an liathróid chispheile.
6. Tá dath _____ ar an **b**peann.
7. Tá dath _____ ar an **n**geansaí scoile.
8. Tá dath _____ ar an aibhsitheoir.
9. Tá dath _____ ar an rialóir.
10. Tá dath _____ ar an **m**bord.
11. Tá dath _____ ar an mála scoile.

Éisteacht *Rian 1.10*

Éist leis na freagraí ar na ceisteanna thuas agus déan seiceáil ar do chuid oibre féin.

Idirghníomhú cainte

Déan cur síos do dhuine eile sa rang ar na dathanna atá ar rudaí i do sheomra ranga.

Anois, cuir ceisteanna ar dhaoine eile faoi gach pictiúr thíos.

Nod: Cén dath atá ar na rudaí sna pictiúir?

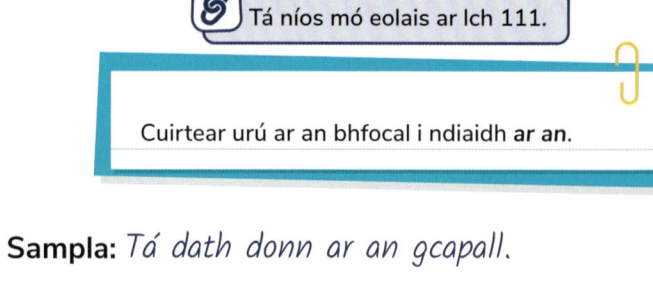

Sampla: *Tá dath donn ar an gcapall.*

> Tá níos mó eolais ar lch 111.
>
> Cuirtear urú ar an bhfocal i ndiaidh **ar an**.

LG Déan na tascanna ar lch 21.

An réamhfhocal *ag*

Réamhfhocail

Tá neart rudaí le rá ag an bhfocal ag. Is réamhfhocal é *ag*.

Grammar

Féach ar lch 256.

Déan na tascanna ar lch 22.

- **–ing** — ag rith
- **seilbh[1]** — Tá rothar **agam**.
- **cumas[2]** — Tá snámh **agam**.
- **an clog** — ag a deich a chlog
- **aithne[3]/eolas[4]** — Tá aithne **agam** ar Nikoli.
- **suíomh[5]** — Tá sé ag an bpictiúrlann.

ag	+	mé/mise	=	agam
réamhfhocal	+	forainm	=	forainm réamhfhoclach

Réamhfhocal	ag						
Forainm	mé	tú	sé	sí	muid/sinn	sibh	siad
Forainm + réamhfhocal	agam	agat	aige	aici	againn	agaibh	acu

1. Críochnaíonn an focal **agam** ar **m** mar baineann sé le **mé/mise**.
2.
Béarla	Gaeilge
-ing	Tá + duine + **ag** + briathar.
I am running.	Tá mé ag rith.

Féach ar Léaráid B, Cuid 1 (lch 270).

ag le briathra				
	bí	forainm/ainm	ag	ainmbhriathar
Téigh	Bhí/Ní raibh	mé	ag	**dul** abhaile.
Ith	Tá/Níl	mise	ag	**ithe**.
Imir	Beidh/Ní bheidh	mo chara	ag	**imirt** amárach.
	an aimsir	an duine	ag	an gníomh

1. possession
2. skill
3. knowing (of a person)
4. knowledge (of a place, thing, subject)
5. location

Croí na Gaeilge 1

Dialann Shíofra

📖 Léamh

Léigh an t-alt seo ó dhialann Shíofra.

Bhí mé ag dul abhaile ar mo rothar. Shroich mé mo theach ag a trí a chlog. Bhí orm m'obair bhaile Béarla a dhéanamh. Shuigh mé síos ag an mbord i mo sheomra. Thosaigh mé ag déanamh staidéir ar leabhar a bhí scríofa ag fear as Luimneach. Ní raibh a lán eolais agam ar an mBéarla agus thosaigh mé ag caint le mo dheirfiúr faoin leabhar. Bhí na freagraí ag mo dheirfiúr ar na ceisteanna a bhí agam. Chaith mé cúpla nóiméad ag scríobh nótaí. Ansin thosaigh mé ag déanamh mo chuid mata. Tá spéis agam sa mhata agus chríochnaigh mé an obair ag a cúig. Ansin chuaigh mé ag rothaíocht agus bhuail mé le mo chara ag an siopa.

✍ Scríobh

Freagair na ceisteanna seo sa tríú pearsa, baininscneach (sí).

1. Conas a chuaigh Síofra abhaile?
2. Cén t-am a shroich sí an teach?
3. Cár shuigh Síofra síos?
4. Cé a thug **cúnamh**[1] di lena hobair bhaile Béarla?
5. Cá fhad a chaith sí ag scríobh nótaí?
6. Cad é an dara hábhar a bhí le déanamh ag Síofra don obair bhaile?
7. Cá ndeachaigh Síofra nuair a chríochnaigh sí a hobair bhaile?

Ⓖ Cúinne na gramadaí

Freagair na ceisteanna seo.

1. Aimsigh trí bhriathar dhifriúla san alt thuas. Tá briathar amháin scríofa cheana féin.
   a _bhí_   b _____   c _____   d _____
2. Scríobh abairt nua le gach ceann de na briathra a d'aimsigh tú.
   Sampla: *Bhí tuirse orm ar maidin.*

✍ Dialann

Scríobh dialann ar feadh seachtaine (cúig líne gach oíche). Ansin ceartaigh an chéad dréacht[2] agus, ar deireadh, cuir an chéad agus an dara dréacht le chéile i do phunann.

Critéir ratha:

Smaoinigh ar na ceisteanna seo agus tú ag scríobh.

- Cén uair a dhúisigh tú ar maidin?
- Cén rang a bhí agat ar scoil?
- Ar imir tú aon spórt tar éis na scoile?
- Ar ith tú dinnéar deas?
- An ndearna tú aon rud spraíúil?

> **Moladh**
> Déan taifeadadh digiteach de dhaoine ag labhairt anseo.

[1] help   [2] draft

Cultúr sa Rinn

Aonad 2 — Mé Féin

Léamh

Féach ar an gcéad alt ar lch 34.

Léigh an t-alt seo a scríobh Ógie Ó Céilleachair.

Tá **clú agus cáil**[1] ar an Rinn agus ar an Sean Phobal mar gheall ar an **amhránaíocht**[2], ar an scríbhneoireacht, ar an gceol agus ar an drámaíocht. Is é Nioclás Tóibín (1928–1994) **an t-amhránaí**[3] sean-nóis is mó cáil as an Rinn. Bhuaigh sé an **phríomhdhuais**[4] in Oireachtas na Samhna (comórtas amhránaíochta, ceoil agus damhsa a tharlaíonn aimsir na Samhna) trí bliana i ndiaidh a chéile – 1961, 1962 agus 1963.

Níor thosaigh mé ag scríobh **go dáiríre**[5] go dtí go raibh mé ar an **ollscoil**[6], i gColáiste na hOllscoile Corcaigh, ach is cuimhin liom taitneamh a bhaint as an obair sin le linn m'óige. Sa bhunscoil bhí orainn scéalta a scríobh **bunaithe ar**[7] théama a thug an múinteoir dúinn agus ansin iad a chur i láthair don rang. Bhí go leor craic agam le mo chairde á dhéanamh sin.

Tá traidisiún sa Rinn le fada an lá. Ar Oíche Shamhna téann na páistí amach **ag lorg bob nó breibe**[8]. Sa Rinn deirtear go mbíonn siad 'ag dul amach ar an adharc'. Glaoitear 'Oíche na hAdhairce' ar Oíche Shamhna sa Rinn agus sa Sean Phobal freisin. Fadó, shéid daoine **adharc**[9] ar Oíche Shamhna le fáil réidh leis na spriodanna.

Ar an oíche seo, gléasann na páistí i g**culaith bhréige**[10] agus téann siad ó dhoras go doras. In ionad 'bob nó breab' a rá, **áfach**[11], seinneann siad uirlis nó canann siad amhrán. Thar aon rud eile, tá dán speisialta ('Anocht Oíche Shamhna') atá sa Rinn amháin agus tá sé ar eolas **de ghlanmheabhair**[12] ag gach páiste sa cheantar nuair a thagann siad chuig an doras ar Oíche Shamhna.

Is é Naomh Nioclás (Daidí na Nollag) pátrún na Rinne agus tá an séipéal agus an mheánscoil áitiúil ainmnithe as. Titeann Lá an Phátrúin ar an 6ú Nollaig. Gach bliain, i Meánscoil San Nioclás, bhí ar ghrúpaí as gach bliain **sceitsí**[13] a scríobh agus iad a chur ar an **ardán**[14] do phobal na scoile. Bhí an-chraic ag baint leis na sceitsí seo agus bhí roinnt acu thar a bheith **greannmhar**[15]. Bhain idir mhúinteoirí agus dhaltaí an-taitneamh astu. Tar éis dúinn na drámaí beaga a chur ar an stáitse, bhí cóisir San Nioclás againn i gcistin na scoile.

Gach oíche Dé hAoine, bhí **imeachtaí éagsúla**[16] ar siúl sa chlub óige áitiúil, Ógras. Go minic, is imeachtaí cultúrtha a bhí iontu – mar shampla, uirlis a sheinm, amhrán a fhoghlaim agus a chanadh, amhrán Béarla a aistriú go Gaeilge, amhrán a scríobh nó sceitsí beaga a chur le chéile. D'imigh na **déagóirí**[17] níos sine go hOireachtas na Samhna cúpla uair ach bhí mé féin **ró-óg**[18] le dul leo.

1 fame	6 university	11 however	16 different activities
2 singing	7 based on	12 by heart	17 teenagers
3 the singer	8 trick or treating	13 sketches	18 too young
4 main prize	9 a horn	14 stage	
5 seriously	10 fancy dress	15 funny	

Scríobh

Freagair na ceisteanna seo a leanas.

1. Luaigh dhá fháth a bhfuil clú agus cáil ar an Rinn.
2. Cé mhéad uair a bhuaigh Nioclás Tóibín an phríomhdhuais amhránaíochta ag Oireachtas na Samhna?
3. Cad é an t-ainm eile atá ag daoine sa Rinn ar Oíche Shamhna?
4. Cad is ainm do phátrún na Rinne?
5. Cén dáta i mí na Nollag ar a mbíonn Lá an Phátrúin?
6. Cén seomra sa scoil ina raibh cóisir San Nioclás ar siúl?
7. An ndeachaigh Ógie féin go hOireachtas na Samhna?

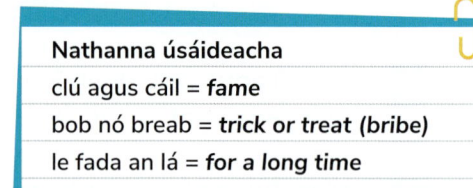

Nathanna úsáideacha
clú agus cáil = *fame*
bob nó breab = *trick or treat (bribe)*
le fada an lá = *for a long time*

Éisteacht Rian 1.11

Suigh siar anois agus éist le canúint na Rinne agus ceol na Gaeilge.

ANOCHT OÍCHE SHAMHNA *teideal an amhráin*

Anocht Oíche Shamhna

Moingfhinne mhongach

Cailíní óga, buachaillí óga 'dul dtís na tithe ósta.

Sop sna fuinneoga, doirse dúnta,

Sín amach do chabhair, a bhean a' tí.

sop

pláitín

Nuair a bhí mise ag dul síos an gairdín,

Briseadh mo phláitín;

Chuaigh sceach gheal in achrainn im' scornach;

Briseadh mo chosa mar a dhéanfaí le cosa préacháin.

Éirigh id' shuí, a bhean a' tí, sín chugam deoch,

Caidht mór aráin nó leathdhosaen ubh,

Pé mar atá sibh óg agus críonna,

Go mba sheacht bhfearr a bheidh sibh

Ar theacht na Samhna arís.

sceach gheal

Bú! Bú! Bú!

préachán

Fíor nó bréagach?

Fíor nó bréagach? Cuir tic sa cholún ceart.

	✔	✘
1 Téann cailíní agus buachaillí go dtí na tithe ósta.		
2 Tá sop sna fuinneoga.		
3 Tá an file ag caint le fear sa tríú véarsa.		
4 Luann an duine sa dán seacht n-ubh sa tríú véarsa.		
5 Is éan é an préachán.		

Scríobh Réamh-MRB

Scríobh thart ar 80 focal faoi na rudaí a dhéanann tú i gcomhair Oíche Shamhna. Bain úsáid as an acmhainn punainne (lch 15) mar chabhair duit.

Critéir ratha:

Smaoinigh ar na pointí seo a leanas.

- An mbíonn tú gléasta suas?
- An dtéann tú ó dhoras go doras?
- Cad a itheann tú?
- An imríonn tú cluichí speisialta?
- An mbíonn tú ag féachaint ar scannán?

Idirghníomhú cainte

Cuir na ceisteanna sa tasc thuas ar dhaoine eile sa rang. Ansin freagair na ceisteanna nuair a chuireann duine eile ort iad.

Vocabulary

Tá stór focal an aonaid seo le fáil ar lch 305.

Tasc foclóra

Seo aidiachtaí chun cur síos a dhéanamh ar dhaoine. Cuir Béarla orthu. Bain úsáid as foclóir más gá.

1 beomhar	6 cineálta	11 dílis	16 greannmhar
2 cainteach	7 ciúin	12 díograiseach	17 macánta
3 cairdiúil	8 cliste	13 éirimiúil	18 sona
4 ceolmhar	9 craiceáilte	14 gealgháireach	19 spórtúil
5 ciallmhar	10 dáiríre	15 glic	20 suimiúil

Aonad 2 — Mé Féin

Dán beathaisnéise

Léamh

Léigh na dánta seo a leanas. Tá 11 líne sna dánta agus tugann siad eolas dúinn ar na daoine.

TEIDEAL	DÁN JAREK	DÁN CHAITRÍONA
Trí aidiacht fúm féin	Cliste, spórtúil, cairdiúil	Dílis, cainteach, ceolmhar
An t-ábhar is fearr liom	Is fearr liom an stair.	Is fearr liom an Ghaeilge.
Bíonn áthas orm agus mé . . .	Bíonn áthas orm agus mé ag imirt peile.	Bíonn áthas orm agus mé ag seinm ar an ngiotár.
Teanga dhúchais	An Pholainnis	An Béarla
Líon na ndaoine i mo theaghlach	Tá ceathrar i mo theaghlach.	Tá cúigear i mo theaghlach.
An áit is fearr ar domhan	Is breá liom Gaillimh.	Is breá liom mo sheomra leapa.
Eachtra mhór i mo shaol	Chuaigh mé go Disneyland.	Bhuaigh mé duais i bhfleadh an chontae.
An mhéid ar mo bhróga	Caithim méid a hocht sna bróga.	Caithim méid a seacht sna bróga.
An dath atá ar mo ghruaig	Tá gruaig fhionn orm.	Tá gruaig ghorm orm.
An dath atá ar mo shúile	Tá súile gorma agam.	Tá súile donna agam.
Sloinne	Balcerzak	Nic Mhathúna

Tasc scríofa

Freagair na ceisteanna seo a leanas faoi na **dánta beathaisnéise**[1].

1. Cén aois é Jarek?
2. Cé mhéad dán beathaisnéise atá ar an leathanach ar chlé?
3. Cé acu a chaitheann na bróga is mó?
4. An bhfuil súile gorma ag Caitríona?
5. Cé mhéad duine atá sa dá theaghlach?
6. Cén sloinne atá ar Chaitríona?
7. An fearr léi ceol nó spórt?

> **LG** Tá cluastuiscintí don aonad seo le fáil ar lgh 122–6.

Éisteacht Rian 1.12

Éist le beirt ag cur síos orthu féin agus líon na bearnaí sa ghreille. Níl ort abairtí iomlána a scríobh. Cloisfidh tú an bheirt faoi dhó.

	An chéad chainteoir	An dara cainteoir
Ainm		
Dhá aidiacht		
An t-ábhar scoile is fearr leis/léi		
Dath na gruaige		
Dath na súl		
Sloinne		

Scríobh Réamh-MRB

Scríobh **dán dírbheathaisnéise**[2] ar leathanach atá daite go deas agat. Cuir grianghraf díot féin ar an leathanach. Ansin, ar an taobh eile den leathanach, scríobh dán beathaisnéise faoi dhuine cáiliúil. Cuir an obair seo i do phunann. Bain úsáid as an acmhainn punainne (lch 17) mar chabhair duit.

Idirghníomhú cainte

Léigh an dá dhán beathaisnéise a scríobh tú amach os ard do dhuine éigin eile sa rang. Ansin éist leis na dánta a scríobh sé/sí féin.

Anois, cuir na ceisteanna seo ar an duine eile.

- Cad is ainm duit?
- Cén aois thú?
- An maith leat . . .?
- An bhfuil gruaig rua ort?
- An bhfuil súile gorma agat?

---

[1] biographical poems [2] autobiographical poem

Measúnú an aonaid

Piarmheasúnú: Próifíl de dhuine eile

Tá ort an tasc seo a dhéanamh le duine éigin eile sa rang. Cuir na ceisteanna seo ar do pháirtí sa tasc seo agus scríobh amach na freagraí a fhaigheann tú.

1. Cad is ainm duit?
2. Cén aois thú?
3. Cén mhí inar rugadh tú?
4. Cárb as duit?
5. Cé mhéad duine atá i do theaghlach?
6. Cén dath atá ar do chuid gruaige?
7. Cén dath atá ar do chuid súl?
8. Cén airde thú?/Cé chomh hard agus atá tú?
9. Cén dath is fearr leat?
10. Cén mhéid atá ar do bhróg?

An chéad dréacht: scríobh na freagraí sa tríú pearsa.

Sampla: *Tá sí dhá bhliain déag d'aois.*

An dara dréacht: ceartaigh obair do pháirtí agus lig dó/di seiceáil a dhéanamh ar do chuid oibre. Féach ar na ceartúcháin.

Líon isteach an phróifíl (an dáta agus na sonraí pearsanta 1–10) seo le habairtí iomlána.

An dáta:
1. Ainm:
2. Aois:
3. An mhí inar rugadh é/í:
4. Áit dhúchais:
5. Líon na ndaoine sa teaghlach:
6. Gruaig:
7. Súile:
8. Airde:
9. An dath is fearr leis/léi:
10. Méid bhróige:

Tarraing pictiúr den duine sa bhosca seo.

Téigh go dtí **www.edco.ie/croinagaeilge1** agus bain triail as na hidirghníomhaíochtaí.

Vlog | Worksheet

Aonad 2
Mé Féin

Féinmheasúnú

Nuair atá an piarmheasúnú déanta agat, comhlánaigh an ghreille seo thíos. Léigh gach intinn foghlama agus abairt mhachnaimh sa chéad cholún. An ndearna tú dul chun cinn? Cuir tic sa cholún cuí.

Anois táim in ann . . .	🙂	😐	😟
cur síos sonrach a dhéanamh ar dhaoine.			
plé le briathra rialta san aimsir chaite.			
plé leis na réamhfhocail *ar* agus *ag* i gceart.			
an chopail a úsáid san aimsir láithreach.			
anailís shimplí a dhéanamh ar ghearrscannán.			
dán beathaisnéise a scríobh.			
an briathar a athrú (an fhoirm dhiúltach, an fhoirm cheisteach) san aimsir láithreach.			
Déanfaidh mé machnamh ar na habairtí seo a leanas:			
Tuigim an réamhfhocal *ar* níos fearr.			
Tá orm dul siar ar na bunuimhreacha.			
Bhain mé sult as an dán beathaisnéise.			

Anois comhlánaigh an plean feabhsúcháin seo thíos. Tá tuilleadh eolais le fáil ar lch 300 chun cabhrú leat.

Trí rud a d'fhoghlaim mé

1 _____
2 _____
3 _____

Dhá rud atá le cleachtadh agam

1 _____
2 _____

Rud a dhéanfaidh mé chun feabhas a chur ar mo chuid Gaeilge

[   ]

Seiceáil amach

Mar iarfhoghlaim don aonad seo, déan an ghníomhaíocht 'Seiceáil amach' ag **www.edco.ie/croinagaeilge1**. Conas a d'éirigh leat?

Aonad 3
Mo Theaghlach agus Mo Chairde

Torthaí foghlama an aonaid

Aithnítear cara i gcruatan.

Cumas cumarsáide
1.2, 1.10, 1.12, 1.16, 1.24, 1.28

Feasacht teanga agus chultúrtha
2.6

Féinfheasacht an fhoghlaimeora
3.3, 3.4, 3.8

Téacsanna an aonaid

Téacsanna litríochta
Dán: 'Subh Milis' le Séamas Ó Néill
Gearrscannán: *Clare sa Spéir*

Téacsanna tacúla eile
Téacs litríochta (rogha eile): 'Leite Dhonncha Pheig' (gearrscéal) le Pádraig Ó Siochrú
Téacsanna eile: Folláin Teo., Próifílí de bhaill an teaghlaigh
Acmhainní eile: teanglann.ie, foclóir.ie, abair.ie, ainm,ie, léaráidí gramadaí, acmhainn punainne, acmhainní digiteacha ag edco.ie/croinagaeilge1

Achoimre ar an aonad seo

Tá an t-aonad seo bunaithe ar an téama 'Mo Theaghlach agus Mo Chairde'. Leanfaidh na daltaí ar aghaidh ag cur lena gcumas cumarsáide sna scileanna teanga difriúla. Cuirfear béim ar fheasacht teanga agus chultúrtha. Díreofar go háirithe ar na difríochtaí gramadaí agus comhréire idir teangacha, agus ar an ilteangachas. Tarraingeofar aird na ndaltaí ar conas botúin phearsanta a aithint agus conas dúshláin phearsanta a thaifead. Spreagfar iad chun féinmheasúnú a dhéanamh mar fhoghlaimeoirí, chun aiseolas a roinnt le daoine eile, chun acmhainní teanga a úsáid agus chun spriocanna foghlama pearsanta a leagan amach.

San aonad seo foghlaimeoidh an dalta na scileanna seo:

Réamhfhoghlaim	Seiceáil isteach (lch 63)
Léamh	Subh Milis (lch 66), Léamh (lgh 67, 71, 82, 83, 84, 85, 88), Folláin Teo. (lch 68), Picthuiscint (lgh 73, 77, 78), Muintir Uí Cheallaigh (lch 74), Próifílí de bhaill an teaghlaigh (lch 75), Suirbhé ranga (lch 77), Fíor nó bréagach? (lch 81), Áine, Seán agus a gcairde (lch 82), Saoirse Ronan agus a dlúthchara (lch 85)
Scríobh	Scríobh (lgh 65, 69, 73, 74, 75, 76, 80, 81, 83, 84, 85, 88), Deireadh seachtaine (lch 73), Iontráil dialainne (lch 76), Néal focal (lch 80), Ceisteanna (lch 81), Crann ginealaigh (lch 81), Líon na bearnaí (lch 88)
Éisteacht	Éisteacht (lgh 66, 71, 76, 82, 83, 86, 87, 90)
Labhairt	Cur i láthair (lgh 69, 85), Deireadh seachtaine (lch 73), Labhairt (lgh 78, 79, 86)
Idirghníomhú cainte	Idirghníomhú cainte (lgh 65, 67, 73, 76, 77, 80)
Gramadach	An chopail agus an tríú pearsa (*é, í, iad*) (lch 64), Aistriúchán (lgh 65, 86), Na briathra neamhrialta san aimsir chaite: an sé mór (lch 70), Scríobh (lgh 71, 79, 82, 86), Cúinne na gramadaí (lgh 71, 79, 85), Na briathra neamhrialta san aimsir chaite: an cúig beag (lch 72), An réamhfhocal *le* (lch 84), Na huimhreacha pearsanta (lch 89), Cé mhéad? (lch 90)
Foclóir	Meaitseáil (lch 65), Tasc foclóra (lgh 69, 72, 76, 86), Crosfhocal (lch 87)
Cultúr	Folláin Teo. (lch 68), Baile Bhuirne (lch 68), Ainmneacha teaghlaigh (lch 88)
Leabhar gníomhaíochta	Tascanna (lgh 23–40), Cluastuiscint (lgh 127–31)
Measúnú	Piarmheasúnú (lch 92)
Machnamh	Féinmheasúnú (lch 93), Seiceáil amach (lch 93)

Deirfiúr – sister
Deartháir – brother
An Mháthair - mother
An t-athair - father
Daideo - grandad
Mamó - granny
Cairdiúil - friendly
Crosta - grumpy
Glic - cunning
An Ghearmáinis - German
An Ghaeilge - Irish
Beomhar - lively
Cainteach - chatty
Ciallmhar - sensible
Cineálta - kind
Macánta - honest
Greannmhar - funny
Spórtúil - sporty
Díograiseach - enthusiastic
Gealgháireach - happy

Ag deireadh an aonaid seo beidh mé in ann:

- plé leis an gcopail agus an tríú pearsa.
- caint a dhéanamh faoi mo chairde.
- anailís shimplí ar dhán sa Ghaeilge a scríobh.
- taighde simplí a dhéanamh as Gaeilge.
- plé leis na briathra neamhrialta san aimsir chaite.
- próifílí pearsanta a chruthú.
- píchairt sa Ghaeilge a léamh.

Clár an aonaid

An chopail agus an tríú pearsa (*é, í, iad*)	64
Dán: 'Subh Milis'	66
Subh milis eile	68
Na briathra neamhrialta san aimsir chaite: an sé mór	70
Na briathra neamhrialta san aimsir chaite: an cúig beag	72
Muintir Uí Cheallaigh	74
Próifílí de bhaill an teaghlaigh	75
Maidin inniu	76
Sinéad agus a teaghlach	78
Gearrscannán: *Clare sa Spéir*	80
Áine, Seán agus a gcairde	82
An réamhfhocal *le*	84
Saoirse Ronan agus a dlúthchara	85
Cleachtaí	86
Crosfhocal	87
Ainmneacha teaghlaigh	88
Na huimhreacha pearsanta	89
Measúnú an aonaid	92

Seiceáil isteach

Mar réamhfhoghlaim don aonad seo, déan an ghníomhaíocht 'Seiceáil isteach' ag **www.edco.ie/croinagaeilge1**. Conas a d'éirigh leat?

Téigh go dtí **www.edco.ie/croinagaeilge1** agus bain triail as na hidirghníomhaíochtaí.

Croí na Gaeilge 1

An chopail agus an tríú pearsa (é, í, iad)

Rialacha

Féach ar Léaráid A, Cuid 1 (lch 266).

Is fear **é** agus is bean **í** ach le chéile is foireann **iad**.

Forainm = focal ar nós mé, tú, é, í, iad, srl., a úsáideann tú in ionad ainmfhocail			
Na forainmneacha pearsanta			
Úsáideann tú na cinn seo le *tá*		Úsáideann tú na cinn seo leis an gcopail, *is*	
mé/mise	I	mé/mise	I
tú/tusa	you	thú/thusa	you
sé	he	é	he
sí	she	í	she
muid/sinn	we	muid/sinn	we
sibh	you	sibh	you
siad	they	iad	they

Tá sé [aidiacht] & *Is* [ainmfhocal] *é*

Is féidir cur síos a dhéanamh ar rud ar dhá bhealach. Féach air seo mar shampla:

aidiacht (adjective)   **ainmfhocal (noun)**

a Tá sé **ard**. (*He is tall.*)   b Is **fear** ard é. (*He is a tall man.*)

Is féidir an rogha idir *tá* agus *is* a bhunú ar an bhfocal ag bun na habairte Béarla.

(a) Críochnaíonn an cur síos sa Bhéarla le h**aidiacht**. → Bain úsáid as an mbriathar *tá*.

(b) Críochnaíonn an cur síos sa Bhéarla le h**ainmfhocal**. → Bain úsáid as an gcopail, *is*.

Tá sé/sí/siad [aidiacht]	Is [ainmfhocal + aidiacht] é/í/iad
Tá sí **cneasta**[1].	Is cara cneasta í.
Tá Ciara cneasta.	Is cara cneasta í Ciara.
Tá sé **dílis**[2].	Is cara dílis é.
Tá Roger dílis.	Is cara dílis é Roger.
Tá an teaghlach deas. (*The family are nice.*)	Is teaghlach deas iad. (*They are a nice family.*)
Tá siad **macánta**[3].	Is daoine macánta iad.
Tá sí **dian**[4].	Is **tuismitheoir**[5] dian í.
Tá m'athair **foighneach**[6].	Is duine foighneach é m'athair.

1 kind   3 honest   5 parent
2 loyal 4 strict   6 patient

Déan an tasc ar lch 23.

Meaitseáil

Cuir an litir cheart leis an bpictiúr ceart. Bain úsáid as an bhfoclóir más gá.

1 Is feirmeoir é m'athair.
2 Is dochtúir í mo mháthair.
3 Is cara maith í Sarah.
4 Is teaghlach iontach iad.
5 Is buachaill ciúin é Shane.
6 Is cailín cliste í mo chara Karen.

A B C
D E F

Aistriúchán

Aistrigh na habairtí faoi chairde éagsúla ó Bhéarla go Gaeilge. Bain úsáid as an bhfoclóir más gá.

1 He is clever.
2 He is a clever boy.
3 She is tall.
4 She is a tall girl.
5 Seán is a good friend.
6 Louisa is honest.
7 Louisa is an honest student.

Scríobh

Scríobh abairtí faoi thriúr cairde leat nó faoi thriúr i do theaghlach féin.

Samplaí: *Is bean álainn í m'aintín. Tá sí cineálta agus cairdiúil freisin.*

Critéir ratha:
- Bain úsáid as an gcopail, *is*, agus an briathar *tá* sa tasc seo.
- Faigh dhá aidiacht nua san fhoclóir nach raibh ar eolas agat.

Idirghníomhú cainte

Cuir na ceisteanna seo (agus cúpla ceist eile) ar dhuine éigin eile ón rang.

1 Cad is ainm don chéad duine ar do liosta ón tasc thuas?
2 Cé hé/hí an duine is óige ar do liosta?
3 Cárb as na daoine ar do liosta?

Aonad 3

Mo Theaghlach agus Mo Chairde

Croí na Gaeilge 1

Dán: 'Subh Milis'

Is dán gearr simplí é 'Subh Milis'. Tá beirt sa dán seo, tuismitheoir agus páiste. Pléann sé le gnátheachtra teaghlaigh agus grá tuismitheora dá pháiste. Foghlaimeoidh tú stór focal agus nathanna eile a bhaineann leis an teaghlach níos déanaí san aonad seo. Is túsphointe maith é 'Subh Milis'!

> Tá tuilleadh téarmaí litríochta le fáil ar lch 284.

Téarmaí litríochta

an dán	the poem	teideal an dáin	the title of the poem
an íomhá	the image	na híomhánna	the images
an téama	the theme	na mothúcháin	the emotions
meafar	metaphor	meafair	metaphors
rithim	rhythm	rím	rhyme

🔊 Éisteacht agus léamh Rian 1.13

Éist leis an dán agus tú ag léamh.

SUBH MILIS ← teideal an dáin

le Séamas Ó Néill ← ainm an fhile

Bhí subh milis
Ar **bhaschrann**[1] an dorais
Ach **mhúch**[2] mé an **corraí**[3]
Ionam a d'éirigh,
Mar smaoinigh mé ar an lá
A bheas an baschrann glan
Agus an lámh bheag
Ar iarraidh[4].

🔊 Éisteacht Rian 1.14

Críochnaíonn agus tosaíonn roinnt focal sa dán seo leis na litreacha **bh**. Cén fhuaim atá ar an dá litir seo le chéile? Cad a thugann tú faoi deara? Tá **bh** sa Ghaeilge cosúil le litir éigin sa Bhéarla. Cad é an litir sin?

subh: bh = ___   **bhaschrann:** bh = ___   **bheas:** bh = ___   **bheag:** bh = ___

[1] knocker   [2] extinguished   [3] anger   [4] missing

Léamh

Léigh an dán agus freagair na ceisteanna bunaithe air. Bíonn an briathar ón gceist sa fhreagra freisin de ghnáth sa Ghaeilge.

1. Cé a scríobh an dán seo?
   Scríobh _____.
2. Cé a bhí ag labhairt sa dán seo?
   Bhí _____.
3. Cad a bhí ar bhaschrann an dorais?
   Bhí _____.
4. Cé a chuir an tsubh ar an doras?
   Chuir _____.
5. Conas a mhothaigh an tuismitheoir?
   Mhothaigh _____.
6. Cé mhéad duine a bhí sa dán?
   Bhí _____.
7. Roghnaigh ceithre bhriathar san aimsir chaite ón dán.
8. Roghnaigh dhá aidiacht ón dán.
9. Roghnaigh trí ainmfhocal ón dán.

Idirghníomhú cainte

Labhair leis an duine atá in aice leat faoi na tuairimí atá agat ar an dán 'Subh Milis'. Seo thíos roinnt focal mar chabhair duit.

- an íomhá/na híomhánna
  Is pictiúr deas é an íomhá.
- orduimhreacha: an chéad líne, an dara véarsa, an tríú focal
  Is maith liom an dara líne.
- uimhreacha pearsanta: duine amháin, beirt, triúr
  Tá beirt charachtar sa dán seo.
- codarsnacht
  Tá codarsnacht idir dubh agus bán.

Seo thíos bealaí eile chun **Is maith liom an dán seo** a rá.
1. Is aoibhinn liom an dán seo.
2. Is breá liom an dán seo.
3. Taitníonn an dán seo go mór liom.
4. Tá gean/cion agam ar an dán seo.
5. Téann an dán seo i bhfeidhm orm.

Aonad 3 — Mo Theaghlach agus Mo Chairde

Croí na Gaeilge 1

Subh milis eile

Folláin Teo.

Léigh an t-alt seo faoi shubh mhilis déanta ag teaghlach ó Bhaile Bhuirne i nGaeltacht Mhúscraí. Ansin, féach ar an stór focal agus freagair na ceisteanna a théann leis an alt.

1. Is é 'folláin' an focal Gaeilge ar 'wholesome'. Fanann an raon **táirgí**[1] dílis do mheon agus d'ainm an chomhlachta. Tá na táirgí an-sláintiúil ar fad. Ní bhaintear úsáid as **comhábhair**[2] shaorga agus ní chuirtear siúcra ná salann sa bhreis sna h**oidis**[3].

2. Bhunaigh Peadar agus Máirín Uí Lionáird **an comhlacht**[4] sa bhliain 1983. Is **gnó teaghlaigh**[5] é Folláin. Is iad Peadar agus Máirín tuismitheoirí an teaghlaigh agus tá triúr páistí acu. Chaith a bpáistí a gcuid samhraí ag foghlaim **nósanna**[6] agus traidisiúin an chomhlachta. Oibríonn a mac Mícheál agus a n-iníon Máiréad leo anois. Roghnaigh an tríú mac **slí bheatha**[7] eile.

3. Baineann Folláin úsáid as oidis atá céad bliain d'aois. Tháinig na hoidis anuas ó ghlúin go **glúin**[8]. Tá cúig chineál táirgí éagsúla ag Folláin anois: subha, picilí, **anlainn ghoinbhlasta**[9], marmaláidí agus anlainn eile.

4. Tá an comhlacht lonnaithe i nGaeltacht Mhúscraí agus tá baint aige le cultúr na Gaeilge. D'fhás agus d'fhorbair an comhlacht thar na blianta agus tá **monarcha**[10] bia acu anois.

Léamh

Freagair na ceisteanna seo a leanas.

1. Cad é an Béarla ar 'folláin'?
2. An gceapann tú go bhfuil na táirgí sláintiúil? Cén fáth?
3. Cé a bhunaigh an comhlacht?
4. Cé mhéad duine atá sa teaghlach?
5. An oibríonn na páistí ar fad sa chomhlacht?

Baile Bhuirne

Tá Baile Bhuirne suite i nGaeltacht Mhúscraí i gContae Chorcaí. Tá daonra 3,932 i nGaeltacht Mhúscraí. Ba í an Ghaeilge **príomhtheanga**[11] mhuintir na háite tráth. Ceantar oifigiúil Gaeltachta is ea Baile Bhuirne ach sa lá atá inniu ann labhraítear an Ghaeilge agus an Béarla.

Cad is Gaeltacht ann?

Ceantair in Éirinn ina bhfuil an Ghaeilge mar phríomhtheanga an phobail.

1	products	7	career path
2	ingredients	8	generation
3	recipes	9	relishes
4	the company	10	factory
5	family business	11	main language
6	customs		

Tasc foclóra

Céard atá ar an slisín tósta? Líon na bearnaí thíos. Bain úsáid as an bhfoclóir más gá.

| 1 | 2 | 3 | 4 |

1. Ithim _____ ar mo shlisín tósta.
2. Ní chuirim _____ ar mo shlisín tósta.
3. Cuirim _____ ar mo shlisín tósta uaireanta.
4. Is maith liom _____ ar mo shlisín tósta ach is fearr liom _____.

Scríobh

Seo daoibh roinnt comhlachtaí eile atá suite i nGaeltachtaí éagsúla ar fud na tíre. Agus sibh ag obair le chéile i ngrúpa, roghnaígí ceann amháin de na comhlachtaí. Téigí ar líne agus faighigí cúig phointe eolais faoin gcomhlacht.

1. Cad is ainm don úinéir nó bainisteoir?
2. Cén contae ina bhfuil an comhlacht suite?
3. Cé mhéad duine atá ag obair leis an gcomhlacht?
4. Cén bhliain ar bunaíodh an comhlacht?
5. Cad é an uimhir fóin nó an seoladh ríomhphoist atá acu?

Seacláidí na Sceilge	Criostal na Rinne	Potadóireacht na Caolóige
Táirgí Cáise Buabhaill Mhaigh Chromtha	Eachtraí UISCE	Próiseáil (An Clochán Liath) Teo.

Cur i láthair

Réamh-MRB

Roinn an t-eolas ón taighde thuas leis na daoine eile sa rang. Déan iarracht é seo a dhéanamh gan script i do lámh agus tú ag caint os comhair an ranga. Bain úsáid as an acmhainn punainne (lch 19) mar chabhair duit.

Moladh
Déan taifeadadh digiteach de dhaoine ag labhairt anseo.

Aonad 3 — Mo Theaghlach agus Mo Chairde

Croí na Gaeilge 1

Na briathra neamhrialta san aimsir chaite: an sé mór

Rialacha

Féach ar Léaráid B, Cuid 1 (lch 270).

In Aonad 2 bhí na briathra rialta ann san aimsir chaite – mar shampla, *Chuir mé*, *Níor chuir mé*, *Ar chuir tú?*, *Nár chuir tú?*

Mar aon leis seo, chonaic tú an briathar *bí* san aimsir chaite in Aonad 2 – mar shampla, *Bhí mé*, *Ní raibh mé*, *An raibh tú?*, *Nach raibh tú?*

Is briathar é *bí* a úsáideann **ní**, **an** agus **nach** san aimsir chaite. Tarlaíonn sé seo leis an sé mór ar fad san aimsir chaite.

	An fhoirm dhearfach 👍	An fhoirm dhiúltach 👎	An fhoirm cheisteach ❓	An cheist dhiúltach
Abair	dúirt mé	ní dúirt tú	an ndúirt tú?	nach ndúirt tú?
Bí	bhí sí	ní raibh siad	an raibh tú?	nach raibh tú?
Faigh	fuair siad	ní bhfuair sé	an bhfuair tú?	nach bhfuair tú?
Feic	chonaic sé	ní fhaca sibh	an bhfaca tú?	nach bhfaca tú?
Téigh	chuaigh tú	ní dheachaigh sí	an ndeachaigh tú?	nach ndeachaigh tú?
Déan	rinne sibh	ní dhearna mé	an ndearna tú?	nach ndearna tú?
An chéad phearsa, uimhir iolra (muid/sinn)		Ní + séimhiú	An + urú	Nach + urú
Abair	dúramar	ní dúramar	an ndúramar?	nach ndúramar?
Bí	bhíomar	ní rabhamar	an rabhamar?	nach rabhamar?
Faigh	fuaireamar	ní bhfuaireamar	an bhfuaireamar?	nach bhfuaireamar?
Feic	chonaiceamar	ní fhacamar	an bhfacamar?	nach bhfacamar?
Téigh	chuamar	ní dheachamar	an ndeachamar?	nach ndeachamar?
Déan	rinneamar	ní dhearnamar	an ndearnamar?	nach ndearnamar?

| séimhiú | urú | níl aon athrú ann |

Nuair atá tú ag caint faoi **muid/sinn** san aimsir chaite, críochnaíonn an briathar le **-mar**. Tá sé seo fíor i ngach cás. Is cuma más briathar rialta nó neamhrialta é.

Cleas cuimhne
A **B**ig **F**luffy
Feathery
Turkey **D**inner

LG Déan an tasc ar lch 24.

Léamh

Léigh an t-alt seo a scríobh Ciarán san aimsir chaite. Feicfidh tú an sé mór in úsáid anseo.

> 7ú Deireadh Fómhair
>
> A dhialann dhil,
>
> **Chuaigh** mé go dtí an siopa ar mo rothar inné mar **bhí** ocras orm agus theastaigh uaim ceapaire a fháil. **Ní raibh** an siopa ar oscailt agus mar sin chuaigh mé abhaile arís. Rith mé isteach sa chistin agus **fuair** mé an t-im mar aon leis an arán agus **rinne** mé tósta dom féin. **Dúirt** Mamaí liom **go raibh** sú oráiste ar fáil sa chuisneoir. **Bhí** tart orm agus d'ól mé gloine mhór den sú oráiste. **Chonaic** mé an madra ag rith sa ghairdín agus **chuaigh** mé amach chun spraoi a dhéanamh leis.

Scríobh

Athscríobh an t-alt agus athraigh na briathra ón aimsir chaite go dtí an aimsir láithreach.

Cúinne na gramadaí

Scríobh na habairtí seo san fhoirm dhiúltach. Tá an chéad cheann déanta duit.

Féach ar Léaráid B, Cuid 1 (lch 270).

	An fhoirm dhearfach	An fhoirm dhiúltach
1	Chuaigh mé go dtí an siopa.	Ní dheachaigh mé go dtí an siopa.
2	Bhí an siopa ar oscailt.	
3	Fuair mé an t-im ón gcuisneoir.	
4	Bhí tart orm.	
5	Chonaic mé mo mhadra.	
6	Chuaigh mé chuig mo sheomra leapa.	

Ansin, athscríobh na habairtí thuas san aimsir láithreach i do chóipleabhar.

Éisteacht Rian 1.15

Éist leis an taifead agus líon na bearnaí san alt thíos bunaithe ar an eolas sin. Cloisfidh tú an taifead faoi dhó.

(1)_____ mé go dtí an cluiche inné. (2)_____ mé ticéad ag an ngeata. Ní (3)_____ mé mo chara ag an gcluiche. (4)_____ _____ orm agus (5)_____ mé buidéal uisce. Ní (6)_____ aon airgead eile agam. Mar sin, níor (7)_____ mé aon mhilseán. (8)_____ mé abhaile le m'athair.

Aonad 3 — Mo Theaghlach agus Mo Chairde

Croí na Gaeilge 1

Na briathra neamhrialta san aimsir chaite: an cúig beag

Rialacha

Féach ar Léaráid B, Cuid 2 (lch 272).

	An fhoirm dhearfach 👍	An fhoirm dhiúltach 👎	An fhoirm cheisteach ❓	An cheist dhiúltach
Clois	chuala siad	níor chuala sí	ar chuala tú?	nár chuala tú?
Ith	d'ith mé	níor ith sibh	ar ith tú?	nár ith tú?
Tar	tháinig sibh	níor tháinig sé	ar tháinig tú?	nár tháinig tú?
Tabhair	thug sé	níor thug tú	ar thug tú?	nár thug tú?
Beir	rug tú	níor rug siad	ar rug tú?	nár rug tú?
An chéad phearsa, uimhir iolra *muid/sinn*	***Níor* + séimhiú**	***Ar* + séimhiú**	***Nár* + séimhiú**	
Clois	chualamar	níor chualamar	ar chualamar?	nár chualamar?
Ith	d'itheamar	níor itheamar	ar itheamar?	nár itheamar?
Tar	thángamar	níor thángamar	ar thángamar?	nár thángamar?
Tabhair	thugamar	níor thugamar	ar thugamar?	nár thugamar?
Beir	rugamar	níor rugamar	ar rugamar?	nár rugamar?

| séimhiú | d' roimh ghuta | níl aon athrú ann |

> Nuair atá tú ag caint faoi *muid/sinn* san aimsir chaite, críochnaíonn an briathar ar *-mar*.
> Tá sé seo fíor do na briathra rialta mar aon leis na briathra neamhrialta ar fad.

An aimsir chaite	An sé mór	An cúig beag	Briathra rialta
An fhoirm dhiúltach 👎	ní	níor	níor
An fhoirm cheisteach ❓	an?	ar?	ar?
An cheist dhiúltach	nach?	nár?	nár?

Tasc foclóra

Mura bhfuil na briathra seo ar eolas agat, aimsigh iad san fhoclóir.

1 Clois   2 Ith   3 Tar   4 Tabhair   5 Beir

Picthuiscint

Bhuail Áine lena cara Jonathan i bpáirc an phobail inné agus seo sraith pictiúr a bhaineann leis an lá. Bunaithe ar an eolas sna habairtí agus sna pictiúir, cuir an litir cheart leis an bpictiúr ceart.

A Rug mé ar mo rothar ón mbothán agus chuaigh mé go dtí an pháirc ar nós na gaoithe.
B Ansin, thug mé uisce do mo mhadra.
C D'ith mé mo bhricfeasta le mo theaghlach.
D Chuala mé m'fhón póca ag preabadh . . .
E Tháinig Jonathan go dtí an pháirc ach bhí sé déanach.

Scríobh

Scríobh alt san aimsir chaite bunaithe ar an gcúig beag faoi rud éigin a rinne tú le do chairde le déanaí.

Critéir ratha:
- Bí cinnte go bhfuil 40 focal nó níos mó ann.
- Bain úsáid as na cúig bhriathar ón ngreille ar an leathanach ar chlé.
- Cuir *briathar* + *muid/sinn* le chéile in abairt amháin ar an laghad.

Idirghníomhú cainte

Ag an bpointe seo tá staidéar déanta agat ar na briathra rialta mar aon leis na briathra neamhrialta san aimsir chaite. Tá ort labhairt anois faoi na rudaí a rinne tú inné.

Freagair na ceisteanna seo le duine éigin eile sa rang. Coinnigh nótaí den obair seo don obair bhaile.

1 Cén t-am ar éirigh tú?
2 Cad a d'ith tú don bhricfeasta?
3 An ndearna tú aon obair?
4 Ar bhuail tú le haon duine?

Deireadh seachtaine

Scríobh alt faoin deireadh seachtaine agus déan taifeadadh den alt sin. Bain úsáid as briathra rialta mar aon le briathra neamhrialta sa taifeadadh sin.

Croí na Gaeilge 1

Muintir Uí Cheallaigh

📖 Léamh

Léigh an t-alt thíos agus cuir na hainmneacha cearta faoi na pictiúir. ▶ Animation

Is **seantuismitheoirí**[1] iad Ciarán agus Ailbhe. Tá cúigear **garpháistí**[2] acu, triúr **gariníonacha**[3] agus beirt **gharmhac**[4]. Tá **mac**[5] amháin ag Ciarán agus Ailbhe. James is ainm dó. Tá gruaig dhonn agus féasóg air. Tá **iníon**[6] amháin acu freisin. Lisa is ainm di agus tá gruaig fhada dhubh uirthi. Réitíonn James agus Lisa an-mhaith le chéile. Phós James a **bhean chéile**[7], Síle, sé bliana ó shin. Conn is ainm dá mac. Tá **deirfiúr**[8] amháin ag Conn. Aoife is ainm di agus tá sí seacht mbliana d'aois. Tá Lisa **ag siúl amach le**[9] Lorcán. Tá gruaig fhionn air. Tá beirt iníonacha acu. Tá Síofra dhá bhliain d'aois agus tá Deirdre cúig bliana d'aois. Tá **deartháir**[10] mór ag na cailíní. Bíonn siad ag troid leis ó am go ham ach is deartháir an-chineálta é Liam.

✏️ Scríobh

LG Déan na tascanna ar lgh 25–7.

Freagair na ceisteanna seo a leanas.

1. Cad is ainm do sheanmháthair Dheirdre?
2. Cé mhéad garpháiste atá ag Ciarán agus Ailbhe?
3. Cé mhéad páiste atá ag Ciarán agus Ailbhe?
4. Cén stíl ghruaige atá ar Lisa?
5. An réitíonn James agus Lisa go maith le chéile?
6. Cén aois í Aoife?
7. An bhfuil Lisa agus Lorcán pósta?
8. Cé mhéad col ceathrair atá ag Conn?
9. An réitíonn Liam go maith lena dheirfiúracha?
10. Cad is ainm do sheanathair Aoife?

1 grandparents	3 granddaughters	5 son	7 wife	9 going out with
2 grandchildren	4 grandsons	6 daughter	8 sister	10 brother

Próifílí de bhaill an teaghlaigh

Aonad 3

Mo Theaghlach agus Mo Chairde

Mamó
Ainm: Melissa
Aois: 64
As: Is as Chelsea dom.
Caith. Aim.*: beiriste
Ceol: Is breá liom snagcheol.
Tá súile gorma agam.
Tá gruaig fhionn orm.
Sagittarius atá ionam.

Mo mháthair
Ainm: Glenda
Aois: 39
As: Is as Londain dom (ach tá mé i mo chónaí in Éirinn).
Post: Is rúnaí mé san ospidéal.
Is breá liom na siopaí.
Imrím galf ar an Satharn.
Fuilghrúpa: O dearfach

Mé féin
Ainm: Seán
Aois: 12
As: Luimneach
Caith. Aim.: leadóg
Ceol: traid
Airde: 5 troithe 4 horlaí
Bróg: méid 7
Is cúpla mé.

Mo mhadra
Ainm: Bran
Aois: 4
As: ciseán sa chistin
Caith. Aim.: ag rith
Bia: Is breá liom cnámha.
Tá súile donna agam.

* Caitheamh Aimsire

Daideo
Ainm: Connor
Aois: 62
As: Is as Londain dom ó dhúchas.
Caith. Aim.: ag léamh
Ceol: ceol clasaiceach
Tá súile donna orm.
Tá gruaig bhán orm.
Is Pisces mé.

M'athair
Ainm: Cathal
Aois: dhá scór
As: Is as Gaillimh mé.
Post: Is múinteoir mé le mata.
Léim go tapa gach oíche.
Is maith liom an ceol tíre.
Tá féasóg agam.
Ní ithim feoil.

Mo dheirfiúr
Ainm: Áine
Aois: 12
As: Luimneach
Caith. Aim.: an giotár
Ceol: Ariana Grande
Airde: 5 troithe
Is breá liom an Ghaeilge.
Ní maith liom an mhata.

📖 Léamh

Léigh na próifílí thuas agus freagair na ceisteanna seo.

1. Cén aois atá mamó Sheáin? Scríobh an aois i bhfoirm focal.
2. Cad is ainm don daideo anseo?
3. Cé atá níos óige, Glenda nó Cathal (a fear céile)?
4. Cárb as do Sheán?
5. Cén comhartha Stoidiaca atá ag Connor (Daideo) anseo?

✏️ Scríobh *Réamh-MRB*

Samhlaigh go bhfuil deartháir nó deirfiúr eile ag Seán. Dear próifíl faoi/fúithi.
Critéir ratha: Luaigh na rudaí seo a leanas.

- ainm
- aois
- áit dhúchais
- dath gruaige
- dath súile
- caitheamh aimsire

Anois, bain úsáid as an acmhainn punainne (lch 21) le próifílí a scríobh de do theaghlach féin.

Croí na Gaeilge 1
Maidin inniu

Iontráil dialainne

Scríobh Áine Ní Dhomhnaill an iontráil dialainne seo bunaithe ar mhaidin inniu. Rinne sí dearmad ar chúpla focal. An féidir leat na bearnaí a líonadh di? Tá bosca focal ann mar chúnamh duit.

Dhúisigh mé ar a seacht a chlog ar (1)_____. Bhí (2)_____ an domhain orm. D'éirigh mé as an leaba agus chuaigh mé go dtí an (3)_____ _____. Ghlac mé (4)_____. Nigh mé m' (5)_____ agus scuab mé m'fhiacla. Chóirigh mé mo chuid (6)_____ agus chuir mé m'éide (7)_____ orm. Tar éis tamaill, chuaigh mé (8)_____ staighre. 'Déan deifir!' a scread mo mháthair. D'ullmhaigh m'athair mo (9)_____ dom. Bhí tósta le (10)_____ agam. Bhí sé an-bhlasta. Níor ghlan mé an chistin agus d'fhág mé an seomra ina phraiseach. Ceapaim go bhfuil (11)_____ ar bhaschrann an dorais.

| subh | síos | cith | gruaige | maidin | subh | seomra folctha |
| tuirse | scoile | bhricfeasta | aghaidh |

Éisteacht Rian 1.16

Éist leis na freagraí cearta agus ceartaigh do chuid oibre féin. Cloisfidh tú na freagraí faoi dhó.

Tasc foclóra

Aimsigh na focail ón tasc thuas san fhoclóir agus cuir iad in abairtí simplí.
Sampla: *Chuir mé **subh** ar mo thósta ar maidin.*

Scríobh

Déan cur síos ar mhaidin inniu agat féin.

- Cén t-am a d'éirigh tú ar maidin?
- Conas a thaistil tú ar scoil? *Leid: taistil* – to travel
- Cad a d'ith tú don bhricfeasta?
- Scríobh **trí** rud a rinne tú sular fhág tú an teach.

Seo roinnt briathra duit don tasc seo:

dhúisigh mé	I woke	d'éirigh mé	I got up
chuaigh mé*	I went	nigh mé	I washed
scuab mé	I brushed	ghlan mé	I cleaned
d'ullmhaigh mé	I prepared	phacáil mé	I packed
chuir mé	I put	d'fhág mé	I left
shiúil mé	I walked	thóg mé	I took

* briathar neamhrialta

Idirghníomhú cainte

Cuir na ceisteanna ón tasc thuas ar dhuine eile. Freagraíonn an duine eile sin na ceisteanna os ard. Ansin déanaigí malartú.

Picthuiscint

Bhí bricfeasta ag beirt deirfiúracha, Gosia agus Kasia, ar maidin. Féach ar an íomhá de na cailíní agus freagair na ceisteanna thíos.

1. Cé mhéad cailín atá sa phictiúr?
2. Cad a d'ith siad don bhricfeasta?
3. Cad a d'ól siad don bhricfeasta?
4. Conas a mhothaigh siad tar éis an bhricfeasta, meas tú?
5. Cén dath atá ar a gcuid gruaige?
6. Cén sórt éide a bhí orthu?

Sa cheacht ar lch 71, bhí na briathra scríofa i gcló trom. Ar mhiste leat na briathra a roghnú ó na ceisteanna thuas? Beidh tú in ann na ceisteanna a fhreagairt go cruinn nuair atá na briathra roghnaithe agat.

1. *d'ith*
2. _____
3. _____
4. _____
5. _____
6. *tá*

Suirbhé ranga

Ghlac cairde Gosia páirt i suirbhé ranga maidin inniu. Phléigh siad na bianna a itheann siad don bhricfeasta. Tá 30 dalta sa rang. Freagair na ceisteanna thíos bunaithe ar an eolas ón bpíchairt.

1. Cad a bhí ag formhór an ranga?
2. Cé mhéad duine a d'ith bricfeasta friochta?
3. Cad a roghnaigh 30 faoin gcéad de chairde Gosia don bhricfeasta?
4. Cad é an bricfeasta is lú a itheann an rang?
5. Cad a d'ith 15 faoin gcéad de chairde Gosia don bhricfeasta?

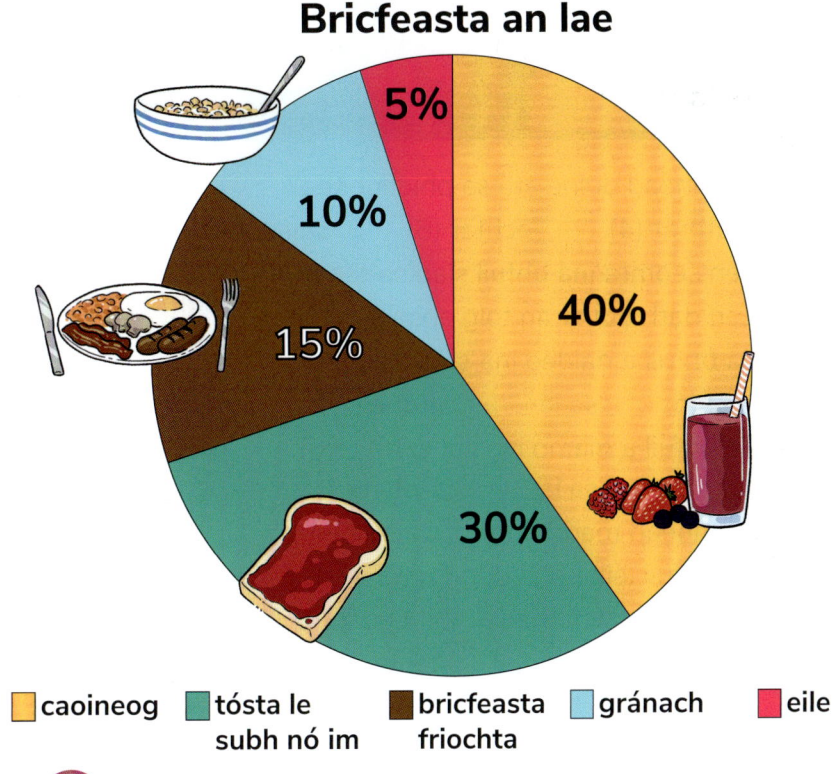

Bricfeasta an lae

- caoineog — 40%
- tósta le subh nó im — 30%
- bricfeasta friochta — 15%
- gránach — 10%
- eile — 5%

Idirghníomhú cainte

Réamh-MRB

Déan liosta de na bianna a itheann do chairde sa rang don bhricfeasta. Cuir an cheist, 'Cad a itheann tú don bhricfeasta?' orthu. Nuair atá an t-eolas bailithe agat, cuir torthaí an taighde ar bharrachairt. Bain úsáid as an acmhainn punainne (lch 23) mar chabhair duit.

Croí na Gaeilge 1
Sinéad agus a teaghlach

'Tá mo sheantuistí ó thaobh mo mháthar ina gcónaí i Sasana ach an samhradh seo caite tháinig siad ar cuairt chugainn agus bhí cúpla lá iontach againn. Seo grianghraf a thógamar ar an dara lá nuair a bhí siad linn. Bhí spion iontach ar gach duine an lá sin.'

— Sinéad Ní Mhurchú

Picthuiscint

Seo pictiúr de Shinéad agus a muintir. Freagair na ceisteanna seo bunaithe ar an bpictiúr. Más cuí, cuir ciorcal timpeall an fhreagra chirt.

1 Cé mhéad duine atá sa phictiúr seo?
   ceathrar (4)   ochtar (8)   seisear (6)
2 Cén seomra ina bhfuil siad sa teach, meas tú?
3 Cén dath atá ar an tolg anseo?
4 Cá bhfuil a daideo ina shuí ar an tolg?
   ar chlé   sa lár   ar dheis
5 Cá bhfuil a mamó ina suí ar an tolg?
   ar chlé   sa lár   ar dheis
6 Cé mhéad madra atá sa phictiúr?
7 An bhfuil léine dhaideo dúnta nó ar oscailt ag an barr?
8 Cá bhfuil tuismitheoirí Shinéad sa phictiúr?
   os comhair an toilg   taobh thiar den tolg   faoin tolg   ina suí ar an tolg

Labhairt

Faigh pictiúr de do mhuintir nó de dhaoine eile. Labhair os comhair an ranga faoin bpictiúr ar feadh 30 soicind.

LG Déan na tascanna ar lch 28.

Moladh
Déan taifeadadh digiteach de dhaoine ag labhairt anseo.

Cúinne na gramadaí

Súil siar ar an aidiacht shealbhach: athscríobh na habairtí anseo agus athraigh na focail sna lúibíní más gá. Tá an chéad cheann déanta duit mar shampla.

Leid: Féach ar an gcéad litir i ngach ainmfhocal sula bpiocann tú an tromán lúith don cheann sin agus leis an bhfocal a.

Féach ar lch 7.

1. Bhí (mo uncail) sa pháirc inné lena (madra) *Leid:* le + a = lena
   Bhí m'uncail sa pháirc inné lena mhadra.
2. Tháinig (mo mamó) chuig ár (teach) inné.
3. Chaill mo (deirfiúr) a(2) (mála scoile) ar an mbus.
4. D'fhág cara liom a(1) (feadóg) stáin ar an mbus.
5. Ní raibh mo (tuismitheoirí) sásta mar chaill mé ár (bus).
6. Chonaic mé a(2) (athair) i bpáirc an phobail.
7. Rinne a(3) iníon an obair bhaile sa chistin gach lá.
8. Chuaigh a(3) (mac) ar scoil ar an mbus ar maidin.
9. Fuair Zofia a(2) (anorac) óna(2) (máthair). *Leid:* ó + a = óna
10. Thug mé é sin chuig (do aintín) aréir.

Cogar a(1) = his
         a(2) = her
         a(3) = their

LG Déan na tascanna ar lch 29.

Scríobh

Súil siar ar an aimsir láithreach: anois, athscríobh na habairtí thuas san aimsir láithreach. Athraigh na tagairtí ama (*time references*) más gá. Tá an chéad cheann déanta mar shampla duit.

1. *Tá m'uncail sa pháirc inniu lena mhadra.*

Labhairt   Réamh-MRB

Faigh pictiúr de dhuine éigin ó do theaghlach nó ó do **mhuintir mhór**[1] agus labhair leis an rang faoin bpictiúr sin. Bain úsáid as an acmhainn punainne (lch 25) mar chabhair duit.

Critéir ratha:

Is féidir leat labhairt faoi na pointí thíos.

- an gaol atá agat leis an duine seo
- aois an duine
- an áit ina bhfuil an duine seo ina c(h)ónaí
- na tréithe is fearr a bhaineann leis an duine seo
- lá deas a bhí agat leis an duine seo

Moladh
Déan taifeadadh digiteach de dhaoine ag labhairt anseo.

[1] extended family

Croí na Gaeilge 1

Gearrscannán: *Clare sa Spéir*

Literature

Is gearrscannán é *Clare sa Spéir* faoi mháthair agus a clann. Eoin is ainm don athair agus tá seachtar sa teaghlach san iomlán. Is minic a bhíonn rírá agus ruaille buaille sa teach. Ba mhaith le Clare éalú óna saol leadránach. Déanann sí an cinneadh tamall a chaitheamh sa teach crainn sa ghairdín. Tá sé ar intinn aici 32 lá a chaitheamh ann. Ba mhaith léi an churiarracht dhomhanda a shárú. Déanann Eoin iarracht í a mhealladh ón gcrann ach ní éiríonn leis. Féach ar an ngearrscannán *Clare sa Spéir* sa bhaile nó sa seomra ranga.

Téarmaí litríochta

gearrscannán	a short film	an gearrscannán	the short film
mioncharachtar	a minor character	príomhcharachtar	a main character
greann	humour	an greann	the humour
téama	a theme	an téama	the theme

Tá tuilleadh téarmaí litríochta le fáil ar lch 282.

Idirghníomhú cainte

Déan na téamaí thíos a phlé leis an duine in aice leat. Cad is brí leo?
- an teaghlach
- cineálacha caithimh aimsire
- an grá

Néal focal

Dear agus cruthaigh néal focal a bhaineann leis an scannán seo.

Scríobh

1. **Roghnaigh ceithre aidiacht le cur síos a dhéanamh ar Clare agus ceithre aidiacht le cur síos a dhéanamh ar Eoin.**
   Samplaí: *deas, cairdiúil, tuirseach, ceanndána*

2. **Cuir na haidiachtaí in abairtí, ag baint úsáid as an gcopail.**
   Sampla: *Is duine ceanndána í Clare.*

   LG Déan an tasc ar lch 30.

Fíor nó bréagach?

An bhfuil na habairtí seo a leanas fíor nó bréagach? Cuir tic sa cholún ceart.

		✔	✘
1	Tá Clare tinn tuirseach dá saol.		
2	Tá cúigear páistí sa chlann.		
3	Bíonn Eoin i gcónaí ag cabhrú le Clare.		
4	Tá Clare in ísle brí ag tús an ghearrscannáin.		
5	Ní maith le Clare *Coronation Street*.		
6	Téann Clare suas crann chun curiarracht a bhaint amach.		
7	Is í 31 bliain an churiarracht dhomhanda.		
8	Bíonn ar Eoin an dinnéar a dhéanamh.		

Scríobh

Is gearrscannán greannmhar é *Clare sa Spéir*. Roghnaigh trí rud ghreannmhara a tharlaíonn sa ghearrscannán. Tá ceann amháin déanta mar shampla duit.

1. *Tá sé greannmhar nuair a léimeann Clare anuas ón gcrann.*
2. _____
3. _____
4. _____

Ceisteanna

Freagair na ceisteanna seo a leanas faoin ngearrscannán *Clare sa Spéir*.

1. Cad is ainm don mháthair?
2. Cad is ainm don athair?
3. Cé mhéad páiste atá sa chlann?
4. Conas a bhíonn na páistí ag am bricfeasta?
5. Conas a mhothaíonn Clare nuair a fhágann an chlann an teach?
6. Cad í an churiarracht dhomhanda, dar le Clare?
7. Cad é an caitheamh aimsire is fearr le Clare?
8. Cad a dhéanann sí sa teach crainn ina áit sin?
9. Conas a éiríonn le hEoin agus na páistí gan Clare sa teach?
10. Conas a thagann Clare anuas ón gcrann?

Crann ginealaigh

Tarraing crann ginealaigh Clare agus déan cur síos beag ar na baill teaghlaigh. Bain úsáid as an stór focal a bhaineann le baill an teaghlaigh – mar shampla, *máthair, iníon, mac*. Scríobh abairt amháin faoi gach duine sa teaghlach. Cén saghas daoine iad?

Aonad 3 — Mo Theaghlach agus Mo Chairde

Croí na Gaeilge 1

Áine, Seán agus a gcairde

🔊 Éisteacht Rian 1.17

Éist le hÁine ag léamh as a dialann. San alt thíos gheobhaidh tú léargas ar *muid* (tríú pearsa, uimhir iolra) san aimsir chaite. Críochnaíonn briathra den chineál seo le *-mar* agus tá siad i gcló trom san alt. Cloisfidh tú an taifead faoi dhó.

Is mise Áine agus, mar a dúirt mé cheana, is breá liomsa laethanta a chaitheamh sna siopaí. Bhuail mé le mo chairde in aice leis an séipéal ag a deich. Chua**mar** go Cathair Luimnigh ar an mbus. Shroichea**mar** an lár ag fiche tar éis a deich. Rithea**mar** ó stad an bhus go hionad na siopaí ar nós na gaoithe mar thuigea**mar** go raibh cúpla sladmhargadh ar siúl. Bhío**mar** an-sásta leis na praghsanna agus cheannaío**mar** cúpla rud beag. Chaithea**mar** cúpla uair ag dul ó áit go háit agus sa deireadh d'óla**mar** caoineoga leis an tart a shásamh. D'fhillea**mar** abhaile ag an bpointe sin agus shuío**mar** thuas staighre ar an mbealach ar ais chuig an mbruachbhaile (*suburb*) s'againne féin.

📖 Léamh

Freagair na ceisteanna seo bunaithe ar an eolas ón dialann.

1. Cé leis ar bhuail Áine inné? *Leid: Úsáid an forainm* **sí** *sa fhreagra seo.*
2. Cén t-am a bhuail na cairde le chéile? *Leid: Úsáid an forainm* **siad** *sa fhreagra seo.*
3. Cá ndeachaigh siad ar an mbus? *Leid: Bí cúramach leis an mbriathar seo.*
4. Cad a bhí ar siúl sna siopaí an lá sin?
5. Ar cheannaigh cairde Áine aon rud sna sladmhargaí (*sales*)?
6. Cá fhad a chaith siad ag dul timpeall na cathrach?
7. Cad a rinne siad tar éis na siopadóireachta?
8. Ar shuigh siad thíos staighre ar an mbealach abhaile?
   Shuigh. ☐   Níor shuigh. ☐

Is droichead, nó nasc, idir an cheist agus an freagra é an briathar sa Ghaeilge.
Mar sin, de ghnáth bíonn an briathar atá sa cheist ag tús an fhreagra.

⚠️ **Cogar** In your answer, don't forget to echo the verb used in the question.
Sampla:
Cá ndeachaigh . . .?
Positive echo (*macalla dearfach*) = Chuaigh . . .
Negative echo (*macalla diúltach*) = Ní dheachaigh . . .

✏️ Scríobh

Athscríobh an t-alt seo san aimsir láithreach. Tosaigh leis an dara habairt, 'Buailim le mo chairde . . .'

LG Déan na tascanna ar lch 31.

🔊 Éisteacht agus léamh Rian 1.18

Lean an téacs thíos agus tú ag éisteacht le Seán ag léamh a bhlag. Cloisfidh tú an taifead faoi dhó.

Is mise Seán agus táim 12 bhliain d'aois agus is breá liom a bheith ag imirt leadóige le mo chairde. Té**mid** gach Satharn chuig an gclub ar Bhóthar na hInse. Buail**imid** le chéile ag an siopa agus rothaí**mid** go dtí an club. Tosaí**mid** ag imirt thart ar 11 a chlog agus críochnaí**mid** tar éis uair go leith de ghnáth. Ansin bíonn lón againn sa siopa sceallóg. Ólai**mid** deochanna boga agus ithi**mid** sceallóga deasa ansin. Labhraí**mid** faoi chúrsaí scoile agus baini**mid** an-sult as an mbéile sin. Ag a dó a chlog nó mar sin fágai**mid** slán ar a chéile agus filli**mid** abhaile.

> **Cogar** In the present tense, to change a verb from **I** to **we**, just add **-id**.
> For example: **táim** = I am, **táimid** = we are

> Anseo tá an focal **muid/sinn** ag teacht le chéile leis an mbriathar.
> As sin, tagann focal nua.
> **Sampla:** *ith* + *muid/sinn* = *ithimid*, *ól* + *muid/sinn* = *ólaimid*

Léamh

Freagair na ceisteanna seo, bunaithe ar an eolas ón mblag. (Ná freagair na ceisteanna seo sa chéad phearsa, uimhir iolra.)

1 Cén aois é Seán?

   Tá sé _____.

2 Cá dtéann sé ar an Satharn de ghnáth?

   Téann sé _____.

3 Cé a théann leis chuig an gclub?

   _____

4 Conas a théann siad ann?

   Téann siad _____.

5 Cén t-am a thosaíonn siad ag imirt?

   _____

6 Cá dtéann siad tar éis an chluiche?

   _____

7 Cad a itheann siad?

   _____

✍ Scríobh

Scríobh alt (40 focal) faoi na rudaí a rinne tú le do chairde an deireadh seachtaine seo caite. Ná déan dearmad ar -mar.

Critéir ratha:

> **LG** Déan an tasc ar lch 32.

- Bain úsáid as trí bhriathar dhifriúla (ar a laghad).
- Bain úsáid as an gcéad phearsa, uimhir uatha – mar shampla, *chuaigh mé . . .*
- Bain úsáid as an gcéad phearsa, uimhir iolra, chomh maith – mar shampla, *chuamar . . .*

Aonad 3 — Mo Theaghlach agus Mo Chairde

Croí na Gaeilge 1

An réamhfhocal *le*

Réamhfhocail

Tá a lán rudaí le rá ag an réamhfhocal *le*.

> Ní neart go cur le chéile.

Tá tuilleadh eolais le fáil ar lch 256.

Cuimhnigh:
Is maith liom . . .
Ní maith liom . . .
An maith leat . . .?
Nach maith leat . . .?

- buail + le
- éist + le
- úinéireacht[1] is liom . . .
- samhail[2] chomh mór le teach
- le déanamh[3]

Forainmneacha réamhfhoclacha

| le | + | mé/mise | = | liom |
| réamhfhocal | + | forainm | = | forainm réamhfhoclach |

Réamhfhocal	le						
Forainm	mé	tú	sé	sí	muid/sinn	sibh	siad
Forainm + réamhfhocal	liom	leat	leis	léi	linn	libh	leo

Léamh

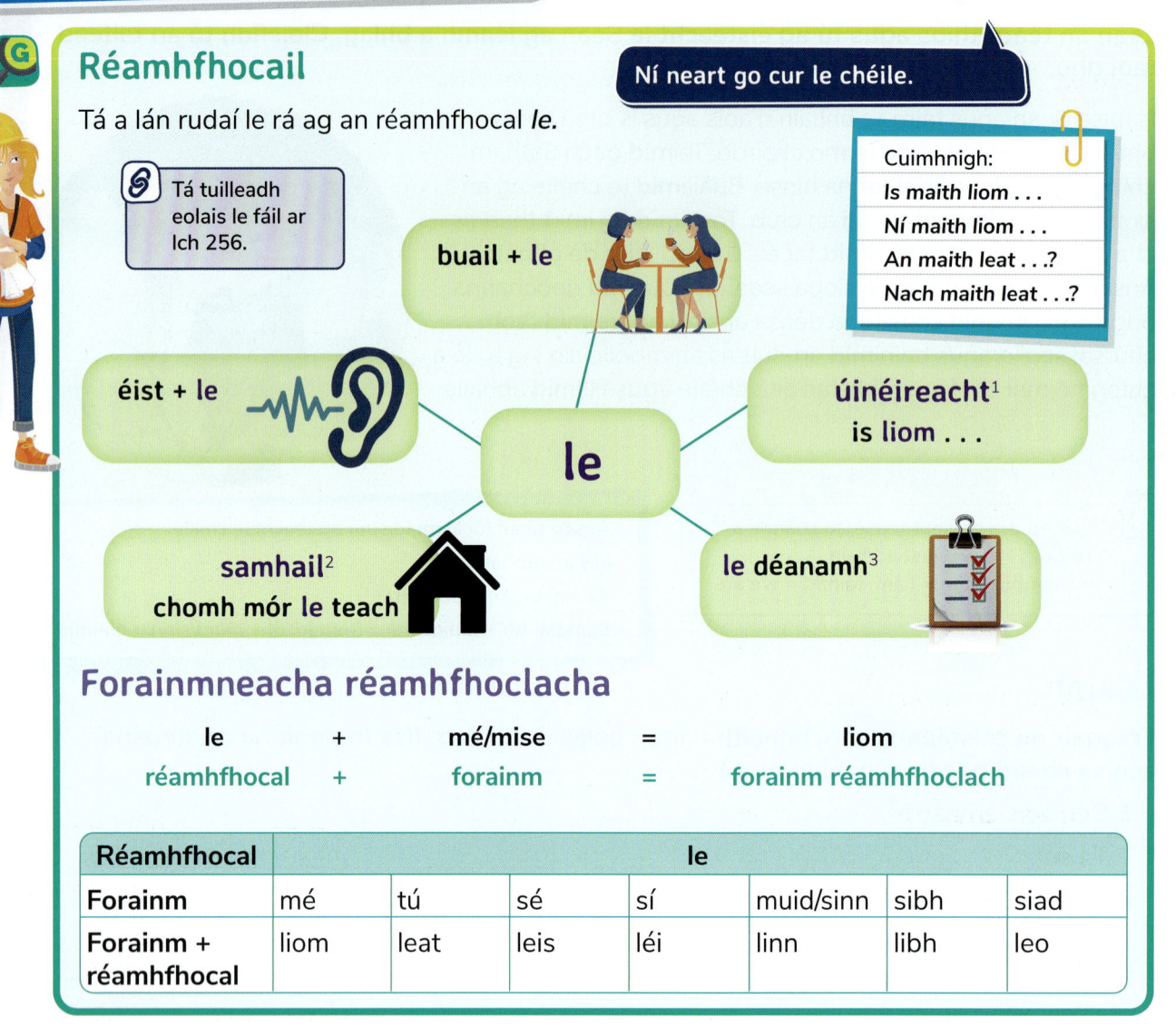

Léigh an scéal beag seo a scríobh Eric bunaithe ar an réamhfhocal *le*.

Inné chuaigh mé go dtí an t-**ionad siopadóireachta**[4] mar ní raibh aon obair bhaile **le déanamh**[5] agam. **Bhuail mé le**[6] hÁine. Is **cara liom**[7] í. **Réitímid go han-mhaith le chéile**[8]. Chuaigh mé go dtí an áit **leis an mbus**[9]. **D'éist mé le**[10] ceol ar m'fhón póca. Is maith linn an siopa ceoil. Ach **is fearr le**[11] hÁine teach an tae. Bhí mocha ag an mbeirt againn agus bhí ceapaire agam **leis an deoch**[12]. **Labhair sí liom**[13] faoin spórt. Tá Áine **chomh hard le crann**[14] agus is ansa léi cispheil.

Scríobh

Freagair na ceisteanna thíos.

1. Cá ndeachaigh Eric inné? *Leid: Freagair sa tríú pearsa: Chuaigh sé . . .*
2. Cé ar bhuail sé leis?
3. An fearr le hÁine an siopa ceoil nó teach an tae?
4. Conas a ndeachaigh Eric chuig an áit?
5. Cé chomh hard is atá Áine?

LG Déan na tascanna ar lch 33.

1 ownership	4 shopping centre	7 friend of mine	10 listened to	13 spoke with/to me
2 simile	5 to do	8 we get on well	11 prefers	14 as tall as a tree
3 to do	6 met up with	9 by bus	12 with the drink	

Saoirse Ronan agus a dlúthchara

Léamh

Léigh an t-alt seo agus déan na tascanna a ghabhann leis.

Nuair a bhuaigh Saoirse Ronan gradam Golden Globe, labhair sí faoina dlúthchara Eileen O'Higgins. Bhuail an bheirt acu le chéile nuair a bhí siad ag obair ar an scannán *Brooklyn*. Tá Eileen beagáinín níos airde ná Saoirse ach níl mórán eatarthu. Chaith Saoirse tamall i gCeatharlach agus is as Contae an Dúin d'Eileen. D'fhreastail Saoirse ar an mbunscoil in Ard Aitinn, Contae Cheatharlach. Chaith sí cúpla bliain i Nua-Eabhrac agus í ina leanbh. Rugadh Saoirse i mí Aibreáin 1994. Níl a fhios againn cé acu, Saoirse nó Eileen, atá níos sine. Coinníonn Eileen a dáta breithe faoi rún. Bíonn athair Shaoirse le feiceáil ar an gclár teilifíse *Fair City*.

Cúinne na gramadaí

Freagair na ceisteanna seo a leanas.

1. Pioc amach trí fhorainm ón téacs thuas. *Leid: forainm* – pronoun

   _____   _____   _____

2. Pioc amach sampla den chopail. _____
3. Pioc amach trí bhriathar ón téacs atá san aimsir chaite.

   _____   _____   _____

LG Déan an tasc ar lch 34.

Scríobh

Líon isteach an ghreille seo leis na briathra a roghnaigh tú sa tasc deireanach. Déan é seo sa tríú pearsa (sé/sí/siad nó ainmfhocal éigin). Tá an chéad cheann déanta mar shampla duit.

An aimsir chaite	An aimsir láithreach
Bhuaigh sí	Buann sí

Léamh

Léigh na ceisteanna anseo agus freagair iad leis an eolas ón alt thuas.

1. Cárb as d'Eileen O'Higgins?
2. Cén aois í Saoirse Ronan?
3. Cé acu atá níos airde, Saoirse nó Eileen?
4. Cá bhfuil athair Shaoirse ag obair?

Cur i láthair

Déan taighde ar an scannán *Brooklyn* agus ar an scannán *Little Women* nó ar an scannán is fearr leat féin. Cuir an t-eolas le chéile i bhfoirm dhigiteach nó ar phóstaer crua agus labhair leis an rang faoin taighde sin.

Critéir ratha:
- Ainmnigh stiúrthóir (*director*) an scannáin.
- Luaigh an bhliain ina raibh sé sa phictiúrlann.
- Ar bhuaigh an scannán a roghnaigh tú aon ghradam?

Moladh
Déan taifeadadh digiteach de dhaoine ag labhairt anseo.

Aonad 3 — Mo Theaghlach agus Mo Chairde

Croí na Gaeilge 1

Cleachtaí

Tasc foclóra

Meaitseáil an sainmhíniú leis an bhfocal ceart sa bhosca thíos. Cuir an uimhir chuí faoin bhfocal ceart.

1. bean a bhfuil clann aici
2. mac athar agus máthar duine
3. duine baineann clainne; cailín, bean óg
4. deartháir athar nó máthar
5. duine fireann clainne; garsún, diúlach
6. deirfiúr athar nó máthar
7. fear a bhfuil clann aige
8. iníon athar agus máthar duine

Vocabulary

Tá stór focal an aonaid seo le fáil ar lch 305.

LG Déan an tasc ar lch 35.

uncail	máthair	mac	iníon	athair	aintín	deartháir	deirfiúr

Éisteacht Rian 1.19

Éist le hÁine ag labhairt faoina teaghlach agus tarraing crann ginealaigh i do chóipleabhar. Cloisfidh tú an taifead faoi dhó.

Scríobh

Athscríobh na habairtí seo a leanas ag cur na focail san ord ceart. Tá an chéad cheann déanta duit mar shampla.

1. ar Thosaigh [lá scoile] an a naoi. *Thosaigh an lá scoile ar a naoi.*
2. ar an Chuaigh deirfiúracha mbus [an bheirt].
3. a iompar [ar a] Chuir brón mháthair.
4. rud raibh aon an ar Ní teilifís.
5. bhím agus mé Ní [ar scoil] [ar bís].

Aistriúchán

Aistrigh na habairtí seo ó Bhéarla go Gaeilge. Beidh an focal ar (nó leagan de) i gceist i ngach líne.

1. I put five plates on the table.
2. She went on the bus with her brother.
3. I was happy when my friend came home.
4. My mother was on the phone this morning.
5. We reached our auntie's house at eight o'clock.

Labhairt

Scríobh deich n-abairt fút féin, bunaithe ar an réamhfhocal le, agus déan taifeadadh díobh.

Critéir ratha:

Is féidir leat labhairt:
- faoi cheol
- faoi chairde leat
- faoin spórt is fearr leat, srl.

Moladh
Déan taifeadadh digiteach de dhaoine ag labhairt anseo.

Crosfhocal

Aonad 3 – Mo Theaghlach agus Mo Chairde

Bunaithe ar an eolas san aonad seo agus i Léaráid B (lch 270), líon an crosfhocal seo. Is féidir úsáid a bhaint as an bhfoclóir mar chabhair agat leis na ceisteanna.

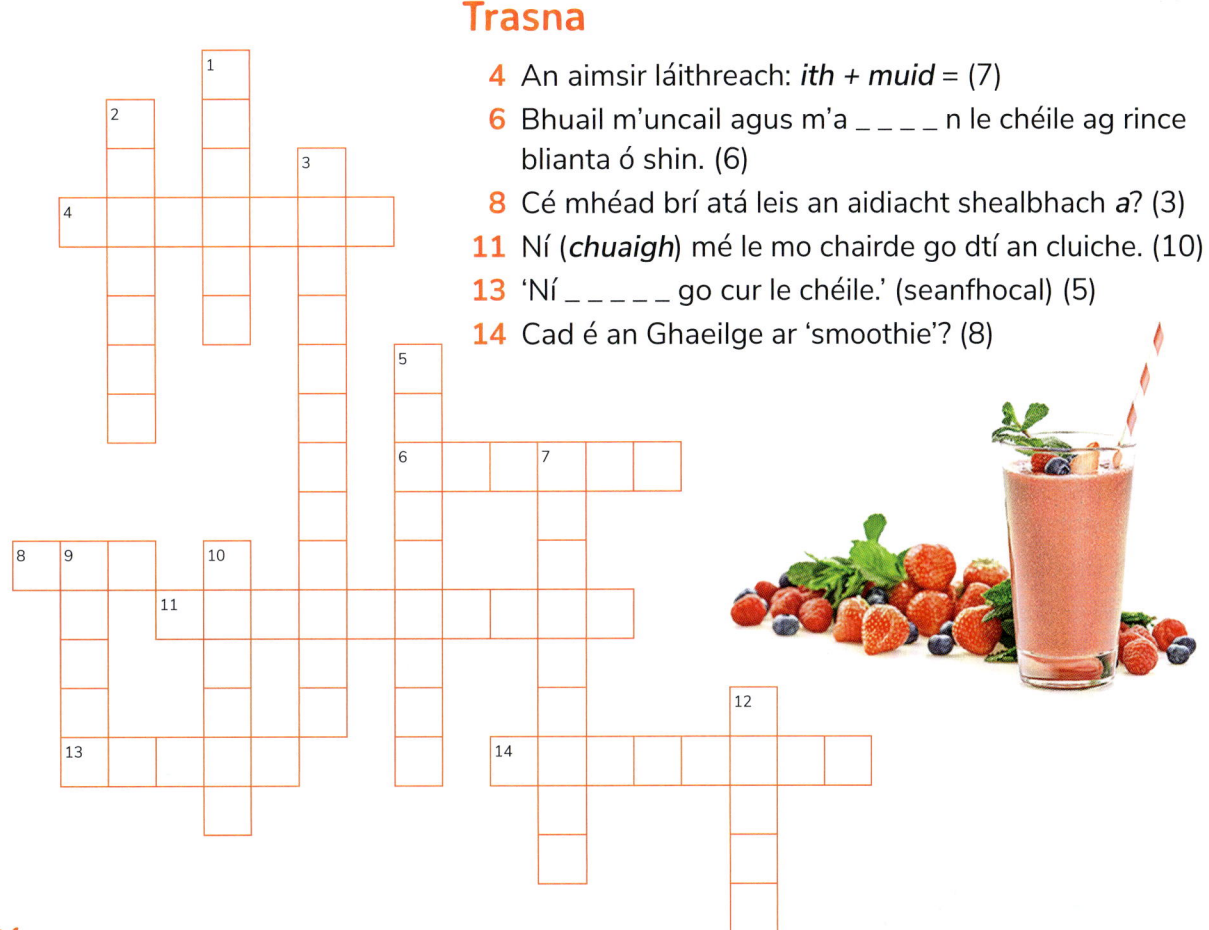

Trasna

4 An aimsir láithreach: *ith* + *muid* = (7)
6 Bhuail m'uncail agus m'a _ _ _ _ n le chéile ag rince blianta ó shin. (6)
8 Cé mhéad brí atá leis an aidiacht shealbhach *a*? (3)
11 Ní (*chuaigh*) mé le mo chairde go dtí an cluiche. (10)
13 'Ní _ _ _ _ _ go cur le chéile.' (seanfhocal) (5)
14 Cad é an Ghaeilge ar 'smoothie'? (8)

Síos

1 Scríobh Séamas _ _ _ _ _ _ an dán 'Subh Milis'. (6)
2 Tá (*mo* + *athair*) níos sine ná mise. (7)
3 An bhfuil an focal *doras* firinscneach nó baininscneach? (12)
5 *Deirfiúr* (cailín) agus *dear*_ _ _ _ _ (buachaill) (9)
7 Páistí agus tuismitheoirí = t _ _ _ _ _ _ _ _ (9)
9 Tá Saoirse _ _ _ _ _ níos airde ná Eileen O'Higgins. (5)
10 'Is fearr cara sa _ _ _ _ _ _ ná punt sa sparán.' (seanfhocal) (6)
12 Tá (2) deartháireacha agam. (5)

🔊 Éisteacht   Rian 1.20

Éist leis na freagraí cearta agus seiceáil do chuid oibre féin.

Banc focal

Ó Néill, trí, aintín, Ronan, chúirt, teaghlach, deartháir, dheachaigh, firinscneach, m'athair, beirt, ithimid, caoineog, neart

Croí na Gaeilge 1

Ainmneacha teaghlaigh

Sloinnte

Is foinse iontach é an suíomh ainm.ie nuair atá tú ag déanamh taighde ar shloinnte (ainmneacha teaghlaigh) na scríbhneoirí éagsúla Gaeilge.

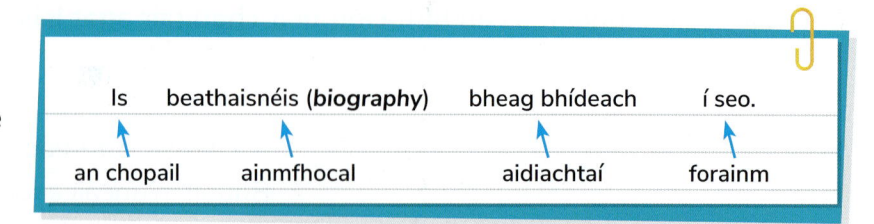

Is	beathaisnéis (*biography*)	bheag bhídeach	í seo.
an chopail	ainmfhocal	aidiachtaí	forainm

Líon na bearnaí

Líon na bearnaí san alt thíos leis na focail ón mbosca atá faoin téacs.

An scéalaí: Ó MURCHÚ, Pádraig (1873–1950)
Scéalaí ó Bhéarra i gContae Chorcaí

Tá eolas ar an scéalaí seo ag Máirtín Verling ina (1)_____ *Gort Broc: Scéalta agus Seanchas ó Bhéarra Bailithe* ó Phádraig Ó Murchú, 1996. Tadhg Ó Murchadha (1896–1961), Seán Ó Súilleabháin agus Diarmaid Ó hUallacháin (1908–47) a bhailigh scéalta agus ábhar eile uaidh. I nGort Broc a rugadh é ar an 15ú (2)_____ 1873. Ba iad a thuismitheoirí Seán Ó Murchú agus a bhean Máire Harrington ('**Caobach**')[1] agus bhí ceathrar (3)_____ aige agus beirt deartháireacha. (4)_____ cúigear díobh, na buachaillí agus (5)_____ de na cailíní, go Butte, Montana. Ní fios cá ndeachaigh an ceathrú cailín.

© Cló Iar-Chonnacht

deirfiúracha · leabhar · Feabhra · triúr · Chuaigh

Léamh

Freagair na ceisteanna seo bunaithe ar an alt thuas.

1. Cad is teideal don leabhar atá luaite san alt thuas?
2. Cén t-ainm atá ar an duine atá Máirtín Verling ag caint faoi sa leabhar seo?
3. Cad is ainm do mháthair Phádraig?
4. Suimigh an líon deartháireacha a bhí ag Pádraig leis an líon deirfiúracha a bhí aige.

Scríobh

Seo abairtí faoi mhuintir darb ainm Ó Murchú, ach tá ord na bhfocal mícheart. Lean na treoracha seo thíos.

- I d'aonar, cuir an t-ord ceart ar na focail sna habairtí seo.
- Déan seiceáil ar an obair leis an duine in aice leat.
- Téigí síos trí na freagraí le chéile.

1. [sí féin] go raibh Sara Dúirt tinn.
2. Ní é múinteoir fhaca an.
3. An Mamó amárach? ag teacht bhfuil
4. seacht Chuir Philip gcupán mbord [ar an].

[1] lout

Na huimhreacha pearsanta

Grammar

Rialacha

Chonaic tú uimhreacha pearsanta san alt faoi Phádraig Ó Murchú. Déanfaimid staidéar ar na huimhreacha sin anois.

> Féach ar Léaráid C, Cuid 1 (lch 274).

> Nuair atá tú ag comhaireamh daoine (daltaí, múinteoirí, aintíní, cairde, srl.) as Gaeilge tá córas faoi leith ann. Is é an t-ainm atá ar an gcóras seo ná **na huimhreacha pearsanta**. Críochnaíonn an córas seo ar uimhir 12 (**dháréag**). Ó 13 ar aghaidh úsáideann tú na bunuimhreacha chun daoine a chomhaireamh.

De ghnáth, úsáideann tú an uimhir iolra leis na huimhreacha pearsanta.

Uimhreacha pearsanta cara	Bunús an fhocail
beirt chairde	beirt = beir + tusa
triúr cairde	trí + fear = triúr
ceathrar cairde	ceithre + fear = ceathrar
cúigear cairde	cúig + fear = cúigear
seisear cairde	sé + fear = seisear
seachtar cairde	seacht + fear = seachtar
ochtar cairde	ocht + fear = ochtar
naonúr cairde	naoi + fear = naonúr
deichniúr cairde	deich + fear = deichniúr
aon chara dhéag	bunuimhir
dháréag cairde	dhá + fear + déag = dháréag
13 ar aghaidh + uimhreacha pearsanta = bunuimhreacha **Sampla:** seacht gcara dhéag	
fiche duine	
trí dhuine agus tríocha	
seacht nduine agus daichead	

| séimhiú | urú/n- roimh ghuta | níl aon athrú ann |

aon pheileadóir déag + an tsonóg[1] = dháréag sa phictiúr

Is í *dháréag* an uimhir phearsanta is mó atá ann.

[1] mascot

🔊 Éisteacht Rian 1.21

Éist leis an taifead agus líon na bearnaí (uimhreacha pearsanta iad ar fad).

1 Is mise Siobhán. Tá _____ i mo theaghlach.
2 Is mise Mike. Tá _____ deartháireacha agam.
3 Is mise Lily agus tá _____ aintíní agam.

> **LG** Tá cluastuiscintí don aonad seo le fáil ar lgh 127–31.

G Cé mhéad?

Cé mhéad duine? Scríobh do fhreagraí sa cholún ar dheis. Tá an chéad cheann déanta duit.

> Féach ar Léaráid C, Cuid 1 (lch 274).

1 Cé mhéad uncail atá ag Lasairfhíona?		Tá *beirt* uncailí aici.
2 An bhfuil triúr nó ceathrar deartháireacha ag Síle?		Tá _____ deartháireacha aici.
3 Cé mhéad duine atá ina gcónaí i dteach Uí Mhurchú?		Tá _____ ann.
4 Tháinig Mamó agus Daideo go teach Uí Mhurchú don dinnéar. An raibh ochtar ann don bhéile?		Bhí. ☐ Ní raibh. ☐

LG Déan na tascanna ar lgh 36–8.

5 Nuair a bhuail mo mháthair agus m'athair le triúr cairde, cé mhéad duine ar an iomlán a bhí ann?		_____
6 Tá beirt deirfiúracha ag athair Zoltan agus deirfiúr amháin ag a mháthair. Cé mhéad aintín atá ag Zoltan san iomlán?		_____
7 Bhí cúigear ag féachaint ar an teilifís ach d'fhág Ciarán an seomra. Cé mhéad a bhí ann ansin?		Bhí _____ ann.

LG Déan na tascanna ar lgh 39–40.

Ar an gcéad leathanach eile tá cluiche cláir le himirt. Seo thíos rialacha an chluiche. Léigh na rialacha sula n-imríonn tú an cluiche cláir.

Treoracha (instructions)	• Roghnaigh cara amháin agus imir an cluiche seo thíos leis nó léi. • Úsáid bonn airgid leis an gcéad duine a roghnú. • Caith an dísle. Má fhaigheann tú uimhir a trí ar an dísle, mar shampla, caithfidh tú bogadh ar aghaidh trí bhosca. Faigheann tú caith eile le freagra ceart. • Caithfidh tú an cheist sa bhosca sin a fhreagairt. • Is é an chéad duine a bhainfidh an chearnóg dheireanach amach an buaiteoir.
Trealamh (equipment)	• Dísle nó stiallacha páipéir i gcupán • Clár an chluiche
Nathanna/ Focail (phrases/ words) don chluiche	• Mo shealsa! *(My turn!)* • Cuir chugam an dísle! *(Pass the dice!)* • Do shealsa! *(Your turn!)* • Caith an dísle! *(Throw the dice!)* • Seal s'agamsa! *(My turn!)* • Lean ort! *(Go ahead!)* • Seal s'agatsa! *(Your turn!)* • Is mise an buaiteoir! *(I am the winner!)*

Measúnú an aonaid

Piarmheasúnú: Cluiche na Gaeltachta

Déan staidéar ar an aonad seo agus, an lá dár gcionn, beidh deis agat an cluiche cláir seo a imirt le daoine eile sa rang.

TÚS AN CHLUICHE	**Inis Oírr** Fan anseo.	Liostaigh **trí** fhorainm pearsanta.	Cad is 'Gaeltacht' ann?	**Inis Mór** Fan anseo.	Cad é uimhir iolra an fhocail 'iníon'?
Cá bhfuil Baile Bhuirne suite?	Cén t-am é?	Cad is brí leis an bhfocal 'baile'?	Cé mhéad duine atá sa bhosca seo?	An focal baininscneach nó firinscneach é 'athair'?	**Téigh siar dhá bhosca.**
Cén teanga a labhraítear i mBaile Bhuirne?	Cé mhéad duine atá sa dán 'Subh Milis'?	**Téigh siar go tús an chluiche.**	Liostaigh 'an sé mór'. *Abair* ___ ___ ___ ___	Aistrigh an abairt! 'Liam is kind.'	Cé a scríobh an dán 'Subh Milis'?
Cad é uimhir iolra an fhocail 'forc'?	Cad é an focal don fhigiúr anseo? '2 daoine'	**Bog ar aghaidh trí bhosca.**	Cé mhéad duine atá sa bhosca seo?	Cén contae ina bhfuil Baile Bhuirne suite?	**Lá Fhéile Gobnatan** Tá seans eile agat.
Bog ar aghaidh dhá bhosca.	An focal baininscneach nó firinscneach é 'deirfiúr'?	Luaigh **dhá** rud a chuireann tú ar shlisíní tósta.	**Inis Meáin** Fan anseo.	Cén t-am é?	Aistrigh an abairt! 'The child is happy.'
DEIREADH AN CHLUICHE	Cé mhéad duine atá sa bhosca seo?	Cuir na briathra seo a leanas sa tríú pearsa, uimhir iolra: • caith • ceannaigh • rith	Cad é daonra Ghaeltacht Mhúscraí?	**Téigh siar trí bhosca.**	**Sáite sa tsubh** Fan anseo.

Téigh go dtí **www.edco.ie/croinagaeilge1** agus bain triail as na hidirghníomhaíochtaí.

Vlog | Worksheet

Aonad 3

Mo Theaghlach agus Mo Chairde

Féinmheasúnú

Nuair atá an piarmheasúnú déanta agat, comhlánaigh an ghreille seo thíos. Léigh gach intinn foghlama agus abairt mhachnaimh sa chéad cholún. An ndearna tú dul chun cinn? Cuir tic sa cholún cuí.

Anois táim in ann . . .	🙂	😐	🙁
plé leis an gcopail agus an tríú pearsa.			
caint a dhéanamh faoi mo chairde.			
anailís shimplí ar dhán sa Ghaeilge a scríobh.			
taighde simplí a dhéanamh as Gaeilge.			
plé leis na briathra neamhrialta san aimsir chaite.			
próifílí pearsanta a chruthú.			
píchairt sa Ghaeilge a léamh.			
Déanfaidh mé machnamh ar na habairtí seo a leanas:			
Bím ag foghlaim nuair a dhéanaim ceartúcháin ar mo bhotúin féin.			
Is cinnte go bhfuil na briathra neamhrialta an-choitianta sa teanga.			
Cuireann an léamh go mór le mo stór focal sa Ghaeilge.			

Anois comhlánaigh an plean feabhsúcháin seo thíos. Tá tuilleadh eolais le fáil ar lch 300 chun cabhrú leat.

Trí rud a d'fhoghlaim mé

1 _____
2 _____
3 _____

Dhá rud atá le cleachtadh agam

1 _____
2 _____

Rud a dhéanfaidh mé chun feabhas a chur ar mo chuid Gaeilge

☑ ## Seiceáil amach

Mar iarfhoghlaim don aonad seo, déan an ghníomhaíocht 'Seiceáil amach' ag **www.edco.ie/croinagaeilge1**. Conas a d'éirigh leat?

Aonad 4 — M'Áit Chónaithe

Níl aon tinteán mar do thinteán féin.

Torthaí foghlama an aonaid

Cumas cumarsáide
1.2, 1.5, 1.7, 1.15, 1.18, 1.19, 1.28

Feasacht teanga agus chultúrtha
2.3

Féinfheasacht an fhoghlaimeora
3.2

Téacsanna an aonaid

Téacs litríochta

Gearrscéal: 'An Nollaig Fadó' le hÓgie Ó Céilleachair

Téacsanna tacúla eile

Téacs litríochta (rogha eile): 'Cúl an Tí' (dán) le Seán Ó Ríordáin

Téacsanna eile: Mícheál D. agus na madraí, Peataí tí

Acmhainní eile: teanglann.ie, focloir.ie, abair.ie, léaráidí gramadaí, acmhainn punainne, acmhainní digiteacha ag edco.ie/croinagaeilge1

Achoimre ar an aonad seo

Tá an t-aonad seo bunaithe ar an téama 'M'Áit Chónaithe'. Leanfaidh na daltaí ar aghaidh ag cur lena gcumas cumarsáide sna scileanna teanga difriúla. Cuirfear béim ar fheasacht teanga agus chultúrtha. Díreofar go háirithe ar phátrúin teanga, ar litriú ceart, ar phoncaíocht cheart, agus ar an ilteangachas. Spreagfar na daltaí chun aiseolas a úsáid, chun féinmheasúnú a dhéanamh mar fhoghlaimeoirí, chun aiseolas a roinnt, agus chun acmhainní teanga a úsáid.

San aonad seo foghlaimeoidh an dalta na scileanna seo:

Réamhfhoghlaim	Seiceáil isteach (lch 95)
Léamh	Léamh (lgh 99, 109), Am dinnéir (lch 100), An seomra leapa (lch 101), Teach Shíle (lch 103), Picthuiscint (lgh 107, 116), Mícheál D. agus na madraí (lch 108), Peataí tí (lch 109), Meaitseáil (lch 109), Gearrscéal: 'An Nollaig Fadó' (lch 112), Fíor nó bréagach? (lgh 116, 117)
Scríobh	Scríobh (lgh 97, 99, 101, 109, 114, 115, 116), Líon na bearnaí (lgh 98, 104), Cur síos (lch 99)
Éisteacht	Éisteacht (lgh 97, 102, 104, 112, 114, 115)
Labhairt	Labhairt (lgh 96, 106), Cur síos (lch 99)
Idirghníomhú cainte	Idirghníomhú cainte (lgh 97, 98, 101, 105, 106, 111, 119), Comhrá (lch 119)
Gramadach	An réamhfhocal *do* (lch 98), Scríobh (lgh 100, 105), Scéal na ngutaí (lch 110), Litriú na Gaeilge agus patrún na teanga (lch 110), An chopail agus an aidiacht (lch 101), An réamhfhocal agus an t-alt (lch 111), Cúinne na gramadaí (lch 113), Patrún na Gaeilge (lch 113), An réamhfhocal *de* (lch 118), Meaitseáil (lch 118), Aistriúchán (lch 119)
Foclóir	Meaitseáil (lgh 96, 106, 115, 117), Tasc foclóra (lgh 99, 105, 107, 108, 113, 117, 118), Líon na bearnaí (lgh 102, 104, 114)
Cultúr	An caighdeán agus an chanúint (lch 113)
Leabhar gníomhaíochta	Tascanna (lgh 41–52), Cluastuiscint (lgh 132–6)
Measúnú	Piarmheasúnú (lch 120)
Machnamh	Féinmheasúnú (lch 121), Seiceáil amach (lch 121)

Ag deireadh an aonaid seo beidh mé in ann:

- cur síos a dhéanamh ar theach nó ar árasán.
- plé leis an réamhfhocal *do* i gceart.
- scríobh faoi na seomraí éagsúla sa bhaile.
- an stór focal a bhaineann leis an teach a litriú.
- na rudaí coitianta sa teach a aithint as Gaeilge.
- stór focal a bhaineann leis an teach a litriú.
- anailís shimplí a dhéanamh ar ghearrscéal.

Clár an aonaid

Teach Liam	96
Tithe éagsúla sa cheantar	97
An réamhfhocal *do*	98
Teach Mháire	99
Am dinnéir	100
An seomra leapa	101
Mo bhord staidéir	102
Teach Shíle	103
Scáthán Shíofra	104
Seomra na gcluichí	105
An gairdín	106
An bothán	107
Mícheál D. agus na madraí	108
Peataí tí	109
Scéal na ngutaí	110
An réamhfhocal agus an t-alt	111
Gearrscéal: 'An Nollaig Fadó'	112
An seomra suí maidin Nollag	114
Dinnéar na Nollag	115
An glanadh suas	117
An réamhfhocal *de*	118
Is maith liom & *Ba mhaith liom*	119
Measúnú an aonaid	120

Seiceáil isteach

Mar réamhfhoghlaim don aonad seo, déan an ghníomhaíocht 'Seiceáil isteach' ag **www.edco.ie/croinagaeilge1**. Conas a d'éirigh leat?

Téigh go dtí **www.edco.ie/croinagaeilge1** agus bain triail as na hidirghníomhaíochtaí.

Croí na Gaeilge 1

Teach Liam

Meaitseáil

Meaitseáil na focail leis na huimhreacha. Tá an chéad cheann déanta mar shampla duit.

Animation

seomra folctha	1	seomra suí		balcóin		doras	
simléar		cistin		bord		íoslach	
áiléar		leithreas		taisceadán		garáiste	
seomra leapa		seomra bia		paitió		oifig	
halla		staighre		pictiúr		díon	

Labhairt

Faigh teach ar an suíomh daft.ie nó myhome.ie agus labhair faoin teach ar feadh 30 soicind os comhair an ranga.

Critéir ratha:
- Cé mhéad seomra leapa atá sa teach?
- An bhfuil staighre ann?
- An bhfuil gairdín ann?
- Labhair faoi sheomra nó dhó sa teach.

Moladh
Déan taifeadadh digiteach de dhaoine ag labhairt anseo.

LG Déan an tasc ar lch 41.

Tithe éagsúla sa cheantar

Aonad 4 — M'Áit Chónaithe

🔊 Éisteacht Rian 1.22

Cloisfidh tú seisear ag déanamh cur síos ar thithe éagsúla. Scríobh an saghas tí atá acu agus ainm an duine atá ina chónaí nó ina cónaí ann. Cloisfidh tú na cainteoirí faoi dhó.

1

Saghas tí _____

Cé leis an teach? _____

2

Saghas tí _____

Cé leis an teach? _____

3

Saghas tí _____

Cé leis an teach? _____

4

Saghas tí _____

Cé leis an teach? _____

5

Saghas tí _____

Cé leis an teach? _____

6

Saghas tí _____

Cé leis an teach? _____

📝 Scríobh

Cén saghas tí atá agat?

Tá mé i mo chónaí _____.

💬 Idirghníomhú cainte

Cuir an cheist ón tasc thuas ar an duine in aice leat agus ar an duine os do chomhair, agus scríobh na freagraí thíos.

1 _____

2 _____

An réamhfhocal *do*

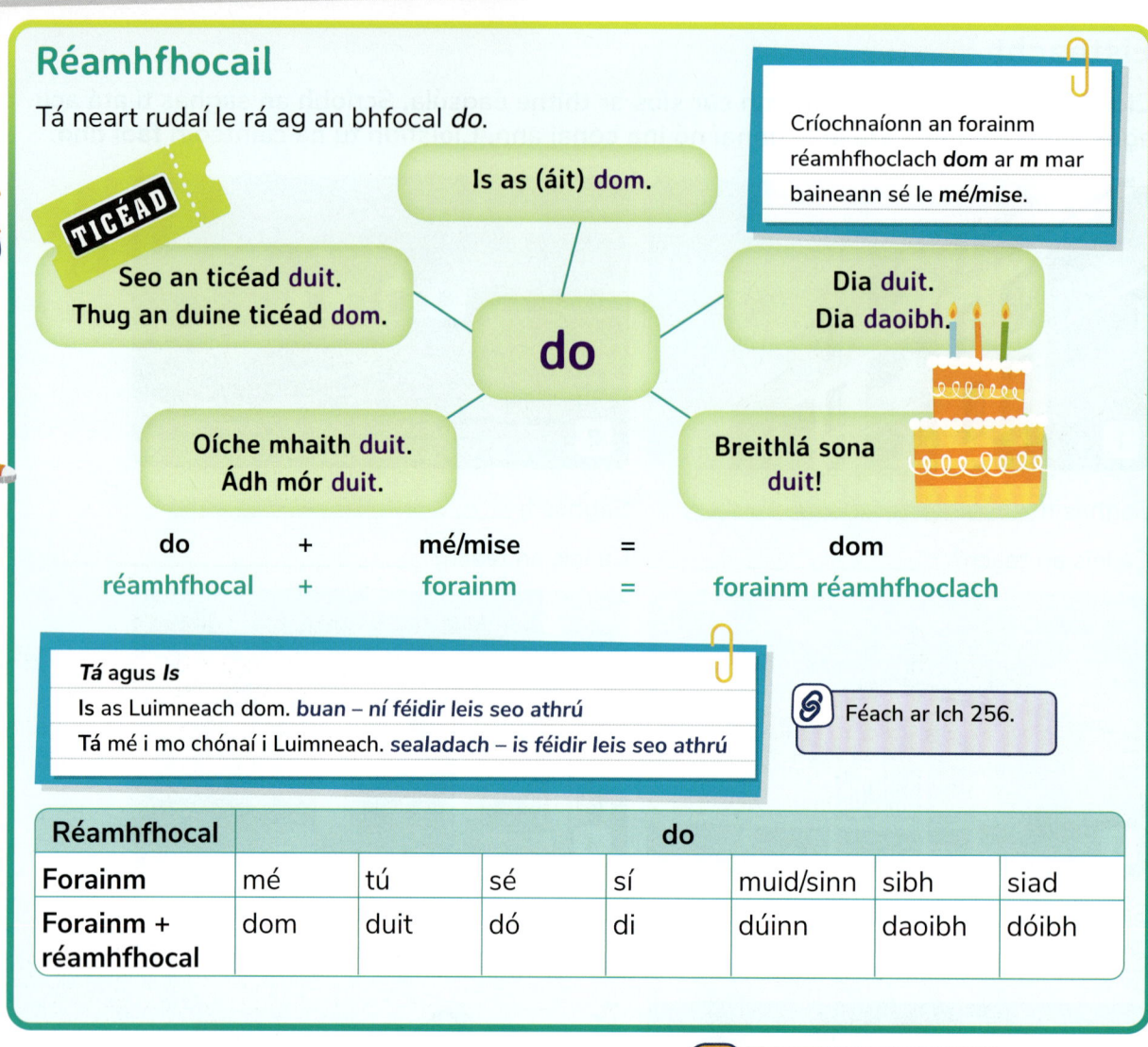

Réamhfhocail

Tá neart rudaí le rá ag an bhfocal *do*.

- Is as (áit) **dom**.
- Seo an ticéad **duit**. Thug an duine ticéad **dom**.
- Dia **duit**. Dia **daoibh**.
- Oíche mhaith **duit**. Ádh mór **duit**.
- Breithlá sona **duit**!

Críochnaíonn an forainm réamhfhoclach **dom** ar **m** mar baineann sé le **mé/mise**.

do	+	mé/mise	=	dom
réamhfhocal	+	forainm	=	forainm réamhfhoclach

Tá agus Is
- Is as Luimneach dom. buan – ní féidir leis seo athrú
- Tá mé i mo chónaí i Luimneach. sealadach – is féidir leis seo athrú

Féach ar lch 256.

Réamhfhocal	do						
Forainm	mé	tú	sé	sí	muid/sinn	sibh	siad
Forainm + réamhfhocal	dom	duit	dó	di	dúinn	daoibh	dóibh

Líon na bearnaí

Déan an tasc ar lch 42.

Léigh an scéal beag bunaithe ar an réamhfhocal *do* agus líon na bearnaí.

Inné thug mo (1)_____ airgead **dom**. Chuaigh mé go dtí an siopa agus (2)_____ mé ticéad **don** bhus. Thug mé an t-airgead **don** siopadóir agus thug sé an (3)_____ **dom**. Dúirt mé dia **duit** leis an tiománaí. Ansin shiúil mé go dtí an phictiúrlann agus cheannaigh mé ticéad **don** scannán agus bia **don** ocras. Chonaic mé Naomi sa siopa agus (4)_____ mé **di**. Bhí Ali sa phictiúrlann agus chaith mé fiche nóiméad ag insint scéal **dó**. Mar sin bhí mé (5)_____ **don** bhus. Thug mo thuismitheoirí (6)_____ _____ **dom**. Thug m'athair amach **dom**: 'Ba chóir **duit** teacht abhaile in am nuair a théann tú **don** phictiúrlann! (7)_____ aire **duit** féin, a mhic!'

Banc focal
ticéad, íde béil, Tabhair, bheannaigh, mháthair, déanach, cheannaigh

do + an = don
Cuireann *don* séimhiú ar an ainmfhocal. Ní chuireann *don* séimhiú ar ainmfhocal a thosaíonn le *d*, *t* ná *s* – mar shampla, *don siopadóir*.

Idirghníomhú cainte

Cruthaigh cúig cheist bunaithe ar an eolas sa scéal thuas agus cuir na ceisteanna sin ar an duine in aice leat. (Tá na ceistfhocail ar fáil mar chuid de 'Dáibhí agus na ceistfhocail', lch 5.)

Teach Mháire

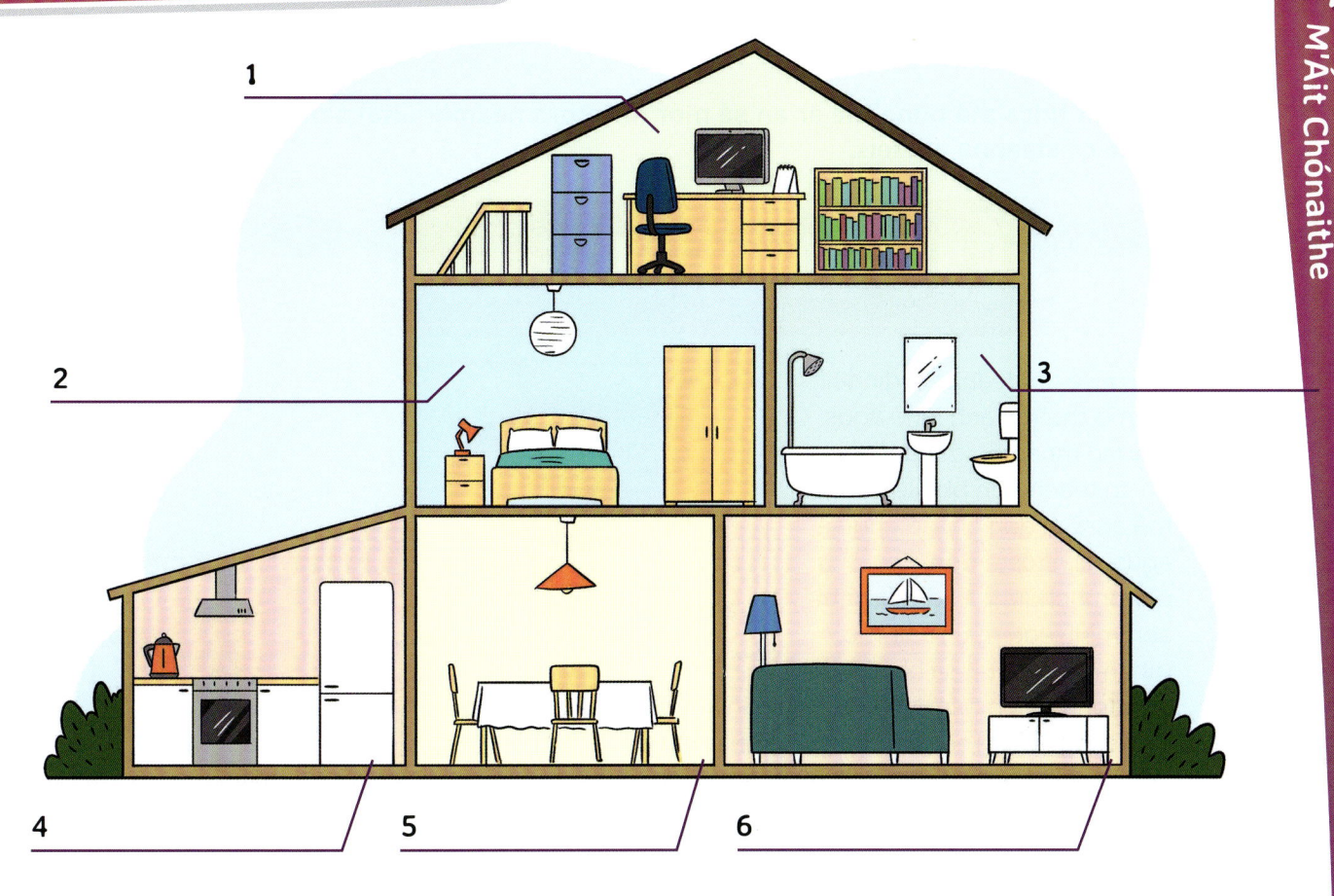

Aonad 4 — M'Áit Chónaithe

1
2
3
4
5
6

Tasc foclóra

Cuir lipéid ar na seomraí éagsúla sa teach. Beidh na focail thíos mar chabhair agat.

oifig   seomra leapa   cistin   seomra bia   seomra suí   seomra folctha

Scríobh

Féach ar lch 302 mar chabhair duit.

Ainmnigh na seomraí difriúla atá ar gach urlár.

1 Tá _____ ar urlár na talún.

2 Tá _____ ar an gcéad urlár.

3 Tá _____ ar an dara hurlár (san áiléar).

Léamh

Léigh an t-alt beag seo a scríobh Máire faoina cistin.

Tá mo chistin ar urlár na talún. Is cistin an-bheag í. Is breá liom a bheith ag cócaireacht sa chistin. Tá dath bán ar na ballaí. Cuirimid an bia agus na deochanna sa chuisneoir agus déanaimid an dinnéar agus na béilí eile ar an sorn. Glanaimid na soithí sa doirteal tar éis an dinnéir.

Cur síos

Roghnaigh seomra amháin agus scríobh cúpla abairt faoi. Beidh an t-alt thuas mar chabhair agat.

Critéir ratha:

- Cá bhfuil an seomra?
- Cad a dhéanann tú sa seomra?
- Cén dath atá ar na ballaí?

LG Déan na tascanna ar lch 43.

Croí na Gaeilge 1

Am dinnéir

📖 Léamh

Léigh an t-alt thíos atá bunaithe ar an sé mór (briathra neamhrialta) san aimsir chaite. Freagair na ceisteanna atá leis.

DINNÉAR SA BHAILE LE DÁITHÍ

Bhí mise ag déanamh dinnéir do mo theaghlach inné agus **bhí** mo mhamó ag teacht go dtí an teach don bhéile. **Rinne** mé anraith don chéad chúrsa agus sicín rósta don phríomhchúrsa. **Ní dhearnamar** aon mhilseog mar **fuair** mo mhamó toirtín úll sa bhácús in aice lena teach féin. Nuair a **bhí** sé in am don mhilseog, **dúirt** mo mhamó **go raibh** sí lán go béal. Ansin **chuaigh** sí go dtí an citeal chun cupán tae a dhéanamh. Chuir mé an bia ar an mbord ag a seacht a chlog. Is cinnte **go raibh** an dinnéar blasta agus **ní bhfuair** mé aon ghearán faoin mbia.

anraith

milseog

toirtín úll

1. Cé a tháinig go dtí an teach inné?
2. Cad a rinne Dáithí don phríomhchúrsa?
3. Cé mhéad cúrsa a rinne Dáithí sa bhaile? *Leid: Uimhreacha!*
4. Ainmnigh na briathra san alt atá san fhoirm dhiúltach.
5. Cén t-am a thosaigh an béile?
6. An raibh bainne ag Mamó tar éis an dinnéir?
7. Cad é an rud is fearr leatsa a ithe don dinnéar?

✏️ Scríobh

Scríobh an t-alt thuas arís, ach scríobh é san aimsir láithreach.

Sampla: *Tá mé ag déanamh . . .*

Critéir ratha:

- Ceangail an forainm leis an mbriathar nuair atá sin ag teastáil – mar shampla, *tá + muid = táimid.*
- Bí cúramach leis na briathra diúltacha.

Tá gach eolas atá de dhíth leis seo a dhéanamh ar fáil ar Léaráid B, Cuid 1 (lch 270).

LG Déan na tascanna ar lgh 44–6.

An seomra leapa

Aonad 4 — M'Áit Chónaithe

Léamh

Léigh an t-alt seo agus freagair na ceisteanna a ghabhann leis.

Is mise Lloyd agus táim i mo chónaí in árasán in aice le mo scoil. Tá mo **sheomra leapa**[1] féin agam mar aon le mo **sheomra folctha**[2] féin. Tá **leabhragán**[3] i mo sheomra agus is breá liom a bheith ag léamh. Níl aon **teilifíseán**[4] agam sa seomra ná ríomhaire mar ceapann mo thuismitheoirí nach bhfuil sin **sláintiúil**[5]. Tá **urlár adhmaid**[6] sa seomra agus fuinneog mhór os cionn na leapa. Caithim neart ama ag déanamh staidéir sa seomra seo agus uaireanta éistim le ceol **chun mo scíth a ligean**[7]. Tá dath gorm ar na ballaí anseo agus inniu tá cuilt dhearg ar an leaba agus dhá **adhairt**[8].

1. Cad is ainm don duine atá ag caint anseo?
2. An maith leis a bheith ag léamh?
3. Cén fáth nach bhfuil teilifíseán aige sa seomra?
4. Cén saghas urláir atá aige sa seomra leapa?
5. Cén dath atá ar na ballaí atá ag Lloyd?
6. Cé mhéad adhairt atá ar an leaba?

Idirghníomhú cainte

Labhair le duine éigin eile sa rang faoi do sheomra leapa féin. Coinnigh nótaí don obair bhaile.

Critéir ratha:
- Labhair faoi na dathanna sa seomra.
- Labhair faoi na rudaí nach bhfuil sa seomra.
- An bhfuil tú ag roinnt do sheomra le haon duine eile?

Scríobh (Réamh-MRB)

Tarraing pictiúr nó tóg grianghraf de do sheomra leapa. Scríobh deich n-abairt faoin seomra bunaithe ar an méid a dúirt tú sa tasc thuas. Bain úsáid as an acmhainn punainne (lch 27) mar chabhair duit.

Samplaí: *1 Tá dath bán ar na ballaí. 2 Glanaim an seomra seo gach Satharn.*

An chopail agus an aidiacht

Is + ainmfhocal + aidiacht + forainm.

Is leaba bheag í.
Is cathaoir bheag í.
Is cófra mór é.
Is fuinneog mhór í.

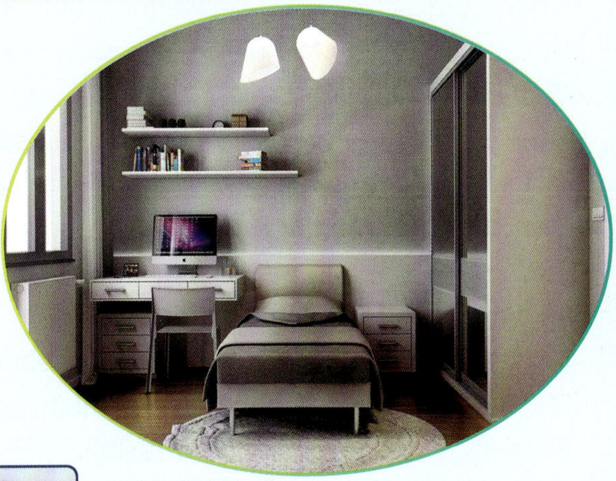

> **Cogar** — Like French, German and Spanish, Irish nouns have a gender. You will study this more in the future.

Féach ar Léaráid A, Cuid 1 (lch 266).

1	bedroom	3	bookcase	5	healthy	7 to relax
2	bathroom	4	TV	6	wooden floor	8 pillow

Croí na Gaeilge 1

Mo bhord staidéir

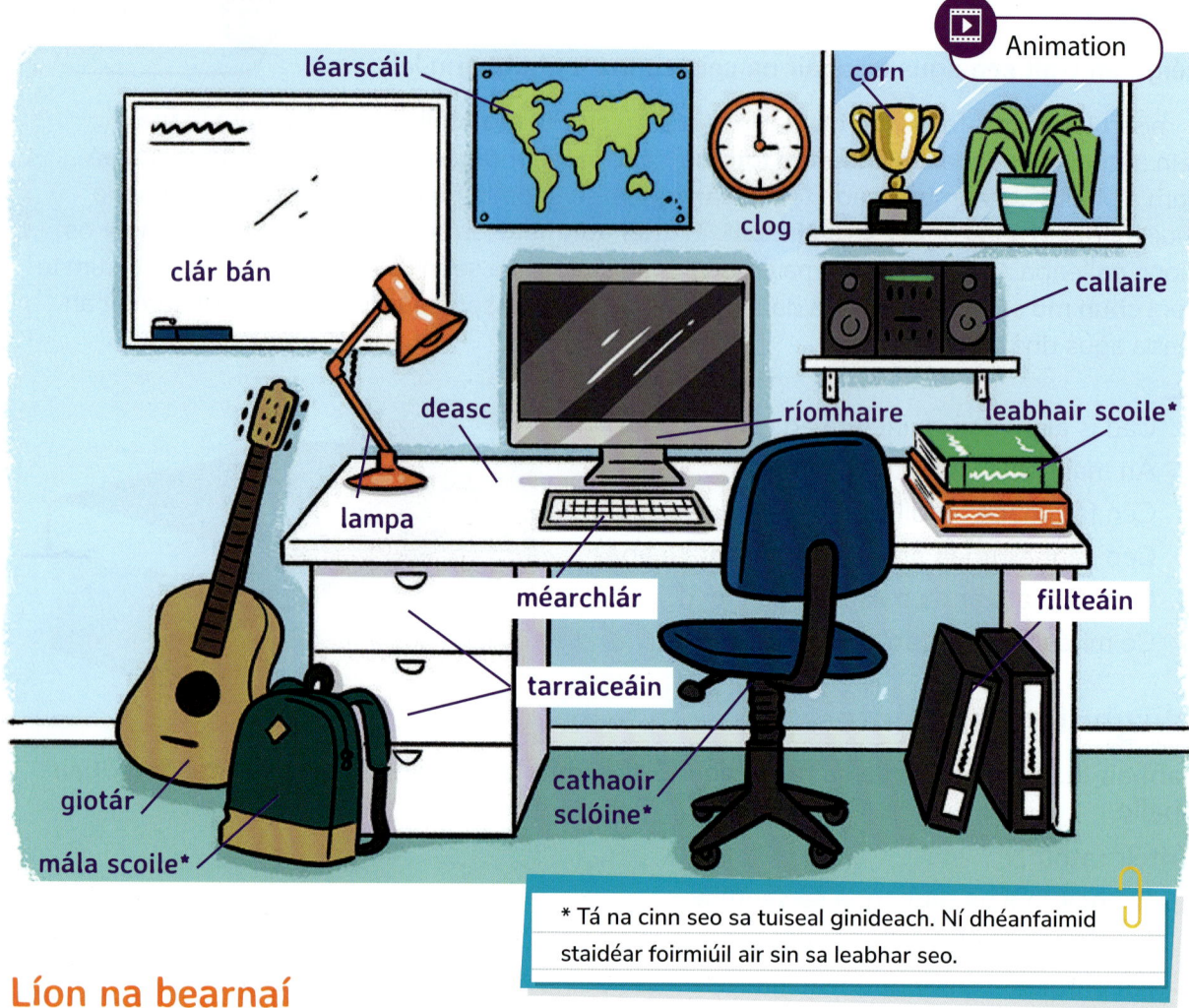

Labels in picture: léarscáil, corn, clár bán, clog, callaire, deasc, ríomhaire, leabhair scoile*, lampa, méarchlár, fillteáin, tarraiceáin, cathaoir sclóine*, giotár, mála scoile*

* Tá na cinn seo sa tuiseal ginideach. Ní dhéanfaimid staidéar foirmiúil air sin sa leabhar seo.

Aa Líon na bearnaí

Líon na bearnaí leis an stór focal ón bpictiúr thuas.

Tá an t-ádh orm go bhfuil bord staidéir agam sa bhaile. Tá go leor rudaí ann a chabhraíonn go mór liom. Gach lá tar éis an lá scoile, téim abhaile, ithim sneaic bheag, agus ansin cuirim tús le mo chuid staidéir. Suím ag an (1)_____ ar an (2) g_____ _____. Tógaim mo phinn agus mo phinn luaidhe ó na (3)_____. Roghnaím leabhar amháin. Tá mo (4)_____ _____ ar fad in aice liom. Cuirim píosa ceoil ar siúl ar an (5) g_____. Coimeádaim súil ar an (6) g_____ agus glacaim sos tar éis dhá uair an chloig. Nuair a éiríonn sé dorcha um thráthnóna, lasaim an (7)_____. Déanaim staidéar ar an tíreolaíocht gach oíche. Féachaim ar na tíortha éagsúla ar an (8)_____. Bainim úsáid as an (9)_____ agus bím ag clóscríobh ar an (10)_____. Tá (11)_____ ar an urlár agus tá bileoga oibre iontu. Déanaim cleachtadh ar an mata agus scríobhaim suimeanna ar an (12) g_____ _____. Nuair a chríochnaím mo chuid staidéir, seinnim cúpla port ar an (13) n_____. Is breá liom spórt a imirt nuair nach mbím ag staidéar. Tá (14)_____ ar leac na fuinneoige in aice le mo bhord staidéir.

Éisteacht Rian 1.23

Éist leis an taifead agus déan seiceáil ar do chuid oibre. Cloisfidh tú an taifead faoi dhó.

LG Déan na tascanna ar lch 47.

Teach Shíle

📖 Léamh

Léigh an píosa seo agus freagair na ceisteanna a ghabhann leis.

Dia daoibh! Is mise Síle agus táim i mo chónaí i d**teach scoite**[1]. Is **teach dhá stór**[2] é freisin. Bhí mé i mo chónaí i m**bungaló**[3] an bhliain seo caite. Is breá liom mo theach nua. Ar **urlár na talún**[4] tá cistin mhór, **seomra fóntais**[5], seomra suí agus oifig bheag. Níonn mo mham ár n-éadaí sa seomra fóntais. Codlaíonn mo mhadra, Bran, sa seomra fóntais freisin. Níl seomra bia againn. Ithimid ár mbéilí sa chistin. Déanann mo dhaid an dinnéar ar an **sorn**[6] um thráthnóna. Imrím cluichí ríomhaire ar an ríomhaire san oifig gach oíche. Is fearr le mo dhearthair, Adam, féachaint ar Netflix sa seomra suí.

Thuas staighre tá trí sheomra leapa agus seomra folctha. Tá seomra **ollmhór**[7] ag mo thuismitheoirí. Chuir siad dath buí ar na ballaí agus tá **vardrús siúil isteach**[8] sa seomra. Tá an-suim ag mo mham i gcúrsaí faisin. Tá seomra Adam ar an gcéad urlár freisin. Is seomra beag é, agus is maith an rud é, mar ní bhíonn sé **ró-néata**[9]. Bíonn a sheomra salach i gcónaí. Tá póstaeir spóirt ar na ballaí ina sheomra. Is breá leis an pheil. Glacaim cith sa seomra folctha ar maidin agus uaireanta bíonn folcadh agam.

Is é mo sheomra leapa an seomra is fearr liom. Tá sé **an-teolaí**[10], go háirithe sa gheimhreadh mar tá **pluid leictreach**[11] ar mo leaba agam. Tá deasc bheag sa seomra agus déanaim m'obair bhaile inti. Níl cead agam teilifíseán a bheith agam sa seomra. Tá ruga bándearg ar an urlár agus dath bán ar na ballaí. Bíonn mo sheomra slachtmhar i gcónaí. Tá scáthán i mo sheomra. Cóirím mo chuid gruaige agus cuirim **snas béil**[12] orm os comhair an scátháin gach maidin.

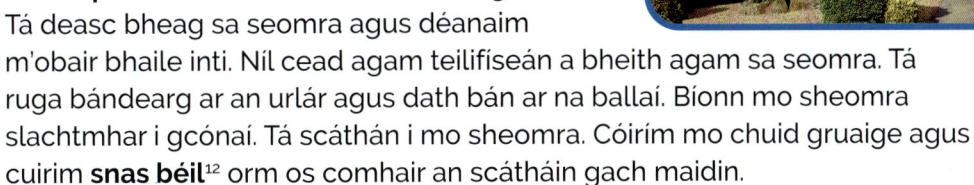

1. Cén saghas tí atá ag Síle?
2. Ainmnigh na seomraí atá ar urlár na talún.
3. Cé mhéad seomra atá thuas staighre?
4. Cá gcodlaíonn Bran?
5. Cad a imríonn Síle san oifig?
6. An bhfuil seomra Adam néata?
7. Cad atá ar na ballaí i seomra Adam?
8. Cad atá ar leaba Shíle?
9. Cén fáth nach bhfuil teilifíseán i seomra Shíle?
10. Cad a dhéanann Síle os comhair an scátháin gach maidin?

1	detached house	4	ground floor	7	huge
2	two-storey house	5	utility room	8	walk-in wardrobe
3	bungalow	6	cooker	9	too neat
				10	very cosy
				11	electric blanket
				12	lipgloss

Aonad 4 — M'Áit Chónaithe

Scáthán Shíofra

Líon na bearnaí

Líon na bearnaí leis na focail thíos.

Tá an-suim ag mo dheirfiúr Síofra sa smideadh. Tugaim 'úmpa lúmpa' uirthi go minic toisc go mbíonn sí chomh horáiste sin san aghaidh. Tá sí gafa le (1)_____ _____. Suíonn sí os comhair an scátháin gach maidin chun í féin a chóiriú go deas. Ar dtús, réitíonn sí a cuid gruaige. Tá ceann tiubh gruaige uirthi agus úsáideann sí (2)_____ _____ uaireanta. Is minic a bhíonn boladh (3)_____ _____ ag teacht óna seomra ar maidin. Cuireann sí (4)_____ ar a haghaidh agus ansin (5)_____ agus (6)_____ ar a leicne. Bíonn a gruanna ag lonrú leis an (7)_____. Uaireanta, cuireann sí (8)_____ dearg nó bándearg ar a beola. Tarraingíonn sí malaí tiubha uirthi le (9)_____ _____. Ceapaim féin go mbíonn cuma bhoilb orthu!

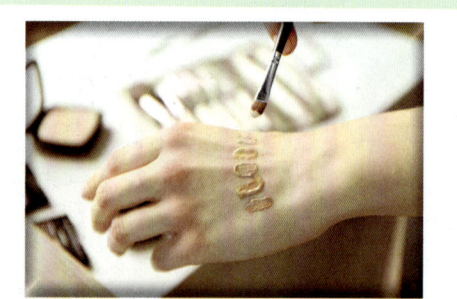

- bonnsmideadh 
- aibhsitheoir
- sprae gruaige
- donnú bréige
- donnaitheoir  
- béaldath
- luisneach
- pionsail malaí 
- díritheoir gruaige 

Éisteacht Rian 1.24

Éist leis an taifead agus déan seiceáil ar do chuid oibre féin. Cloisfidh tú an taifead faoi dhó.

Seomra na gcluichí

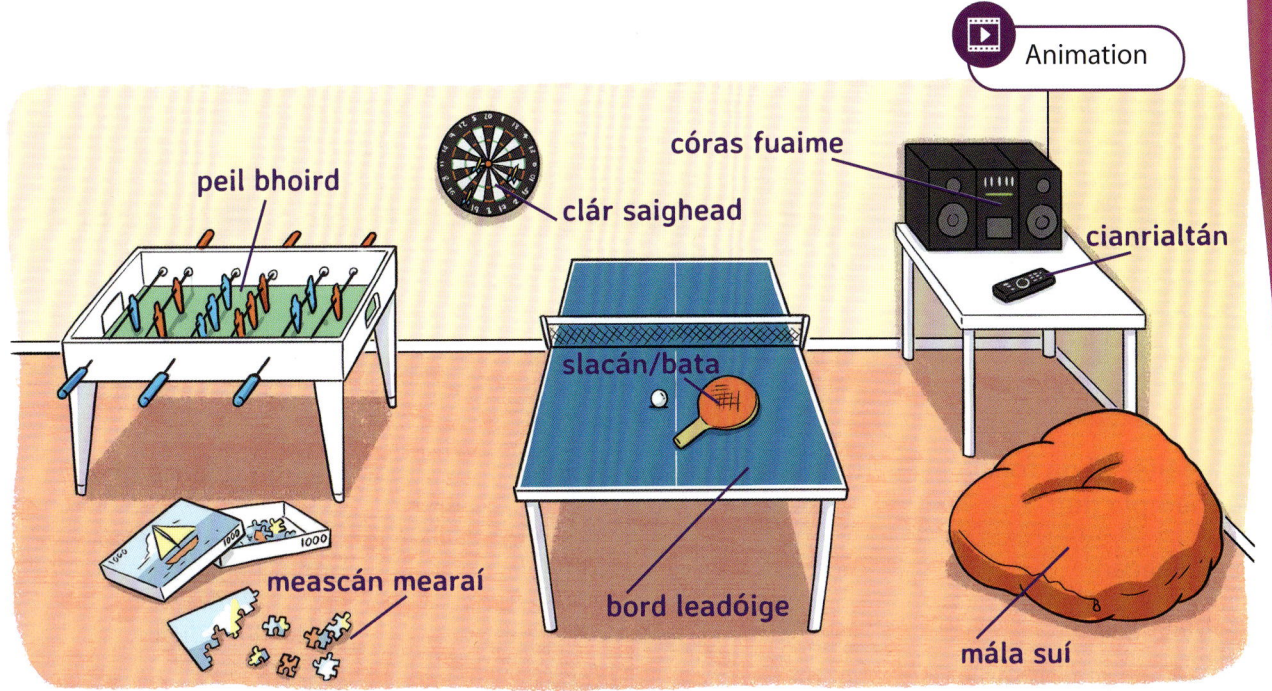

Aonad 4 — M'Áit Chónaithe

Labels in picture: peil bhoird, clár saighead, córas fuaime, cianrialtán, slacán/bata, meascán mearaí, bord leadóige, mála suí

Tasc foclóra

Bain úsáid as an stór focal ón bpictiúr thuas chun na bearnaí a líonadh sna habairtí seo thíos. Beidh cúpla focal nach bhfuil sa phictiúr de dhíth ort.

1. Éistim le ceol ar an g**c**_____ _____.
2. Múchaim an córas fuaime leis an g**c**_____.
3. Tá **bord** _____ i lár an tseomra.
4. Faighim 180 ar an g**clár** _____ gach lá.
5. Cuirim an dá **shl**_____ sa **chó**_____ tar éis an chluiche.
6. Déanann mo dhearthair óg an _____ **mearaí** ar an **u**_____.
7. Luím siar ar an **m**_____ _____ agus téim ar an idirlíon.
8. Tá peil bhoird againn le foireann dhearg agus foireann **gh**_____.

Idirghníomhú cainte

Déan seiceáil ar do chuid oibre leis an duine in aice leat. Ansin déan seiceáil ar a obair nó ar a hobair siúd.

Anois, labhair leis an duine in aice leat. Cuir na ceisteanna seo a leanas air/uirthi.

1. An ndéanann tú staidéar sa bhaile?
2. Cathain a dhéanann tú do chuid staidéir?
3. An bhfuil plean staidéir agat?
4. Cé mhéad uair a chaitheann tú ag staidéar gach tráthnóna?
5. An ndéanann tú staidéar ag an deireadh seachtaine?

Scríobh

Féach ar na hocht n-abairt sa tasc foclóra thuas agus aistrigh iad go dtí an aimsir chaite.

Sampla: *D'éist mé le ceol ar an gcóras fuaime.*

Croí na Gaeilge 1
An gairdín

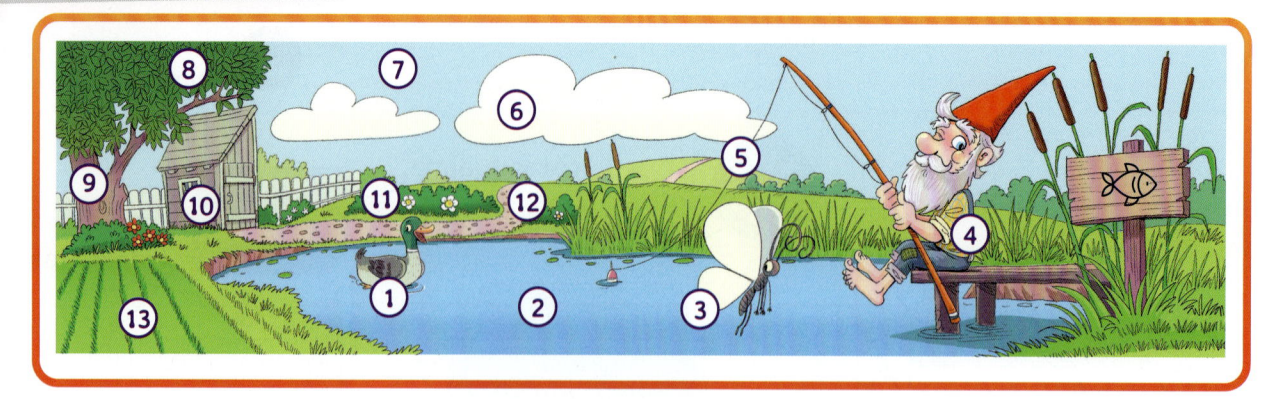

Meaitseáil

Meaitseáil na focail leis na huimhreacha sa phictiúr. Tá an chéad cheann déanta mar shampla duit.

féileacán	3	bothán		an spéir		bun na spéire	
plásóg		scamall		duilleoga		abhaicín gairdín	
ceapach bláthanna		lacha		lochán		crann	
cosán							

Líon na bearnaí

Líon na bearnaí sna habairtí thíos.

1. Gearóidín is ainm d__ __.
2. Táim ceithre bl__ __ __ __ d'a__ __ __.
3. Tái__ i mo c__ónaí sa g__aird__ __.
4. Tá súil__ gorm__ ag__ __.
5. Tá gruaig b__án o__ __.
6. Nílim ach troigh am__ __ __ __ ar a__ __ __ __. *Leid: 1 cos*
7. Nílim ach dhá c__ileagram ar meá__ __ __ __. *Leid: 1–6 – séimhiú*
8. Is maith __ __ __ __ an iascaireacht.

Is mise Gearóidín!

Labhairt Réamh-MRB

Déan cur síos ort féin (gan nótaí) do dhuine éigin eile sa rang. Bain úsáid as an acmhainn punainne (lch 29) mar chabhair duit.

Critéir ratha:
Labhair faoi na rudaí seo a leanas.
- d'ainm
- d'aois
- an dath atá ar do ghruaig
- an dath atá ar do shúile
- d'áit chónaithe

Moladh
Déan taifeadadh digiteach de dhaoine ag labhairt anseo.

Idirghníomhú cainte

Cruthaigh ceisteanna faoin bpictiúr den ghairdín ag barr an leathanaigh agus cuir iad ar dhuine eile sa rang. Déan iarracht ceistfhocail dhifriúla a úsáid sa tasc seo. Tá na ceistfhocail ar fáil ar lch 5.

Samplaí:
- Cá bhfuil an bothán? (Cuir ceisteanna faoi shuíomh rudaí eile sa phictiúr.)
- Cén dath atá ar an spéir? (Cuir ceisteanna faoi dhathanna eile sa phictiúr.)
- Cé mhéad scamall atá sa spéir? (Cuir ceisteanna faoi uimhreacha eile sa phictiúr.)

An bothán

7 dtroithe

Tasc foclóra

Cuir na huimhreacha cearta leis na lipéid chearta sa ghreille thíos.

lomaire		canna spréite		damhán alla		ráca	
sábh		sluasaid		líon damháin alla		píopa uisce	
lámhainní		bara rotha		paicéad síolta		mála cré	

Picthuiscint

Freagair na ceisteanna seo bunaithe ar an stór focal agus ar an bpictiúr. Más cuí, cuir ciorcal timpeall an fhreagra chirt.

1. Cén dath atá ar an doras?
2. Cén dath atá ar an bhfuinneog?
3. Cé mhéad planda pota atá ar leac na fuinneoige?
4. Cén airde an bothán seo? Tá sé _ _ _ _ _ _ dtroithe ar airde.
5. Cá bhfuil an bara rotha?
   os comhair an bhotháin   ar chlé ón mbothán   ar dheis ón mbothán
6. Cén praghas atá ar na síolta?
7. Cá bhfuil an damhán alla?
   ar an talamh   thuas ar chlé
8. Cén dath atá ar an gcanna spréite?
9. An bhfuil an solas múchta?

M'Áit Chónaithe

Croí na Gaeilge 1

Mícheál D. agus na madraí

📖 Léamh

Léigh an sliocht thíos agus freagair na ceisteanna a ghabhann leis.

Is é Mícheál D. Ó hUigínn **Uachtarán** na hÉireann. Tá sé ina chónaí in Áras an Uachtaráin, teach atá suite i bPáirc an Fhionnuisce. Is teach mór bán é. Gach bliain tugann 5,200 duine cuairt ar na seomraí foirmiúla agus féachann siad ar na gairdíní. Tá bean chéile an uachtaráin, Sabina, agus a mhadra, Bród, ina gcónaí sa teach leis.

Bhí dhá mhadra aige ach fuair Síoda bás in 2020. Is madra sléibhe Beirneach é Bród agus tá **fionnadh** dubh, donn agus bán air. Tá a **lucht tacaíochta** ar na **meáin shóisialta** ag méadú lá i ndiaidh lae. Tá cúpla cuntas Instagram bunaithe ar Bhród agus Síoda! Is minic a théann Bród ar shiúlóidí leis an uachtarán i dtailte an árais. Bíonn an deis ag an madra bualadh le **daoine cáiliúla** agus le h**aíonna oifigiúla**. Bhuail an dá mhadra le Diúc agus Bandiúc Cambridge sa bhliain 2020. Fuair Mícheál D. Ó hUiginn coileáinín nua sa bhliain 2021. Thug sé an t-ainm Misneach dó.

Bhí cuid mhór **cuairteoirí** in Áras an Uachtaráin thar na blianta agus fuair siad go léir fáilte mhór chroíúil. Bhí an Pápa Eoin Pól II, Nelson Mandela, An tUachtarán Barack Obama, an Seanadóir Hillary Clinton, an tUachtarán Charles de Gaulle, Banríon Eilís II agus cuid mhaith daoine eile ina measc.

Tá Gaeilge **líofa** ag Uachtarán na hÉireann agus thug sé cuireadh do dhaoine éagsúla chuig cóisir ghairdín in Áras an Uachtaráin chun **ceiliúradh** a dhéanamh ar Sheachtain na Gaeilge.

1. Cad is ainm d'Uachtarán na hÉireann?
2. Cá bhfuil teach an uachtaráin suite?
3. Déan cur síos ar a theach.
4. Cé mhéad duine a thugann cuairt ar Áras an Uachtaráin gach bliain?
5. Cé eile a chónaíonn sa teach leis an uachtarán?
6. Cén saghas madra é Bród?
7. Conas a chaitheann Bród a chuid ama?
8. Cé a thug cuairt ar Áras an Uachtaráin sa bhliain 2020?
9. Ainmnigh beirt eile a bhí in Áras an Uachtaráin thar na blianta.
10. Cad a rinne an tUachtarán chun Seachtain na Gaeilge a cheiliúradh?

🔤 Tasc foclóra

Aimsigh na focail a bhfuil cló trom orthu san fhoclóir.

Sampla: *uachtarán – president, head, superior*

Peataí tí

Léamh

Léigh na hailt bheaga seo.

Is mise Meg agus tá dhá **smutmhadra**[1] agam. Nigel agus Fran is ainm dóibh. Tá **fionnadh**[2] dubh ar Nigel agus tá fionnadh **osbhuí**[3] ar Fran. Tá Nigel níos sine ná Fran ach is **dlúthchairde**[4] iad. Caitheann siad a gcuid ama **ag tafann**[5] ar chuairteoirí agus ag tabhairt póg dom. Is breá leo dul ar shiúlóidí agus a scíth a ligean os comhair na teilifíse.

Jake an t-ainm atá orm agus tá cat amháin agam. Garfield is ainm dó. Tá sé ocht mbliana d'aois agus is cat riabhach é. Tá fionnadh rua agus bán air. Is páiste aonair mé agus is é an cara is fearr atá agam. Bíonn sé **ag meamhlach**[6] ó mhaidin go hoíche. Is breá leis a bhabhla bainne agus bíonn sé i gcónaí sa tóir ar na héin sa ghairdín!

Seán is ainm dom agus tá an-chion agam ar **éisc**[7]. Tá cúpla **iasc órga**[8] agam. Cónaíonn siad i mbabhla éisc i mo sheomra leapa. Tá dath órga orthu. Ní dhéanann siad mórán i ndáiríre. Is éisc réchúiseacha, ciúine iad. Glanaim a mbabhla éisc gach deireadh seachtaine agus cuirim uisce glan ann. Ba bhreá liom **uisceadán**[9] a chur sa teach ach dúirt mo mham nach bhfuil cead agam.

Is mise Ciara agus tá **laghairt**[10] bheag agam. Lizzo is ainm di. Caitheann sí an lá i dtanc sa chistin. Itheann sí **feithidí**[11] de gach saghas. Is breá léi **cuileoga**[12] agus **ciaróga**[13] don dinnéar. Cuireann sí a craiceann di anois is arís agus caithfidh mé a admháil go mbíonn sé déistineach!

A cat	1 Meg
B éisc órga	2 Jake
C smutmhadraí	3 Ciara
D laghairt	4 Seán

Meaitseáil

Meaitseáil ainm an úinéara lena p(h)eata/p(h)eataí.

Léamh

Freagair na buncheisteanna seo thíos.

1 Cén dath atá ar fhionnadh Fran?
2 Conas a chaitheann madraí Meg a gcuid ama?
3 Cén saghas cait é Garfield?
4 Cad a bhíonn ar siúl ag Garfield ó mhaidin go hoíche?
5 Cá gcónaíonn éisc órga Sheáin?
6 Cad a dhéanann Seán ag an deireadh seachtaine?
7 Cá gcaitheann Lizzo an lá?
8 Cad a itheann Lizzo don dinnéar?

Scríobh

Scríobh alt beag faoi do pheata féin. Mura bhfuil peata agat, scríobh alt beag faoi do rogha peata. Bain úsáid as na samplaí thuas.

1 pug	3 fawn	5 barking	7 fishes	9 aquarium	11 insects	13 beetles
2 fur	4 best friends	6 meowing	8 goldfish	10 lizard	12 flies	

Aonad 4 — M'Áit Chónaithe

Scéal na ngutaí

Croí na Gaeilge 1

Rialacha

Tá tuilleadh eolais le fáil ar lch 232.

Tugann na gutaí guth don Ghaeilge.
Is í seo an riail is mó sa Ghaeilge maidir le litriú cruinn:

> **Caol le caol agus leathan le leathan**

An é sin an C**Á**C**A** leathan nó an C**Í**ST**E** caol?

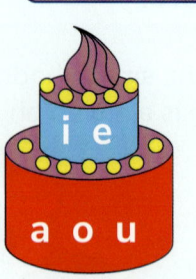

Thar aon rud eile, cuireann an riail seo smacht ar litriú do chuid Gaeilge. Níl aon bhriathar in aon aimsir ná in aon fhoirm a bhriseann an riail seo. Briseann cúpla ainmfhocal, focail iasachta (*borrowed words*) agus comhfhocail (*composite words*) an riail seo – mar shampla, **ospidéal** (*hospital*) agus **sráidbhaile** (sráid + baile).

> Ná déan dearmad ar an gceapaire agus tú ag foghlaim an litriú sa Ghaeilge.

Tá an siolla sa Ghaeilge cosúil le ceapaire. Bíonn consain idir dhá ghuta. Tagann na gutaí ar an dá thaobh ón bpaicéad céanna (caol nó leathan).

Samplaí:
Ceapaire leathan: an d**o**r**a**s, an t-**u**rl**á**r, an s**e**omr**a**, an b**a**ll**a**, an m**a**dr**a**, an le**a**b**a**, an c**ó**fr**a**
Ceapaire caol: an fhu**i**nn**e**og, an t**i**n**e**, an ga**i**rd**í**n, an ch**i**st**i**n, an sm**i**d**e**adh, an lu**i**sn**e**ach

Litriú na Gaeilge agus patrún na teanga

Eagraigh (*arrange*) na focail ón liosta sa dá bhosca thíos. An ceapaire leathan (mar shampla, lea**b**a**) nó ceapaire caol (mar shampla, f**i**llt**e**án) é gach focal?**

> iomaire, cistin, seomra, doras, luisneach, sluasaid, gairdín, duilleog, lampa, pictiúr, dinnéar, paitió, madra, uachtarán, cuairteoir, bothán

Ceapaire leathan	Ceapaire caol

An réamhfhocal agus an t-alt

G

Cuireann na réamhfhocail + *an* sa bhosca glas thíos **urú** ar an ainmfhocal.

Glacann cúig litir (*b, c, f, g, p*) sa bhosca glas urú.

Ná déan dearmad nach nglacann na litreacha *l*, *n* ná *r* urú ná séimhiú riamh.

🔗 Féach ar Léaráid D, Cuid 1 (lch 278).

Ní ghlacann *d* ná *t* urú sa chás seo.

1. Chuir sé an cupán **ar an m**bord.
2. Rith an luchóg **as an g**cófra.
3. Shiúil m'athair **tríd an d**oras. *gan urú*
4. Tháinig an liathróid **tríd an bh**fuinneog.
5. Léim an madra **thar an n**geata.
6. Léim an cat **thar an t**ine. *gan urú*
7. Tá bord beag **faoin b**pictiúr sa halla.

Cuireann na réamhfhocail + *an* sa bhosca gorm thíos **séimhiú** ar an ainmfhocal.

Glacann sé litir (*b, c, f, g, m, p*) sa bhosca gorm séimhiú.

Ní ghlacann *d*, *t* ná *s* séimhiú sa chás seo.

LG Déan na tascanna ar lch 48.

1. Thit sé **den b**hothán.
2. Bhí sé **sa ch**ófra.
3. Bhí Seán **sa s**eomra suí. *gan séimhiú*
4. Thug mé é **don fh**ear.
5. Tugaim aire **don gh**airdín.
6. Shiúil sé **don d**oirteal. *gan séimhiú*
7. Bhí an liathróid **sa mh**ála.
8. Thug mé bia **don ph**eata.
9. Thit sé **den t**each. *gan séimhiú*

Ní chuireann tú *n-* ar an nguta riamh le réamhfhocal + *an*.

Thit sé ar an **u**rlár. *gan aon athrú*   Thit sé den **á**ras. *gan aon athrú*

💬 Idirghníomhú cainte

Féach ar an bpictiúr seo agus cruthaigh cúig abairt. Cuir réamhfhocal agus alt i ngach abairt. Is féidir focail nua a aimsiú san fhoclóir, más gá. Déan é seo in aghaidh an chloig.

Sampla: *Tá pictiúr ar an mballa.*

Noda:

leaba, liathróid, giotár, bróga, lampa, teidí, cathaoir, bord beag, raidió, iasc, ceamara

Aonad 4 — M'Áit Chónaithe

Gearrscéal: 'An Nollaig Fadó'

Téarmaí litríochta

gearrscéal	a short story	an gearrscéal	the short story
údar an ghearrscéil	author of the short story	buaicphointe an ghearrscéil	the climax of the short story
gearrscéalaí	a short-story writer	an gearrscéalaí	the short-story writer

Éisteacht agus léamh Rian 1.25

Tá tuilleadh téarmaí litríochta le fáil ar lch 286.

Is le hÓgie Ó Céilleachair an gearrscéal seo. Léigh an achoimre seo a scríobh Ógie agus ansin éist leis an údar féin ag léamh an téacs chéanna.

Oíche Nollag a bhí ann agus bhí an cailín sa scéal 13 bliana d'aois. Bhí deirfiúr ní b'óige aici, Kerri, a bhí deich mbliana d'aois ach ní raibh sí sa seomra léi. D'fhéach sí amach an fhuinneog go dtí na **tithe**[1] eile san **eastát tithíochta**[2] a bhí maisithe go hálainn don Nollaig. Istigh ina teach féin, áfach, bhí sé fuar agus **gruama**[3].

Chuaigh sí isteach go seomra a maime. Bhí a mam caite ar an leaba **gan corraí**[4], soilse múchta, agus fearas drugaí ar an urlár. D'imigh an cailín síos go dtí an seomra suite. Bhí fear an tí ina chodladh ar an gcathaoir le go leor buidéal agus cannaí alcóil caite timpeall na háite. Bhí a deirfiúr, Kerri, **cromtha**[5] sa chúinne, í ag crith le heagla. Bhí **seanphíosaí**[6] bia ar an talamh. Bhailigh sí an bia lofa ón talamh, ghlaoigh sí ar a deirfiúr agus suas go dtí an seomra leo. Dúirt Kerri lena deirfiúr go raibh sí **gortaithe**[7] ach dúirt an príomhcharachtar léi go **rachadh sí i dtaithí air**[8].

Thit a gcodladh ar na cailíní. Dhúisigh fear an tí iad ní ba dhéanaí agus é ag lorg Kerri arís. Bhuail sé **dorn**[9] ar an bpríomhchailín sa scéal agus leagadh **gan aithne gan urlabhra**[10] í ar feadh tamaill. Dhúisigh sí tamall ina dhiaidh sin le Kerri in aice léi. Bhí a béal **ag cur fola**[11] agus fiacail leagtha amach. Bhí cóisir de shaghas éigin ag tarlú thíos staighre.

D'imigh sí go barr an staighre le féachaint anuas. Bhí mangaire drugaí sa halla ag díol piollaí agus púdair. Chuala sí fothram taobh thiar di. Rith sí ar ais go Kerri agus rug sí uirthi ag iarraidh ualach piollaí, a ghoid sí, a shlogadh siar ionas go gcuirfeadh sí deireadh le gach rud. Dúirt Kerri nár theastaigh uaithi cur suas leis an méid a bhí ag tarlú di níos mó. D'impigh an príomhcharachtar ar Kerri stopadh agus leanacht ar aghaidh. Bheadh an príomhcharachtar thíos leis más rud é gur tharla aon rud do Kerri.

D'imigh an cailín ar ais amach go dtí an halla thuas staighre. **Ag an am céanna**[12], tháinig fear aisteach amach as an leithreas thuas staighre. D'aithin sí é. An fear aisteach a bhí **ag feadaíl**[13] ar chailíní scoile a bhí ann. Bhí meangadh gáire buí aige. '*Well, hello!*' a dúirt sé.

Maidin Lá Nollag, chuaigh an cailín agus Kerri síos staighre timpeall a seacht a chlog ar maidin. Bhí daoine caite ar an tolg agus ar urlár an tseomra suite. Bhí siad ina gcodladh go trom. Bhailigh an bheirt chailín óg píosaí bia a bhí caite ar an urlár agus d'imigh siad ar ais suas staighre. Sin an béile Nollag a bhí acu.

1	houses	5	hunched	9	a punch	13 whistling
2	housing estate	6	old pieces	10	unconscious	
3	gloomy	7	hurt/injured	11	bleeding	
4	without moving a muscle	8	she'd get used to it	12	at the same time	

Athraíonn an scéal go dtí an lá atá inniubh ann. Tá an príomhcharachtar ag caint le Kerri agus í ina duine fásta. Deir sí léi go bhfuil súil aici go bhfuil gach rud ag dul go breá do Kerri agus go bhfuil sí sásta. Cuireann sí in iúl do Kerri go bhfuil post aici i m**beár**[1], go bhfuil triúr páistí aici agus go bhfuil na páistí á dtógaint aici ina haonar. Bhí fear ina chónaí léi sa tigh, a deir sí le Kerri, ach bhí uirthi é a chaitheamh amach. Thosaigh sé ag tabhairt strainséirí isteach sa teach go déanach san oíche. Tá sé imithe go dtí an príosún anois. Deir sí le Kerri go bhfágfaidh sí an post atá aici sa bheár mar go mbíonn uirthi dul ag obair go déanach san oíche agus na páistí a fhágáil sa mbaile leo féin. Fágann sí slán le Kerri trí choinneal a lasadh. Is léir go bhfuil sí ag caint le Kerri i **séipéal**[2] agus go bhfuil Kerri **imithe ar shlí na fírinne**[3].

Tasc foclóra

Aimsigh na focail seo san fhoclóir agus cuir Béarla orthu.

Déan an tasc ar lch 49.

| 1 fothram | 2 cóisir | 3 ualach | 4 mangaire | 5 coinneal |
| 6 strainséir | 7 fearas | 8 tamall | 9 meangadh | |

Cúinne na gramadaí

Cuir ceithre fhocal ón liosta thuas in abairt Ghaeilge. Bain úsáid as an aimsir chaite.

Sampla: *Chaith mé **tamall** ag obair ar an aiste.*

Forainm réamhfhoclach = réamhfhocal + forainm – mar shampla, **ar** + **mé** = **orm**, **ag** + **tú** = **agat**

Patrún na Gaeilge

I do chóipleabhar, scríobh síos samplaí (briathra san aimsir chaite, ainmfhocail uatha, aidiachtaí, forainmneacha réamhfhoclacha) ón achoimre den scéal.

Anois, scríobh abairtí san aimsir láithreach leis na briathra a scríobh tú síos.

Sampla: *Féachaim (D'fhéach) ar an teilifís gach oíche tar éis dom m'obair bhaile a dhéanamh.*

An caighdeán agus an chanúint

Sa litríocht (dánta, drámaí agus scéalta), feicfidh tú rudaí a bhriseann na rialacha. An fáth atá leis sin ná rud ar a dtugtar 'canúint' (*dialect*). Tá canúintí sa Bhéarla freisin – mar shampla, 'He's after eating his dinner.' (Sin Béarla na hÉireann.) Seo samplaí de chanúint na nDéise:

An caighdeán (na rialacha)	An chanúint (teanga an phobail)
An Ghaeilge	An Ghaelainn
níos óige (tá *níos* ceadaithe san aimsir chaite)	ní b'óige (breischéim* san aimsir chaite)
sa bhaile (*sa* + séimhiú)	sa mbaile (*sa* + urú)
beirt chailíní (*beirt* + uimhir iolra)	beirt chailín (*beirt* + uimhir uatha)

breischéim = focal a dhéanann comparáid idir dhá rud sa Bhéarla – mar shampla, *younger, older, bigger, smaller*

[1] a bar [2] a church [3] passed away

An seomra suí maidin Nollag

Picture labels: réalta órga, cuirtíní, crann Nollag, maisiúcháin, ribín, mála, bronntanais, ruga, tinteán, coinnle, ornáid, stocaí Nollag, drualus, bláthfhleasc, mata dorais, cupán, cúisín, tolg

Líon na bearnaí

Líon na bearnaí leis na focail ón bpictiúr thuas.

Is breá liom maidin Nollag. Dúisím ar a seacht a chlog gach bliain. Téim síos staighre go dtí an seomra suí nuair a dhúisím. Bíonn an seomra suí maisithe go hálainn. Bíonn (1)_____ crochta ar an doras. Bíonn (2)_____ ar an (3)_____ ar an urlár. Cuireann Daidí na Nollag (4)_____ geal timpeall orthu. Fágann sé (5)_____ lán le bronntanais dúinn. Bíonn an (6)_____ _____ maisithe le (7)_____ ildaite agus cuirimid (8)_____ _____ ar bharr an chrainn. Bíonn an tinteán maisithe le (9)_____ agus (10)_____. Bíonn (11)_____ _____ crochta den tinteán. Cuireann Daidí na Nollag féiríní beaga iontu. Suímid ar an (12)_____ le chéile agus osclaímid na bronntanais.

Éisteacht Rian 1.26

Éist leis na freagraí agus déan seiceáil ar do chuid oibre féin. Cloisfidh tú na freagraí faoi dhó.

Scríobh

Déan cur síos ar mhaidin Nollag i do theach féin. Is leor ocht n-abairt a scríobh.

Critéir ratha:
- Cén t-am a dhúisíonn tú?
- Cén saghas maisiúchán a bhíonn i do theach?
- Cá n-osclaíonn tú do bhronntanais?
- Cad a itheann tú don bhricfeasta?
- An dtugann tú bronntanas do do thuismitheoirí?

LG Déan na tascanna ar lch 50.

Dinnéar na Nollag

Aa Meaitseáil

Meaitseáil na pictiúir leis na boscaí thíos. Scríobh na litreacha is fearr a fhreagraíonn do na huimhreacha sna spásanna cuí sa ghreille. Tá an chéad cheann déanta mar shampla duit.

#		
1	turcaí rósta	A
2	búiste	
3	meacain dhearga	
4	maróg Nollag	
5	liamhás	
6	súlach	
7	prátaí rósta	
8	bachlóga Bruiséile	

🔊 Éisteacht Rian 1.27

Éist leis an deachtú (*dictation*) agus déan iarracht na habairtí a bhreacadh síos.

Leid: Labhróidh an cainteoir san aimsir láithreach!

LG Tá cluastuiscintí don aonad seo le fáil ar lgh 132–6.

✏️ Scríobh Réamh-MRB

Cruthaigh biachlár Nollag do do theaghlach. Cad a bheidh agaibh don chéad chúrsa, don phríomhchúrsa agus don mhilseog? Déan cinnte go bhfuil béile ar fáil do na feoilséantóirí! Bain úsáid as an acmhainn punainne (lch 31) mar chabhair duit.

Aonad 4 — M'Áit Chónaithe

Fíor nó bréagach?

Féach ar an bpictiúr thuas. An bhfuil na habairtí seo fíor nó bréagach? Cur tic sa cholún ceart.

		✔	✘
1	Tá cúigear sa phictiúr.		
2	Feicim cúig stoca Nollag.		
3	Tá Mamó ag teacht leis an turcaí.		
4	Is léir go bhfuil na daoine sa phictiúr sona sásta.		
5	Tá Daideo ag caitheamh geansaí dearg.		

Picthuiscint

Féach ar an bpictiúr thuas agus freagair na ceisteanna seo a leanas.

1. Cé mhéad duine atá sa phictiúr seo?
2. Cé atá ag teacht isteach leis an turcaí?
3. Cén seomra ina bhfuil na daoine seo? Cuir tic sa bhosca ceart.
   seomra folctha ☐   seomra bia ☐   seomra leapa ☐
4. Cén mhí den bhliain atá ann?
   Ceapaim gur _____ _____ _____ atá ann.
5. Is é an dáta ná an _____ lá is fiche.

Scríobh

Scríobh ceithre cheist nua faoin bpictiúr thuas.

Sampla: *Cén dath atá ar na ballaí sa seomra seo?*

An glanadh suas

Aonad 4

M'Áit Chónaithe

Tar éis an dinnéir caithfidh tú na gréithe, nó na soithí, a ní. Sa phictiúr seo, tá an doirteal lán le boilgeoga agus an miasniteoir lán go béal le plátaí, babhlaí, cupáin, srl. D'fhág daoine rudaí glanta ar an tráidire silte (*drip tray*) le triomú.

leacht níocháin   sconna

gallúnach

Meaitseáil

Tá na rudaí seo ar an tráidire silte nó ar an gcuntar cistine (*kitchen counter*). Meaitseáil na huimhreacha leis na focail sa ghreille thíos.

pláta		babhla		piobar		fochupán		spúnóg	
forc		salann		greadtóir		spúnóg adhmaid		eascra anlainn	
siúcra		scian		cupán		crúiscín bainne		tuáille gréithe	

> Cad é an focal seo?
>
> forc/foirc + scian/sceana + spúnóg/spúnóga
>
> = **sceanra** (c _ _ _ _ _ y i mBéarla!)

Fíor nó bréagach?

An bhfuil na habairtí seo fíor nó bréagach? Cur tic sa cholún ceart.

		✔	✘
1	Tá pictiúr de bhó ar an gcrúiscín bainne.		
2	Tá an friochtán ar chlé sa mhiasniteoir.		
3	Tá dath dearg ar an measctóir bia.		
4	Chuir mé na gloiní ar dheis sa mhiasniteoir.		
5	Chuireamar na mugaí ar an tseilf ar an mbarr.		

Tasc foclóra

Cuir an uimhir iolra agus an Béarla den ainmfhocal sna colúin ar dheis. Tá an chéad cheann déanta duit.

An uimhir uatha	An uimhir iolra	Béarla
forc	*foirc*	*fork*
scian		
spúnóg		
babhla		

Croí na Gaeilge 1

An réamhfhocal *de*

Réamhfhocail

Tá a lán rudaí le rá ag an réamhfhocal *de*.

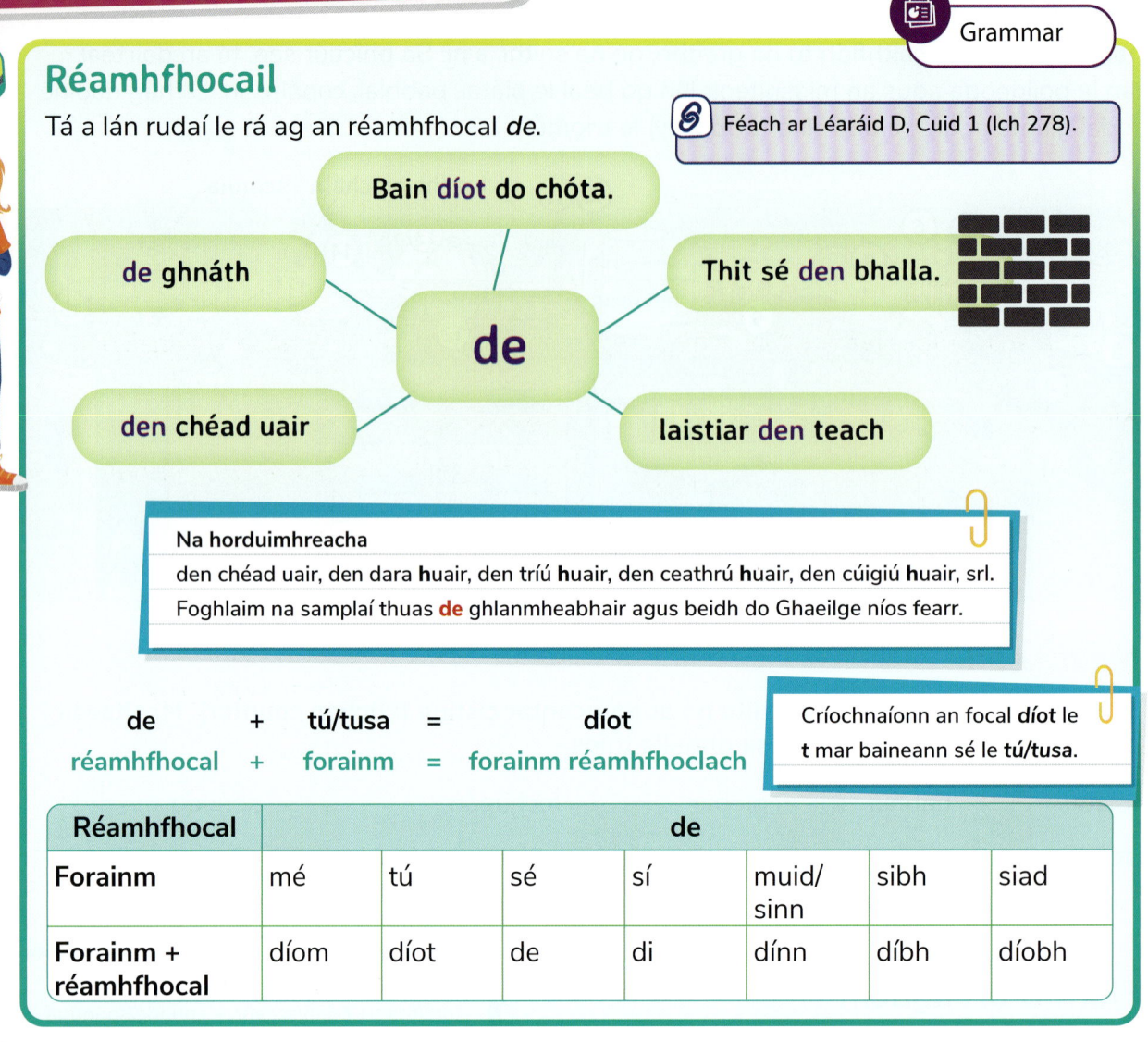

Féach ar Léaráid D, Cuid 1 (lch 278).

- Bain **díot** do chóta.
- de ghnáth
- Thit sé **den** bhalla.
- **den** chéad uair
- laistiar **den** teach

de

Na horduimhreacha
den chéad uair, den dara **h**uair, den tríú **h**uair, den ceathrú **h**uair, den cúigiú **h**uair, srl.
Foghlaim na samplaí thuas **de** ghlanmheabhair agus beidh do Ghaeilge níos fearr.

de	+	tú/tusa	=	díot
réamhfhocal	+	forainm	=	forainm réamhfhoclach

Críochnaíonn an focal **díot** le **t** mar baineann sé le **tú/tusa**.

Réamhfhocal	de						
Forainm	mé	tú	sé	sí	muid/sinn	sibh	siad
Forainm + réamhfhocal	díom	díot	de	di	dínn	díbh	díobh

Meaitseáil

Meaitseáil na habairtí leis na pictiúir.

1. Tháinig an madra go dtí an teach den chéad uair.
2. Thit an crúiscín den bhord.
3. Bhain sé de a chóta nuair a tháinig sé isteach.
4. Tá an madra ag tafann laistiar den fhál.

A	B	C	D

Tasc foclóra

Cuardaigh an focal *de* ar teanglann.ie agus scríobh amach cúpla abairt i do chóipleabhar bunaithe ar an eolas atá ar fáil ansin.

Sampla: *Bhain sé an t-airgead díom.*

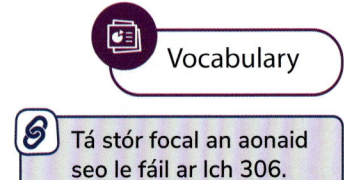

Tá stór focal an aonaid seo le fáil ar lch 306.

Is maith liom & Ba mhaith liom

Idirghníomhú cainte

Léigh na habairtí sa ghreille thíos. Labhair le daoine eile sa rang faoi na rudaí is maith leat i do theach nó i d'árasán féin.

Is maith liom . . . (I like . . .)	Ba mhaith liom . . . (I would like . . .)
Is maith liom mo chistin, ach . . .	. . . ba mhaith liom oigheann nua a fháil.
Is maith linn ar fad an seomra suí, ach . . .	. . . ba mhaith liom tolg nua a fháil.
Is maith le mo mham an gairdín, ach . . .	. . . ba mhaith léi cúpla cathaoir a fháil don phaitió.
Ní maith liom mo leaba shingil.	Ba mhaith liom ceann dúbailte a cheannach.
Ní maith liom an glanadh suas.	Ba mhaith liom slaitín draíochta a fháil don obair sin.

> Ná déan dearmad ar *nach*, *an* agus *ní*, lch 46.

> Is ionann an aimsir chaite agus an modh coinníollach sa chás seo.

Comhrá

Cuir na ceisteanna thíos ar dhuine eile sa rang.

1 An maith leat do ghairdín, nó ar mhaith leat gairdín níos mó?
2 An maith leat an dath ar na ballaí i do sheomra leapa, nó ar mhaith leat dath nua a chur orthu?
3 An maith leat turcaí ag an Nollaig, nó ar mhaith leat dinnéar eile ar an lá mór?

Aistriúchán

Aistrigh na habairtí thíos ó Bhéarla go Gaeilge. Bain úsáid as an bhfoclóir má tá cúpla focal ag teastáil uait don aistriúchán seo.

1 I like the kitchen in my house.
2 I would like chips with my dinner tonight.
3 I don't like cleaning up every night.
4 I would like to get a dishwasher.
5 Do you like tea and coffee?
6 Do you not like Brussels sprouts?
   Leid: Nach . . .?

LG Déan na tascanna ar lgh 51–2.

Aonad 4

M'Áit Chónaithe

Croí na Gaeilge 1

☑ Measúnú an aonaid

Piarmheasúnú: Nathracha is dréimirí

Déan staidéar ar an aonad seo agus imir an cluiche cláir seo le daoine eile sa rang. Féach ar threoracha an chluiche ar lch 91.

TÚS AN CHLUICHE	Cad is ainm don seomra seo?	**Aistrigh an abairt!** 'My friend likes roast turkey.'	Cuir an réamhfhocal agus an forainm seo le chéile. 'de + sí'	Cad is ainm don seomra seo?	Cuir an briathar seo san aimsir láithreach. 'faigh + mé'
Cuir an réamhfhocal agus an forainm seo le chéile. 'do + mé'	**Maith thú!**	Cuir an réamhfhocal agus an forainm le chéile. 'do + tú'	Cad is ainm don seomra seo?	Cuir an briathar seo san aimsir chaite. 'bí + sinn'	**Maith thú!**
Aistrigh an abairt! 'Liam likes the bedroom but he would like a new bed.'	Athraigh an focal idir lúibíní. 'ag an (geata)'	**Aistrigh an abairt!** 'The door is red.'	**Aistrigh an abairt!** 'I put the gravy beside the roast potatoes.'	Cad is ainm don seomra seo?	Athraigh an focal idir lúibíní más gá. 'sa (gairdín)'
Cuir an briathar seo san aimsir chaite. 'feic + sé'	**Aistrigh an abairt!** 'Olga would like to get a double bed.'	Cuir an briathar seo san aimsir láithreach. 'abair + siad'	Athraigh an focal idir lúibíní más gá. 'ar an (tinteán)'	Cuir an réamhfhocal agus an forainm le chéile. 'do + sinn'	**Tá seans eile agat.**
Maith thú!	Cuir an briathar seo san aimsir chaite. 'téigh + siad'	Cuir an réamhfhocal agus an forainm le chéile. 'de + tú'	Cad is ainm don seomra seo?	Athraigh na focail idir lúibíní más gá. 'ó (am) go (am)'	**Mí-ádh!**
DEIREADH AN CHLUICHE	**Mí-ádh!**	**Aistrigh an abairt!** 'There is a knife and fork on the table.'	Cuir an réamhfhocal agus an forainm le chéile. 'le + siad'	Athraigh an focal idir lúibíní más gá. 'ar (Liam)'	Cad is ainm don seomra seo?

Téigh go dtí **www.edco.ie/croinagaeilge1** agus bain triail as na hidirghníomhaíochtaí.

Vlog

Worksheet

Aonad 4

M'Áit Chónaithe

Féinmheasúnú

Nuair atá an piarmheasúnú déanta agat, comhlánaigh an ghreille seo thíos. Léigh gach intinn foghlama agus abairt mhachnaimh sa chéad cholún. An ndearna tú dul chun cinn? Cuir tic sa cholún cuí.

Anois táim in ann . . .	😊	😐	😟
cur síos a dhéanamh ar theach nó ar árasán.			
plé leis an réamhfhocal *do* i gceart.			
scríobh faoi na seomraí éagsúla sa bhaile.			
an stór focal a bhaineann leis an teach a litriú.			
na rudaí coitianta sa teach a aithint as Gaeilge.			
anailís shimplí a dhéanamh ar ghearrscéal.			
Déanfaidh mé machnamh ar na habairtí seo a leanas:			
Is fiú obair bheirte a dhéanamh agus mé ag foghlaim an teanga.			
Ní féidir Gaeilge a labhairt gan tuiscint mhaith ar na réamhfhocail.			
Ceapaim go bhfuil an litriú sa Ghaeilge éasca go leor.			

Anois comhlánaigh an plean feabhsúcháin seo thíos. Tá tuilleadh eolais le fáil ar lch 300 chun cabhrú leat.

Trí rud a d'fhoghlaim mé

1 _____
2 _____
3 _____

Dhá rud atá le cleachtadh agam

1 _____
2 _____

Rud a dhéanfaidh mé chun feabhas a chur ar mo chuid Gaeilge

Seiceáil amach

Mar iarfhoghlaim don aonad seo, déan an ghníomhaíocht 'Seiceáil amach' ag **www.edco.ie/croinagaeilge1**. Conas a d'éirigh leat?

Aonad 5: Mo Cheantar

Léarscáil Bhaile

Is glas iad na cnoic i bhfad uainn.

Torthaí foghlama an aonaid

Cumas cumarsáide
1.1, 1.3, 1.6, 1.11, 1.16, 1.21, 1.29

Feasacht teanga agus chultúrtha
2.5, 2.6

Féinfheasacht an fhoghlaimeora
3.4

Téacsanna an aonaid

Téacs litríochta
Gearrscannán: *An tÁdh*
Téacsanna tacúla eile
Téacs litríochta (rogha eile): *Amach* (úrscéal) le Alan Titley
Téacsanna eile: An teach béal dorais, Caitríona agus a ceantar
Acmhainní eile: teanglann.ie, focloir.ie, abair.ie, léaráidí gramadaí, acmhainn punainne, acmhainní digiteacha ag edco.ie/croinagaeilge1

Achoimre ar an aonad seo

Tá an t-aonad seo bunaithe ar an téama 'Mo Cheantar'. Leanfaidh na daltaí ar aghaidh ag cur lena gcumas cumarsáide sna scileanna teanga difriúla. Cuirfear béim ar fheasacht teanga agus chultúrtha. Díreofar go háirithe ar na difríochtaí gramadaí agus comhréire idir teangacha, ar litriú ceart, agus ar phoncaíocht cheart. Cothófar tuiscint agus feasacht na ndaltaí ar chultúr na teanga. Spreagfar na dalta chun aiseolas a úsáid, chun féinmheasúnú a dhéanamh mar fhoghlaimeoirí, chun acmhainní teanga a úsáid, agus chun spriocanna foghlama pearsanta a leagan amach.

San aonad seo foghlaimeoidh an dalta na scileanna seo:

Réamhfhoghlaim	Seiceáil isteach (lch 123)
Léamh	An teach béal dorais (lch 124), Picthuiscint (lgh 127, 141), Léamh (lgh 128, 131, 132, 143), Fíor nó bréagach? (lch 137), Caitríona agus a ceantar (lch 145)
Scríobh	Scríobh (lgh 125, 128, 130, 134, 136, 137, 139, 143), Dearbhán (lch 128), Tasc scríofa (lch 137), Meaitseáil (lch 139)
Éisteacht	Éisteacht (lgh 127, 129, 133, 134, 137, 142)
Labhairt	Cur i láthair (lch 127), Labhairt (lgh 129, 142), Tasc scríofa (lch 137)
Idirghníomhú cainte	Idirghníomhú cainte (lgh 125, 127, 128, 130, 131, 132, 137, 141, 143)
Gramadach	Na horduimhreacha (lch 131), An réamhfhocal *roimh* (lch 133), Líon na bearnaí (lch 133), Scríobh (lgh 133, 140, 144), An chopail san aimsir chaite (lch 135), Aistriúchán (lch 135), Céimeanna comparáide (lch 140), Cleachtadh ar na huimhreacha pearsanta (lch 141), Sliocht díreach & caint indíreach sna haimsirí éagsúla (lch 144)
Foclóir	Tasc foclóra (lgh 125, 126, 136, 139), Seanfhocail (lch 125), Líon na bearnaí (lch 130), Meaitseáil (lgh 132, 135, 139), Crosfhocal (lch 138), Ainmhithe ar an bhfeirm (lch 138), Logainmneacha (lch 139), Stór focal (lch 141)
Cultúr	Logainmneacha in Éirinn (lch 139), Fógraíocht as Gaeilge inár dtimpeallacht (lch 142)
Leabhar gníomhaíochta	Tascanna (lgh 53–68), Cluastuiscint (lgh 137–41)
Measúnú	Piarmheasúnú (lch 146)
Machnamh	Féinmheasúnú (lch 147), Seiceáil amach (lch 147)

Ag deireadh an aonaid seo beidh mé in ann:

- stór focal ó mo cheantar a aithint agus a litriú.
- labhairt os comhair an ranga as Gaeilge.
- caint faoi shiopaí éagsúla.
- plé leis na horduimhreacha go cruinn.
- clár ama a léamh as Gaeilge.
- treoracha simplí a thuiscint sa chaint.
- an chopail a scríobh san aimsir chaite.

Clár an aonaid

An teach béal dorais	124
Siopa caife	126
An t-ionad siopadóireachta	128
Ag dul ag siopadóireacht	130
Na horduimhreacha	131
Treoracha timpeall an bhaile	132
An réamhfhocal *roimh*	133
Cailín na cathrach, buachaill na tuaithe	134
An chopail san aimsir chaite	135
Gearrscannán: *An tÁdh*	136
Crosfhocal	138
Logainmneacha in Éirinn	139
Céimeanna comparáide	140
Áras an phobail	141
Fógraíocht as Gaeilge inár dtimpeallacht	142
Clár na bhfógraí	143
Sliocht díreach & caint indíreach sna haimsirí éagsúla	144
Caitríona agus a ceantar	145
Measúnú an aonaid	146

Seiceáil isteach

Mar réamhfhoghlaim don aonad seo, déan an ghníomhaíocht 'Seiceáil isteach' ag **www.edco.ie/croinagaeilge1**. Conas a d'éirigh leat?

Téigh go dtí **www.edco.ie/croinagaeilge1** agus bain triail as na hidirghníomhaíochtaí.

An teach béal dorais

Léamh

Léigh an sliocht seo a leanas agus freagair na ceisteanna a bhaineann leis.

Tá mo sheanchara, Mrs Mooney, ina cónaí **béal dorais** liom le blianta. Is **dlúthchairde** muid. Is seanmháthair chineálta ghreannmhar í. Bíonn meangadh gáire i gcónaí ar a haghaidh. Tá sí ina cónaí i dteach leathscoite agus is teach beag é. Tá seomra suí, seomra codlata, leithreas, pasáiste agus cistin bheag ar urlár na talún. Tá dhá sheomra leapa agus seomra folctha thuas staighre agus **sin an méid**. Chodail a seachtar páistí in aon seomra amháin nuair a bhí siad óg! Bhí **cuirtín** i lár an tseomra. Chodail a ceathrar mac ar thaobh amháin den seomra agus a triúr iníonacha ar an taobh eile.

Tá gairdín ag Mrs Mooney ar chúl an tí agus gairdín eile os comhair an tí. Cuireann sí uisce ar na plandaí gach cúpla lá agus baineann a mac Kit **an féar** gach cúpla seachtain. Feicim í thar an gclaí ag siúl timpeall an ghairdín. Is breá léi **aer úr** a fháil.

Is iad an chistin agus an seomra suí na seomraí is fearr léi sa teach. Caitheann sí am lena clann sa chistin. Ullmhaíonn sí pota tae úr agus cúpla **briosca** dóibh agus bíonn **mála sceallóg** acu gach Aoine. Nuair a théim ar cuairt chuici, tugaim **scríobchártaí** di. Tá sí gafa leo agus buann sí **beagán airgid** anois is arís. Tá **pingin shona** aici.

Féachann sí ar *The Late Late Show* lena cara Mary gach Aoine agus is minic a bhíonn sí ag labhairt lena cairde ar an mbóthar tríd an bhfuinneog. Preabann sí a ceann amach agus bíonn sí **ag feadaíl** orthu.

Tá **ardmheas** go deo ag a **comharsana** uirthi!

Tasc foclóra

Chun níos mó eolais a fháil faoi conas foclóir a úsáid, féach ar lch 302.

Cad is brí leis na focail seo a leanas?

béal dorais		mála sceallóg	
dlúthchairde		scríobhchártaí	
sin an méid		beagán airgid	
cuirtín		pingin shona	
an féar		ag feadaíl	
aer úr		ardmheas	
briosca		comharsana	

Scríobh

Freagair na ceisteanna thíos.

1. Cén saghas tí atá ag Mrs Mooney?
2. Ainmnigh na seomraí sa teach.
3. Cé mhéad seomra leapa atá sa teach?
4. Céard a bhí i lár sheomra na bpáistí?
5. Cad iad na seomraí is fearr le Mrs Mooney sa teach?
6. Cad a bhíonn ag an gclann gach Aoine?
7. Conas a bhuann sí beagán airgid?
8. Cad a dhéanann sí lena cairde ar an mbóthar?

Idirghníomhú cainte

Labhair le dalta eile sa rang faoin teach/árasán béal dorais leatsa sa bhaile.

- Cé mhéad duine atá sa teach?
- An bhfuil gairdín acu?
- An bhfuil peata acu?
- An bhfuil siad go deas?

LG Déan an tasc ar lch 53.

Seanfhocail

Déan taighde ar na seanfhocail seo a bhaineann leis an gceantar.

1. Is leor don dreoilín a nead.
2. Is glas iad na cnoic i bhfad uainn.
3. Ar scáth a chéile a mhaireann na daoine.

Aonad 5 — Mo Cheantar

Croí na Gaeilge 1
Siopa caife

Menu board:

caife	Bainní eile
caife latte	bainne almóinne
báinín	bainne cnó cócó
caife oighrithe	bainne soighe
seacláid the	
tae	

Marbh le tae, marbh gan é

ceapairí tóstáilte
donnóga seacláide
brioscaí sceallaí seacláide
síoróip

Tasc foclóra

Aimsigh na focail nua ón bpictiúr ar focloir.ie nó ar tearma.ie. Ar fhoghlaim tú aon fhocal nua?

1 caife   2 báinín   3 caife oighrithe   4 seacláid the   5 tae
6 bainne almóinne   7 bainne cnó cócó   8 bainne soighe   9 síoróip
10 ceapairí tóstáilte   11 donnóga seacláide   12 brioscaí sceallaí seacláide

Aonad 5

Mo Cheantar

1. Picthuiscint

Féach ar an bpictiúr agus freagair na ceisteanna seo a leanas.

1. Cé mhéad duine atá sa chaifé?
2. Ainmnigh trí dheoch atá ar fáil sa chaifé.
3. Cá bhfuil an tsíoróip sa chaifé?
4. Cad atá á dhéanamh ag an bhfear ar dheis?
5. Tá bean ag fágáil an chaifé. Cad a d'ordaigh sí, meas tú?
6. Tá páiste agus máthair ar chlé. Cad a d'ordaigh siad, meas tú?
7. An bhfuil bia ar fáil sa chaifé?
8. Ainmnigh dhá sneaic atá ar fáil sa chaifé.

Éisteacht Rian 2.02

Éist leis an bhfreastalaí agus an custaiméir. Líon na bearnaí. Cloisfidh tú an comhrá faoi dhó.

Freastalaí: _____ _____, a chara. Cén chaoi a bhfuil tú?

Custaiméir: Go breá! Ba mhaith liom _____ _____ le tabhairt liom.

Freastalaí: Fadhb ar bith. Ar mhaith leat _____ _____?

Custaiméir: Cé _____ atá ar _____ _____ agus _____ _____?

Freastalaí: Tá _____ euro agus _____ air.

Custaiméir: Beidh _____ _____ agam, mar sin. An nglacann sibh le _____ creidmheasa?

Freastalaí: Glacaimid. Is féidir leat an _____ a thapáil anseo.

Idirghníomhú cainte

Samhlaigh go bhfuil tú ag obair mar fhreastalaí sa chaifé. Scríobh an comhrá a bheadh agat le custaiméir leis an duine in aice leat agus déan imirt ról.

Critéir ratha:

Luaigh na rudaí seo a leanas.
- bia
- deoch
- praghas

Cur i láthair Réamh-MRB

Samhlaigh gur úinéir caifé thú agus go bhfuil caifé nua á oscailt agat. Cum ainm Gaeilge don chaifé agus tabhair cúis leis an ainm a roghnaíonn tú. Déan ullmhúchán sa bhaile agus ansin labhair leis an rang faoin gcaifé. Bain úsáid as an acmhainn punainne (lch 33) mar chabhair duit.

Critéir ratha:
- Cad atá ar an mbiachlár?
- Cá bhfuil an caifé suite?
- Cé atá ar an bhfoireann?

Moladh
Déan taifeadadh digiteach de dhaoine ag labhairt anseo.

Croí na Gaeilge 1

An t-ionad siopadóireachta

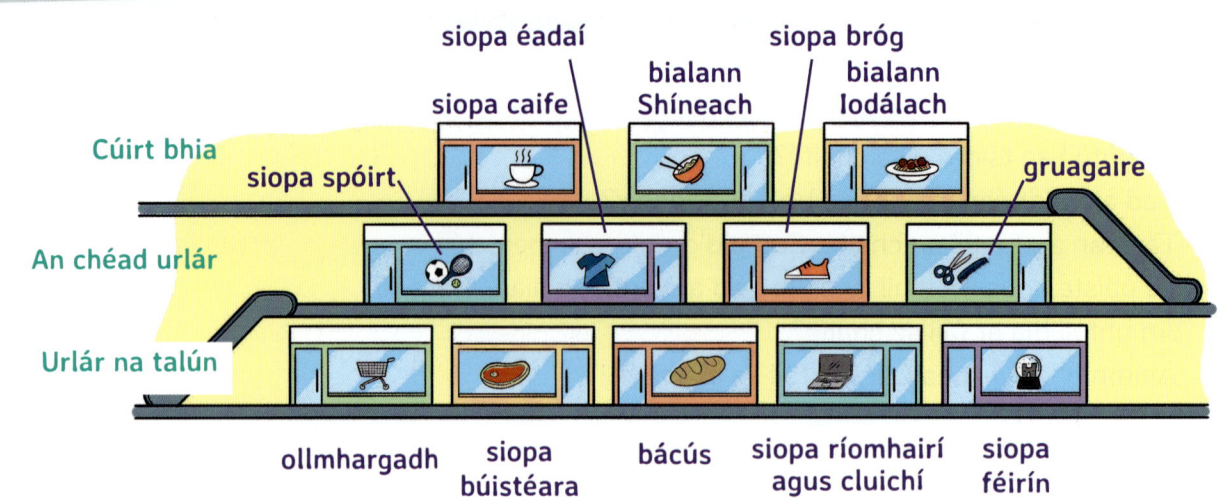

Cúirt bhia: siopa caife, siopa éadaí, bialann Shíneach, siopa bróg, bialann Iodálach, gruagaire

An chéad urlár: siopa spóirt

Urlár na talún: ollmhargadh, siopa búistéara, bácús, siopa ríomhairí agus cluichí, siopa féirín

💬 Idirghníomhú cainte

Pléigh na ceisteanna seo leis an duine atá in aice leat.

1. An bhfuil ionad siopadóireachta i do cheantar?
2. Cén sórt siopaí atá ann?
3. An maith leat a bheith ag siopadóireacht?
4. Cén siopa is fearr leat?

📖 Léamh

Féach ar na liostaí siopadóireachta seo a leanas. Cá mbeidh na daoine ag dul? Tá an chéad cheann déanta mar shampla duit.

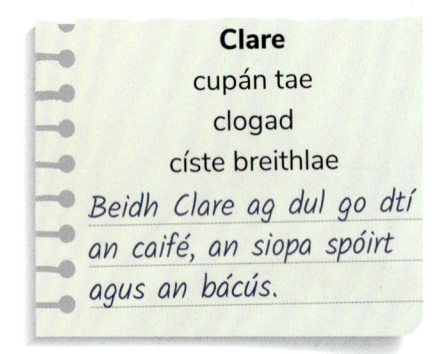

Clare
cupán tae
clogad
císte breithlae
Beidh Clare ag dul go dtí an caifé, an siopa spóirt agus an bácús.

Aodhán
cluiche ríomhaire
píotsa don lón
stéig agus sicín

Sophie
bearradh gruaige
blús nua
sála arda

✏️ Scríobh

Tá Maria ar cuairt in Éirinn. Ba mhaith léi cúpla rud a cheannach in ionad siopadóireachta. Cá bhfaighidh sí na rudaí seo a leanas? Tá an chéad cheann déanta mar shampla duit.

1	Fáinne eochracha	*Gheobhaidh sí fáinne eochracha sa siopa féiríní.*
2	Cupán caife	
3	Geansaí spóirt	
4	Cuaráin	

Dearbhán

Fuair tú dearbhán €100 mar bhronntanas. Cá gcaithfidh tú an dearbhán agus cad a cheannóidh tú? Scríobh cúig abairt faoi.

Sampla: *Caithfidh mé an dearbhán sa siopa spóirt – ceannóidh mé liathróid nua.*

> Úsáideann tú **dearbhán** sa siopa in ionad airgid. Cad é an Béarla ar 'dearbhán'?

LG Déan an tasc ar lch 54.

Aonad 5 — Mo Cheantar

🔊 Éisteacht Rian 2.03

Éist leis na cainteoirí. Cuir uimhir an chainteora in aice leis na siopaí ina mbeidh sé nó sí. Cloisfidh tú na cainteoirí faoi dhó.

A	B
C	D
E	F
G	H

💬 Labhairt Réamh-MRB

Scríobh alt faoin siopa is fearr leat agus déan taifeadadh (30 soicind) díot féin ag caint faoin siopa sin. Bain úsáid as an acmhainn punainne (lch 35) mar chabhair duit.

Critéir ratha:

Freagair na ceisteanna seo mar chuid den taifeadadh.

- Cá bhfuil an siopa suite?
- Cad atá ar fáil sa siopa?
- An bhfuil an áit costasach?
- An dtéann tú ann le do chairde?
- Conas a théann tú chuig an siopa? (bus, rothar, ag siúl)

Labhair faoi chúpla rud eile más féidir leat.

> **Moladh**
> Déan taifeadadh digiteach de dhaoine ag labhairt anseo.

Ag dul ag siopadóireacht

Scríobh

Roghnaigh ceann de na siopaí ón tasc éisteachta ar leathanach 129 agus samhlaigh go bhfuil tú ag dul ann. Scríobh an comhrá a bheadh agat le freastalaí an tsiopa. Bain úsáid as na leideanna sa néal focal thíos le cabhrú leat.

- praghas
- Conas atá tú?
- Seo duit . . .
- iontach
- Ba mhaith liom . . .
- rómhór
- An bhfuil . . . ar fáil anseo?
- an-saor
- mála
- Caithfidh mé . . . a cheannach.
- róchostasach
- Cén costas atá ar . . . ?
- Dia duit!
- sóinseáil
- Cé mhéad atá ar . . . ?
- Tá . . . uaim.
- róbheag
- go raibh maith agat

Líon na bearnaí

Tá liosta de shiopaí coitianta sa bhosca thíos. Cad a cheannaíonn tú sna siopaí sin? Líon an bhearna leis an siopa oiriúnach.

1. Ceannaím glasraí, torthaí, bainne agus earraí glantacháin san _____.
2. Ceannaím trealaimh spóirt agus éadaí spóirt sa _____ _____.
3. Ceannaím fóin phóca agus luchtairí sa _____ _____.
4. Ceannaím leigheas sa _____ _____ nuair atáim tinn.
5. Ceannaím sicín, stéig agus muiceoil sa _____ _____.
6. Ceannaím bréagáin agus cluichí ríomhaire sa _____ _____.
7. Ceannaím nuachtáin, irisí agus milseáin sa _____ _____.
8. Ceannaím leabhair nua agus leabhair scoile sa _____ _____.

Banc focal
siopa búistéara, siopa poitigéara, siopa leabhar, siopa spóirt, siopa fón, siopa bréagán, siopa nuachtán, ollmhargadh

Idirghníomhú cainte

Cuir na ceisteanna thíos ar an duine in aice leat.

1. Cén siopa is fearr leat?
2. Cad a cheannaíonn tú ann?
3. An dtéann tú go dtí an siopa sin go minic?
4. An duine deas é/í an siopadóir?
5. An bhfuil an siopa sin beag nó mór?

Na horduimhreacha

Rialacha

Féach ar Léaráid C, Cuid 1 (lch 274).

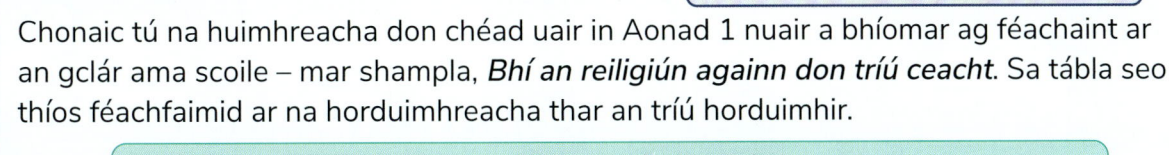

Chonaic tú na huimhreacha don chéad uair in Aonad 1 nuair a bhíomar ag féachaint ar an gclár ama scoile – mar shampla, *Bhí an reiligiún againn don tríú ceacht*. Sa tábla seo thíos féachfaimid ar na horduimhreacha thar an tríú horduimhir.

Na horduimhreacha	
an chéad cheacht *séimhiú ar chonsan*	an naoú háit
an chéad áit *guta lom*	an deichiú háit
an dara háit	an t-aonú háit déag
an tríú háit	an dara háit déag
an ceathrú háit	an tríú háit déag
an cúigiú háit	an ceathrú háit déag
an séú háit	an fichiú háit
an seachtú háit	an tríú háit is tríocha
an t-ochtú háit	an seachtú háit is daichead

- Cuireann an orduimhir **an chéad** séimhiú ar an ainmfhocal – mar shampla, **an chéad cheacht**.
- Cuireann gach orduimhir eile **h** roimh ghuta – mar shampla, **an dara háit** nó **an tríú háit**.

Cúpla nath a bhaineann leis na horduimhreacha

ar an **gcéad** dul síos = *first of all*

Ní raibh an **dara** rogha agam. = *I had no other choice.*

Léamh

Tá sé ar intinn agat taisteal sa cheantar ar an mbus. Léigh an t-amchlár agus freagair na ceisteanna.

Amchlár do na busanna

An stáisiún	6.50	7.05	7.40	8.10
An t-ionad siopadóireachta	7.15	7.30	8.05	8.35
An bhunscoil	—	—	8.15	8.45
An t-óstán	7.30	7.50	8.25	8.55
Áras an phobail	8.00	8.20	8.55	9.25
An t-ollmhargadh	8.20	8.40	9.15	9.45
An trá	8.25	8.45	9.20	9.50

1. Cén t-am a imíonn an chéad bhus?
2. An stopann an dara bus ag an mbunscoil? Stopann. ☐   Ní stopann. ☐
3. Cad í an dara háit a stopann an dara bus?
4. Cén t-am a thagann an ceathrú bus chuig an ollmhargadh?
5. Cad í an séú háit atá ar an turas don cheathrú bus?

Idirghníomhú cainte

Tóg amach do chlár ama don scoil agus cuir ceisteanna ar dhuine éigin sa rang.

Sampla: *Cad é an cúigiú rang atá againn amárach?*

Critéir ratha:
Bain úsáid as na horduimhreacha sna ceisteanna ar fad.

LG Déan na tascanna ar lgh 55–6.

Croí na Gaeilge 1

Treoracha timpeall an bhaile

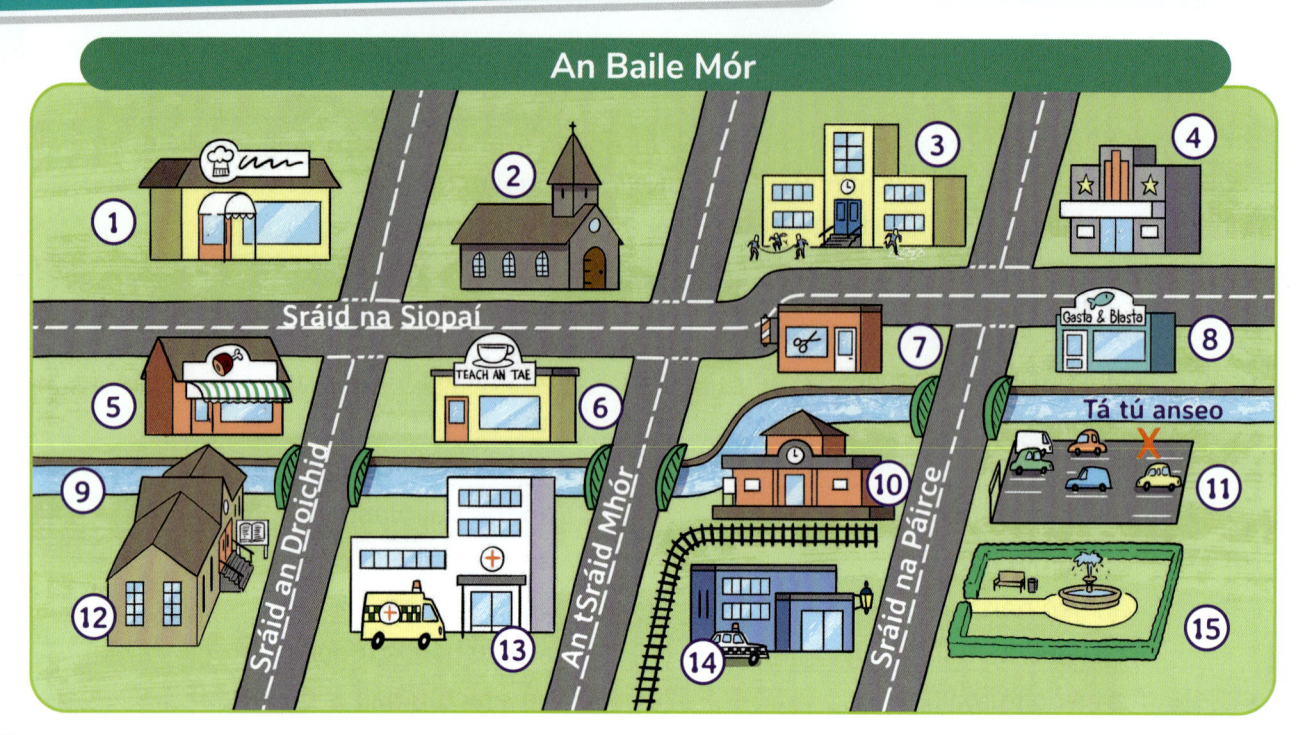

An Baile Mór

Meaitseáil

Cuir an uimhir cheart i ngach bosca.

an bhialann		an bhunscoil		an stáisiún traenach	
an phictiúrlann		páirc an phobail		an siopa sceallóg	
an t-ospidéal		an abhainn		an leabharlann	
an séipéal		an siopa tae		an siopa búistéara	
stáisiún na ngardaí		an gruagaire		an carrchlós	

Léamh

I dtosach, tá tú sa charrchlós in aice le páirc an phobail. Lean na treoracha thíos agus abair cén áit a shroicheann tú. Tá an chéad cheann déanta duit.

1. Téigh amach an t-éalú agus cas **ar dheis**[1]. Téigh go dtí Sráid na Siopaí agus cas ar dheis arís. Cad atá ar **thaobh na láimhe clé**[2] anois? *an phictiúrlann*
2. Téigh amach an t-éalú agus cas ar dheis. Lean **ar aghaidh**[3] go dtí Sráid na Siopaí agus cas **ar chlé**[4]. Siúil ansin dhá bhloc chuig Sráid an Droichid agus cas ar dheis. Cad atá ar thaobh na láimhe clé?
3. Cad atá **trasna**[5] an bhóthair ón siopa tae ar Shráid na Siopaí?
4. Tá tú ag an leabharlann. Téigh amach an doras agus cas ar chlé. Lean ar aghaidh go dtí Sráid na Siopaí agus cas ar dheis. Ansin téigh **thar**[6] Shráid na Páirce. Cén siopa atá ar **thaobh na láimhe deise**[7] anois?

Idirghníomhú cainte *Réamh-MRB*

Déan pictiúr de bhaile mór eile agus cuir ainmneacha ar na siopaí. Scríobh ceisteanna ansin atá bunaithe ar na treoracha (*ar chlé, ar dheis,* srl.). (Is féidir é seo a chur i dtaisce i do phunann.) Cuir na ceisteanna seo ar dhuine eile sa rang. Bain úsáid as an acmhainn punainne (lch 37) mar chabhair duit.

[1] right   [2] left-hand side   [3] straight on   [4] left   [5] across   [6] over/past   [7] right-hand side

An réamhfhocal *roimh*

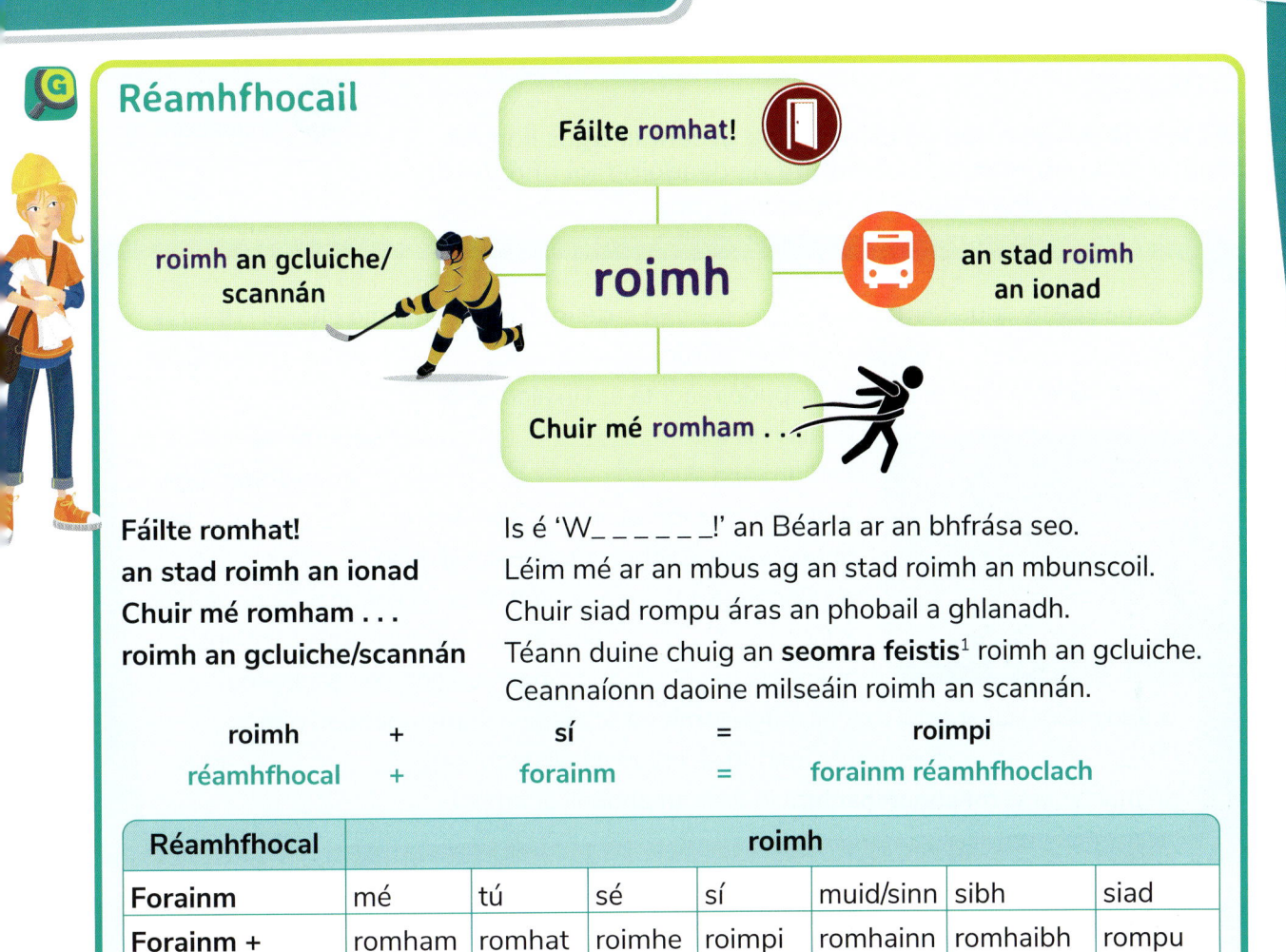

Aonad 5 — Mo Cheantar

Réamhfhocail

- Fáilte romhat!
- roimh an gcluiche/scannán
- **roimh**
- an stad roimh an ionad
- Chuir mé romham . . .

Fáilte romhat! Is é 'W_ _ _ _ _!' an Béarla ar an bhfrása seo.
an stad roimh an ionad Léim mé ar an mbus ag an stad roimh an mbunscoil.
Chuir mé romham . . . Chuir siad rompu áras an phobail a ghlanadh.
roimh an gcluiche/scannán Téann duine chuig an **seomra feistis**[1] roimh an gcluiche.
Ceannaíonn daoine milseáin roimh an scannán.

roimh	+	sí	=	roimpi
réamhfhocal	+	forainm	=	forainm réamhfhoclach

Réamhfhocal	roimh						
Forainm	mé	tú	sé	sí	muid/sinn	sibh	siad
Forainm + réamhfhocal	romham	romhat	roimhe	roimpi	romhainn	romhaibh	rompu

Líon na bearnaí

Líon na bearnaí leis an réamhfhocal nó leis an bhforainm réamhfhoclach ceart.

1. Chuir mé *romham* cúl a fháil.
2. Chuir sí _____ leathmharatón a dhéanamh.
3. Stopamar ag an siopa _____ an séipéal.
4. Chuir an siopadóir fáilte _____. (roimh + sinn)
5. Ní féidir ticéad a cheannach sa phictiúrlann _____ a sé a chlog.
6. Bhí m'aintín ag an stáisiún traenach _____ ag feitheamh orm. (roimh + mé)

LG Déan na tascanna ar lch 57.

Éisteacht Rian 2.04

Éist leis na freagraí cearta agus déan seiceáil ar do chuid oibre.

Scríobh

Athscríobh na habairtí thuas agus cuir na briathra san aimsir láithreach.

Sampla: *Cuirim romham cúl a fháil.*

Tá tuilleadh eolais le fáil ar lch 256.

Úsáideann tú **roimh** + ainmfhocal – mar shampla, **roimh an gcluiche**.
Ach úsáideann tú **sula/sular** + briathar – mar shampla:
Glanaim na lámha sula n-ithim mo dhinnéar.
D'ith mé bia sular fhág mé an teach.

[1] changing room

Croí na Gaeilge 1

Cailín na cathrach, buachaill na tuaithe

Éisteacht Rian 2.05

Éist leis na déagóirí seo ag caint faoina gceantair agus líon na bearnaí sna scripteanna. Cloisfidh tú na déagóirí faoi dhó. Ansin, déan seiceáil ar obair dhuine éigin eile sa rang.

Animation

Is mise Sally agus táim dhá (1)_____ déag d'aois. Táim i mo chónaí i dteach (2)_____ i **lár na cathrach**[1] le mo (3)_____. Tá beirt deartháireacha agam. Is breá linn an t-ionad siopadóireachta atá in aice lenár (4)_____.

Buailim le mo (5)_____ ag an **seomra tae**[2] gach Satharn ar a (6)_____ a chlog. Tá **carrchlós**[3] **faoi thalamh**[4] san ionad agus cuirim mo (7)_____ **faoi ghlas**[5] ansin. Caithim cúpla uair ag dul ó (8)_____ go siopa agus bainim an-sult as an lá i gcónaí. Tá na siopaí is (9)_____ liom thuas staighre agus téim ansin ar an (10)_____ **beo**[6]. Le linn na seachtaine is féidir liom siúl ar scoil mar níl foirgneamh na scoile ach cúpla nóiméad ó mo (11)_____ féin. Imrím leadóg sa chlub áitiúil gach (12)_____ agus déanaim cúrsa **machnamhachta**[7] in áras an phobail ar an (13)_____.

Haigh, a chairde! Samuel is ainm dom agus táim trí (1)_____ déag d'aois. Cónaím le mo (2)_____ amuigh faoin tuath in aice leis an trá. Is áit (3)_____ í ach fós bíonn neart le déanamh agam gach lá. Le linn na bliana téim ar scoil ar an (4)_____ agus bíonn orm a bheith **lasmuigh**[8] den siopa ag a (5)_____ don bhus. Sa (6)_____ téim **ag iascaireacht**[9] ar an mbád le m'uncail Tony. Is breá liom a bheith amuigh faoin (7)_____ agus an ghrian **ag spalpadh**[10]. Tá páirc **ollmhór**[11] in aice leis an (8)_____ i mo cheantar agus ar an (9)_____ imrímid **cluiche corr**[12] sa pháirc sin go minic. Deir (10)_____ go rithim **ar nós na gaoithe**[13] agus is maith liom an tuairim sin.

Scríobh

Scríobh alt faoi do cheantar féin.

Critéir ratha:

Bain úsáid as an aimsir láithreach agus bí cinnte go bhfuil cúig bhriathar dhifriúla sa alt. Cad í an áit is fearr leat sa cheantar? Cad a dhéanann tú ag an deireadh seachtaine sa cheantar? Conas atá na daoine sa cheantar?

1 city centre	4 underground	7 mindfulness	10 shining	13 like the wind
2 tea shop	5 locked	8 directly outside	11 massive	
3 car park	6 escalator	9 fishing	12 rounders	

An chopail san aimsir chaite

Rialacha

Mar is eol dúinn ó Aonad 2 agus ó Aonad 3, cuireann tú séimhiú ar an mbriathar san aimsir chaite – mar shampla, *chuir mé* agus *chríochnaigh mé*.

> Is teach deas é. (aimsir láithreach)
> Ba **th**each deas é. (aimsir chaite)

Leis an gcopail san aimsir chaite (*ba*), cuireann tú an séimhiú sin ar an ainmfhocal – mar shampla:

Is dalta mé. = I am a student.
Ba dhalta mé. = I was a student.

Féach ar thionchar atá ag an bhfocal *ba* ar an ainmfhocal.

Ba	+ consan	+ guta	+ f
Tionchar	séimhiú	b'	b'fh
Sampla	Ba theach é.	B'uachtarlann í.	B'fhoirgneamh é.

Meaitseáil

Féach ar na samplaí seo de rudaí a bhí sa cheantar nach bhfuil sa cheantar anois. Meaitseáil na habairtí leis na pictiúir.

1 **Ba theach scoile é** ach is óstán é anois.
2 **Ba shiopa é** ach tá an áit dúnta anois.
3 **Ba phictiúrlann í** blianta ó shin ach is ollmhargadh é anois.
4 **B'uachtarlann**[1] **í** sna seachtóidí (*seventies*) ach is áras pobail é anois.
5 **B'fhoirgneamh**[2] **mór é** sa cheantar sular thóg siad tithe ar an spás sin.

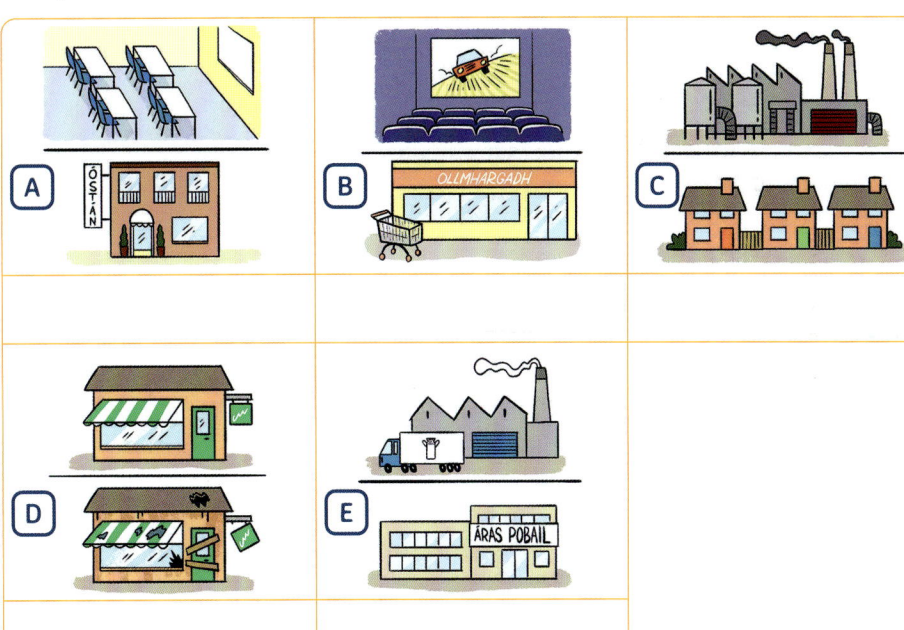

Aistriúchán

Aistrigh na habairtí seo ó Bhéarla go Gaeilge.

1 It was a toy shop.
2 It was a big field.
3 It was a butcher's shop.
4 It was a quiet place.
5 It was a nice school.

> Féach ar Léaráid A, Cuid 1 (lch 266).

> LG Déan na tascanna ar lgh 58–9.

[1] *creamery*   [2] *building*

Croí na Gaeilge 1

Gearrscannán: *An tÁdh*

Is gearrscannán tragóideach é *An tÁdh*. Tá sé bunaithe ar ghearrscéal le Pádraic Ó Conaire ach níl an gearrscannán go hiomlán dílis don ghearrscéal. Is cóiriú é an gearrscannán seo. Baineann an gearrscannán le triúr buachaillí óga, Liam agus a bheirt chairde Séamas agus Mícheál. Déanann sé cur síos ar eachtra a tharlaíonn nuair a théann beirt acu ar bhád i ngan fhios d'éinne seachas Liam.

Literature

Téarmaí litríochta

gearrscannán	a short film	an gearrscannán	the short film
carachtair	characters	na carachtair	the characters
radharc	a scene	plota	plot
buaicphointe an ghearrscannáin	the climax of the short film	gearrscannán tragóideach	a tragic short film

Tasc foclóra

Tá tuilleadh téarmaí litríochta le fáil ar lch 282.

Cad is brí leis na focail thíos? Bain úsáid as focloir.ie nó teanglann.ie chun iad a aimsiú.

1. bád
2. spraíúil
3. cluiche peile
4. dlúthchairde
5. sábháilte
6. an t-ádh
7. díomá
8. tráithnín
9. ní mar a shíltear a bhítear
10. spás
11. mí-ádh
12. deora

Scríobh

Líon na bearnaí leis na focail thuas.

Is gearrscannán tragóideach é *An tÁdh* faoi thriúr buachaillí óga. Is (1)_____ iad. An lá áirithe seo, níl fonn oibre orthu. Teastaíonn uathu rud (2)_____ a dhéanamh don lá agus socraíonn siad dul go hÁrainn. Tá (3)_____ _____ ar siúl ann agus tá Tom ag dul ann i (4) m_____ beag. Níl ach (5)_____ do bheirt ar an mbád. Roghnaíonn siad (6)_____ a tharraingt. Ar dtús ceapann Liam nach bhfuil (7)_____ _____ air mar piocann sé an tráithnín is faide agus mar sin tá air fanacht siar. Tá (8)_____ air mar níl sé in ann an lá a chaitheamh lena chairde. Tagann na (9)_____ le Liam nuair a imíonn na buachaillí eile ar an mbád. Tá díomá air ach (10)_____. Ní thuigeann Liam ag an am go bhfuil an t-ádh air gur phioc sé an tráithnín ab fhaide agus nár éirigh leis dul isteach sa bhád. Báitear an bád agus gach duine atá ar bord. Tá (11)_____ ar gach duine atá sa bhád. Ní fhilleann aon duine abhaile. Tá an t-ádh ar Liam go bhfuil sé slán (12)_____.

🔊 Éisteacht Rian 2.06

Éist leis na freagraí agus déan seiceáil ar do chuid oibre féin.

📖 Fíor nó bréagach?

An bhfuil na habairtí seo a leanas fíor nó bréagach? Cuir tic sa cholún ceart.

		✔	✘
1	Is gearrscannán é seo faoi thragóid farraige.		
2	Tá na buachaillí ag imirt cispheile.		
3	Tá Liam ag iarraidh dul go hÁrainn.		
4	Tá ar Liam fanacht siar – níl spás ar an mbád dó.		
5	Titeann Liam agus buaileann sé a ghlúin.		
6	Filleann na buachaillí ar fad abhaile.		

✏️ Scríobh

Freagair na ceisteanna seo a leanas.

1. Cad atá á dhéanamh ag Liam ag tús an scannáin?
2. Cén fáth a bhfuil Liam ag iarraidh dul go hÁrainn?
3. Cad atá ar siúl ag a haon déag?
4. An imríonn Mícheál peil?
5. Cén dath atá ar an mbratach ar an mbád?
6. Cé leis an bád?
7. Cén chaoi a roghnaíonn siad cé a rachaidh ar an mbád?
8. Cé a roghnaíonn an tráithnín is faide?
9. Cá dtéann na buachaillí i bhfolach?
10. An éiríonn leis na buachaillí ar fad teacht abhaile?

💬 Idirghníomhú cainte

Roghnaigh cúig aidiacht éagsúla le cur síos a dhéanamh ar phearsantacht gach buachalla (Séamas, Liam agus Mícheál). Cuir in abairtí iad agus déan comparáid leis an duine in aice leat. *Leid: Tugann an aidiacht eolas dúinn faoin ainmfhocal.*

Sampla: *Is buachaill **ceanndána** é Liam.*

✏️ Tasc scríofa

Roghnaigh tasc amháin ón liosta thíos mar obair bhaile. Déan taifeadadh (30 soicind) den saothar.

1. Samhlaigh gur láithreoir nuachta thú. Scríobh tuairisc nuachta faoin méid a tharlaíonn ar an mbád.
2. Tá RTÉ chun leagan de *An tÁdh* a thaifeadadh ach níl siad sásta le críoch an ghearrscannáin mar atá. Scríobh críoch níos sásta don ghearrscannán.

> **Moladh**
> Déan taifeadadh digiteach de dhaoine ag labhairt anseo.

Critéir ratha:
Scríobh 50 focal agus déan cinnte go bhfuil cúig bhriathar dhifriúla san alt.

LG Déan an tasc ar lch 60.

Croí na Gaeilge 1

Crosfhocal

Tasc foclóra

Is feirmeoir é Pól agus tá sé ina chónaí i gceantar ciúin faoin tuath. Seo cuid de na hainmhithe atá aige. Líon an crosfhocal leis na hainmneacha de hainmhithe atá ag Pól. Bain úsáid as an stór focal thíos don tasc mura bhfuil focal ar eolas agat.

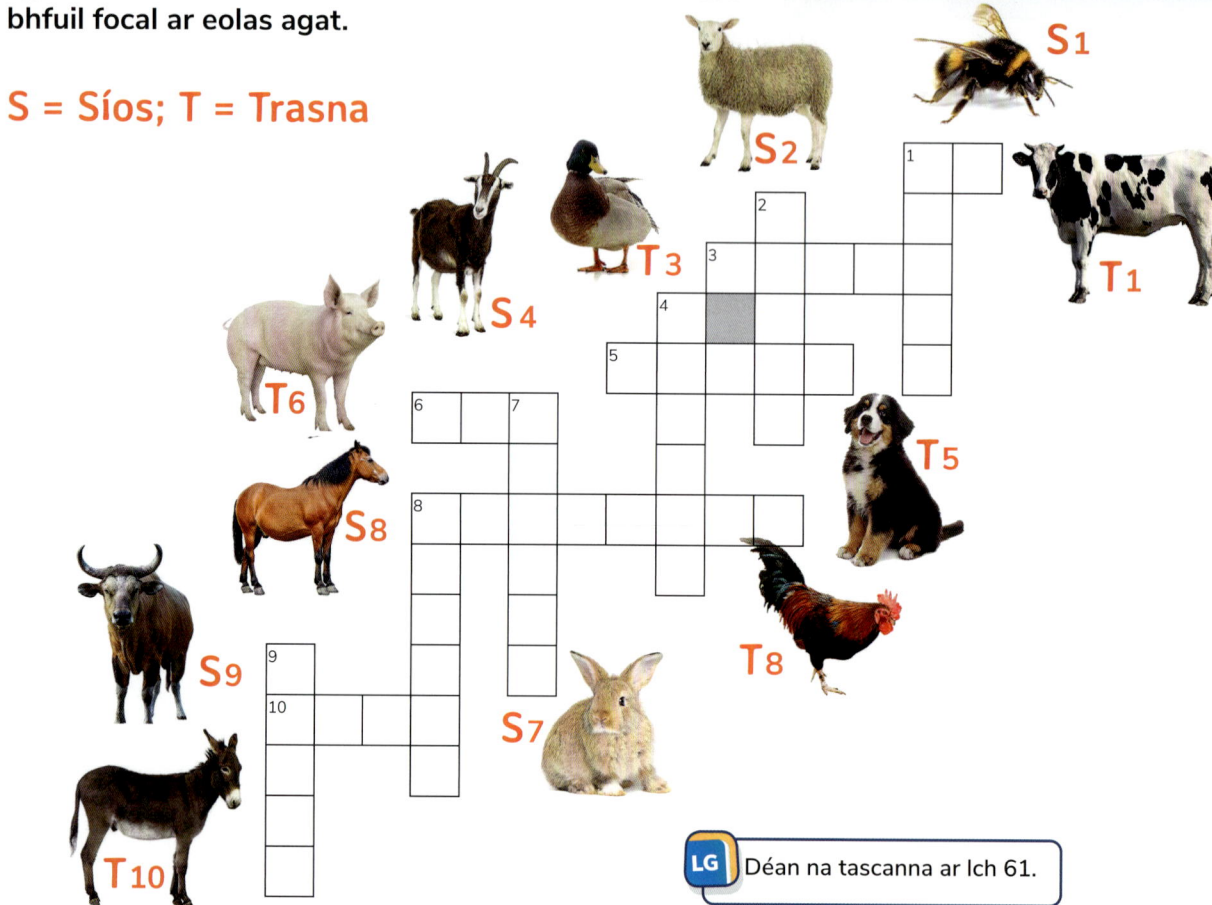

S = Síos; T = Trasna

Déan na tascanna ar lch 61.

Ainmhithe ar an bhfeirm

Ainmhí	Fuaim	Áit chónaithe
madra	ag tafann	cró madra
gabhar	ag méileach	sléibhte
coileach	ag fógairt an lae	cúb nó clós
capall	ag seitreach	stábla
bó	ag géimneach	páirc/gort
tarbh	ag búireach	páirc/gort
lacha	ag vácarnach	lochán
asal	ag grágaíl	stábla
caora	ag méileach	pionna nó loca
muc	ag gnúsachtach	fail muice/cró muice
coinín	ag díoscán	poll coinín/uachais
beach	ag dordán	coirceog

Logainmneacha in Éirinn

Aonad 5 — Mo Cheantar

Tá ainm ar gach áit sa tír. Tugaimid **logainmneacha** ar ainmneacha áiteanna.

Is comhfhocal é *logainm*: *log* (áit) + *ainm*. Mar sin, ciallaíonn *logainm* 'ainm áite'.

Is féidir brí logainm a fhiosrú ar logainm.ie.

Is é ceann de na chéad cheisteanna a chuirimid ar dhaoine nuair a bhuailimid leo ná, 'Cá bhfuil tú i do chónaí?' *nó* 'Cad as duit?' Úsáidimid logainmneacha gach lá nuair atáimid ag labhairt le daoine éagsúla.

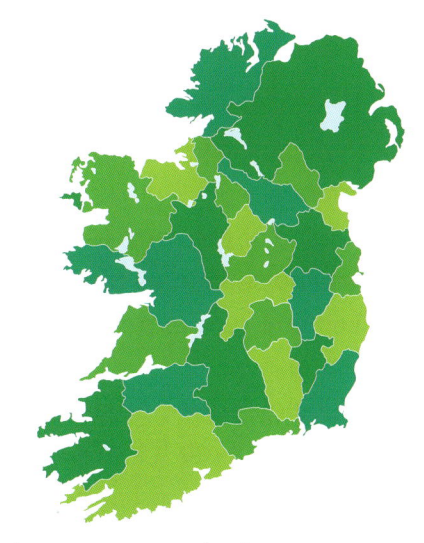

Tasc foclóra

Bain úsáid as logainm.ie chun do sheoladh baile a fhiosrú. An bhfuil brí nó stair ag baint leis? Tá sampla déanta duit.

Mo sheoladh baile:	Trí phointe eolais faoi:
12 Radharc na Páirce Ráth na Gráinsí Droichead Átha Co. na Mí	1 *Mí (Mide/Mideach) = middle* 2 *Áth = ford* 3 *Droichead = bridge*
Mo sheoladh baile:	Trí phointe eolais faoi: 1 2 3

Meaitseáil

Meaitseáil an logainm Gaeilge leis an mBéarla.

1 Ard Mhacha	A Tyrone
2 Baile an Bhuinneánaigh	B Monaghan
3 Muineachán	C Armagh
4 Baile Átha Fhirdhia	D Ballybunion
5 Tír Eoghain	E Ardee

LG Déan na tascanna ar lch 62.

Scríobh

Roghnaigh dhá logainm ón liosta thuas agus bain úsáid as logainm.ie chun tuilleadh eolais a fháil orthu. Cad is brí leo? An bhfuil stair ag baint leo?

Logainmneacha

Is minic a fheictear na focail seo a leanas i logainmneacha. Bain úsáid as logainm.ie chun brí na bhfocal a aimsiú. Tá an chéad cheann déanta duit.

áth	*ford*	gleann		droichead	
carn		bearna		leitir	

Céimeanna comparáide

An bhreischéim agus an tsárchéim

Is leagan speisialta den aidiacht iad an bhreischéim (*comparative*) agus an tsárchéim (*superlative*).

Tá an duine ar chlé **ard**. (**Aidiacht:** *ard*)

Tá an duine sa lár **níos airde**.

(**Breischéim:** *níos airde*. Tá sé seo cosúil le *-er* sa Bhéarla.)

Is í an duine ar dheis an duine **is airde**.

(**Sárchéim:** *is airde*. Tá sé seo cosúil le *-est* sa Bhéarla.)

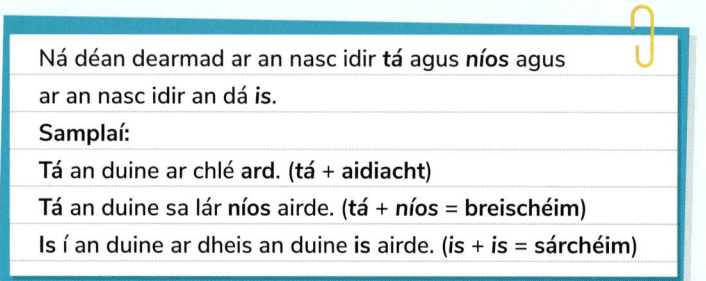

> Ná déan dearmad ar an nasc idir **tá** agus **níos** agus ar an nasc idir an dá **is**.
>
> **Samplaí:**
>
> Tá an duine ar chlé **ard**. (**tá** + aidiacht)
>
> Tá an duine sa lár **níos** airde. (**tá** + **níos** = breischéim)
>
> Is í an duine ar dheis an duine **is** airde. (**is** + **is** = sárchéim)

ard   níos airde   is airde

Tá tuilleadh eolais le fáil ar lch 264.

Aidiachtaí coitianta (*common adjectives*)

An Béarla	An aidiacht	An bhreischéim (-er) tá + níos	An tsárchéim (-est) is + is
small	beag	níos lú	is lú
big	mór	níos mó	is mó
old	sean	níos sine	is sine
young	óg	níos óige	is óige
good	maith	níos fearr	is fearr
bad	olc	níos measa	is measa
tall	ard	níos airde	is airde
short	íseal	níos ísle	is ísle
long	fada	níos faide	is faide
difficult	deacair	níos deacra	is deacra

Scríobh

Athscríobh na habairtí seo agus athraigh na focail sna lúibíní más gá. Tá an chéad cheann déanta duit.

1. Tá mo mhamó níos (sean) ná mo mháthair. *Tá mo mhamó níos sine ná mo mháthair.*
2. Is é seo an siopa is (beag) san ionad.
3. Tá an ceantar seo níos (maith) ná an ceantar eile.
4. Tá an phictiúrlann seo níos (mór) ná an ceann i mo cheantar.
5. Is í seo an tsráid is (fada) sa bhaile.
6. Is é seo an crann is (ard) atá i bpáirc an phobail.
7. Chuaigh mé go dtí an séipéal is (sean) sa chathair Dé Luain seo caite.
8. Ceapaim go bhfuil Túr Eiffel i bhfad níos (íseal) ná Túr Claonta Pisa.

Déan na tascanna ar lgh 63–4.

Áras an phobail

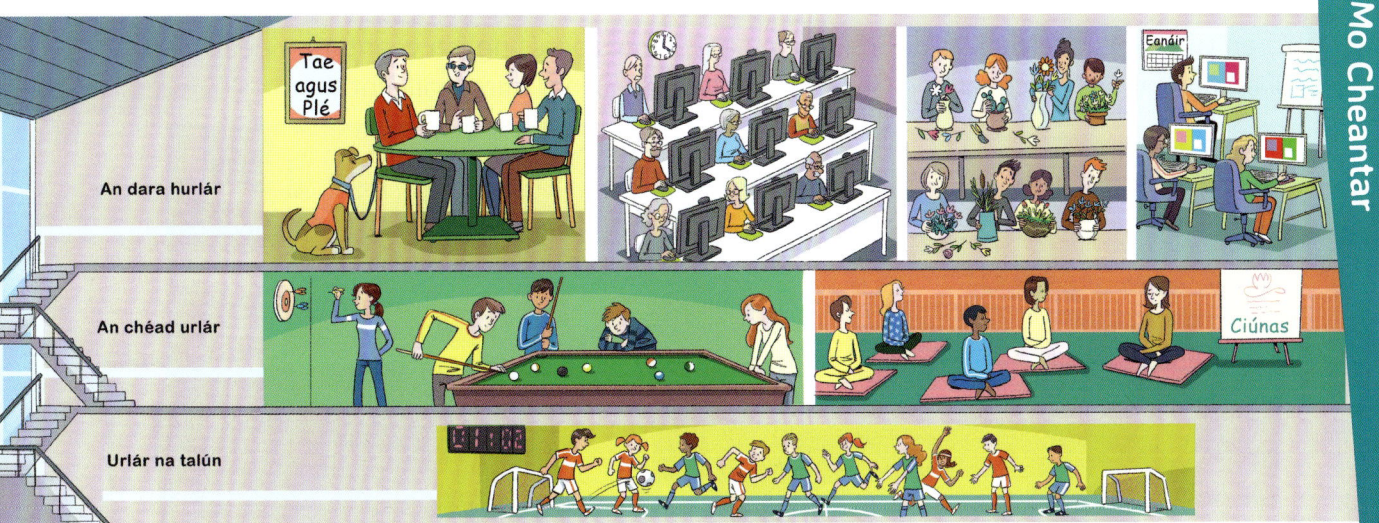

Aonad 5 — Mo Cheantar

An dara hurlár
An chéad urlár
Urlár na talún

Stór focal

ciorcal comhrá	Irish speaking group	peil faoin díon	indoor football
machnamhacht	mindfulness	teicneolaíocht faisnéise	information technology
cruinniú an choiste	committee meeting	cóiriú bláthanna	flower arranging

Cleachtadh ar na huimhreacha pearsanta

Cé mhéad duine atá i ngach seomra?

Picthuiscint

Freagair na ceisteanna bunaithe ar an bpictiúr. Tá an chéad cheann déanta duit.

1 Cá bhfuil an ciorcal comhrá ar siúl? *Tá sé ar siúl sa seomra thuas ar chlé.*
2 Breac síos na trí fhocal ón bpóstaer ar an mballa ag an gciorcal comhrá.
3 Cén cluiche atá ar siúl sa halla spóirt?
4 Cén t-am é sa phictiúr seo?
5 Cén mhí atá ar an bhféilire ag cruinniú an choiste?
6 Cén dath atá ar an gcóta atá an madra treorach ag caitheamh?
7 Cé mhéad duine ar an iomlán (*in total*) atá san áras? Leid: 12 + = bunuimhir
8 Cad atá ar siúl sa seomra ar dheis ar an gcéad urlár?
9 Cén dath atá ar na ballaí sa halla spóirt?
10 An bhfuil bean nó fear ag múineadh na machnamhachta?

Idirghníomhú cainte

Tá ar dhuine amháin cur síos a dhéanamh ar sheomra sa phictiúr thuas. Caithfidh an duine eile tomhas (*guess*) a dhéanamh ar an seomra atá i gceist.

Critéir ratha:

Labhair faoi na rudaí seo a leanas.
- na dathanna
- líon na ndaoine
- an troscán

Sampla: *Tá dath gorm ar na ballaí. Is féidir triúr a fheiceáil sa seomra.*

Croí na Gaeilge 1

Fógraíocht as Gaeilge inár dtimpeallacht

Tá an Ghaeilge le feiceáil ar na sráideanna agus sna siopaí i ngach ceantar timpeall na tíre. Bí ag faire amach i gcónaí don Ghaeilge atá le feiceáil inár dtimpeallacht.

Labhairt *Réamh-MRB*

Téigh timpeall do cheantar féin agus tóg grianghraif den Ghaeilge atá le feiceáil i do gharthimpeallacht. Coinnigh na pictiúir seo i do phunann. Labhair leis an rang faoi na grianghraif a thóg tú. Mínigh dóibh faoi na háiteanna a bhfaca tú an Ghaeilge iontu agus aon rud a tharla duit agus tú ag lorg na Gaeilge i do cheantar. Bain úsáid as an acmhainn punainne (lch 39) mar chabhair duit.

> **Moladh**
> Déan taifeadadh digiteach de dhaoine ag labhairt anseo.

LG Tá cluastuiscintí don aonad seo le fáil ar lgh 137–41.

🔊 Éisteacht *Rian 2.07*

Éist leis an taifead agus líon na bearnaí. Cloisfidh tú an taifead seo faoi dhó. Ansin, déan seiceáil ar obair dhuine eile sa rang. Aimsigh na focail san fhoclóir mura bhfuil tú cinnte faoin litriú.

Seo cur síos (1)_____ ar an obair a dhéanann Gaillimh le Gaeilge chun an teanga a chothú i gCathair na Gaillimhe agus sa cheantar lasmuigh den chathair. Tá Plean Teanga Chathair na Gaillimhe ag dul ó neart go neart (2)_____. Cuireann Gaillimh le Gaeilge (3)_____ úsáid na Gaeilge i nGaillimh a ardú céim ar chéim. Ba bhreá leo stádas a bhaint amach don chathair mar (4)_____ dátheangach. Tá Dr John Walsh agus Dr Dorothy Ní Uigín ag obair ar an bhfoireann seo. Tá coiste (5)_____ ag Gaillimh le Gaeilge agus (6)_____ siad obair leis na (7)_____ timpeall na cathrach chun níos mó Gaeilge a chur os comhair an phobail.

Beatha na teanga í a labhairt.

LG Déan na tascanna ar lch 65.

Clár na bhfógraí

Aonad 5 — Mo Cheantar

Feighlí Leanaí Áine
Fón: 087 1234567
ar fáil ag an deireadh seachtaine

Ranganna Salsa
In Óstán na Farraige
gach Luan
ag 7 i.n.
€5 ar an doras

An Bhfuil Snámh Agat?
Beidh grúpa ag tionól ar an trá gach Satharn ag 9 r.n.
Bí linn más féidir leat!

CEOLCHOIRM
Sa séipéal
Oíche Dé Luain
Ag tosú ag 6.45 i.n.

Cupán Tae don Bhunscoil
Áit: Áras an Phobail
Lá: Dé hAoine
Am: idir 10 r.n. agus 11.30 r.n.

FÓGRA ÓN SIOPA LEABHAR
Táimid ag fáil fuinneog nua. Beimid dúnta Dé Céadaoin seo.

📖 Léamh

Freagair na ceisteanna seo.

1. Cé mhéad fógra atá ar an gclár thuas?
2. Cad is ainm don fheighlí leanaí?
3. Cathain a bheidh an siopa leabhar dúnta?
4. Cad atá san fhógra thuas ar dheis? Cuir tic sa bhosca ceart.
   snámh ☐   cupán tae ☐   feighlí leanaí ☐
5. Cén fáth a bhfuil an siopa leabhar ag dúnadh don lá sin?
6. Cad atá ar fáil in áras an phobail Dé hAoine seo?
7. Cén t-am a bhfuil an eachtra ó Cheist 4 ag tosú? *Leid: Cén = Cad é an*
8. Cad é an praghas le dul go dtí rang salsa?
9. Cá bhfuil an cheolchoirm ar siúl?

✏️ Scríobh

Ag obair le daoine eile ón rang, cruthaigh cúig cheist nua faoi chlár na bhfógraí. Scríobh agus freagair na ceisteanna sin i do chóipleabhar. Féach ar na ceisteanna thuas mar chúnamh duit.

💬 Idirghníomhú cainte

Dear agus tarraing do chlár fógraí féin.
Critéir ratha:
- Dathaigh na fógraí agus bain úsáid as an bhfoclóir má tá focal uait.
- Ní ort Gaeilge chasta a úsáid don tasc seo.
- Níl ort ach ceithre fhógra a chur ar an gclár.

Anois, scríobh ceisteanna leis an gclár fógraí agus cuir na ceisteanna seo ar dhaoine eile sa rang.

> **Moladh**
> Déan taifeadadh digiteach de dhaoine ag labhairt anseo.

Croí na Gaeilge 1

Sliocht díreach & caint indíreach sna haimsirí éagsúla

Rialacha

Déan na tascanna ar lgh 66–7.

Sliocht díreach (direct quote)	Caint indíreach (indirect speech)
Dúirt sí, 'Dúnann an siopa ag a cúig.'	Dúirt sí go ndúnann an siopa ag a cúig.
Dúirt sé, 'Tosóidh an scannán ag a sé.'	Dúirt sé go dtosóidh an scannán ag a sé.
Dúirt tú, 'Cheannaigh mé ceann nua.'	Dúirt tú gur cheannaigh tú ceann nua.

Don chaint indíreach, úsáideann tú *go* (+ **urú** ar an mbriathar) san aimsir láithreach agus san aimsir fháistineach ach úsáideann tú *gur* (+ **séimhiú** ar an mbriathar) san aimsir chaite.

> Cuireann *an*, *nach* agus *go* urú ar an mbriathar.
> Cuireann *ar*, *nár* agus *gur* séimhiú ar an mbriathar.
> Ach bí cúramach leis an sé mór!

Féach ar Léaráid D, Cuid 2 (lch 280).

An sé mór agus an chaint indíreach san aimsir chaite

Sliocht díreach	Caint indíreach
Dúirt sé, 'Chuaigh mé abhaile.'	Dúirt sé go ndeachaigh sé abhaile.
Dúirt sí, 'Bhí mé tinn.'	Dúirt sí go raibh sí tinn.
Dúirt sé, 'Chonaic mé an scannán.'	Dúirt sé go bhfaca sé an scannán.
Dúirt sí, 'Fuair mé an ticéad don cheolchoirm.'	Dúirt sí go bhfuair sí an ticéad don cheolchoirm.

Úsáideann tú *go* san aimsir chaite leis an sé mór in ionad *gur*, a úsáideann tú leis an cúig beag agus na briathra rialta.

	An fhoirm dhearfach
An aimsir chaite (briathra rialta agus an cúig beag)	*gur* + séimhiú
Gach aimsir eile agus an sé mór i ngach aimsir	*go* + urú/*n-* roimh ghuta

Scríobh

Líon an ghreille thíos. Tá an chéad cheann déanta duit mar chúnamh.

Sliocht díreach	Caint indíreach
1 Dúirt sé, 'Chuala mé an nuacht.'	*Dúirt sé gur chuala sé an nuacht.*
2 Dúirt Áine, 'Bhí mé sa phictiúrlann.'	
3 Dúirt Pól, 'Rachaidh mé go dtí an pháirc anocht.'	
4 Dúirt sí, 'Tá mamó sa teach béal dorais.'	
5 Dúirt sé, 'Téann Mike chuig na siopaí gach Aoine.'	
6 Dúirt sí, 'Chaill mé m'fhón póca san ollmhargadh.'	

Caitríona agus a ceantar

Léamh

Léigh an sliocht thíos agus freagair na ceisteanna a bhaineann leis.

Vocabulary

Tá stór focal an aonaid seo le fáil ar lch 307.

Tá mé i mo chónaí i dteach sraithe ar an bpríomhshráid i mbaile mór in aice na farraige. Is breá liom mo cheantar. Nuair a théann tú amach as mo theach agus má chasann tú ar dheis tá páirc an phobail le feiceáil. Téim ansin aon lá atá an aimsir go deas agus siúlaim le mo mhadra sa pháirc. Is breá liom freisin an fheirm peataí atá sa pháirc. Tá cúpla muc agus caora ar an bhfeirm mar aon le hasal darb ainm Wonky. Ach roimh an bpáirc tá an leabharlann ar thaobh na láimhe clé. Téim inti nuair atá sé ag cur báistí agus uaireanta déanaim staidéar sa leabharlann.

Is é an foirgneamh is mó sa bhaile ná áras an phobail. Tagann na **gasóga**[1] le chéile ansin gach Céadaoin. Téann mo dheartháir Trevor ann. Tá Trevor dhá bhliain níos sine ná mise. Réitímid go han-mhaith le chéile. Tá post páirtaimseartha aige san ollmhargadh atá in aice leis an séipéal agus trasna an bhóthair ón ngruagaire.

Nuair a dhúisigh mé inné chonaic mé go raibh sé ag cur báistí. Chuir mé scairt ar Moya agus bhuail mé léi i dteach an tae atá in aice le mo theach féin. Tháinig sí ar a rothar. Bhí báinín ag an mbeirt againn agus bhí donnóg agamsa leis an deoch. Fuair mé an donnóg saor in aisce mar bhí **cárta dílseachta**[2] agam. Dúirt Moya liom go ndeachaigh sí chuig an bpictiúrlann ag an deireadh seachtaine ach nár bhain sí sult as an scannán. Chaitheamar cúpla nóiméad ag caint faoin scrúdú Gaeilge atá againn Dé Luain. Ar ár mbealach amach chonaiceamar **sonraí**[3] faoi dhioscó a bheidh ar siúl in áras an phobail.

1. Cén saghas tí ina bhfuil Caitríona ina cónaí?
2. Cá bhfuil an leabharlann? Cuir tic sa bhosca ceart.

   roimh an bpáirc ar thaobh na láimhe deise ☐

   roimh an bpáirc ar thaobh na láimhe clé ☐
3. Cén cineál ainmhí é Wonky?
4. Cad é an foirgneamh is mó sa bhaile?
5. Críochnaigh na focail seo a leanas le focail ón léamhthuiscint seo.
   príomh _ _ _ _ _ _   séi _ _ _ _   _ _ _ _ gaire   _ _ _ mhargadh
6. Cathain a théann Caitríona chuig an leabharlann?
7. Cén aimsir atá i gceist sa tríú halt? Cuir tic sa bhosca ceart.

   an aimsir chaite ☐   an aimsir láithreach ☐   an aimsir fháistineach ☐
8. Pioc amach dhá shampla den chaint indíreach ón tríú halt.
9. Cé mhéad alt atá sa léamhthuiscint seo?
10. Líon an bhearna: Caitríona + a deartháir + Moya = _____ (daoine)

LG Déan na tascanna ar lch 68.

---

[1] scouts   [2] loyalty card   [3] details

Aonad 5 — Mo Cheantar

Croí na Gaeilge 1

Measúnú an aonaid

Piarmheasúnú: Cluiche an Cheantair

Déan staidéar ar an aonad seo agus imir an cluiche cláir seo le daoine eile sa rang. Féach ar threoracha an chluiche ar lch 91.

TÚS AN CHLUICHE	An leabharlann Fan anseo.	Cuir an réamhfhocal agus an forainm le chéile. 'faoi + sé'	Ba mhaith liom bainne, torthaí agus glasraí a cheannach. Cá bhfaighidh mé iad?	An phictiúrlann Fan anseo.	Abair an uimhir i bhfoirm orduimhreach. 'Tosaíonn an (2) rang ag a deich a chlog.'
Cén t-ainmhí a bhíonn ag tafann?	Bain úsáid as caint indíreach chun an abairt seo a athscríobh. 'Dúirt sí, "Chuala mé an scéal."'	Cén t-ainmhí a bhíonn ag seitreach?	Cad iad breischéim agus sárchéim an fhocail 'ard'?	Cad is brí leis an gcomhartha seo? Seirbhís i nGaeilge	Téigh siar dhá bhosca.
Ba mhaith liom geansaí spóirt agus liathróid nua a cheannach. Cá bhfaighidh mé iad?	Cé a scríobh an gearrscéal 'An tÁdh'?	Téigh siar go tús an chluiche.	Cuir an réamhfhocal agus an forainm le chéile. 'roimh + mé'	Aistrigh an abairt! 'You were speaking about me.' *Leid: faoi*	Ainmnigh na príomhcharachtair sa ghearrscannán *An tÁdh*.
Abair an uimhir i bhfoirm orduimhreach. 'Táim sa (1) bhliain ar scoil.'	Cuir an réamhfhocal agus an forainm le chéile. 'faoi + sinn'	Bog ar aghaidh trí bhosca.	Cad iad breischéim agus sárchéim an fhocail 'beag'?	Ba mhaith liom arán agus cáca a cheannach. Cá bhfaighidh mé iad?	Lá Fhéile Bríde Tá seans eile agat.
Bog ar aghaidh dhá bhosca.	Abair an uimhir i bhfoirm orduimhreach. 'Tosaíonn an (3) rang ag a haon déag.'	Cad is brí leis an gcomhartha seo? GÉILL SLÍ	An bhialann Fan anseo.	Bain úsáid as caint indíreach chun an abairt seo a athscríobh. 'Dúirt mé, "Fuair mé an ticéad don phictiúrlann."'	Cuir an réamhfhocal agus an forainm le chéile. 'roimh + sibh'
DEIREADH AN CHLUICHE	Bain úsáid as caint indíreach chun an abairt seo a athscríobh. 'Dúirt tú, "Cheannaigh mé cóta nua."'	Aistrigh an abairt! 'He welcomed her.' *Leid: roimh*	Cad iad breischéim agus sárchéim an fhocail 'fada'?	Téigh siar trí bhosca.	An seomra tae Fan anseo.

Téigh go dtí **www.edco.ie/croinagaeilge1** agus bain triail as na hidirghníomhaíochtaí.

Conversation video

Worksheet

Aonad 5

Mo Cheantar

Féinmheasúnú

Nuair atá an piarmheasúnú déanta agat, comhlánaigh an ghreille seo thíos. Léigh gach intinn foghlama agus abairt mhachnaimh sa chéad cholún. An ndearna tú dul chun cinn? Cuir tic sa cholún cuí.

Anois táim in ann . . .	😊	😐	😟
stór focal ó mo cheantar a aithint agus a litriú.			
labhairt os comhair an ranga as Gaeilge.			
caint faoi shiopaí éagsúla.			
plé leis na horduimhreacha go cruinn.			
clár ama a léamh as Gaeilge.			
treoracha simplí a thuiscint sa chaint.			
an chopail a scríobh san aimsir chaite.			
Déanfaidh mé machnamh ar na habairtí seo a leanas:			
Sílim go bhfuil na horduimhreacha sa Ghaeilge an-éasca.			
Is nós maith é taifeadadh a dhéanamh duit féin ag caint.			
Tuigim anois go bhfuil a lán Gaeilge inár mórthimpeall.			

Anois comhlánaigh an plean feabhsúcháin seo thíos. Tá tuilleadh eolais le fáil ar lch 300 chun cabhrú leat.

Trí rud a d'fhoghlaim mé

1 _____
2 _____
3 _____

Dhá rud atá le cleachtadh agam

1 _____
2 _____

Rud a dhéanfaidh mé chun feabhas a chur ar mo chuid Gaeilge

Seiceáil amach

Mar iarfhoghlaim don aonad seo, déan an ghníomhaíocht 'Seiceáil amach' ag **www.edco.ie/croinagaeilge1**. Conas a d'éirigh leat?

Aonad 6 — Caitheamh Aimsire

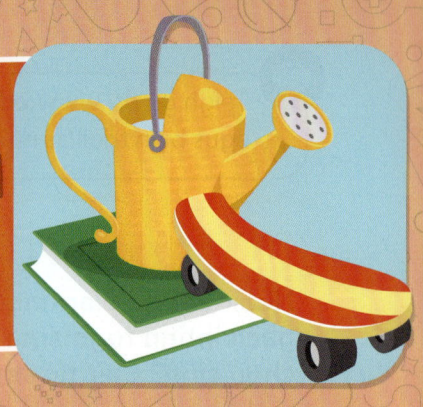

> Ní thagann caonach ar chloch reatha.

Torthaí foghlama an aonaid

Cumas cumarsáide
1.4, 1.9, 1.13, 1.24, 1.27

Feasacht teanga agus chultúrtha
2.1, 2.9

Féinfheasacht an fhoghlaimeora
3.8

Téacsanna an aonaid

Téacs litríochta

Gearrscannán: *Céad Ghrá*

Téacsanna tacúla eile

Téacs litríochta (rogha eile): 'Eachtraí Aoibhne' (gearrscéal) le Pól Ó Muirí

Téacsanna eile: An fón póca i saol an duine, CadsAip

Acmhainní eile: teanglann.ie, focloir.ie, abair.ie, léaráidí gramadaí, acmhainn punainne, acmhainní digiteacha ag edco.ie/croinagaeilge1

Achoimre ar an aonad seo

Tá an t-aonad seo bunaithe ar an téama 'Caitheamh aimsire'. Leanfaidh na daltaí ar aghaidh ag cur lena gcumas cumarsáide sna scileanna teanga difriúla. Cuirfear béim ar fheasacht teanga agus chultúrtha. Díreofar go háirithe ar na difríochtaí gramadaí agus comhréire idir teangacha, ar conas botúin phearsanta a aithint, ar fheasacht na ndaltaí ar chultúr na teanga agus ar an ilteangachas. Spreagfar na daltaí chun aiseolas a úsáid, chun féinmheasúnú a dhéanamh mar fhoghlaimeoirí agus chun acmhainní teanga a úsáid.

San aonad seo foghlaimeoidh an dalta na scileanna seo:

Réamhfhoghlaim	Seiceáil isteach (lch 149)
Léamh	Oíche Netflix (lch 150), *Stranger Things* (lch 152), Léamh (lgh, 159, 169), An fón póca i saol an duine (lch 160), Teicneolaíocht (lch 162), Faisean paisean (lch 164), Cór na scoile (lch 171), CadsAip (lch 175)
Scríobh	Scríobh (lgh 153, 154, 155, 160, 162, 165, 167, 168, 175), Leathanach gréasáin (lch 153), Feisteas (lch 165), Tasc tuisceana (lch 166), Cur síos (lch 167), Cuntas nua (lch 174)
Éisteacht	Éisteacht (lgh 150, 157, 170, 172)
Labhairt	Labhairt (lgh 156, 170, 172, 175)
Idirghníomhú cainte	Idirghníomhú cainte (lgh 150, 154, 155, 159, 167, 170, 171, 172), Aithris (lch 153)
Gramadach	Scríobh (lgh 150, 159, 161, 163, 173, 174), An chopail agus an t-ainm briathartha (lch 151), Aistriúchán (lch 151), Líon na bearnaí (lch 151), Na briathra rialta san aimsir fháistineach (lch 158), Cúinne na gramadaí (lgh 159), An réamhfhocal *i* (lch 161), *Ceann, seachtain, uair* (lch 163), An réamhfhocal *faoi* (lch 169), Meaitseáil (lch 169), Caint indíreach: *nach/nár* (lch 173), Cleachtadh ar na haimsirí (lch 173)
Foclóir	Tasc foclóra (lgh 156, 157, 165), Líon na bearnaí (lch 156), An méarchlár (lch 157), Meaitseáil (lgh 170, 174)
Cultúr	Cultúr (lch 174)
Leabhar gníomhaíochta	Tascanna (lgh 69–86), Cluastuiscint (lgh 142–5)
Measúnú	Piarmheasúnú (lch 176)
Machnamh	Féinmheasúnú (lch 177), Seiceáil amach (lch 177)

Ag deireadh an aonaid seo beidh mé in ann:

- labhairt faoi na cláir is fearr liom.
- postáil as Gaeilge a dhéanamh ar an idirlíon.
- ceisteanna a chruthú as Gaeilge.
- stór focal ón saol teicneolaíochta a aithint agus a litriú.
- plé le briathra rialta san aimsir fháistineach.
- na hainmfhocail *ceann*, *seachtain* agus *uair* a chomhaireamh.
- litir Vailintín a scríobh.

Clár an aonaid

Oíche Netflix	150
An chopail agus an t-ainm briathartha	151
Stranger Things	152
Cé chomh gafa le Netflix agus atá tú?	154
An fón póca	156
Na briathra rialta san aimsir fháistineach	158
An fón póca i saol an duine	160
An réamhfhocal *i*	161
Teicneolaíocht	162
Ceann, *seachtain*, *uair*	163
Faisean paisean	164
#Feisteasanlae	165
Gearrscannán: *Céad Ghrá*	166
Litir ghrá	168
An réamhfhocal *faoi*	169
Cineálacha ceoil	170
Cór na scoile	171
Ceolchoirm	172
Caint indíreach: *nach/nár*	173
An Ghaeilge ar na meáin shóisialta	174
CadsAip	175
Measúnú an aonaid	176

Seiceáil isteach

Mar réamhfhoghlaim don aonad seo, déan an ghníomhaíocht 'Seiceáil isteach' ag **www.edco.ie/croinagaeilge1**. Conas a d'éirigh leat?

Téigh go dtí **www.edco.ie/croinagaeilge1** agus bain triail as na hidirghníomhaíochtaí.

Croí na Gaeilge 1

Oíche Netflix

Léamh

Léigh an t-alt thíos agus déan na tascanna a bhaineann leis.

Féachaim ar Netflix gach Aoine le mo theaghlach. Tá **cuntas**[1] amháin againn agus níl sé **róchostasach**[2]! Íocann mo mháthair deich euro in aghaidh na míosa. Bíonn sé deacair dúinn **clár**[3] nó **scannán**[4] a roghnú. Taitníonn rudaí difriúla linn. Is breá le mo dhaid **cláir faisnéise**[5] – go háirithe na cinn faoi ainmhithe. Cheap sé go raibh *Our Planet* an-suimiúil ar fad. Is maith le mo mham **scannáin ghrinn**[6] nó **sraitheanna rómánsúla**[7]. Is é *Gossip Girl* an tsraith is fearr léi. Tá lucht féachana mór ag an tsraith sin. Tá plota casta inti freisin. Taitníonn **scannáin aicsin**[8] go mór le mo dheartháir Nick ach níl suim dá laghad agam iontu. Is é *Riverdale* an tsraith is fearr liom. Tá sé bunaithe ar ghrúpa déagóirí. Taitníonn Archie go mór liom – tá sé an-dathúil.

1. Cathain a fhéachann an teaghlach ar Netflix?
2. Cén costas atá ar an gcuntas Netflix?
3. Cén fáth a mbíonn sé deacair dóibh clár nó scannán a roghnú?
4. Cén saghas cláir is fearr le Daid?
5. Cén saghas scannáin nó sraith is fearr le Mam?

Scríobh

Roghnaigh trí bhriathar san aimsir láithreach ón sliocht thuas agus cuir in abairtí iad.

Éisteacht Rian 2.08

Éist leis na cainteoirí éagsúla agus líon an ghreille thíos. Cloisfidh tú na cainteoirí faoi dhó.

Noda
sobaldráma = soap
dráma grinn = comedy-drama
sraith theilifíse = television series

	Seán	Máire	Ciara
An clár is fearr leis/léi:			
An cineál cláir:			
An carachtar is fearr leis/léi:			
Píosa eolais faoin gcarachtar:			

Idirghníomhú cainte Réamh-MRB

Moladh
Déan taifeadadh digiteach de dhaoine ag labhairt anseo.

Labhair leis an duine in aice leat faoin gclár is fearr leat agus déan taifeadadh sa bhaile ag cur síos ar an gclár sin. Bain úsáid as an acmhainn punainne (lch 41) mar chabhair duit.

Critéir ratha: Cén sórt cláir é? An bhfuil sé ar an teilifís nó ar Netflix? Cén carachtar is fearr leat? Luaigh rud amháin nach maith leat faoin gclár.

---

1. account
2. too expensive
3. programme
4. movie
5. documentaries
6. comedy movies
7. romantic series
8. action movies

An chopail agus an t-ainm briathartha

Rialacha

Is . . . liom + ainmfhocal		Is . . . liom a bheith + an t-ainm briathartha
Is maith liom **leabhair**.	🙂	Is maith liom **a bheith ag léamh**.
Ní maith liom **glasraí**.	😖	Ní maith liom **a bheith ag ithe glasraí**.
Is breá liom **spórt**.	😊	Is breá liom **a bheith ag imirt peile**.
Is aoibhinn liom **ceol**.	😍	Is aoibhinn liom **a bheith ag éisteacht le ceol**.
Is fuath liom **teilifís réaltachta**.	😳	Is fuath liom **a bheith ag féachaint ar an teilifís**.

Briathra rialta eile agus an t-ainm briathartha

Ól	Imir	Léigh	Éist	Féach	Labhair	Seinn
ag ól	ag imirt	ag léamh	ag éisteacht	ag féachaint	ag labhairt	ag seinm

Cuid de na briathra neamhrialta agus an t-ainm briathartha

Faigh	Feic	Téigh	Déan	Tar	Ith	Clois
ag fáil	ag feiceáil	ag dul	ag déanamh	ag teacht	ag ithe	ag cloisteáil

Líon na bearnaí

Líon na bearnaí. Tá an chéad cheann déanta duit mar shampla.

1. Is maith liom _leadóg_.
2. Ní maith liom _____.
3. Is breá liom _____.
4. Is aoibhinn liom _____.
5. Is fuath liom _____.
6. Is maith liom a bheith ag _____ leadóige.
7. Ní maith liom a bheith ag _____ leabhar.
8. Is breá liom a bheith ag _____ ar Netflix.
9. Is aoibhinn liom a bheith ag _____ le Spotify.
10. Is fuath liom a bheith ag _____ torthaí.

Aistriúchán

Aistrigh na habairtí seo a leanas.

1. I like music.
2. I like listen**ing** to music.
3. I don't like maths.
4. I don't like study**ing**.
5. I love go**ing** shopping.
6. I hate eat**ing** oranges.
7. I love play**ing** football.
8. I don't like drink**ing** tea.

> **Cogar** -**ing** in English is similar to **ag** in front of a verb in Irish.
> For example: eating = **ag ithe**; reading = **ag léamh**

Aonad 6 — Caitheamh Aimsire

Stranger Things

Croí na Gaeilge 1

1 Léamh

Féach ar an leathanach gréasáin seo agus freagair na ceisteanna a bhaineann leis.

Fad an chláir	51 nóiméad
An méid eipeasóidí	33
An méid séasúr	4
Seánra	dráma, fantaisíocht, uafás, ficsean eolaíochta
Cruthaitheoirí	Matt Duffer agus Ross Duffer
Dáta tosaithe	15ú Iúil 2016
Teanga	Béarla
Foireann aisteoirí	Winona Ryder mar Joyce Byers David Harbour mar Jim Hopper Finn Wolfhard mar Mike Wheeler Millie Bobby Brown mar Eleven
Réaltaí	★★★★★

1. Cé chomh fada is a bhíonn gach clár?
2. Cé mhéad eipeasóid atá ag *Stranger Things* go dtí seo?
3. Cén seánra cláir é?
4. Cé a chruthaigh an clár seo?
5. Cathain a thosaigh an clár?
6. Cén teanga a labhraíonn daoine sa chlár?
7. Ainmnigh aisteoir baineann amháin atá sa chlár.
8. Ainmnigh aisteoir fireann amháin atá sa chlár.

Scríobh

Scríobh amach na huimhreacha i bhfoirm focal. Tá an chéad cheann déanta mar shampla duit.

1. Maireann gach clár (51 nóiméad) *aon nóiméad agus caoga*.
2. Tá (33 eipeasóid) _____ ag an gclár.
3. Tá (4 séasúr) _____ sa tsraith.
4. Thosaigh an tsraith ar an (15ú Iúil 2016) _____.
5. Tá (5 réalta) _____ ag an tsraith.

Leathanach gréasáin

Roghnaigh clár agus cum leathanach gréasáin faoi. Bain úsáid as an sampla ar lch 152 mar spreagadh.

Aithris *Réamh-MRB*

Roghnaigh clár a thaitníonn leat. Ag obair i mbeirteanna, déanaigí aithris trí Ghaeilge ar chuid bheag den chlár. Bainigí úsáid as an acmhainn punainne (lch 43) mar chabhair duit.

1. Tóg nóiméad ón gclár.
2. Aistrigh an script go Gaeilge shimplí.
3. Léigh an script os ard nó foghlaim é de ghlanmheabhair.
4. Cuir an obair i láthair os comhair an ranga.

Moladh
- Déan an aithris seo os comhair an ranga agus sibh gléasta cosúil leis na carachtair ón gclár.
- Déan taifeadadh digiteach den aithris agus coimeád é i do phunann.

Croí na Gaeilge 1

Cé chomh gafa le Netflix agus atá tú?

Idirghníomhú cainte

Cuir na ceisteanna seo a leanas ar an duine in aice leat agus cuir ciorcal timpeall an fhreagra.

1. An bhfuil cuntas Netflix agat?
   Tá.   Níl.
2. An roinneann tú an cuntas Netflix le haon duine eile?
   Roinnim.   Ní roinnim.
3. An bhféachann tú ar Netflix gach seachtain?
   Féachaim.   Ní fhéachaim.
4. An bhféachann tú ar Netflix gach lá?
   Féachaim.   Ní fhéachaim.
5. An mbíonn tú leat féin agus tú ag féachaint ar Netflix?
   Bím.   Ní bhím.
6. An gcuireann sé isteach ort nuair a labhraíonn duine leat agus tú ag féachaint ar Netflix?
   Cuireann.   Ní chuireann.
7. An itheann tú béile nó sneaic agus tú ag féachaint ar Netflix?
   Ithim.   Ní ithim.
8. An bhfuil níos mó ná deich sraith Netflix feicthe agat?
   Tá.   Níl.
9. An mbíonn sé deacair duit clár nua a roghnú?
   Bíonn.   Ní bhíonn.
19. An maith leat a bheith sa dorchadas agus tú ag féachaint ar Netflix?
    Is maith. Ní maith.
11. An mbíonn tú ar d'fhón póca agus tú ag féachaint ar Netflix?
    Bím.   Ní bhím.
12. Ar chaith tú níos mó ná ceithre huaire ag féachaint ar Netflix in aon lá amháin riamh?
    Chaith.   Níor chaith.

Torthaí

Níos mó ná sé fhreagra dhearfacha: Tá tú róghafa le Netflix! Tóg sos agus déan iarracht aer úr a fháil!	Níos lú ná sé fhreagra dhearfacha: Níl tú róghafa le Netflix. Is féidir leat sult a bhaint as rudaí eile sa saol.

Scríobh

Bailigh torthaí an ranga agus déan barrachairt i do chóipleabhar leo.

Scríobh

Samhlaigh gur tusa príomhcharachtar an chláir/scannáin is fearr leat agus scríobh ceithre phostáil Instagram. Is féidir leat tagairt a dhéanamh don chlár/scannán más maith leat. Déan cinnte ainm úsáideora agus suíomh an phostála a chur le gach ceann.

Ainm:_____ ___n	Ainm:_____ ___n
Suíomh:_____	Suíomh:_____
# ____ # ____ # ____	# ____ # ____ # ____

Ainm:_____ ___n	Ainm:_____ ___n
Suíomh:_____	Suíomh:_____
# ____ # ____ # ____	# ____ # ____ # ____

Idirghníomhú cainte

Bain úsáid as na ceistfhocail atá ar eolas agat le cúig cheist a chum faoi na postálacha Instagram. Cuir ar an duine in aice leat iad.

Leideanna: Cá? Cathain? Conas? Cén fáth? Ainmnigh . . . Luaigh . . . Cé mhéad?

Aonad 6 — Caitheamh Aimsire

Croí na Gaeilge 1

An fón póca

Tasc foclóra

Cuir an uimhir cheart ón scáileán in aice leis an bhfocal ceart sa ghreille thíos. Tá ceann amháin déanta duit mar shampla.

Aimsir		Nótaí	
Aipmhargadh		Nuacht	
Baile		Podchraoltaí	
Ceamara		Ríomhphost	
Ceol		Sláinte	
Clog		Socruithe	
Féilire		Sparán	
Grianghraif		Téacsteachtaireachtaí	
Idirlíon		Teagmhálaithe	
Leabhair		Teilifís	
Léarscáileanna	2		

Líon na bearnaí

Líon na bearnaí. Tá an stór focal ar fad don tasc seo le fáil sa ghreille thuas.

1. Ceannaím aipeanna nua san _____.
2. Glacaim _____ ar an gceamara.
3. Bainim úsáid as na _____ nuair atáim caillte.
4. Féachaim ar an _____ gach maidin chun an teocht a fháil amach.
5. Seolaim _____ chun haigh a rá le mo chairde.
6. Scríobhaim meabhrúcháin bheaga sna _____.

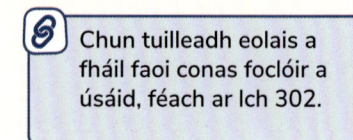

Chun tuilleadh eolais a fháil faoi conas foclóir a úsáid, féach ar lch 302.

Labhairt

Réamh-MRB

Labhair faoin aip is fearr leat. Déan taifeadadh (30 soicind) díot féin ag caint faoin aip seo. Bain úsáid as an acmhainn punainne (lch 45) mar chabhair duit.

Critéir ratha:
- Cad is ainm don aip?
- An bhfuil sí costasach?
- Cár chuala tú faoin aip?
- Cé mhéad am a chaitheann tú ar an aip gach lá?

Moladh
Déan taifeadadh digiteach de dhaoine ag labhairt anseo.

🔊 Éisteacht `Rian 2.09`

Seo fógra a chloiseann na daltaí ar an idirchum go minic. Éist leis agus líon na bearnaí. Cloisfidh tú an fógra faoi dhó.

A chairde, an (1)_____ ag labhairt libh. Tá cead ag daltaí na scoile seo (2)_____ _____ a thabhairt leo ar scoil, ach caithfidh an fón a bheith múchta sula dtagann an (3)_____ isteach trí (4)_____ na scoile. Iarraim oraibh gan an fón a chur (5)_____ _____ i rith an (6)_____. Tá cead agaibh dul chuig (7)_____ na (8)_____ leis an bhfón scoile a úsáid más gá. Is féidir le (9)_____ an fón a thógáil agus é a thabhairt ar ais ag (10)_____ an lae má bhriseann daltaí na rialacha.

Aa An méarchlár

Níl ach 18 litir san aibítir as Gaeilge. Cuir ciorcal ar na litreacha nach bhfuil inti.

[Keyboard image: Q W E R T Y U I O P / A S D F G H J K L / Z X C V B N M / 123 space return]

Tasc foclóra

Cé nach bhfuil ach 18 litir san aibítir as Gaeilge, is minic a úsáidtear téarmaí nua na laethanta seo ina mbíonn gach litir. An bhfuil tú in ann teacht ar aon fhocal Gaeilge a thosaíonn leis na litreacha seo a leanas? Bain úsáid as focloir.ie nó teanglann.ie le cabhrú leat.

J		K	
Q		V	
W		X	
Y		Z	

An raibh a fhios agat go bhfuil giorrúcháin againn as Gaeilge?

Is bealaí gearra le rud éigin a rá iad giorrúcháin – mar shampla, **l8r** nó **lol** sa Bhéarla.

Samplaí:

GRMA – go raibh maith agat

CGL – ceart go leor

TBO – tá brón orm

LDT – le do thoil

LG Déan na tascanna ar lch 69.

Aonad 6 – Caitheamh Aimsire

Na briathra rialta san aimsir fháistineach

Rialacha

Tá anailís anseo ar cheithre bhriathar rialta san aimsir fháistineach.

Briathar	Fréamh	Siolla
seinn	seinn	1
pioc	pioc	1
imir	imr	2
rothaigh	roth	2

Dhá cheist faoin mbriathar rialta
1. An bhfuil an fhréamh caol nó leathan?
   Seo ceist faoi na gutaí sa bhriathar.
2. An bhfuil an briathar gearr nó fada?
   Seo ceist faoi líon na siollaí sa bhriathar.

Úsáidimid an briathar *seinn* nuair atáimid ag caint faoi uirlisí cheoil. Féach ar na feidhmeanna difriúla atá ag an mbriathar 'play' as Gaeilge.

Na gutaí
- *i* agus *e* = na gutaí caola
- *a*, *o* agus *u* = na gutaí leathana

Na siollaí
- Bíonn siolla amháin ag briathra gearra. Tá siad sa chéad réimniú.
- Bíonn dhá shiolla ag briathra fada. Tá siad sa dara réimniú.

an briathar: *play*
- ag súgradh
- ag imirt
- ag seinm

	Seinn	Pioc	Imir	Rothaigh
mé/mise	seinnfidh mé	piocfaidh mé	imreoidh mé	rothóidh mé
muid/sinn	seinnfimid	piocfaimid	imreoimid	rothóimid
tú/sé/sí/sibh/siad	seinnfidh tú	piocfaidh sé	imreoidh sibh	rothóidh siad
ní (+ séimhiú)	ní sheinnfidh sí	ní phiocfaimid	ní imreoidh sibh	ní rothóidh mé
an (+ urú)	an seinnfidh sé?	an bpiocfaidh mé?	an imreoidh siad?	an rothóidh sí?
nach (+ urú/n- roimh ghuta)	nach seinnfidh tú?	nach bpiocfaidh sibh?	nach n-imreoidh sí?	nach rothóidh mé?

séimhiú (más féidir)	urú/n- roimh ghuta (más féidir)	níl aon athrú ann

Cuireann tú séimhiú ar an mbriathar tar éis an fhocail *ní*, ach ní ghlacann **l**, **n** ná **r** séimhiú riamh. Ní chuireann tú séimhiú ar **sc**, **sn**, **sm**, **sp** ná **st** ach an oiread. Ní féidir urú a chur ar roinnt litreacha – **l**, **m**, **n**, **r** agus **s**.

Tá tuilleadh eolais le fáil ar lch 252.

LG Déan an tasc ar lch 70.

Scríobh

Cuir na sonraí cearta in aice le gach briathar thíos agus scríobh an briathar san aimsir fháistineach. Tá an chéad cheann déanta duit mar shampla.

	An briathar	Gearr nó fada?	Leathan nó caol?	An aimsir fháistineach
1	cuir	gearr	caol	cuirfidh
2	ól			
3	tosaigh			
4	buail + le			
5	bailigh			

Léamh

Léigh an t-alt seo a scríobh Nuala san aimsir fháistineach agus freagair na ceisteanna a ghabhann leis.

> Is mise Nuala agus is breá liom a bheith ag snámh amuigh faoin spéir. Rachaidh* mé go dtí an trá ag an deireadh seachtaine. Léimfidh mé san fharraige agus caithfidh mé uair an chloig san uisce. Ansin ceannóidh mé greim bia sa siopa in aice leis an trá. Siúlfaidh mé chuig mo theach ansin agus buailfidh mé le mo chairde ó mo cheantar. Labhróimid faoin gceol. Sin an caitheamh aimsire is mó atá againn. Fillfidh mé abhaile ag a cúig a chlog agus féachfaidh mé ar rud éigin ar an teilifís nó éistfidh mé le ceol i mo sheomra leapa.
>
> * Rachaidh = briathar neamhrialta (téigh)
>
> 1 Cá mbeidh Nuala ag dul ag an deireadh seachtaine?
> 2 Cén fhad a chaithfidh sí san uisce?
> 3 Cad a cheannóidh sí tar éis an tsnámha?
> 4 An rachaidh sí abhaile ar a rothar? Rachaidh. ☐   Ní rachaidh. ☐
> 5 Cén t-am a bhfillfidh sí abhaile?

Cúinne na gramadaí

Roghnaigh cúig bhriathar as an alt thuas agus líon an ghreille thíos leis na sonraí cearta. Tá an chéad cheann déanta duit mar shampla.

	An aimsir chaite	An aimsir láithreach	An aimsir fháistineach
1	Léim Nuala	Léimeann Nuala	Léimfidh Nuala
2			
3			
4			
5			

Idirghníomhú cainte

Breac síos cúpla abairt ag cur síos ar na pleananna atá agat don deireadh seachtaine. Nuair atá tú réidh, labhair le duine éigin eile sa rang faoi na pleananna sin.

Critéir ratha: Cá rachaidh tú? Cad a dhéanfaidh tú? An mbuailfidh tú le haon duine? An mbeidh cluiche agat? An mbeidh tú ag dul go dtí an phictiúrlann nó go dtí ceolchoirm?

Aonad 6 — Caitheamh Aimsire

Croí na Gaeilge 1

An fón póca i saol an duine

Léamh

Léigh na hailt seo agus freagair na ceisteanna a ghabhann leo.

Is mise Seán agus táim 17 mbliana d'aois. Is breá liom m'fhón póca. Tá **fón cliste**[1] agam agus tá **cás**[2] gorm air. Caithim ceithre huaire an chloig ar a laghad ar m'fhón póca gach lá. Is maith liom éisteacht le podchraoltaí éagsúla. Tá an-suim agam i g**cúrsaí reatha**[3]. Is í Twitter an aip is fearr liom. Is féidir liom labhairt le daoine eile ag am ar bith. Scríobhaim **giolc**[4] nua ar mo chuntas gach lá.

Ciara is ainm dom agus táim 18 mbliana d'aois. Dar le mo mham táim gafa le m'fhón póca. Caithim níos mó ná seacht n-uaire an chloig ar an bhfón póca gach lá. Is minic a thógann na múinteoirí an fón uaim. Cuireann siad isteach orm. Is breá liom **féiníní**[5] a ghlacadh. Is í Instagram an **aip**[6] is fearr liom. **Leanaim**[7] go leor daoine faiseanta.

Niamh an t-ainm atá orm agus táim 16 bliana d'aois. Is breá liom m'fhón póca ach dar le mo dhaid is **crá croí**[8] ceart é. Ní aontaím leis in aon chor. Tá fón cliste agam agus tá cás bán air. Caithim trí huaire an chloig ar m'fhón gach lá. Is í TikTok an aip is fearr liom. Is breá liom a bheith ag damhsa agus **aithris a dhéanamh**[9] ar dhaoine eile.

Ciarán is ainm dom. Is múinteoir meánscoile mé. Tá fón póca agam ach nílim róghafa leis. Ceapaim go bhfuil daltaí cráite ag a bhfóin phóca. Is iad Music agus Spotify na haipeanna is fearr liom. Is múinteoir ceoil mé agus is breá liom mo **chluasáin**[10] a chur ar siúl agus a bheith ag éisteacht le ceol clasaiceach.

1. Cé hé an duine is sine ón ngrúpa?
2. Cén cineál fóin atá ag Seán?
3. Cén aip is fearr le Seán?
4. Cad a scríobhann Seán gach lá?   scéal ☐   alt ☐   giolc ☐
5. Cad a cheapann máthair Chiara faoi fhón Chiara?
6. Cad a cheapann athair Niamh faoi fhón Niamh?
7. Cén aip is fearr le Niamh?
8. An bhfuil Ciarán gafa lena fhón póca?
9. Ainmnigh na haipeanna is fearr le Ciarán.
10. Cén sórt ceoil is maith le Ciarán?

Scríobh

Scríobh alt beag fút féin agus d'fhón póca. Bain úsáid as na samplaí thuas mar chabhair duit.

Critéir ratha: Cad is ainm duit? Cén cineál fóin atá agat? An bhfuil cás air? Cén dath atá ar an gcás? Cé mhéad uair a chaitheann tú air? Cén aip is fearr leat agus cén fáth?

1 smartphone	3 current affairs	5 selfies	7 I follow	9 to imitate
2 case	4 a tweet	6 app	8 a pain	10 earphones

An réamhfhocal *i*

Réamhfhocail

Tá a lán rudaí le rá ag an bhfocal *i*. Is réamhfhocal é *i*. Úsáidimid *i* nuair atáimid ag caint faoi shuíomh, mar shampla. Féach ar na rialacha seo thíos.

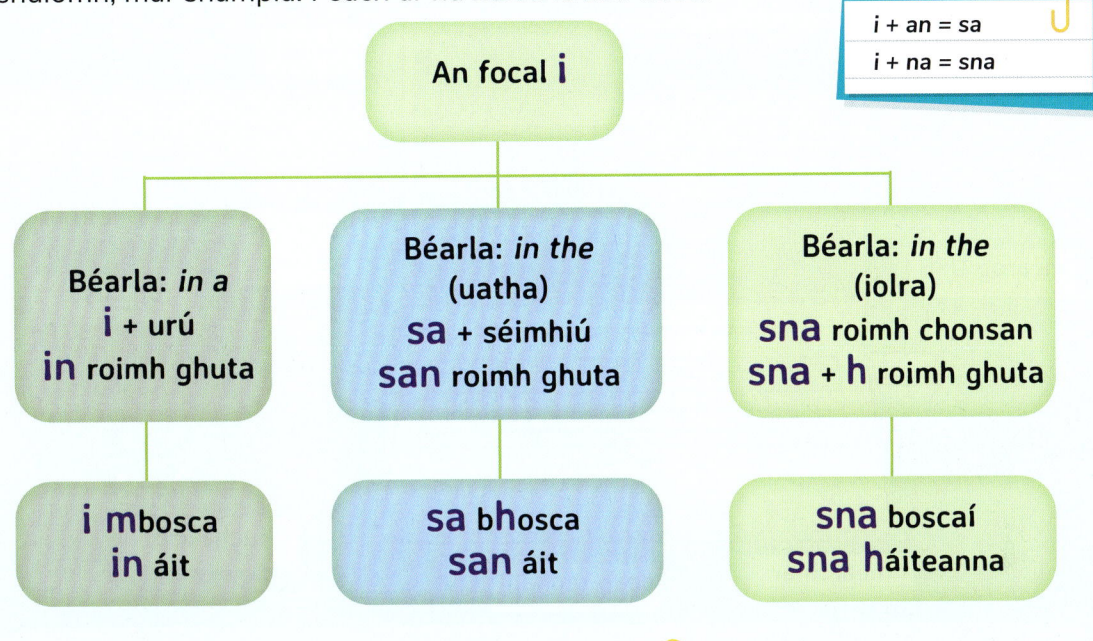

| i + an = sa |
| i + na = sna |

An focal i

- **Béarla:** *in a*
  - **i** + urú
  - **in** roimh ghuta
  - i mbosca
  - in áit

- **Béarla:** *in the* (uatha)
  - **sa** + séimhiú
  - **san** roimh ghuta
  - sa bhosca
  - san áit

- **Béarla:** *in the* (iolra)
  - **sna** roimh chonsan
  - **sna** + **h** roimh ghuta
  - sna boscaí
  - sna háiteanna

Mar is eol dúinn, tá **fh** go hiomlán ciúin i gcónaí sa Ghaeilge.
Mar sin deir tú **san fharraige**, mar shampla.

Féach ar Léaráid D, Cuid 1 (lch 278).

Scríobh

1 Líon na bearnaí leis an bhfocal is oiriúnaí (i/in/sa/san/sna).

Tá mé (1)_____ bponc. Tá cluiche peile ar siúl (2)_____ pháirc inniu. Cheap mé go raibh m'éadaí spóirt (3)_____ mo mhála scoile ach níl siad. Rinne mé dearmad orthu. Tá súil agam nach mbeidh mé (4)_____ dtrioblóid. Ceapaim gur fhág mé (5)_____ charr iad. Dúirt an múinteoir corpoideachais go bhfuil bosca 'earraí caillte' (6)_____ halla ach b'fhearr liom m'éadaí féin a chaitheamh. Cuirfidh mé glaoch ar mo mháthair agus iarrfaidh mé uirthi iad a fhágáil (7)_____ oifig.

2 Féach ar na habairtí thíos. Athraigh na focail sna lúibíní más gá agus faigh réidh leis na lúibíní.
  1. Buailim le mo chairde (san) ionad siopadóireachta.
  2. Is maith liom a bheith ag féachaint ar Netflix (sa) mo sheomra codlata.
  3. Tá cruinniú foirne ar siúl (san) chlub peile.
  4. Ceannaím éadaí nua (sa) siopa éadaí.

LG Déan na tascanna ar lch 71.

Croí na Gaeilge 1

Teicneolaíocht

📖 Léamh

Féach ar an bpictiúr agus léigh an sliocht thíos.

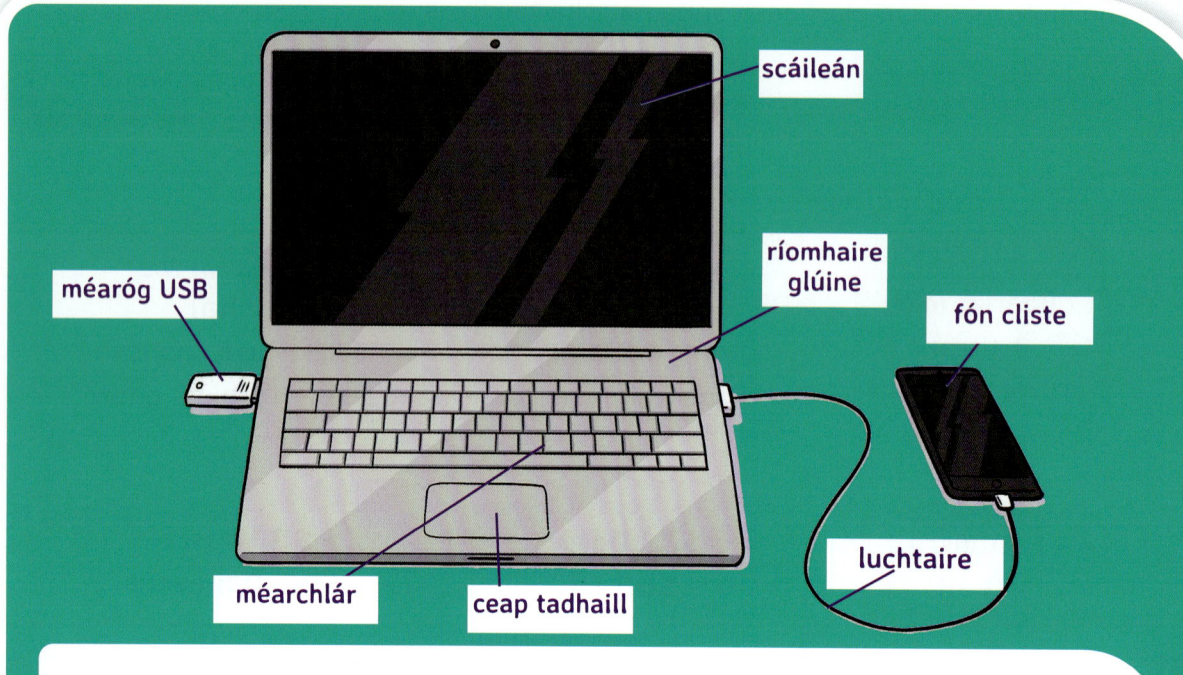

Labels on image: scáileán, ríomhaire glúine, fón cliste, méaróg USB, luchtaire, méarchlár, ceap tadhaill

Haigh, is mise Seán agus is dalta meánscoile mé. Táim 14 bliana d'aois. Is breá liom mo ríomhaire glúine. Thug Daidí na Nollag é dom anuraidh – bhí an t-ádh orm! Úsáidim an ríomhaire glúine gach uile lá. Déanaim m'obair bhaile air anois is arís. Is féidir liom **taighde**[1] a dhéanamh ar an idirlíon. Nuair a bhailím an taighde cuirim ar mhéaróg USB é. Is féidir liom **clóscríobh**[2] ar an méarchlár go han-tapa – 50 focal in aghaidh an nóiméid. Ag an deireadh seachtaine féachaim ar scannáin ar mo ríomhaire glúine. Tá scáileán mór geal air. Imrím cluichí **ríomhaire**[3] air freisin agus is féidir liom m'fhón cliste a luchtú ag an am céanna! Is é *Animal Crossing* an cluiche is fearr liom. Taitníonn **na meáin shóisialta**[4] go mór liom. Tá **cuntas**[5] Instagram agam agus tá roinnt mhaith daoine do mo leanúint. Breis is míle! Scríobhaim **léirmheasanna**[6] ar chluichí ríomhaire ar mo chuntas Instagram agus taitníonn na grianghraif go mór le mo leantóirí. Tá **na mílte**[7] leantóir ag mo dheirfiúr Laoise. Is **blagálaí**[8] faisin í. Caitheann sí gach lá ag scríobh ailt agus blaganna ar a ríomhaire glúine. Is annamh a imríonn sí cluichí ríomhaire. Is fearr léi dul ag siopadóireacht ar líne!

✏️ Scríobh

Freagair na ceisteanna thíos.

1. Cén cineál ríomhaire atá ag Seán?   ríomhaire deisce ☐   ríomhaire glúine ☐
2. Ar cheannaigh Seán an ríomhaire?   Cheannaigh. ☐   Níor cheannaigh. ☐
3. Ainmnigh dhá rud a dhéanann Seán ar a ríomhaire glúine.
4. An féidir le Seán clóscríobh go tapa? Cuir píosa eolais ón alt le do fhreagra mar thacaíocht.
5. Cad eile a dhéanann Seán nuair a imríonn sé cluichí ríomhaire?
6. Cén t-ábhar a bhíonn á phlé ag Seán ar a chuntas Instagram?
7. Cén post atá ag deirfiúr Sheáin?
8. An fearr le Laoise cluichí ríomhaire a imirt nó dul ag siopadóireacht ar líne?

1	research	3	computer	5	account	7	thousands
2	type	4	social media	6	reviews	8	blogger

Ceann, seachtain, uair

Aonad 6 — Caitheamh Aimsire

Ag comhaireamh ainmfhocal neamhrialta

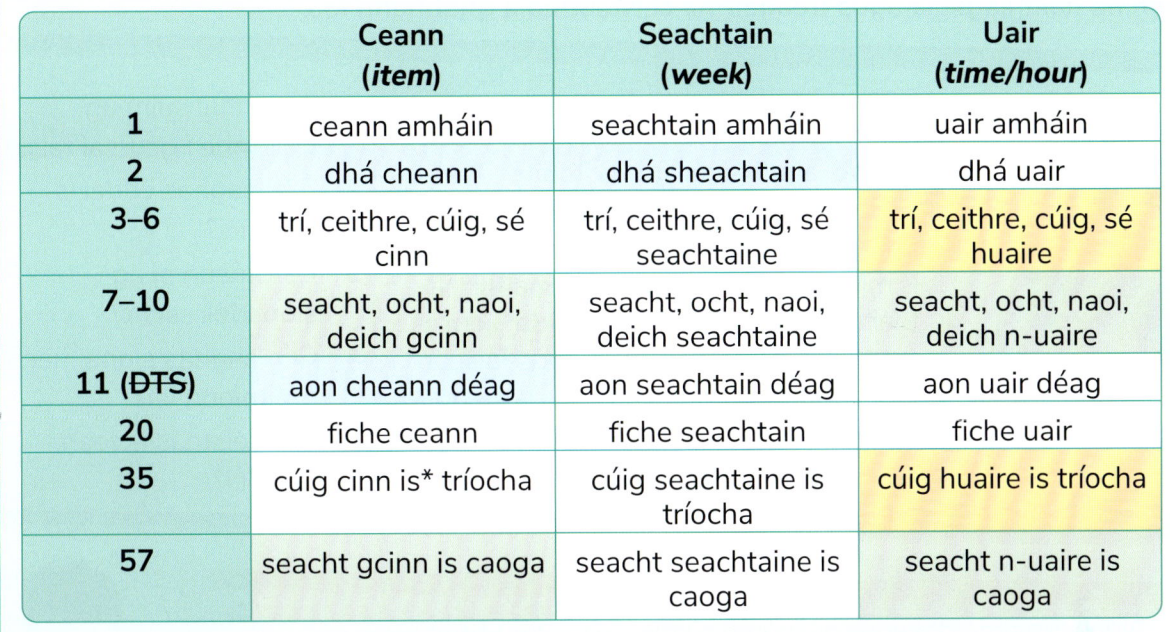

	Ceann (*item*)	Seachtain (*week*)	Uair (*time/hour*)
1	ceann amháin	seachtain amháin	uair amháin
2	dhá cheann	dhá sheachtain	dhá uair
3–6	trí, ceithre, cúig, sé cinn	trí, ceithre, cúig, sé seachtaine	trí, ceithre, cúig, sé huaire
7–10	seacht, ocht, naoi, deich gcinn	seacht, ocht, naoi, deich seachtaine	seacht, ocht, naoi, deich n-uaire
11 (~~DTS~~)	aon cheann déag	aon seachtain déag	aon uair déag
20	fiche ceann	fiche seachtain	fiche uair
35	cúig cinn is* tríocha	cúig seachtaine is tríocha	cúig huaire is tríocha
57	seacht gcinn is caoga	seacht seachtaine is caoga	seacht n-uaire is caoga

* Go minic cuireann tú *is* in áit *agus* nuair atá tú ag comhaireamh.

| séimhiú | urú/n- roimh ghuta | níl aon athrú ann | h roimh ghuta |

Féach ar Léaráid C, Cuid 2 (lch 276).

1. **One time** = *uair amháin* (ní deir tú **aon uair** sa chás sin).
2. Ní bhriseann **dhá** aon riail riamh, fiú leis na hainmfhocail neamhrialta – **dhá** + séimhiú i gcónaí (mar shampla, **dhá sheachtain**, **dhá cheann**).
3. Ní chuireann tú séimhiú ar an bhfocal **déag** leis na hainmfhocail neamhrialta a chríochnaíonn ar ghuta – mar shampla, **trí huaire déag** ach **trí chárta dhéag**.

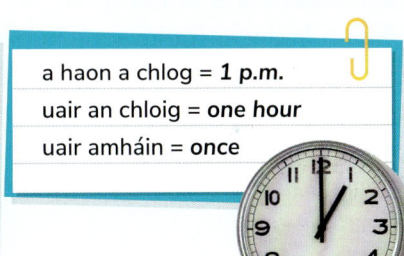

a haon a chlog = **1 p.m.**
uair an chloig = **one hour**
uair amháin = **once**

Scríobh

Léigh na habairtí thíos. Tóg amach na lúibíní agus athraigh na focail ansin más gá. Tá an chéad cheann déanta duit mar shampla.

1. D'fhéach mé ar Netflix trí (uair) an tseachtain seo caite.
   D'fhéach mé ar Netflix trí huaire an tseachtain seo caite.
2. Téim go dtí na siopaí dhá (uair) sa mhí.
3. Chonaic mé T-léine iontach sa siopa is fearr liom agus cheannaigh mé trí (ceann) díobh.
4. Bhí ticéid ar fáil ar líne agus cheannaigh mé seacht (ceann) díobh.
5. Chaith mé dhá (seachtain) ag léamh an leabhair sin.
6. Níor imir mé aon chluiche ar an ríomhaire ar feadh cúig (seachtain).
7. D'éist mé leis an amhrán is fearr liom seacht (uair).
8. Má tá neart airgid agam, gheobhaidh mé ceithre (ceann).
9. D'fhéach mé ar an gclár sin dhá (uair) trí (seachtain) ó shin.
10. Tá trí cinn móide (*plus*) ceithre cinn cothrom le seacht (ceann).

Cogar *trí huaire* = three times
trí uair an chloig = three hours

LG Déan na tascanna ar lgh 72–3.

Faisean paisean

Léamh

Léigh na hailt éagsúla agus freagair na ceisteanna a ghabhann leo.

Is mise Caoimhe agus tá an-suim agam i gcúrsaí faisin. Is breá liom **éadaí seanré**[1] agus **éadaí geala ildaite**[2]. Téim ag siopadóireacht sna **siopaí carthanais**[3]. Ní bhíonn na héadaí róchostasach agus is minic a fhaighim **margadh maith**[4]. Ní thaitníonn **siopaí na mórshráide**[5] liom. Is fearr liom **faisean eiticiúil**[6] agus **faisean inbhuanaithe**[7]. Is é an feisteas is fearr atá agam ná léine mhór gheal, brístí géine agus **cuaráin**[8].

1. An bhfuil suim ag Caoimhe i gcúrsaí faisin?
2. Cén saghas éadaí is fearr léi?
3. Cá dtéann sí ag siopadóireacht?
4. Cén saghas siopaí nach dtaitníonn léi?
5. Cén feisteas is fearr atá aici?

Aidan is ainm dom agus níl mórán suime agam i gcúrsaí faisin. Is fearr liom a bheith compordach agus **gnáthéadaí**[9] a chaitheamh. De ghnáth ceannaím mo chuid éadaí sna siopaí spóirt. Is minic a bhíonn geansaí spóirt agus húdaí orm. Is é an feisteas is fearr atá agam ná T-léine **ghearrmhuinchilleach**[10], brístí reatha agus bróga reatha Nike. Faraor tá orm **culaith fhoirmeálta**[11] a chaitheamh nuair atáim ag obair san oifig.

1. An bhfuil suim ag Aidan i gcúrsaí faisin?
2. Cá gceannaíonn sé a chuid éadaí de ghnáth?
3. Cén saghas éadaí is fearr leis, dar leat?
4. Cén feisteas is fearr atá aige?
5. Cad a chaitheann sé nuair atá sé ag obair?

Is mise Saoirse agus is **blagálaí faisin**[12] mé. Táim an-tógtha le cúrsaí faisin agus is breá liom a bheith ag brabhsáil ar shiopaí ar líne. Déanaim a lán siopadóireachta ar líne. Taitníonn **éadaí dearthóra**[13] liom. Glacaim **grianghraif**[14] de m'fheistis gach lá agus uaslódálaim iad ar mo chuntas Instagram. Is é an **feisteas**[15] is fearr atá agam ná gúna dearthóra a cheannaigh mo mháthair dom mar bhronntanas.

1. An bhfuil suim ag Saoirse i gcúrsaí faisin?
2. Cén post atá ag Saoirse?
3. Cá gceannaíonn sí a cuid éadaí?
4. Cén saghas éadaí is fearr le Saoirse?
5. Cá gcuireann Saoirse grianghraif dá feistis?

LG Déan na tascanna ar lgh 74–5.

1. vintage clothes
2. bright, colourful clothes
3. charity shops
4. a good deal
5. high-street shops
6. ethical fashion
7. sustainable fashion
8. sandals
9. normal clothes
10. short-sleeved
11. formal suit
12. fashion blogger
13. designer clothes
14. photographs
15. outfit

#Feisteasanlae

Aonad 6 — Caitheamh Aimsire

Tasc foclóra

Bain úsáid as na focail sa bhosca thíos le lipéid a chur ar fheistis Aoife agus Liam. Bain úsáid as an bhfoclóir le focail nua a aimsiú.

▶ Animation

Aoife: 1, 2, 3, 4, 5, 6

Liam: 7, 8, 9, 10, 11, 12

Banc focal
hata, bairéidín, mála láimhe, T-léine, bróga reatha, uaireadóir, gúna, buataisí, léine, stocaí glúine, bríste géine, crios

Scríobh

Scríobh cúpla abairt faoi fheistis Aoife agus Liam.

Critéir ratha:

Bain úsáid as na struchtúir thíos:

Tá . . . ar Aoife./Tá . . . uirthi.

Tá . . . ar Liam./Tá . . . air.

Feisteas *Réamh-MRB*

Greamaigh grianghraf díot féin nó tarraing pictiúr díot féin i do chóipleabhar. Bain úsáid as an acmhainn punainne (lch 47) mar chabhair duit.

Cuir lipéid ar na baill éadaigh agus déan cur síos ar an bhfeisteas!

LG Déan na tascanna ar lch 76.

Croí na Gaeilge 1

Gearrscannán: *Céad Ghrá*

Is gearrscannán greannmhar é *Céad Ghrá*. Déanann an gearrscannán cur síos ar bheirt bhuachaill, Colm agus Dónall, agus cailín darb ainm Lisa.

Literature

Téarmaí litríochta

gearrscannán	a short film	an gearrscannán	the short film
mioncharachtar	a minor character	príomhcharachtar	a main character
greann	humour	an greann	the humour
téama	a theme	an téama	the theme

Tasc tuisceana

Tá tuilleadh téarmaí litríochta le fáil ar lch 282.

Cuir ciorcal timpeall na bhfreagraí cearta.

1. Ag tús an ghearrscannáin tá na buachaillí ag imirt
   peile.   iománaíochta.   cispheile.

2. Dúirt Áine go bhfuil dúil ag Lisa
   i nDónall.   i gColm.   iontu.

3. Ceapann Colm go bhfuil bróga Lisa
   gránna.   sean.   galánta.

4. Is fearr le Dónall
   gruaig Lisa.
   éadaí Lisa.
   súile Lisa.

5. Fad is atá na buachaillí ag léim thart i ngairdín Lisa tá a deartháir
   sa ghairdín.
   sa tseid.
   sa chistin.

6. Cad atá ag teastáil ó dheartháir Lisa?
   cácaí   toitíní   milseáin

7. Goideann na buachaillí ó
   mháthair Choilm.   athair Dhónaill.   mháthair Dhónaill.

8. Nuair a bhuaileann Dónall le Lisa cad atá aige?
   paicéad criospaí   paicéad brioscaí   paicéad Rolos

9. Seinneann deartháir Lisa
   an pianó.   na drumaí.   an giotár.

10. Cad a thugann deartháir Lisa do Cholm?
    Rolo   figín giotáir   toitín

© TW Films

Scríobh

Freagair na ceisteanna thíos.

1. Cén sórt éide atá ar na buachaillí ag tús an scannáin?
2. Cén spórt atá á n-imirt acu ag tús an scannáin?
3. Cad a dúirt Áine fúthu?
4. Céard is fearr le Colm faoi Lisa?
5. Céard is fearr le Dónall faoi Lisa?
6. Cén fáth a bhfuil na buachaillí i ngairdín Lisa?
7. Cad atá ag teastáil ó dheartháir Lisa?
8. Cén fáth a bhfuil tinte ealaíne ag athair Dhónaill?
9. Cad a dhéanann Colm nuair a chloiseann máthair Dhónaill é sa halla?
10. Cé a roghnaíonn Lisa?
11. An maith le Colm an giotár?
12. Cad a tharlaíonn ag deireadh an scannáin?

© TW Films

Cur síos

Déan cur síos beag ar an mbeirt bhuachaillí.

Critéir ratha:

Déan cinnte go bhfuil na rudaí seo san áireamh.

- ainm
- aois
- gruaig
- súile
- airde
- pearsantacht

Idirghníomhú cainte

Grá is téama an ghearrscannáin seo. Cad is grá ann? Roghnaigh focal amháin le cur síos a dhéanamh ar an ngrá. Bailigh torthaí an ranga agus cruthaigh néal focal ar líne. Cad iad na focail is coitianta sa néal focal?

LG Déan na tascanna ar lch 77.

Croí na Gaeilge 1

Litir ghrá

✏️ Scríobh

Tá Lá Fhéile Vailintín ag druidim linn. Roghnaigh duine amháin a bhfuil aithne agat air/uirthi agus líon na bearnaí thíos chun 'litir ghrá' a scríobh chuige/chuici.

Tarraing pictiúr dó/di sa chroí.

Seoladh baile: _____
_____
_____

Dáta: _____

A _____ , a stór,

Tá tú níos áille ná _____ agus tá tú níos dathúla ná do phictiúr próifíle. Tá tú cosúil le _____. Is duine _____ agus _____ thú.

Tá gruaig _____ ort, cosúil le _____, agus súile _____ agat cosúil le _____. Is breá liom do _____ agus is maith liom do _____.

Cuireann tú _____ ar mo chroí. Táim ag titim i ngrá leat. Ba mhaith liom dul go dtí an phictiúrlann agus féiníní a ghlacadh leat.

Le grá,

_____

An réamhfhocal *faoi*

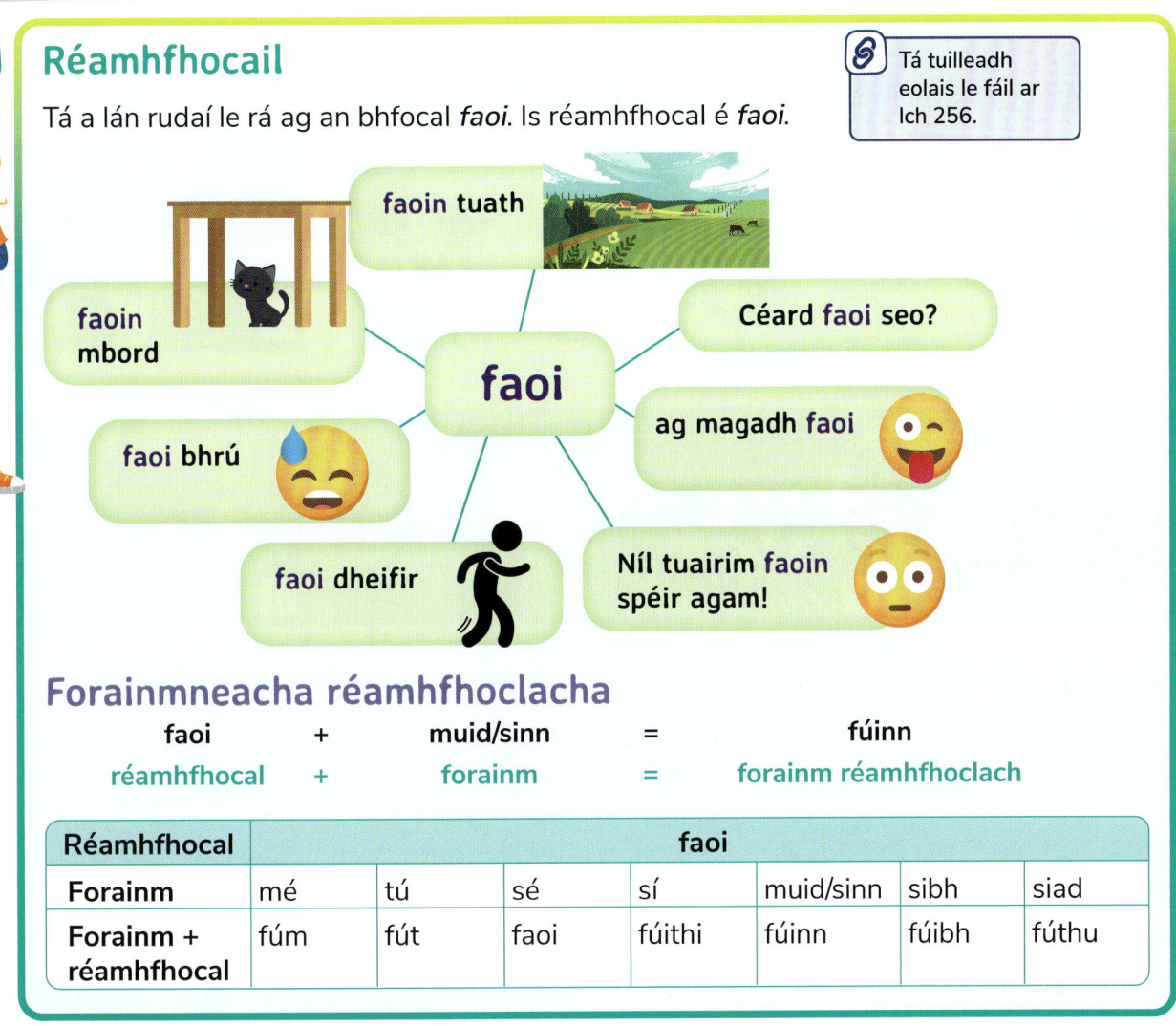

Réamhfhocail

Tá a lán rudaí le rá ag an bhfocal *faoi*. Is réamhfhocal é *faoi*.

Tá tuilleadh eolais le fáil ar lch 256.

- faoin mbord
- faoin tuath
- faoi bhrú
- faoi dheifir
- Céard faoi seo?
- ag magadh faoi
- Níl tuairim faoin spéir agam!

Forainmneacha réamhfhoclacha

faoi + muid/sinn = fúinn

réamhfhocal + forainm = forainm réamhfhoclach

Réamhfhocal	faoi						
Forainm	mé	tú	sé	sí	muid/sinn	sibh	siad
Forainm + réamhfhocal	fúm	fút	faoi	fúithi	fúinn	fúibh	fúthu

Léamh

Seo scéal beag lán leis an réamhfhocal *faoi*. Léigh an téacs agus déan an tasc faoi.

Bhí Colm ina chónaí **faoin** tuath. Lá amháin bhí sé ag feitheamh amuigh **faoin** spéir don bhus. Chonaic Colm daoine ag rith **faoi** dheifir mar bhí siad déanach don bhus. D'fhág daoine a málaí **faoin** mbus san urrann bhagáiste agus bhuail siad **fúthu** ar an mbus. Thosaigh siad ag caint **faoin** gcluiche agus ag magadh **faoin** bhfoireann eile. Cheap gach duine nach mbeadh siad **faoi** bhrú sa chluiche seo. Thug siad **faoin** bhfoireann eile ag a trí a chlog. Bhí an bainisteoir ag labhairt **faoin** gcluiche ag leath ama.

Meaitseáil

Meaitseáil na nathanna le chéile. Ar chlé tá liosta nathanna bunaithe ar an réamhfhocal *faoi*. Ar dheis tá liosta nathanna Béarla. Cuir an litir leis an uimhir cheart. Tá ceann amháin déanta duit mar shampla.

1. faoin tuath
2. faoin spéir
3. faoi dheifir
4. faoin mbus
5. buail faoi
6. ag caint faoi
7. ag magadh faoi
8. tabhair faoi

A. making fun of
B. under the bus
C. take on
D. in a hurry
E. in the countryside
F. talking about
G. outdoors
H. sit down

Déan na tascanna ar lgh 78-9.

1		5	H
2		6	
3		7	
4		8	

Aonad 6 — Caitheamh Aimsire

Croí na Gaeilge 1

Cineálacha ceoil

Meaitseáil

Cén cineál ceoil is fearr leat? Meaitseáil na focail leis na pictiúir.

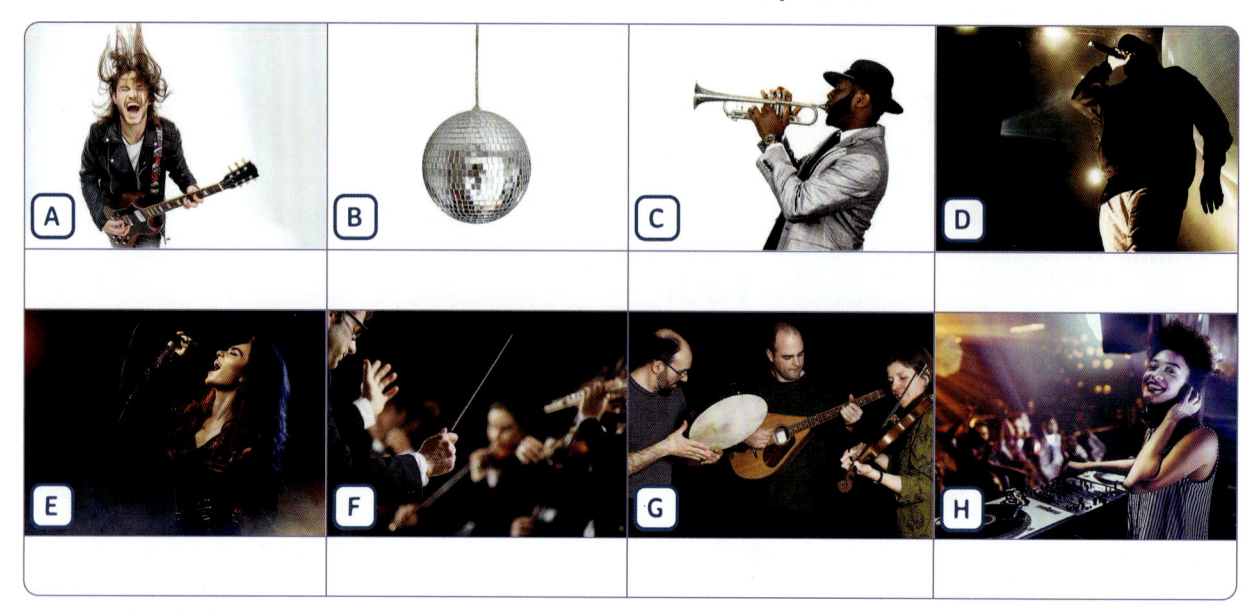

A B C D
E F G H

Banc focal
rac-cheol, ceol damhsa, popcheol, rapcheol, ceol dioscó, ceol clasaiceach, snagcheol, ceol Gaelach

Idirghníomhú cainte

Scríobh na cineálacha ceoil i do chóipleabhar de réir do rogha, ag tosú leis an gceann is fearr leat. Déan comparáid leis an duine in aice leat. An dtaitníonn an ceol céanna libh?

Labhairt

Déan taifeadadh (30 soicind) díot féin ag caint faoin amhrán is fearr leat.

Critéir ratha:
- Cé a scríobh an t-amhrán?
- An maith leat na focail nó an ceol?
- An bhfaca tú an ceoltóir riamh?

Éisteacht Rian 2.10

Éist leis na cainteoirí éagsúla agus líon an ghreille thíos. Cloisfidh tú na cainteoirí faoi dhó.

	Carl	Aoibhinn	Gearóid
An saghas ceoil is fearr leis/léi:			
An t-amhránaí/cumadóir/rapálaí is fearr leis/léi:			

Cór na scoile

Léamh

Léigh an t-alt thíos agus freagair na ceisteanna a bhaineann leis.

Is mise Cian Ó Murchú agus táim sa tríú bliain ar scoil. Faraor níl go leor ama agam le spórt a imirt i mbliana toisc go bhfuilim ag staidéar don tSraith Shóisearach. É sin ráite, is breá liom ceol. Is iad **ceol Gaelach**[1] agus **ceol clasaiceach**[2] na saghsanna ceoil is fearr liom. Éistim le ceol gach lá ar mo bhealach chun na scoile. Cuirim mo **chluasáin**[3] orm nuair a fhágaim an teach. Níl cead againn cluasáin a chaitheamh ar scoil, áfach. Déanaim staidéar ar an gceol ar scoil. Is é an ceol **an t-ábhar**[4] is fearr liom. Bíonn ranganna ceoil ar siúl trí huaire in aghaidh na seachtaine. Is breá liom an seomra ceoil. Tá **gach saghas**[5] uirlise ann. Réitím go han-mhaith leis na daltaí eile sa rang. Bíonn an-chraic againn leis an múinteoir ceoil. Seinnim an pianó agus is féidir liom canadh freisin. Is **amhránaí**[6] iontach mé, dar le mo chairde. Buailim leis an g**cór scoile**[7] gach tráthnóna Céadaoin agus gach Aoine ag am lóin. Bíonn cúpla **ceolchoirm**[8] againn i rith na bliana – mar shampla, ag am Nollag agus ag an **searmanas bronnta**[9]. Glacann cúpla duine de mo chairde páirt sa chór freisin. Seinneann Ciara an giotár agus is **veidhleadóir**[10] iontach é Liam.

1. Cén bhliain ina bhfuil Cian?
2. Cén fáth nach n-imríonn sé spórt i mbliana?
3. Cad iad na cineálacha ceoil is fearr le Cian?
4. Conas a éisteann Cian le ceol?
5. Cén t-ábhar scoile is fearr leis?
6. Cé chomh minic is a bhíonn ranganna ceoil ar siúl?
7. An dtaitníonn an múinteoir ceoil le Cian, dar leat?
8. Cén uirlis a sheinneann Cian?
9. Cathain a bhíonn cleachtadh ag an gcór?
10. Ainmnigh na huirlisí a sheinneann cairde Chian.

Idirghníomhú cainte

Labhair leis an duine in aice leat faoin gclub, faoin bhfoireann nó faoin gcumann is fearr leat ar scoil. Scríobhaigí liosta de na clubanna, foirne agus cumainn atá in bhur scoil.

Critéir ratha:
- An bhfuil aon fhoireann spóirt sa scoil?
- An bhfuil foireann díospóireachta ann?

---

1 *Irish music*	3 *earphones*	5 *every type*	7 *school choir*	9 *awards ceremony*
2 *classical music*	4 *the subject*	6 *singer*	8 *concert*	10 *violinist*

Aonad 6 — Caitheamh Aimsire

Croí na Gaeilge 1

Ceolchoirm

🔊 Éisteacht Rian 2.11

Éist leis an bhfógra agus líon na bearnaí. Cloisfidh tú an fógra faoi dhó.

LENNIE AGUS NA LEAIDS

Dáta: _____

Áit: _____

Osclóidh na doirse ag: _____

Praghas: € _____

Ticéid ar fáil: _____

Níos mó eolais: _____

BÍGÍ ANN!

💬 Idirghníomhú cainte

Cuir na ceisteanna seo a leanas ar an duine in aice leat.

1. Ar fhreastail tú riamh ar cheolchoirm?
2. Cá raibh an cheolchoirm ar siúl?
3. Cé a bhí in éineacht leat?
4. Cé a bhí ag seinm ar an stáitse?

LG Tá cluastuiscintí don aonad seo le fáil ar lgh 142–5.

🗣 Labhairt Réamh-MRB

Dear póstaer do cheolchoirm leis na ceoltóirí is fearr leat nó do cheolchoirm bheag i do cheantar féin. Féach ar an bpóstaer thuas mar thúsphointe. Déan cleachtadh sa bhaile sula labhraíonn tú leis an rang faoin bpóstaer. Bain úsáid as an acmhainn punainne (lch 49) mar chabhair duit.

LG Déan an tasc ar lch 80.

Moladh
Déan taifeadadh digiteach de dhaoine ag labhairt anseo.

Caint indíreach: *nach/nár*

Aonad 6 — Caitheamh Aimsire

Grammar

Rialacha

In Aonad 5, rinneamar staidéar ar an gcaint indíreach agus ar an difríocht idir *go* agus *gur*.

Déan na tascanna ar lgh 81–2.

Achoimre ar an tuairim ó Aonad 5

1. Ciallaíonn an dá fhocal seo **that** sa chaint indíreach.
2. Úsáideann tú *gur* san aimsir chaite.
3. Úsáideann tú *go* i ngach aimsir eile agus leis an sé mór i gcónaí, fiú san aimsir chaite.

Abairt dhíreach	Caint indíreach
Tá ocras ar Stiofán.	Ceapaim go bhfuil ocras ar Stiofán.

Féach ar Léaráid D, Cuid 2 (lch 280).

Anois, féachaimid ar an bhfoirm dhiúltach den fhocal seo.

	An cónasc dearfach 👍	An cónasc diúltach 👎
An aimsir chaite (briathra rialta agus an cúig beag)	gur	nár
Gach aimsir eile agus an sé mór	go	nach

séimhiú	urú/n- roimh ghuta

Ceithre shampla:

1. Dúirt sé **nach g**ceannóidh sé an t-albam nua. (aimsir fháistineach)
2. Ceapaim **nach bh**féachann sí ar an gclár sin gach seachtain. (aimsir láithreach)
3. Chuala mé **nár ch**eannaigh sí an cóta sin. (aimsir chaite: briathar rialta)
4. Chuala mé **nach bh**fuair Tony aon ticéad don cheolchoirm. (aimsir chaite: an sé mór)

Scríobh

Athscríobh na samplaí thuas leis an gcónasc dearfach (*go/gur*) in ionad an chónaisc dhiúltaigh (*nach/nár*).

Cleachtadh ar na haimsirí

1. **Cuir na habairtí seo san aimsir láithreach. Tá an chéad cheann déanta duit mar shampla.**

   Féach ar Léaráid A, Cuid 2 (lch 268).

   1. Ceapaim nach labhróidh sé gach oíche.
      Ceapaim nach labhraíonn sé gach oíche.
   2. Deir Janet nach n-éistfidh sí leis an raidió.
   3. Cloisim nach gceannóidh sé aon rud sa siopa sin.
   4. Ceapaim nach nglanfaidh an fhoireann an phictiúrlann sin.
   5. Measaim nach mbrisfidh Pól an scáileán ar an bhfón póca.

2. **Cuir na habairtí seo san aimsir chaite. Déan é seo le duine eile sa rang. Bí cúramach leis an sé mór anseo. Níl oraibh na freagraí a scríobh síos.**

   1. Ceapaim nach bhfaigheann sé ticéad do gach ceolchoirm.
   2. Sílim nach n-itheann sé san ionad siopadóireachta.
   3. Chuala mé nach bhféachann sé ar an teilifís go minic.
   4. Deir sé nach dtéann sé abhaile ar an mbus.
   5. Feicim nach n-éisteann sé le ceol ar a fhón póca.

   Féach ar Léaráid A, Cuid 2 (lch 268) agus Léaráid B, Codanna 1 agus 2 (lgh 270 agus 272).

Croí na Gaeilge 1

An Ghaeilge ar na meáin shóisialta

Meaitseáil

Líon an ghreille atá ag bun an dá liosta focal seo. Cuir an litir cheart ón liosta ar dheis leis an uimhir cheart ón liosta ar chlé. Is féidir úsáid a bhaint as focloir.ie nó tearma.ie má tá cúnamh uait. Tá an chéad cheann déanta mar shampla duit.

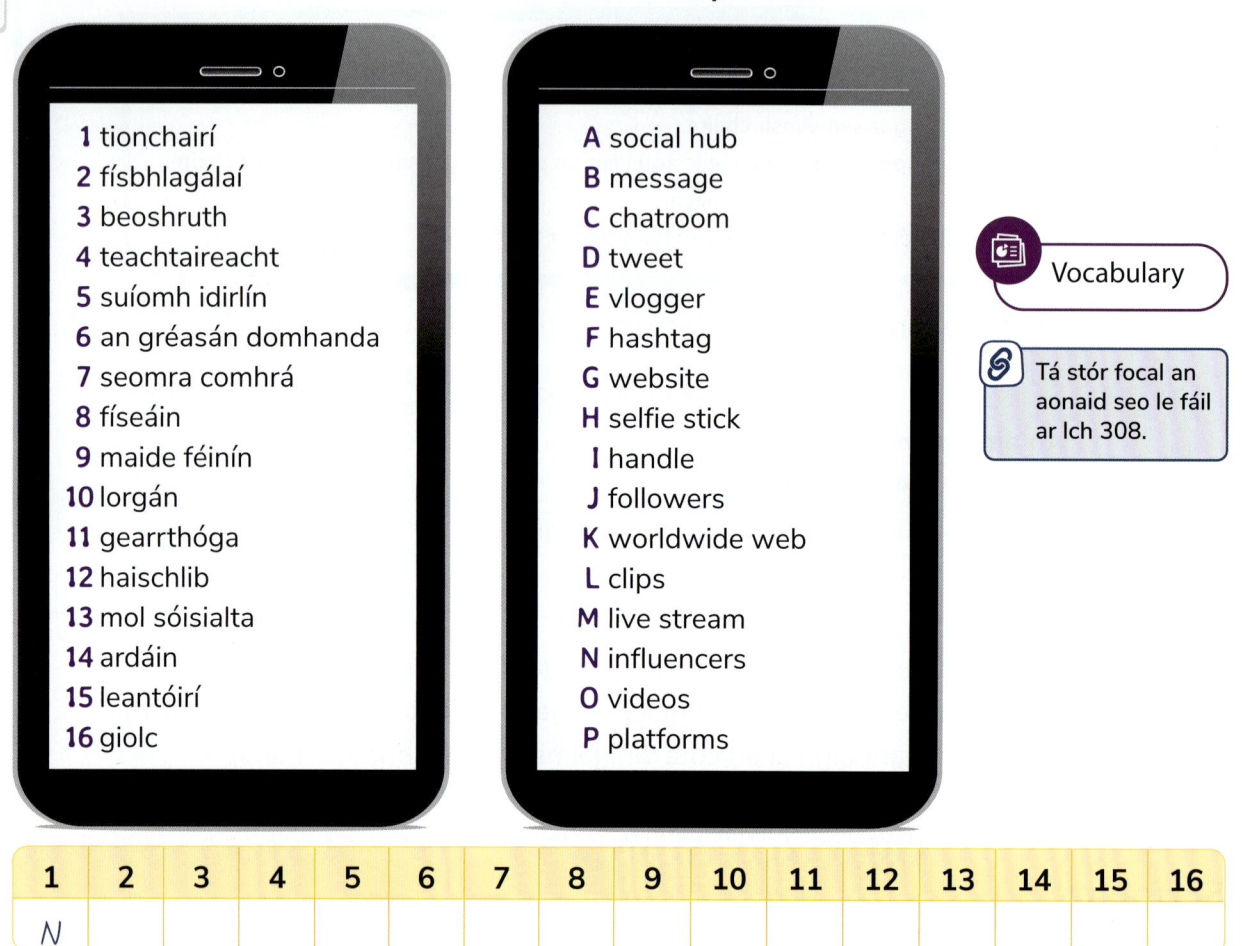

1 tionchairí	A social hub
2 físbhlagálaí	B message
3 beoshruth	C chatroom
4 teachtaireacht	D tweet
5 suíomh idirlín	E vlogger
6 an gréasán domhanda	F hashtag
7 seomra comhrá	G website
8 físeáin	H selfie stick
9 maide féinín	I handle
10 lorgán	J followers
11 gearrthóga	K worldwide web
12 haischlib	L clips
13 mol sóisialta	M live stream
14 ardáin	N influencers
15 leantóirí	O videos
16 giolc	P platforms

Vocabulary

Tá stór focal an aonaid seo le fáil ar lch 308.

1	2	3	4	5	6	7	8	9	10	11	12	13	14	15	16
N															

Scríobh

Cuir cúig cinn de na téarmaí ón liosta thuas in abairtí san aimsir láithreach. Tá sampla amháin déanta duit mar chúnamh.

Sampla: *Cuirim físeáin ar Snapchat gach mí.*

Cultúr

Seo cuid den Ghaeilge atá ar líne atá feiliúnach don fhoghlaimeoir.

Instagram	@cuplafocal, @muinteoirmeg, @caoimhechats
YouTube	Cúla4, BBC GAEILGE, BandEadd
TikTok	Gaeltacht X, Úna-Minh Caomhánach, leah ní mhurchú
Twitter	The Irish For, Síomha Ní Ruairc, póilín

Cuntas nua

Aimsigh aon chuntas nua ar na meáin shóisialta. Scríobh cúpla sonra faoin gcuntas.

Critéir ratha: Cad is ainm don chuntas? Cé mhéad leantóir atá ag an gcuntas? An mbaineann an cuntas le spórt, ceol, faisean nó rud eile?

Aonad 6 — Caitheamh Aimsire

CadsAip

📖 Léamh

Léigh an comhrá seo agus déan na tascanna a ghabhann leis.

1 Trevor
Is maith liom Gaeilge ach nílim an-mhaith. Féachaim ar Úna-Minh Caomhánach ar TikTok agus ceapaim go bhfuil a cuid físeán go maith. Cad iad na háiseanna eile ar na meáin shóisialta le cur le mo chuid Gaeilge? #aontuairimí
17:46 ✓✓

2 Jenny
Leanaim Múinteoir Meg ar Instagram agus ceapaim go bhfuil sí ar fheabhas. Is cinnte go dtuigeann sí cúrsaí faisin. Cuireann sí na focail is nua-aoisí ar fáil ar líne. Caithim cuid ama ar BLOC freisin – is mol sóisialta é atá go hiomlán trí Ghaeilge.
17:52

3 Pól
Seolann Darach Ó Séaghdha rudaí greannmhara faoi stair na Gaeilge agus stair na bhfocal ar a chuntas Twitter, The Irish For. Bíonn podchraoltaí maithe ag Darach freisin. Is breá liom freisin Caoimhe Ní Chathail ar Instagram. Tá Gaeilge Uladh aici. Bíonn an tionchaire seo ag obair leis an BBC ar an raidió freisin.
17:56 ✓✓

4 Lily
Téigh chuig an lorgán @siomhanir ar Twitter agus tiocfaidh tú ar chuntas iontach chun do chuid Gaeilge a fheabhsú. Is láithreoir í Síomha Ní Ruairc ar TG4.
17:58

5 Mike
Nuair a bhí na scoileanna dúnta sa bhliain 2020 shocraigh Conradh na Gaeilge Gaeltacht X ar TikTok. Leanaim Cúpla Focal as Gaeilge ar Instagram. I mo thuairim is cuntas iontach simplí é.
18:05 ✓✓

1. Cad is ainm don chéad duine a chuir ceist sa chomhrá seo?
2. Cé mhéad duine atá sa chomhrá?
3. Cén stór focal a chuireann Múinteoir Meg ar a cuntas Instagram?
4. Cén chanúint (*dialect*) atá ag Caoimhe Ní Chathail?
5. Cad a shocraigh Conradh na Gaeilge ar TikTok?

✏️ Scríobh

Lean cúpla cuntas trí mheán na Gaeilge ar na meáin shóisialta ar feadh cúpla nóiméad thar cúpla lá agus scríobh na focail nua a fheiceann tú i do dhialann machnaimh nó cuir liosta i do phunann.

💬 Labhairt *Réamh-MRB*

Scéal Instagram 30 soicind. Scríobh script bheag as Gaeilge agus déan físeán díot féin bunaithe ar an script sin. Is féidir é seo a uaslódáil más maith leat. Bain úsáid as an acmhainn punainne (lch 51) mar chabhair duit.

Moladh
Déan taifeadadh digiteach de dhaoine ag labhairt anseo.

LG Déan na tascanna ar lgh 83–6.

Croí na Gaeilge 1

Measúnú an aonaid

Piarmheasúnú: Tráth na gceist

Déan staidéar ar an aonad seo agus ansin déan an tráth na gceist seo.

Treoracha

1. Téigí i mbeirteanna. Imríonn beirt in aghaidh beirte.
2. Déanann gach bord 24 stiallach (*strips*) páipéir. Cuir uimhreacha orthu agus cuir iad i gcupán nó bunoscionn ar an mbord.
3. Piocann foireann amháin 12 stiallach.
4. Freagraíonn foireann amháin na ceisteanna sin ón liosta thíos.
5. Freagraíonn an fhoireann eile na ceisteanna eile.
6. Déanaigí seiceáil ar an scór ag an deireadh.

Na ceisteanna

1. Aistrigh an abairt seo: 'I like reading.'
2. Aistrigh an abairt seo: 'I like playing football.'
3. Cad é an t-ainm briathartha den bhriathar *téigh*? *ag* _____
4. Cad é an t-ainm briathartha den bhriathar *faigh*? *ag* _____
5. Cuir an dá fhocal seo san aimsir fháistineach: 'cheannaigh mé'.
6. Cuir an dá fhocal seo san aimsir fháistineach: 'bhailigh mé'.
7. Cuir an focal seo san aimsir fháistineach: 'sheinneamar'.
8. Cuir an focal seo san aimsir fháistineach: 'd'ólamar'.
9. Litrigh an focal ar seo as Gaeilge.
10. Litrigh an focal ar seo as Gaeilge.
11. Cad é an Ghaeilge ar 'internet' (litrigh an focal sin)?
12. Cad é an Ghaeilge ar 'calendar' (litrigh an focal sin)?
13. Litrigh an forainm réamhfhoclach: *faoi* + *sibh* = _____
14. Litrigh an forainm réamhfhoclach: *faoi* + *siad* = _____
15. Athscríobh an abairt seo gan na lúibíní: 'Bhí mé ann (3 uair).'
16. Athscríobh an abairt seo gan na lúibíní: 'Chonaic mé (3 ceann).'
17. Cén tionchar atá ag an réamhfhocal *sa* ar an ainmfhocal?
18. Cén tionchar atá ag an réamhfhocal *i* ar an ainmfhocal?
19. Ainmnigh na bróga seo.
20. Ainmnigh na stocaí seo.
21. Cad í an fhoirm dhiúltach den fhocal *gur*?
22. Cad í an fhoirm dhiúltach den fhocal *go*?
23. Cén tionchar atá ag an bhfocal *nach* ar an mbriathar?
24. Cén tionchar atá ag an bhfocal *gur* ar an mbriathar?

Clár na scór	
Foireann A	**Foireann B**
Ainmneacha:	Ainmneacha:
Scór /12:	Scór /12:

Téigh go dtí **www.edco.ie/croinagaeilge1** agus bain triail as na hidirghníomhaíochtaí.

Vlog

Worksheet

Aonad 6

Caitheamh Aimsire

Féinmheasúnú

Nuair atá an piarmheasúnú déanta agat, comhlánaigh an ghreille seo thíos. Léigh gach intinn foghlama agus abairt mhachnaimh sa chéad cholún. An ndearna tú dul chun cinn? Cuir tic sa cholún cuí.

Anois táim in ann . . .	🙂	😐	😟
labhairt faoi na cláir is fearr liom.			
postáil as Gaeilge a dhéanamh ar an idirlíon.			
ceisteanna a chruthú as Gaeilge.			
stór focal ón saol teicneolaíochta a aithint agus a litriú.			
plé le briathra rialta san aimsir fháistineach.			
na hainmfhocail *ceann*, *seachtain* agus *uair* a chomhaireamh.			
litir Vailintín a scríobh.			
Déanfaidh mé machnamh ar na habairtí seo a leanas:			
Is fíor go ndéanann cleachtadh máistreacht.			
Ní féidir an Ghaeilge labhartha a chleachtadh i d'aonair.			
Ceapaim go bhfuil na réamhfhocail an-tábhachtach sa Ghaeilge.			

Anois comhlánaigh an plean feabhsúcháin seo thíos. Tá tuilleadh eolais le fáil ar lch 300 chun cabhrú leat.

Trí rud a d'fhoghlaim mé

1 _____
2 _____
3 _____

Dhá rud atá le cleachtadh agam

1 _____
2 _____

Rud a dhéanfaidh mé chun feabhas a chur ar mo chuid Gaeilge

Seiceáil amach

Mar iarfhoghlaim don aonad seo, déan an ghníomhaíocht 'Seiceáil amach' ag **www.edco.ie/croinagaeilge1**. Conas a d'éirigh leat?

Aonad 7: An Ghaeilge

> Tír gan teanga, tír gan anam.

Torthaí foghlama an aonaid

Cumas cumarsáide
1.5, 1.6, 1.10, 1.11, 1.23, 1.26

Feasacht teanga agus chultúrtha
2.6, 2.8

Féinfheasacht an fhoghlaimeora
3.2, 3.4

Téacsanna an aonaid

Téacs litríochta

Dán: 'Oisín i nDiaidh na Féinne' le Tomás F. Mac Anna

Téacsanna tacúla eile

Téacs litríochta (rogha eile): *Fluent Dysphasia* (gearrscannán), 'Amhrán na bhFiann' (amhrán)

Téacsanna eile: An Ghaeilge i gCathair Bhaile Átha Cliath, An Ghaeilge i gCathair Bhéal Feirste, Litir chuig do chara, Naomh Pádraig, Féiríní Gaelacha, Molscéal

Acmhainní eile: teanglann.ie, focloir.ie, abair.ie, léaráidí gramadaí, acmhainn punainne, acmhainní digiteacha ag edco.ie/croinagaeilge1

Achoimre ar an aonad seo

Tá an t-aonad seo bunaithe ar an téama 'An Ghaeilge'. Leanfaidh na daltaí ar aghaidh ag cur lena gcumas cumarsáide sna scileanna teanga difriúla. Cuirfear béim ar fheasacht teanga agus chultúrtha. Díreofar go háirithe ar an nGaeilge mar theanga, agus ar fheasacht na ndaltaí ar chultúr na teanga agus ar an ilteangachas a chothú. Spreagfar na daltaí chun aiseolas a úsáid agus a roinnt i dtreo spriocanna foghlama pearsanta, agus chun féinmheasúnú a dhéanamh mar fhoghlaimeoirí ar a ndul chun cinn.

San aonad seo foghlaimeoidh an dalta na scileanna seo:

Réamhfhoghlaim	Seiceáil isteach (lch 179)
Léamh	Raidió na Life agus *An Bricfeasta Blasta* (lch 180), Lá sa Ghaeltacht (lch 182), Clár ama sa Ghaeltacht (lch 183), An Ghaeilge i gCathair Bhéal Feirste (lch 190), Litir chuig do chara (lch 195), Dán: 'Oisín i nDiaidh na Féinne' (lch 196), Léamh (lch 197), Naomh Pádraig (lch 198)
Scríobh	Scríobh (lgh 180, 181, 182, 183, 185, 189, 191, 195, 196, 201), Deireadh seachtaine (lch 181), Na ceantair Ghaeltachta in Éirinn (lch 181), Obair ealaíne (lch 191)
Éisteacht	Éisteacht (lgh 184, 185, 187, 196, 197, 199)
Labhairt	Labhairt (lgh 185, 189, 191, 201)
Idirghníomhú cainte	Idirghníomhú cainte (lgh 180, 181, 183, 185, 186, 193, 197, 199), Pluais an Dragain (lch 200)
Gramadach	Scríobh (lgh 184, 192, 193, 194), Aistriúchán (lgh 184, 192, 194), *Bhí* & *Ba* (lch 184), Na briathra neamhrialta san aimsir fháistineach (lgh 192–3), Cúinne na gramadaí (lch 194), An réamhfhocal *chun/chuig* (lch 199)
Foclóir	Tasc foclóra (lgh 186, 201)
Cultúr	An cló Gaelach agus na mórchanúintí (lch 181), Na ceantair Ghaeltachta in Éirinn (lch 181), Canúintí na Gaeilge (lch 186), An Ghaeilge i gCathair Bhaile Átha Cliath (lch 188), An Ghaeilge i gCathair Bhéal Feirste (lch 190), Seanfhocail (lch 191), Craobh ghinealaigh (lch 197), Naomh Pádraig (lch 198), Féiríní Gaelacha (lch 200), Molscéal (lch 201)
Leabhar gníomhaíochta	Tascanna (lgh 87–100), Cluastuiscint (lgh 146–50)
Measúnú	Piarmheasúnú (lch 202)
Machnamh	Féinmheasúnú (lch 203), Seiceáil amach (lch 203)

Ag deireadh an aonaid seo beidh mé in ann:

- m'ainm a scríobh sa chló Gaelach.
- an chopail a úsáid san aimsir chaite.
- litir a leagan amach i gceart.
- plé leis na huimhreacha éagsúla sa Ghaeilge.
- canúintí na Gaeilge a aithint.
- an réamhfhocal *chun/chuig* a úsáid i gceart.
- amhrán náisiúnta na hÉireann a léamh ón tús go dtí an deireadh.
- seanfhocal a chur i mo chuid Gaeilge.

Clár an aonaid

Raidió na Life agus *An Bricfeasta Blasta*	180
An cló Gaelach agus na mórchanúintí	181
Lá sa Ghaeltacht	182
Clár ama sa Ghaeltacht	183
Bhí & *Ba*	184
Seachtain na Gaeilge ar scoil	185
Canúintí na Gaeilge	186
An Ghaeilge i gCathair Bhaile Átha Cliath	188
An Ghaeilge i gCathair Bhéal Feirste	190
Seanfhocail	191
Na briathra neamhrialta san aimsir fháistineach	192
Na huimhreacha	194
Litir chuig do chara	195
Dán: 'Oisín i nDiaidh na Féinne'	196
Naomh Pádraig	198
An réamhfhocal *chun/chuig*	199
Féiríní Gaelacha	200
Molscéal	201
Measúnú an aonaid	202

Conas atá cúrsaí?

An-mhaith ar fad.

Seiceáil isteach

Mar réamhfhoghlaim don aonad seo, déan an ghníomhaíocht 'Seiceáil isteach' ag **www.edco.ie/croinagaeilge1**. Conas a d'éirigh leat?

Téigh go dtí **www.edco.ie/croinagaeilge1** agus bain triail as na hidirghníomhaíochtaí.

Croí na Gaeilge 1
Raidió na Life agus *An Bricfeasta Blasta*

📖 Léamh

Léigh an t-alt thíos agus freagair na ceisteanna seo a leanas.

Is **stáisiún raidió pobail**[1] é Raidió na Life atá suite i mBaile Átha Cliath. Thosaigh an stáisiún i gceart sa bhliain 1993 tar éis cúig bliana **ullmhúcháin**[2]. Tá an stáisiún ag dul ó neart go neart ó shin. Déanann siad a gcuid oibre ar fad trí mheán na Gaeilge. Tá an stáisiún seo ar fáil ar do raidió ag 106.4 FM.

Gach maidin (ón Luan go dtí an Aoine) ag a hocht a chlog tosaíonn an clár *An Bricfeasta Blasta*. Críochnaíonn an clár seo ag a naoi a chlog. Is clár cainte é agus labhraíonn siad faoi chúrsaí spóirt agus chúrsaí faisin agus bíonn ceol le cloisteáil ar an gclár freisin. Bhuaigh an clár seo **gradam**[3] sa bhliain 2017.

1. Cá bhfuil Raidió na Life suite?
2. Cén bhliain ar thosaigh an stáisiún i gceart?
3. An ndéanann siad a gcuid oibre trí mheán an Bhéarla nó trí mheán na Gaeilge?
4. Cad a bhuaigh *An Bricfeasta Blasta* sa bhliain 2017?

💬 Idirghníomhú cainte

Cuir na ceisteanna seo ar dhuine eile sa rang.
1. Cad é an stáisiún raidió is fearr leat?
2. Cén saghas ceoil is fearr leat?
3. An éisteann tú leis an raidió gach lá?
4. An éisteann tú leis an raidió agus tú ag déanamh obair bhaile?
5. An maith leat an nuacht ar an raidió?

✏️ Scríobh

Scríobh blag ag cur síos ar an gclár raidió is fearr leat.

Critéir ratha:
- Cén t-am a thosaíonn agus a chríochnaíonn an clár?
- Cad is ainm don láithreoir/do na láithreoirí?
- An mbíonn ceol ar an gclár? Cén sórt?
- Cad é an rud is fearr leat faoin gclár?
- An bhfuil aon rud nach maith leat faoin gclár?

Moladh
Déan taifeadadh digiteach duit féin ag léamh an blag.

[1] community radio station [2] preparation [3] award

An cló Gaelach agus na mórchanúintí

Aonad 7 – An Ghaeilge

Blianta ó shin bhain daoine úsáid as an gcló Gaelach in Éirinn. Tá cruth an-difriúil ar na litreacha inniu. Bhain siad úsáid as ponc beag chun séimhiú a scríobh.

a b c d e f
g h i l m n
o p r s t u
ḃ ċ ḋ ḟ ġ ṁ
ṗ ṡ ṫ ⁊

Scríobh

1. Seo duit cúpla ainm scríofa sa chló Gaelach.

| Ailbe | Ciarán | Peadar | Máire |

Bain úsáid as cló Gaelach chun ainm gach duine i do theaghlach a scríobh thíos.

_____

2. Tá an abairt seo scríofa sa chló Gaelach. Cad is brí leis? Déan iarracht an abairt a scríobh thíos i ngnáthlitreacha.

Chuaigh mé go dtí an Ghaeltacht agus bhain mé sult as.

_____

Deireadh seachtaine

Scríobh trí abairt faoin deireadh seachtaine seo caite. Bain úsáid as cló Gaelach chun iad a scríobh.

Idirghníomhú cainte

Scríobh abairt amháin i gcló Gaelach agus iarr ar an duine in aice leat é a scríobh i ngnáthlitreacha.

Na ceantair Ghaeltachta in Éirinn

Tá trí mhórchanúint sa Ghaeilge sa lá atá inniu ann:
- Canúint na Mumhan
- Canúint Chonnacht
- Canúint Uladh

Is minic a labhraíonn daoine meascán de na canúintí thuas luaite.

Scríobh tábla i do chóipleabhar agus cuir Canúint Uladh, Canúint agus Mumhan agus Canúint Chonnacht mar theidil an tábla. Déan iarracht na ceantair éagsúla ar an léarscáil ar dheis a chur faoin teideal oiriúnach.

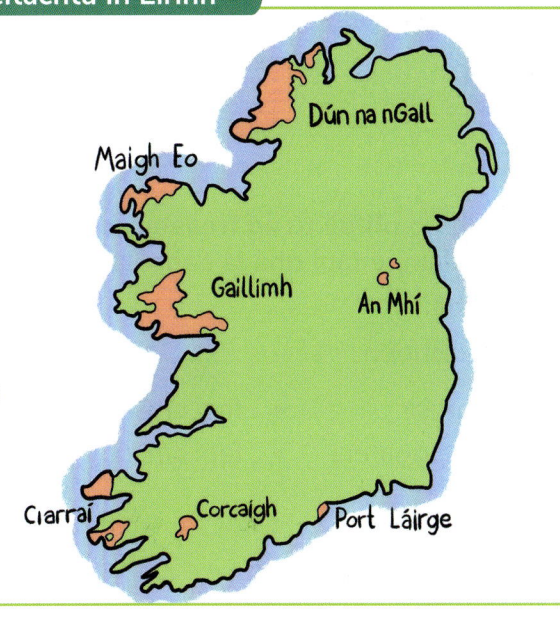

Dún na nGall, Maigh Eo, Gaillimh, An Mhí, Ciarraí, Corcaigh, Port Láirge

Croí na Gaeilge 1

Lá sa Ghaeltacht

Léamh

Léigh na hiontrálacha dialainne thíos agus freagair na ceisteanna seo a leanas.

Mike

7 Iúil 2021
Caithfidh mé a rá go bhfuil **tuirse an domhain**[1] orm anocht. Táim anseo i Ros Muc le seachtain anuas agus táim **ag dul i dtaithí ar**[2] an áit. Níl eagla orm roimh an teanga **a thuilleadh**[3]. Bhí rang gramadaí ar siúl ar maidin agus bhain mé an-sult as. D'fhoghlaimíomar faoi na briathra neamhrialta agus cheap mé go raibh an rang **an-suimiúil**[4]! Ní raibh ach trí rang againn inniu. **De ghnáth**[5] bíonn ceithre cinn againn in aghaidh an lae. Chríochnaigh na ranganna go luath inniu toisc go raibh **comórtas peile**[6] ar siúl. Chuamar chun na trá ag a dó a chlog agus bhí mé an-neirbhíseach roimh an gcomórtas. Chuala mé na tithe eile **ag scairteadh ar son**[7] m'fhoirne. Bhuaigh m'fhoireann an comórtas agus bhí mé ar mhuin na muice! D'fhilleamar abhaile ag a sé a chlog i gcomhair dinnéir agus thug bean an tí cáca dúinn don mhilseog. Chuala sí gur bhuamar an comórtas peile agus bhí sí **an-bhródúil**[8] asainn. Ní raibh céilí ar siúl sa choláiste anocht ach bhí 'oíche scannán' ar siúl. D'fhéachamar ar chúpla gearrscannán. Cheap mé go raibh Yu Ming an-ghreannmhar ar fad.

Katie

21 Lúnasa 2021
Táim an-bhrónach go mbeidh mé **ag filleadh abhaile**[9] amárach. Bhí tréimhse iontach agam anseo i nGaeltacht Dhún na nGall. Rinne mé go leor cairde nua **ó gach cearn den tír**[10]. Táim ag tnúth le bualadh leo arís. Ní dhearnamar **mórán**[11] sna ranganna ar maidin agus d'imríomar cluichí éagsúla sa chlós ag am lóin.
D'fhilleamar abhaile ag a sé a chlog, d'itheamar dinnéar agus d'ullmhaíomar don chéilí. Bhí téama 'dubh agus bán' ag an gcéilí anocht agus bhuaigh mo theach **duais mhór**[12]. Bhí áthas an domhain orainn agus bhí an cinnire an-sásta linn.
Bhí céilí iontach ar siúl anocht. Rinneamar cúpla **rince seit**[13]. Is breá liom 'An Dreoilín' – ní damhsa **casta**[14] é. Bhí sé in am dúinn slán a fhágáil leis **na tithe eile**[15] ag a leathuair tar éis a naoi agus caithfidh mé a admháil gur **bhris na deora orm**[16]. 🥲
Caithfidh mé dul a luí anois – beidh an bus ag fágáil ag a leathuair tar éis a seacht ar maidin.

1. Cá bhfuil Mike faoi láthair?
2. An dtaitníonn an Ghaeilge leis, meas tú?
3. Cén rang a bhí aige ar maidin?
4. Cé mhéad rang a bhíonn aige gach lá?
5. Cad a bhí ar siúl ag a dó a chlog?
6. Ar éirigh go maith le foireann Mike?
7. An raibh céilí ar siúl sa choláiste ar an 7 Iúil?
8. Cén fáth a bhfuil brón ar Katie?
9. Cárb as do chairde nua Katie?
10. Cad a bhí ar siúl sa chlós ag am lóin?
11. Cén uair a bhí dinnéar ag Katie?
12. Cén damhsa is fearr le Katie?
13. Ar thaitin an turas Gaeltachta le Katie, meas tú? (Tabhair dhá phíosa eolais mar thacaíocht.)
14. Roghnaigh trí bhriathar san aimsir chaite ó alt Mike agus ó alt Katie.

Scríobh

Samhlaigh go bhfuil tú ag freastal ar choláiste samhraidh sa Ghaeltacht agus scríobh iontráil dialainne faoi dhá lá éagsúla a bhí agat. Scríobh ocht n-abairt faoin dá lá.

Critéir ratha:

D'fhéadfá scríobh:

- faoin aimsir
- faoi chéilí
- faoin teach
- faoi na múinteoirí
- faoi na ranganna
- faoi am lóin
- faoi na daltaí eile

---

1. exhaustion
2. getting used to
3. any more
4. very interesting
5. usually
6. football competition
7. cheering for
8. very proud
9. going back home
10. from all parts of the country
11. much
12. big prize
13. set dances
14. complicated
15. the other houses
16. I burst into tears

Clár ama sa Ghaeltacht

Aonad 7 — An Ghaeilge

📖 Léamh

Féach ar an gclár ama agus freagair na ceisteanna seo a leanas.

	An Luan	An Mháirt	An Chéadaoin	An Déardaoin	An Aoine	An Satharn	An Domhnach
9.00	Rang éisteachta	Rang éisteachta	TURAS GO DTÍ AN TRÁ (tógaigí libh tuáille agus uachtar gréine)	Rang éisteachta	Rang éisteachta	Codail amach	Codail amach
10.00	Rang labhartha	Rang labhartha		Rang labhartha	Rang labhartha	TURAS GO CEARDLANN AN SPIDÉIL (tógaigí libh airgead)	Aifreann
11.00	Rang gramadaí	Rang gramadaí		Rang gramadaí	Rang gramadaí		Lá amach le bhur dtuismitheoirí/ caomhnóirí – caithfidh sibh filleadh ar an gcoláiste ar 18:30.*
11.15	Sos	Sos		Sos	Sos		
12.00	Spóirt sa chlós	Spóirt sa chlós	Spóirt sa chlós	Spóirt sa chlós	Spóirt sa chlós		
13.30	Lón	Lón	Lón	Lón	Lón		
14.15	Grúpaí beaga	Grúpaí beaga	Grúpaí beaga	Grúpaí beaga	Grúpaí beaga		
16.15	Cruinniú na dtithe	Cruinniú na dtithe	Cruinniú na dtithe	Cruinniú na dtithe	Cruinniú na dtithe	Cruinniú na dtithe	
16.30	Abhaile	Abhaile	Abhaile	Abhaile	Abhaile	Abhaile	
18.30	Céilí	Céilí	Céilí	Céilí	Oíche scannán	Comórtas 'Amhrán Tí'	Cruinniú na dtithe
21.00	Abhaile	Abhaile	Abhaile	Abhaile	Abhaile	Abhaile	Abhaile

*Cuirfear imeachtaí éagsúla ar siúl sa halla do na daltaí nach bhfuil a dtuismitheoirí ag teacht ar cuairt.

1. An mbíonn ranganna ar siúl gach lá?
2. Cathain a bheidh na daltaí ag dul go dtí an trá?
3. Cad é an cúigiú rud atá ar siúl Dé Luain?
4. Cén uair a théann na daltaí abhaile gach oíche?
5. Cad é an tríú rang atá acu Déardaoin?
6. Cén comórtas atá ar siúl an tseachtain seo?
7. Cá mbeidh na daltaí ag dul ag a haon déag Dé Domhnaigh?
8. Cad a bheidh ar siúl do na daltaí nach mbeidh ag dul amach?

LG Déan na tascanna ar lgh 87–9.

💬 Idirghníomhú cainte

Cuir ceist ar an duine in aice leat, bunaithe ar an gclár ama thuas: 'Cathain a bheidh _____ ar siúl?'

Sampla: *Cathain a bheidh oíche scannán ar siúl?*

✏️ Scríobh

Déan cur síos ar an gclár ama seo do bhróisiúr an choláiste.

Critéir ratha:

- Scríobh 80 focal (nó níos mó) san aimsir láithreach (*tosaíonn, críochnaíonn, faigheann tú*, srl.).
- Déan cinnte go bhfuil cúig bhriathar éagsúla ann sa chur síos.

Croí na Gaeilge 1
Bhí & Ba

An fhoirm dhearfach, dhiúltach agus cheisteach

Seo níos mó eolais faoin difear idir *tá* agus *is*. Anois féachfaimid ar an aimsir chaite.

An briathar *bí* san aimsir chaite		An chopail, *is*, san aimsir chaite	
Bhí cóta dearg air.	👍	Ba mhúinteoir í. B'altra iontach é.	👍
Ní raibh cóta gorm air.	👎	Níor theach mór é.	👎
An raibh tú ag an siopa?	❓	Ar phictiúrlann dheas í?	❓
Nach raibh tú ag caint le Síle?	❌	Nár dhuine deas é?	❌

1. Cuireann an chopail san aimsir chaite séimhiú ar an ainmfhocal.
2. Úsáideann tú *níor*, *ar* agus *nár* (na leaganacha difriúla den chopail) leis na briathra rialta a cháiliú san aimsir chaite – mar shampla, *chuir/níor chuir/ar chuir/nár chuir . . .?*

Scríobh

Scríobh na habairtí seo san aimsir chaite.

1. Is coláiste maith é.
2. Tá sé sa Ghaeltacht.
3. An múinteoir thú?
4. Níl bean an tí ag caint liom.
5. Ní bean chiúin í.
6. An bhfuil an teach in aice leis an siopa?
7. Ní tolg beag dearg é.
8. Nach leabhar maith é?

Aistriúchán

Cuir Gaeilge ar na habairtí seo.

1. He was a big man.
2. She was in the office.
3. Was she a doctor?
4. He was not talking to the teacher.
5. Was your sister in the room?
6. Is it a cinema?

Féach ar lch 240 agus ar Léaráid A, Cuid 1 (lch 266).

🔊 Éisteacht Rian 2.12

Éist leis na habairtí gearra seo agus scríobh iad i do chóipleabhar. Cloisfidh tú na hocht n-abairt faoi dhó.

Seachtain na Gaeilge ar scoil

🔊 Éisteacht *Rian 2.13*

Éist leis an bhfógra idirchum agus líon na bearnaí. Cloisfidh tú an fógra faoi dhó.

A chairde, seo Iníon de Línse, an (1)_____, le cúpla fógra daoibh. Beimid ag ceiliúradh Seachtain na Gaeilge sa scoil ar feadh cúpla lá. Inniu ag am lóin beidh tráth na gceist (*quiz*) ar siúl sa halla spóirt. (2)_____ beidh díospóireacht ar siúl idir muintir an chúigiú bliain agus muintir an (3)_____ bliain. Tosóidh an díospóireacht ag a (4)_____ a chlog agus beidh na daltaí ar fad ón dá bhliain ag dul chuig an leabharlann don díospóireacht seo. Gach (5)_____ le linn na seachtaine beidh Raidió na Scoile ar siúl ag am sosa. (6)_____ tú daltaí agus múinteoirí ag caint ar an idirchum trí mheán na (7)_____. Is tuairim iontach é seo agus cuirfidh sé go mór leis an tseachtain. Aontaím leis an seanfhocal a deir 'beatha teanga í a labhairt'. Sin mo chuidse – anois, slán, a (8)_____.

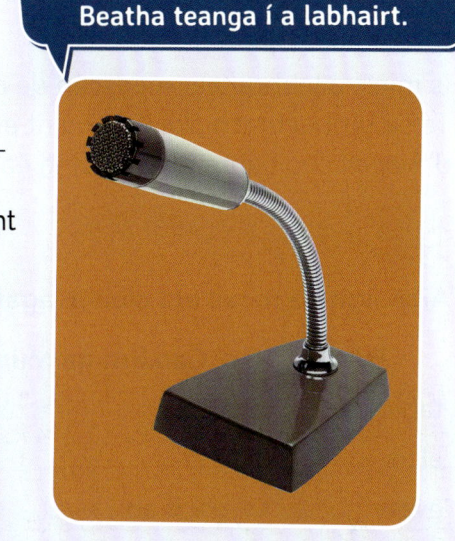

> Beatha teanga í a labhairt.

Banc focal

Gaeilge, séú, Cloisfidh, chairde, deich, Amárach, lá, príomhoide

📝 Scríobh

Freagair na ceisteanna seo bunaithe ar an eolas ón bhfógra thuas.

1. Cén post atá ag Iníon de Línse?
2. Cá mbeidh tráth na gceist ar siúl?
3. Cathain a bheidh an díospóireacht ag tosú? *Leid: lá agus am*
4. Cad is ainm don stáisiún raidió a bheidh ar siúl sa scoil le linn na seachtaine? *Leid: abairt iomlán*

💬 Idirghníomhú cainte

Labhair le cúpla duine eile sa rang faoi Sheachtain na Gaeilge i do scoil. Céard iad na rudaí ar mhaith leat a dhéanamh don tseachtain?

Noda: spórt, ceol, rince, ealaín, díospóireacht, cluichí, stáisiún raidió, amhránaíocht

🗣 Labhairt *Réamh-MRB*

Scríobh fógra cosúil leis an gceann thuas faoi Sheachtain na Gaeilge (S na G). Cuir rudaí ar an gclár ar mhaith leat a dhéanamh do S na G. Déan taifeadadh den script. Bain úsáid as an acmhainn punainne (lch 53) mar chabhair duit.

Critéir ratha:

- Déan cinnte go maireann an script 30 soicind ar a laghad.
- Déan cinnte go bhfuil trí eachtra nó níos mó ar an gclár.
- Scríobh na briathra san aimsir fháistineach.
- Déan cinnte go bhfuil ar a laghad ceithre bhriathar dhifriúla sa script.

> **Moladh**
> Déan taifeadadh digiteach de dhaoine ag labhairt anseo.

LG Déan na tascanna ar lgh 90–2.

Croí na Gaeilge 1

Canúintí na Gaeilge

D'fhoghlaimíomar ar lch 181 go bhfuil trí mhórchanúint sa Ghaeilge sa lá atá inniu ann.
- Canúint na Mumhan
- Canúint Chonnacht
- Canúint Uladh

Is minic a labhraítear meascán de na canúintí, ach is féidir leo a bheith an-difriúil óna chéile. Tá sé tábhachtach cloí le canúint amháin nuair atá tú ag scríobh. Seo daoibh cúpla sampla d'fhocail choitianta sna canúintí éagsúla.

> Chun tuilleadh eolais a fháil faoi conas foclóir a úsáid, féach ar lch 302.

Tasc foclóra

Aibhsigh na focail atá cloiste agat.

Béarla	Canúint na Mumhan	Canúint Chonnacht	Canúint Uladh
table	bord	bord	tábla
also	leis	freisin	fosta
every	gach aon	chuile	achan
new	nó	nua	úr
nothing	faic	tada	a dhath
dog	madra	mada	madadh
potato	práta	fata	préata
look	féach	breathnaigh	amharc
lovely	álainn	álainn	galánta
back	thar nais	ar ais	ar ais
hospital	óspuidéal	ospidéal	otharlann
something	rud éigin	rud eicint	rud inteacht
what	cad	céard	caidé (cad é)
why	canathaobh	tuige cén fáth	caidé an fáth cad chuige
how	conas	cén chaoi	cén dóigh
how are you	conas tánn tú conas taoi	cén chaoi a bhfuil tú	goidé mar atá tú

Idirghníomhú cainte

Cad iad na cinn a d'aibhsigh tú? An bhfuil focail dhifriúla aibhsithe ag an duine in aice leat? Cuir ceist ar a chéile.

Éisteacht Rian 2.14

Éist le triúr cainteoirí Gaeilge. Cloisfidh tú gach duine díobh faoi dhó. Líon isteach na bearnaí thíos.

Odhrán

Canúint: _____

Áit chónaithe: _____

Cé a bheidh ar an traein leis?

_____
_____

Shane

Canúint: _____

Cad a rinne mamaí Shane inné? _____
_____

Cad a bheidh ar siúl inniu?
_____
_____

Ciara

Canúint: _____

Post a máthar: _____

Cad a bheidh acu don dinnéar?
_____
_____

Aonad 7 — An Ghaeilge

An Ghaeilge i gCathair Bhaile Átha Cliath

Creid é nó ná creid, labhraíonn daoine Gaeilge taobh amuigh de na ceantair Ghaeltachta agus taobh amuigh den seomra ranga! Tá neart áiteanna i gCathair Bhaile Átha Cliath ina mbíonn an Ghaeilge le cloisteáil. Seo daoibh cúpla sampla.

POP-UP GAELTACHT

Bhunaigh[1] Peadar Ó Caomhánaigh agus Osgur Ó Ciardha an Pop-up Gaeltacht chun deis a thabhairt do dhaoine lasmuigh den Ghaeltacht an Ghaeilge a labhairt **mar a bheidís**[2] sa Ghaeltacht. Tá cead ag gach cainteoir Gaeilge freastal ar an ócáid, idir **fhoghlaimeoirí**[3] agus **chainteoirí dúchais**[4]. Tugann an Pop-up Gaeltacht deis do dhaoine an Ghaeilge a chleachtadh go nádúrtha. Cuireadh tús leis an Pop-up Gaeltacht in Bar Rua ar Shráid Clarendon i mBaile Átha Cliath i mí na Samhna 2016. Anois cuirtear Pop-up Gaeltacht ar siúl **ar fud an domhain**[5], agus go dtí seo bíonn Pop-Up Gaeltacht i Nua-Eabhrac, i San Diego, i bPáras agus sa Bhruiséil, gan ach beag a lua!

CONRADH NA GAEILGE

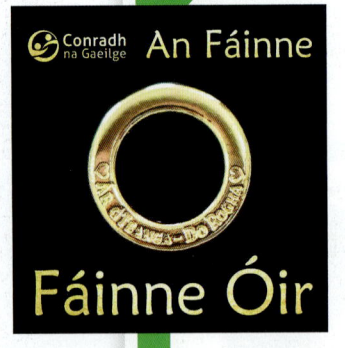

An Siopa Leabhar

Thosaigh an Siopa Leabhar toisc go raibh **géarghá**[6] le siopa ar leith do **léitheoirí Gaeilge**[7]. Is **lárionad litríochta**[8] é an siopa agus is iomaí rud a dhíoltar ann – mar shampla, leabhair, cártaí, cluichí, éadaí, earraí tí agus an Fáinne Óir. Labhraíonn **foireann an tsiopa**[9] Gaeilge leis na custaiméirí agus is foireann an-chabhrach iad ar fad. Tá **éileamh mór**[10] ar na fáinní (an Fáinne Óir, an Fáinne Airgid agus an Seanfháinne). Is siombail é an fáinne ar an nasc atá agat leis an teanga. Caitheann daoine é mar chomhartha go bhfuil Gaeilge acu agus go bhfuil siad sásta í a labhairt!

Club Chonradh na Gaeilge

Tá Club Chonradh na Gaeilge suite ar Shráid Fhearchair i gCathair Bhaile Átha Cliath. Is **teach tábhairne**[11] ina labhraítear Gaeilge é. Is grúpa **pobail deonach**[12] é Club Chonradh na Gaeilge a bhfuil sé mar aidhm aige caidreamh sóisialta, **siamsaíocht**[13] agus caitheamh aimsire a chur ar fáil do dhaoine **trí mheán na Gaeilge**[14]. Chuige sin, tá spás ar cíos acu ina mbíonn breis agus céad imeacht sa bhliain – mar shampla, oíche maidhc oscailte in Bar Rua, taispeántas filíochta 'REIC' agus oíche ghrinn carthanachta.

1 established	5 all over the world	9 the shop staff	13 entertainment
2 as if they were	6 urgent need	10 big demand	14 through the medium of Irish
3 learners	7 Irish readers	11 pub	
4 native speakers	8 literature centre	12 voluntary community	

NA GAEIL ÓGA

Is **cumann**[1] lán-Ghaeilge de chuid Chumann Lúthchleas Gael i mBaile Átha Cliath é Na Gaeil Óga, a thosaigh sa bhliain 2010. Thosaigh an cumann chun an Ghaeilge **a chur chun cinn**[2] **trí mheán**[3] an spóirt. Labhraíonn **na baill foirne**[4] Gaeilge agus iad ag traenáil agus ag imirt cluichí. Tá dath gorm, dúghorm agus bán ar a n-éadaí spóirt. Tá go leor foirne éagsúla acu. Tá foireann peile na mban, foireann peile na bhfear, foireann camógaíochta agus foireann iománaíochta acu. Bíonn na foirne do **dhaoine fásta**[5] ag traenáil i gCathair Bhaile Átha Cliath agus bíonn na himreoirí níos óige ag traenáil i gceantair Leamhcáin. **Anuas air sin**[6] cuireann na Gaeil Óga imeachtaí trí mheán na Gaeilge ar siúl. Tá **ranganna seachtainiúla**[7] á reáchtáil acu do thuismitheoirí na n-imreoirí agus **ócáidí sóisialta**[8] freisin. Tá cuntas Instagram acu – Na Gaeil Óga CLG – agus tá cainéal YouTube acu freisin – Na Gaeil Óga.

Scríobh

Freagair na ceisteanna seo a leanas.

1. Cén fáth ar bhunaigh Peadar Ó Caomhánaigh an Pop-up Gaeltacht?
2. Cén sórt daoine a bhíonn i láthair ag an Pop-up Gaeltacht?
3. Ainmnigh trí áit ina bhfuil Pop-up Gaeltacht ar siúl.
4. Cén fáth ar thosaigh an Siopa Leabhar?
5. Ainmnigh trí rud atá ar díol sa Siopa Leabhar.
6. Cén fáth a gcaitheann daoine fáinne?
7. Céard é Club Chonradh na Gaeilge?
8. Ainmnigh dhá imeacht a bhíonn ar siúl i gClub Chonradh na Gaeilge.
9. Cathain a thosaigh Na Gaeil Óga?
10. Cén spóirt a imríonn Na Gaeil Óga?

Labhairt

Roghnaigh dhá thasc ón liosta thíos.

1. Téigh abhaile agus faigh amach an raibh Pop-up Gaeltacht ar siúl i do cheantar riamh. Má bhí, cathain a bhí sé ar siúl agus cá raibh sé ar siúl?
2. Téigh ar líne (siopaleabhar.com) agus roghnaigh leabhar amháin ar mhaith leat a léamh (ní gá duit an leabhar a cheannach). Cén fáth ar roghnaigh tú an leabhar seo?
3. Smaoinigh ar thrí bhealach gur féidir leat an Ghaeilge a chur chun cinn i do cheantar.

Déan cur síos i mbeirteanna ar an taighde a rinne tú sa tasc thuas.

> **Moladh**
> Déan taifeadadh digiteach de dhaoine ag labhairt anseo.

[1] association
[2] to promote
[3] through the medium
[4] the team members
[5] adults
[6] on top of that
[7] weekly classes
[8] social events

Croí na Gaeilge 1

An Ghaeilge i gCathair Bhéal Feirste

Léamh

Léigh na hailt seo agus freagair na ceisteanna a bhaineann leo.

Cultúrlann McAdam Ó Fiaich

Is **ionad**[1] ealaíne, cultúir agus Gaeilge í Cultúrlann McAdam Ó Fiaich. Tá an chultúrlann suite in **iarthar**[2] Bhéal Feirste agus cuirtear **imeachtaí**[3] Gaeilge, ealaíne agus cultúrtha ar siúl inti. Bunaíodh Cultúrlann McAdam Ó Fiaich ag tús **na nóchaidí**[4] (1991). D'oscail an Chultúrlann **den chéad uair**[5] chun spás a chur ar fáil do Mheánscoil Feirste, meánscoil trí mheán na Gaeilge. Níor fhreastal ach naonúr dalta ar an scoil sa bhliain 1991. Rinneadh **athchóiriú**[6] ar an ionad sa bhliain 2010 agus d'oscail an t-ionad arís sa bhliain 2011. Bíonn réimse leathan ranganna Gaeilge ar siúl sa Chultúrlann. Tá ceithre rang dhifriúla acu – glantosaitheoirí, **tosaitheoirí**[7], meánrang agus ardrang. Tá an stáisiún raidió áitiúil Gaeilge, Raidió Fáilte 107.1 FM, lonnaithe ar Shráid Dhubhaise.

An Droichead

Is **eagraíocht**[8] Ghaeilge é an Droichead a chuireann **deiseanna foghlamtha Gaeilge**[9] ar fáil don phobal. Tá an Droichead suite ar Shráid Chúic i mBéal Feirste. Cuireann an Droichead ranganna Gaeilge ó bhunrang go hardrang ar fáil ach tá **clú agus cáil**[10] ar an Droichead mar mhórionad cheol traidisiúnta na hÉireann. Bíonn ceolchoirmeacha agus **seisiúin cheoil**[11] ar siúl sa Droichead le linn na bliana agus cuirtear **féile bhliantúil**[12] ar siúl ag deireadh mhí Lúnasa. Cuirtear ranganna ceoil do pháistí ar siúl gach Satharn. Rud an-speisialta faoin Droichead ná go n-eagraíonn sé **turais éagsúla**[13] d'fhoghlaimeoirí agus do chainteoirí Gaeilge. Reáchtálann an Droichead turas Gaeltachta agus turais teaghlaigh.

1. Céard é Cultúrlann McAdam Ó Fiaich?
2. Nuair a d'oscail Cultúrlann McAdam Ó Fiaich sa bhliain 1991, céard a bhí ar siúl inti?
3. Cé mhéad dalta a bhí ag freastal ar Mheánscoil Feirste ag an am sin?
4. Cad is ainm don stáisiún raidió atá lonnaithe ar Shráid Dhubhaise?
5. Céard é an Droichead?
6. Cá bhfuil an Droichead suite?
7. Luaigh trí rud éagsúla a bhíonn ar siúl sa Droichead.
8. Ainmnigh an dá thuras a eagraíonn an Droichead.

Taighde

Téigh go dtí culturlann.ie agus aimsigh aidhm amháin atá ag an gCultúrlann.

[1] centre	[4] the nineties	[7] beginners	[10] glory/fame	[13] different trips
[2] west	[5] for the first time	[8] organisation	[11] music sessions	
[3] events	[6] renovation	[9] Irish learning opportunities	[12] a yearly festival	

Seanfhocail

Aonad 7 — An Ghaeilge

🌐 Meaitseáil

Meaitseáil na seanfhocail leis na pictiúir thíos.

1. Níl aon tinteán mar do thinteán féin.
2. Is glas iad na cnoic i bhfad uainn.
3. Mol an óige agus tiocfaidh sí.
4. Tús maith leath na hoibre.
5. Giorraíonn beirt bóthar. *Leid: giorraigh (briathar) = shorten (verb)*
6. Is minic a bhris béal duine a shrón.

LG Déan na tascanna ar lgh 93–4.

📝 Obair ealaíne *Réamh-MRB*

Pioc ceann de na seanfhocail thuas (nó ceann eile atá ar eolas agat) agus tarraing pictiúr bunaithe ar an seanfhocal sin. Bain úsáid as an acmhainn punainne (lch 55) mar chabhair duit.

Critéir ratha:

- Cuir an dáta ar an leathanach.
- Déan cinnte go bhfuil an pictiúr ildaite.
- Scríobh an seanfhocal go soiléir ar an leathanach.

Cuir an pictiúr i do phunann má tá tú sásta leis.

💬 Labhairt

Labhair leis an rang faoin bpictiúr a tharraing tú.

Critéir ratha:

- Labhair faoi na dathanna sa phictiúr.
- Déan cur síos ar aon duine atá sa phictiúr.
- Labhair faoi na rudaí atá sa phictiúr.
- Abair rud éigin faoin aimsir sa phictiúr.

Moladh
Déan taifeadadh digiteach de na daoine ag caint os comhair an ranga.

📝 Scríobh

1. Scríobh trí abairt ag míniú an fáth ar roghnaigh tú an seanfhocal don tasc thuas.
2. Scríobh scéal beag san aimsir chaite ag críochnú leis an seanfhocal a roghnaigh tú.

   Critéir ratha:

   Bain úsáid as trí bhriathar neamhrialta agus scríobh 80 focal nó níos mó.

Na briathra neamhrialta san aimsir fháistineach

An sé mór

> Féach ar Léaráid B, Cuid 1 (lch 270).

	An fhoirm dhearfach 👍	An fhoirm dhiúltach 👎	An fhoirm cheisteach ❓	An cheist dhiúltach ❓
Abair	déarfaidh mé	ní déarfaidh tú	an ndéarfaidh tú?	nach ndéarfaidh tú?
Bí	beidh sí	ní bheidh siad	an mbeidh tú?	nach mbeidh tú?
Faigh	gheobhaidh sibh	ní bhfaighidh sí	an bhfaighidh tú?	nach bhfaighidh tú?
Feic	feicfidh siad	ní fheicfidh sé	an bhfeicfidh tú?	nach bhfeicfidh tú?
Téigh	rachaidh sé	ní rachaidh mé	an rachaidh tú?	nach rachaidh tú?
Déan	déanfaidh tú	ní dhéanfaidh sé	an ndéanfaidh tú?	nach ndéanfaidh tú?
An chéad phearsa, uimhir iolra (*muid/sinn*)		**Ní + séimhiú**	**An + urú**	**Nach + urú**
Abair	déarfaimid	ní déarfaimid	an ndéarfaimid?	nach ndéarfaimid?
Bí	beimid	ní bheimid	an mbeimid?	nach mbeimid?
Faigh	gheobhaimid	ní bhfaighimid	an bhfaighimid?	nach bhfaighimid?
Feic	feicfimid	ní fheicfimid	an bhfeicfimid?	nach bhfeicfimid?
Téigh	rachaimid	ní rachaimid	an rachaimid?	nach rachaimid?
Déan	déanfaimid	ní dhéanfaimid	an ndéanfaimid?	nach ndéanfaimid?

séimhiú	urú	níl aon athrú ann

Scríobh

Scríobh an fhoirm dhiúltach de na habairtí seo. Tá ceann amháin déanta duit mar shampla.

1. Beidh mé ag dul ar scoil amárach.
   Ní bheidh mé ag dul ar scoil amárach.
2. Gheobhaidh sé an ticéad Dé Sathairn.
3. Feicfidh tú Antaine ag an gcluiche anocht.
4. Rachaidh Máire go dtí an Ghaeltacht sa samhradh.
5. Déanfaimid ár n-obair bhaile tar éis an dinnéir.
6. Déarfaidh mé leis an múinteoir amárach nach bhfuil an obair bhaile déanta agam.
7. Beimid ag imirt cluiche Dé Domhnaigh seo i bpáirc an phobail.

Aistriúchán

Cuir Gaeilge ar na habairtí seo.

1. Will you see the teacher tomorrow?
2. I won't get the book today.
3. I will do the homework on the bus.
4. We will go to Limerick on Monday.
5. He will be in the library at five o'clock.
6. He won't say anything to me.

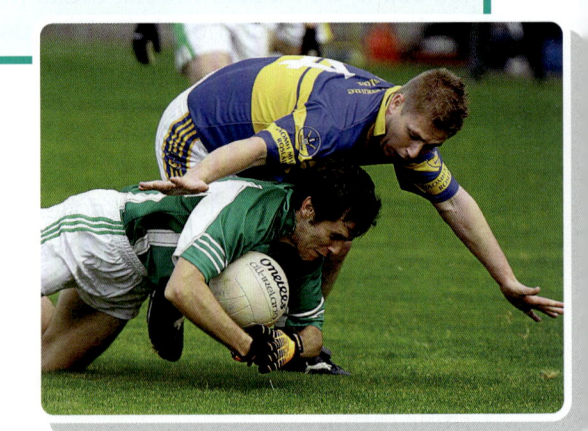

An cúig beag

Féach ar Léaráid B, Cuid 2 (lch 272).

	An fhoirm dhearfach 👍	An fhoirm dhiúltach 👎	An fhoirm cheisteach ❓	An cheist dhiúltach
Clois	cloisfidh sé	ní chloisfidh siad	an gcloisfidh tú?	nach gcloisfidh tú?
Ith	íosfaidh sibh	ní íosfaidh tú	an íosfaidh tú?	nach n-íosfaidh tú?
Tar	tiocfaidh siad	ní thiocfaidh sibh	an dtiocfaidh tú?	nach dtiocfaidh tú?
Tabhair	tabharfaidh sí	ní thabharfaidh sí	an dtabharfaidh tú?	nach dtabharfaidh tú?
Beir	béarfaidh tú	ní bhéarfaidh mé	an mbéarfaidh tú?	nach mbéarfaidh tú?
An chéad phearsa, uimhir iolra (*muid/sinn*)	*Ní* + séimhiú	*An* + urú	*Nach* + urú nó *n-* roimh ghuta	
Clois	cloisfimid	ní chloisfimid	an gcloisfimid?	nach gcloisfimid?
Ith	íosfaimid	ní íosfaimid	an íosfaimid?	nach n-íosfaimid?
Tar	tiocfaimid	ní thiocfaimid	an dtiocfaimid?	nach dtiocfaimid?
Tabhair	tabharfaimid	ní thabharfaimid	an dtabharfaimid?	nach dtabharfaimid?
Beir	béarfaimid	ní bhéarfaimid	an mbéarfaimid?	nach mbéarfaimid?

séimhiú	urú/n-	níl aon athrú ann

Scríobh

Freagair gach ceist anseo faoi dhó. Scríobh (a) freagra dearfach agus (b) freagra diúltach. *Leid: Ná bac leis an ainmfhocal/leis an bhforainm.*

Sampla: An dtiocfaidh Ciarán go dtí an cluiche anocht?
(a) Tiocfaidh.   (b) Ní thiocfaidh.

> **Cogar** For yes/no answers in Irish we echo the verb and the tense (see above example).

1. An íosfaidh tú do dhinnéar roimh an gcluiche?
2. An dtabharfaidh tú an fillteán sin don phríomhoide?
3. An mbéarfaidh tú ar an liathróid sa chluiche amárach, meas tú?
4. An gcloisfimid nuacht faoi sin ag an tionól amárach?

Idirghníomhú cainte

Cuir cúpla ceist ar dhuine eile sa rang faoi na pleananna atá acu don deireadh seachtaine.
Critéir ratha:

- Cad a dhéanfaidh tú tar éis na scoile ar an Aoine?
- An mbeidh tú ag dul chuig an bpictiúrlann?
- Cathain a dhéanfaidh tú d'obair bhaile don deireadh seachtaine?
- An íosfaidh tú i mbialann ag an deireadh seachtaine?
- An dtiocfaidh aon duine chuig do theach Dé Sathairn?

LG Déan na tascanna ar lch 95.

Croí na Gaeilge 1

Na huimhreacha

> Féach ar Léaráid C, Cuid 1 (lch 274).

Cúinne na gramadaí

1. Cuir lipéad ar gach pictiúr (bunaithe ar an uimhir cheart). Tá an dara ceann déanta duit mar shampla.

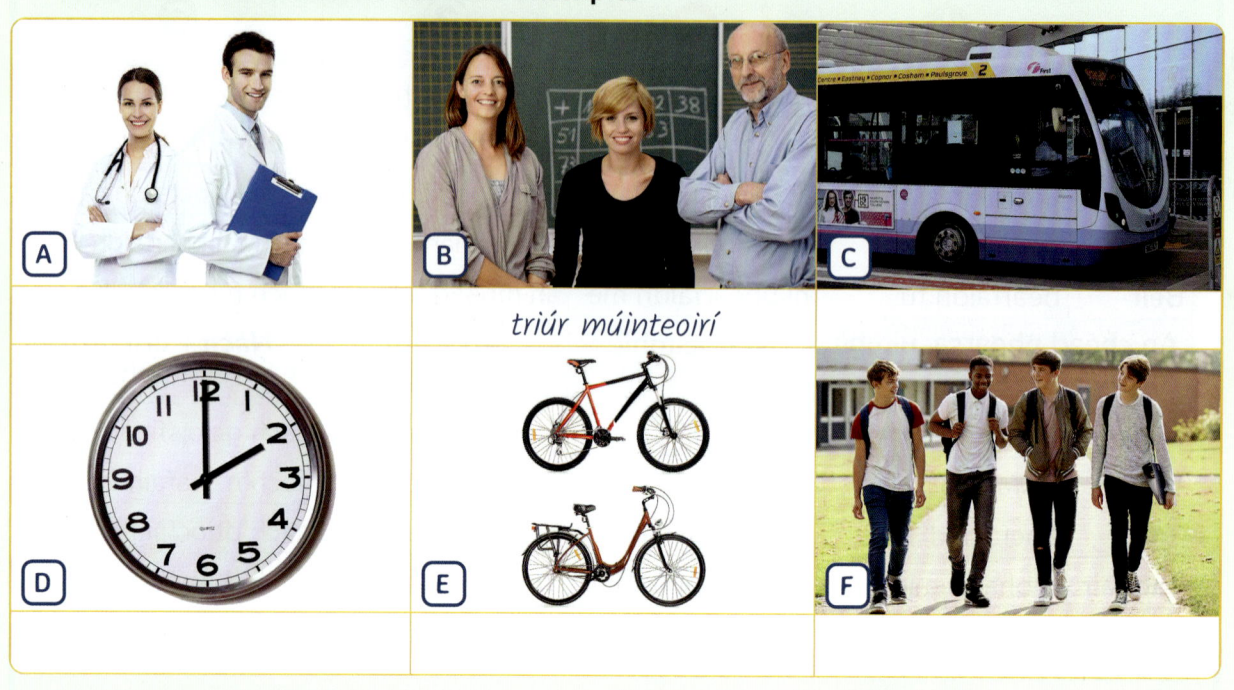

A	B *triúr múinteoirí*	C
D	E	F

2. Scríobh na habairtí seo arís, ach cuir an focal in ionad an fhigiúir. Tá an chéad cheann déanta mar shampla duit.

   1. Chonaic mé 4 daltaí sa chlós. *Chonaic mé ceathrar daltaí sa chlós.*
   2. Tháinig Malcolm ag a 7 a chlog.
   3. Bhí 4 mhadra sa seomra.
   4. Tháinig an 3ú duine ag a 6 a chlog.
   5. Fuair mé 5 litir ón bpríomhoide.
   6. Chuaigh mé go dtí seomra a 4.

Aistriúchán

Cuir Gaeilge ar na habairtí seo.

1. I saw two teachers in the hall.
2. We had four classes every day.
3. The game finished at five o'clock.
4. Kyle was the second person in the kitchen.
5. We finished on page nine.
6. My brother ate three cakes.

Scríobh

Scríobh na habairtí ar fad ón dá thasc thuas arís agus cuir iad san aimsir fháistineach. Tá an chéad cheann déanta duit mar shampla.

1 Feicfidh mé ceathrar daltaí sa chlós.

> **LG** Déan an tasc ar lch 96.

Litir chuig do chara

Léamh

Léigh an litir thíos agus freagair na ceisteanna a théann léi.

seoladh — Spleodar, Ros Muc, Co. na Gaillimhe

dáta — 17 Lúnasa 2021

beannú — A Liam, a chara,

tús na litreach
Cé chaoi a bhfuil tú? Bhí áthas an domhain orm nuair a thug an cinnire do litir dom an tseachtain seo caite. Go raibh míle maith agat as an leabhar nótaí freisin. Táim chun focail nua a chur ann. Tá brón orm nár scríobh mé ní ba luaithe ach, mar is eol duit, táim an-ghnóthach anseo i Ros Muc.

corp na litreach
Táim ag baint an-sult as an gcúrsa. Tá seisear cailíní eile sa teach liom. Is teach beag é agus tá madra gleoite ag bean an tí. Is bean an-chineálta í. Máire is ainm di agus tá beirt pháistí aici. Labhraíonn na páistí Gaeilge linn! Táim ag roinnt seomra le mo chara nua, Aimee. Is as Cathair Chorcaí í agus tá sé ar intinn againn bualadh le chéile ag deireadh an tsamhraidh. Bíonn go leor rudaí éagsúla ar siúl i rith an lae. Bíonn ranganna againn gach maidin agus tá an t-ádh orainn go bhfuil na múinteoirí an-tuisceanach agus an-chabhrach. D'fhoghlaim mé focal nua ag am dinnéir inné. D'fhiafraigh Máire díom an raibh tuilleadh 'fataí' uaim agus níor thuig mé í ar dtús. Ach tuigim anois go gciallaíonn 'fataí' PRÁTAÍ! An bhfuil tú ag baint sult as an gcampa peile? An ndearna tú aon chara nua?

Bhí céilí ar siúl aréir agus bhí téama 'an ghrá' air. Bíonn téama difriúil ag gach céilí agus bíonn seans ag gach teach duais a bhuachan ar an oíche. Faraor, níor bhuamar an duais aréir toisc gur chaith duine amháin feisteas DUBH agus bhí éadaí dearga ar gach duine eile sa teach. Bhuaigh teach mo charad an duais – Mark is ainm dó. Shuigh mé in aice leis ar an gcéad lá agus bhíomar an-mhór le chéile ón tús. Ceapann na cailíní go bhfuil a chroí istigh ionam ach ní aontaím leo!

críoch na litreach
Caithfidh mé imeacht anois toisc go bhfuilimid ag dul chun na trá ar feadh tamaill. Tá an aimsir go haoibhinn inniu, buíochas le Dia. Abair leis an teaghlach go raibh mé ag cur a dtuairisce. Feicfidh mé thú ag deireadh na míosa. Táim ag tnúth go mór leis!
Do chara buan,
Molly

1. Cén fáth nár scríobh Molly chuig Liam ní ba luaithe?
2. Déan cur síos ar an teach ina bhfuil Molly ag fanacht. (Is leor trí abairt.)
3. An dtaitníonn na múinteoirí le Molly, meas tú?
4. Cén focal nua a d'fhoghlaim Molly?
5. Cén téama a bhí ar an gcéilí?
6. Cad a cheapann na cailíní faoi Mark?
7. Cén fáth a bhfuil ar Molly imeacht?
8. An bhfuil Molly ag baint sult as an tréimhse sa Ghaeltacht? (Cuir dhá fháth le do fhreagra.)

Scríobh (Réamh-MRB)

Samhlaigh go bhfuil tú ag freastal ar choláiste Gaeltachta. Scríobh litir chuig cara leat. Bain úsáid as an acmhainn punainne (lch 57) mar chabhair duit.

Aonad 7 — An Ghaeilge

Croí na Gaeilge 1

Dán: 'Oisín i nDiaidh na Féinne'

Is dán é seo faoi Oisín agus na Fianna. Baineann an cineál litríochta seo leis an m**béaloideas**[1]. Feiceann tú an **draíocht**[2] agus **laochra**[3] sna scéalta Fiannaíochta.

Literature

🔊 Éisteacht agus léamh *Rian 2.15*

Éist leis an dán agus tú ag léamh.

Tá téarmaí filíochta le fáil ar lch 284.

OISÍN I nDIAIDH NA FÉINNE
le Tomás F. Mac Anna

← teideal an dáin
← ainm an fhile

Tháinig ar an gcapall bán
Ó Thír na nÓg leis féin
An fear a d'fhág na Fianna tráth
Is d'imigh leis **i gcéin**[4].

Trí chéad bliain a chaith sé ann
Is **ag dul in óige**[5] a bhí
Cé go raibh na Fianna blianta
San **uaigh**[6] ina luí.

'Ná tar anuas den chapall
Nó beidh tú sean, a stór,
Tá na blianta fada caite
Ó chuala Fionn do **ghlór**[7].'

Le **comhairle**[8] Niamh níor éist
An fear ar an gcapall bán,
Is é a bhí óg is láidir
Mar a bhí nuair a d'fhág sé slán.

Oisín an té a tháinig
Is a thit dá chapall bán,
A d'athraigh ina sheanfhear lag
Tar éis na gcéadta **ar fán**[9].

✏️ Scríobh

Freagair na ceisteanna seo faoin dán thuas.

1. Cad é an teideal ar an dán seo?
2. Cad is ainm don fhile?
3. Cé mhéad véarsa atá sa dán?
4. Cén dath atá ar an gcapall sa chéad véarsa?
5. Ainmnigh an aimsir ina bhfuil an chéad véarsa scríofa (cuir tic sa bhosca ceart).

   an aimsir chaite ☐   an aimsir láithreach ☐   an aimsir fháistineach ☐

6. Cuir na briathra seo ón dán san aimsir fháistineach. Tá sampla amháin déanta duit.

Tháinig	D'imigh	Chaith	Bhí	Níor éist	D'fhág	Thit	D'athraigh
					fágfaidh		

7. Scríobh na trí rud is fearr leat faoin dán agus cuir fáthanna leis na rudaí sin. *Leid: téama, íomhá, mothúchán, rím agus rithim*

---

[1] folklore [2] magic [3] heroes [4] far away [5] getting younger [6] grave [7] voice [8] advice [9] wandering/astray

Craobh ghinealaigh

Freagair na ceithre cheist thíos bunaithe ar an eolas sa chraobh ghinealaigh.

Fionn Mac Cumhaill + Sadhbh   **Manannán Mac Lir + Áine**

  Oisín + Niamh Chinn Óir   **Clíodhna**   **Eachdonn**

  Oscar   Fionn   Plúr na mBan

1. Ainmnigh an mac agus na garpháistí atá ag Fionn Mac Cumhaill.
2. Ainmnigh an bheirt daideo sa chraobh ghinealaigh seo.
3. Cé mhéad siblíní atá ag Niamh Chinn Óir?
4. Cé mhéad deartháir atá ag Plúr na mBan?

Éisteacht Rian 2.16

Ag deireadh an chéilí sa Ghaeltacht, canann daoine an t-amhrán náisiúnta. Éist leis.

AMHRÁN NA bhFIANN

Sinne Fianna Fáil atá faoi gheall ag Éirinn,
Buíon dár slua thar toinn do ráinig chugainn,
Faoi mhóid bheith saor, seantír ár sinsear feasta,
Ní fhágfar faoin tíorán ná faoin tráill.
Anocht a théam sa bhearna bhaoil,
Le gean ar Ghaeil, chun báis nó saoil,
Le gunna-scréach, faoi lámhach na bpiléar,
Seo libh canaig' amhrán na bhFiann.

Léamh

> Tá téarmaí amhránaíochta le fáil ar lch 288.

Léigh na fíricí faoin amhrán seo.

1. Scríobh Peadar Kearney na liricí don amhrán sa bhliain 1909 nó 1910.
2. Chuir Patrick Heaney ceol leis na liricí.
3. Chuir Liam Ó Rinn Gaeilge ar an amhrán náisiúnta.
4. Cloiseann tú canúint na Mumhan sna focail (**Samplaí:** *ráinig* agus *a théam*).
5. Cheannaigh duine éigin an **bhunchóip**[1] den amhrán ar €760,000 sa bhliain 2006.

Idirghníomhú cainte

Cuir na ceisteanna seo ar dhuine éigin eile sa rang.

1. Ar chuala tú an t-amhrán seo cheana féin?
2. Cár chuala tú an t-amhrán seo?
3. Céard a dhéanann daoine nuair a chanann siad an t-amhrán seo?
4. Cathain a chanann daoine 'Amhrán na bhFiann'?

[1] *original copy*

Naomh Pádraig

Léamh

Léigh an téacs thíos agus freagair na ceisteanna a théann leis.

Sa scéal 'Oisín i dTír na nÓg', buaileann Oisín le Naomh Pádraig sula bhfaigheann sé bás. Ar an 17ú lá de mhí an Mhárta bíonn Lá Fhéile Pádraig ar siúl. Bíonn **mórshiúl**[1] i ngach baile mór timpeall na hÉireann agus in áiteanna eile timpeall an domhain. Feiceann tú grúpaí ceoil agus flótaí ar na sráideanna i ngach contae in Éirinn.

Ach tá lá éigin eile i gContae Mhaigh Eo a bhaineann le Naomh Pádraig. Is é an t-ainm atá ar an lá seo ná **Domhnach na Cruaiche**[2]. Téann daoine ar an lá seo chuig an g**cnoc**[3] i gContae Mhaigh Eo darb ainm Cruach Phádraig. Tá an cnoc 765 mhéadar ar airde. Ag deireadh mhí Iúil gach bliain téann 25,000 duine chuig an áit agus siúlann siad go dtí barr na cruaiche. Déanann cuid de na daoine é seo gan aon bhróga orthu.

Tá go leor logainm eile atá bunaithe ar ainm an naoimh seo – mar shampla, Tobar Pádraig i gContae Luimnigh. Is é an spórt is mó sa cheantar sin ná an **iománaíocht**[4]. Tá an logainm Ard Pádraig ar fáil in dhá chontae. Tá ceann amháin i gContae Lú agus ceann eile i gContae Luimnigh. I gContae na Gaillimhe agus i gContae an Dúin tá an logainm Dún Pádraig ann. Is cosúil gur thaisteal an naomh seo ar fud na tíre.

1. Cén duine ar bhuail Oisín leis sula bhfuair sé bás, dar leis an gcéad alt?
2. Cad a bhíonn ar siúl timpeall na tíre ar an 17ú de mhí an Mhárta?
3. Cén contae ina bhfuil Cruach Phádraig suite?
4. Cé mhéad duine a théann ann ar Dhomhnach na Cruaiche?
5. Cad é an spórt is mó i dTobar Pádraig i gContae Luimnigh?
6. Ainmnigh an dá chontae ina bhfuil áiteanna darb ainm Ard Pádraig ann.

[1] parade [2] Reek Sunday [3] hill [4] hurling

An réamhfhocal *chun/chuig*

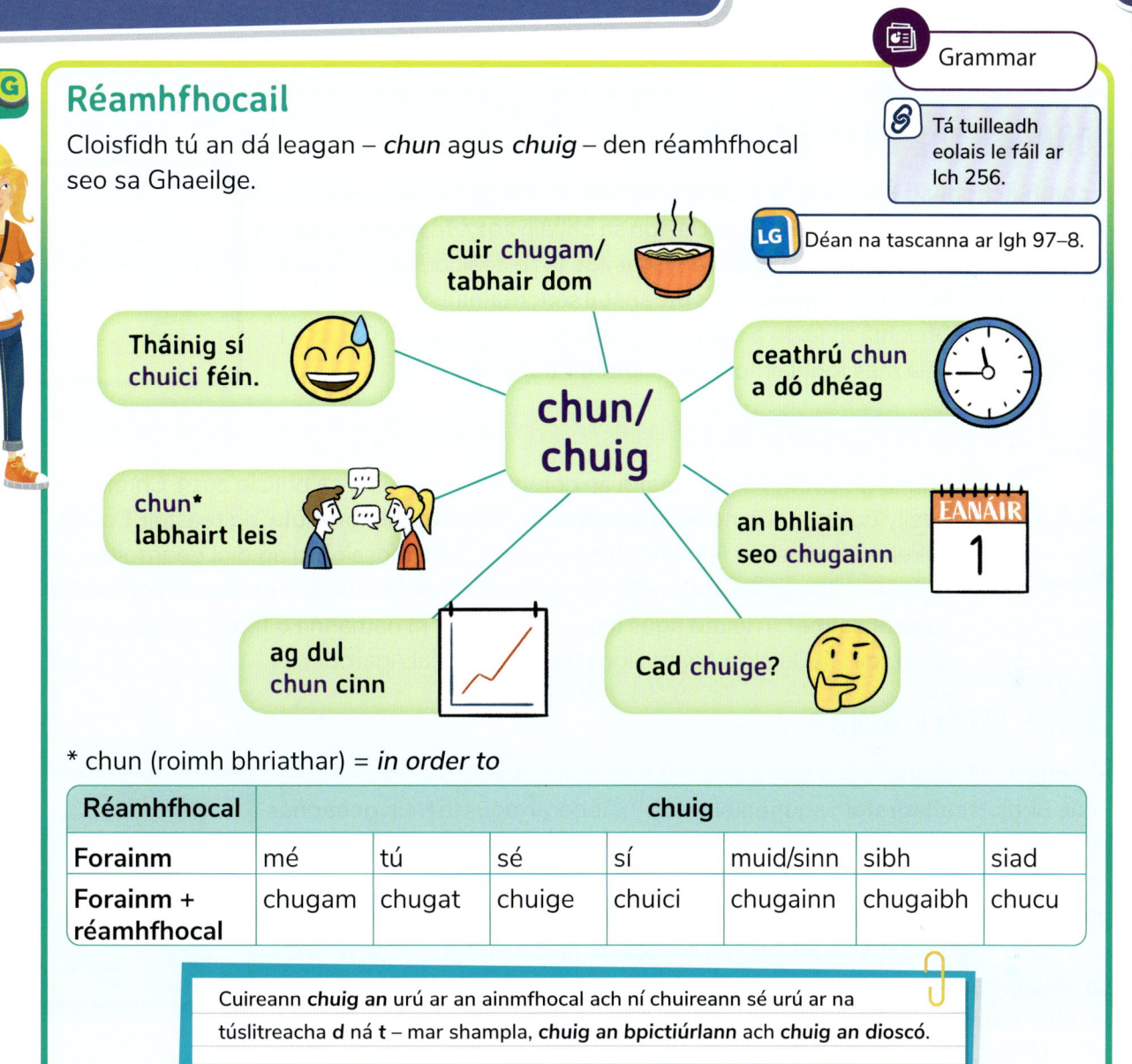

Réamhfhocail

Cloisfidh tú an dá leagan – *chun* agus *chuig* – den réamhfhocal seo sa Ghaeilge.

> Grammar
>
> Tá tuilleadh eolais le fáil ar lch 256.
>
> Déan na tascanna ar lgh 97–8.

chun/chuig
- cuir chugam/tabhair dom
- Tháinig sí chuici féin.
- chun* labhairt leis
- ag dul chun cinn
- ceathrú chun a dó dhéag
- an bhliain seo chugainn
- Cad chuige?

* chun (roimh bhriathar) = *in order to*

Réamhfhocal	chuig						
Forainm	mé	tú	sé	sí	muid/sinn	sibh	siad
Forainm + réamhfhocal	chugam	chugat	chuige	chuici	chugainn	chugaibh	chucu

> Cuireann *chuig an* urú ar an ainmfhocal ach ní chuireann sé urú ar na túslitreacha **d** ná **t** – mar shampla, *chuig an bpictiúrlann* ach *chuig an dioscó*.

🔊 Éisteacht Rian 2.17

Éist leis an taifead agus líon na bearnaí sa scéal beag thíos. Cloisfidh tú an taifead faoi dhó. *Leid: Tá an chuid is mó díobh bunaithe ar an réamhfhocal chun/chuig.*

Is mise Tom. Seo (1)_____ cúpla abairt faoin lá seo. Beidh cruinniú ag mo thuismitheoirí leis na múinteoirí. Tosóidh an cruinniú ag ceathrú (2)_____ a ceathair. Beidh m'athair ag iarraidh labhairt (3)_____ _____ múinteoir mata níos mó ná aon mhúinteoir eile. (4)_____ _____ a mbíonn cruinniú mar seo ann gach bliain? Níl aon ghá leis, i mo thuairim, (5)_____ an fhírinne a rá. Tá súil agam nach mbeidh aon chruinniú ann an bhliain seo (6)_____. Gheobhaidh mé nuacht faoin gcruinniú anocht agus ansin rachaidh mé (7)_____ _____ bpictiúrlann (8)_____ oíche a chaitheamh le mo chairde.

💬 Idirghníomhú cainte

> Tá cluastuiscintí don aonad seo le fáil ar lgh 146–50.

Cruthaigh cúig cheist bunaithe ar an eolas sa scéal thuas agus cuir na ceisteanna sin ar an duine in aice leat. (Tá na ceistfhocail ar fáil ar lch 5.) Cuir na ceisteanna seo ar dhuine eile sa rang chun do chuid Gaeilge a chleachtadh.

Sampla: *Cá mbeidh na tuismitheoirí ag dul anocht?*

Croí na Gaeilge 1

Féiríní Gaelacha

Tá na mílte mílte rogha d'fhéiríní Gaelacha ar fáil faoi láthair. Seo daoibh cúpla sampla.

CONNECT THE DOTS DESIGN

Is **comhlacht beag Éireannach**[1] é Connect the Dots Design. Is múinteoir í Úna Méabh a bhunaigh Connect the Dots Design sa bhliain 2017. Tá **réimse leathan de**[2] chártaí agus priontaí aici a bhfuil an Ghaeilge le feiceáil orthu. Anuas air sin, dhear Úna Méabh **ceap nótaí**[3] agus **pleanálaí seachtainiúil**[4] sa bhliain 2020. Dar léi, tá sé tábhachtach fáilte a chur roimh phíosa beag níos mó Gaeilge i do shaol – is cuma más foghlaimeoir nó **cainteoir líofa**[5] thú.

GAEILGHEANSAÍ

Bhunaigh Cecily Nic Cionnaith an comhlacht beag seo sa bhliain 2019. Chreid Cecily go raibh rud **nua-aimseartha**[6] do **Ghaeilgeoirí bródúla**[7] ag teastáil. Dar léi, cuireann daoine iad féin in iúl trína n-éadaí agus thosaigh sí ag díol geansaithe a bhfuil Gaeilge scríofa orthu. Tá réimse leathan éadaí ar fáil ar an **suíomh gréasáin**[8]. Tá **geansaithe**[9], T-léinte agus hataí á ndíol aici. Tá nathanna difriúla scríofa ar na táirgí, idir 'Tá Gaeilge Agam' agus 'Tá Cúpla Focal Agam'.

THREE LITTLE BIRDS

Is lánúin iad Deborah agus Neil a bhunaigh an comhlacht Éireannach Three Little Birds. Is **callagrafaí**[10] agus **ealaíontóir**[11] í Deborah agus tá Neil **i gceannas ar**[12] na h**íomhánna digiteacha**[13]. Díolann siad táirgí éagsúla i mBéarla agus i nGaeilge. Tá réimse leathan de chártaí agus priontaí ar fáil ar a suíomh gréasáin. Seasann na táirgí le Three Little Birds amach ó tháirgí eile toisc go scríobhtar **foghraíocht**[14] agus **brí**[15] na bhfocal ar na cártaí agus ar na priontaí. Sa bhliain 2020 d'eisigh siad **páipéarachas**[16] den chéad uair riamh agus tá leabhar nótaí, ceap nótaí agus pleanálaí ar fáil uathu anois.

BEANANTEES

Is as Dún na nGall an bheirt bhan a bhunaigh an comhlacht Beanantees. Tá an-suim ag Lana agus Ciara i gcúrsaí faisin agus sa Ghaeilge. Cuireann siad éadaí agus málaí a bhfuil Gaeilge scríofa orthu ar fáil. Tá réimse leathan de mhálaí acu, le **mála smididh**[17] san áireamh. **Dhear**[18] siad **bailiúchán**[19] atá dírithe ar an tsraith *Derry Girls*. Is comhlacht **an-fhaiseanta**[20] é. **Tacaíonn siad le**[21] carthanachtaí difriúla timpeall na tíre freisin.

Pluais an Dragain — Réamh-MRB

Ag obair i ngrúpaí beaga, smaoinigh ar tháirge nua a bhaineann leis an nGaeilge. Scríobh plean gnó don chomhlacht agus cuir an t-eolas i láthair os comhair an ranga. Bain úsáid as an acmhainn punainne (lch 59) mar chabhair duit.

1 small Irish company	6 modern	11 artist	16 stationery	21 they support
2 wide range of	7 proud Irish speakers	12 in charge of	17 make-up bag	
3 notebook	8 website	13 digital images	18 designed	
4 weekly planner	9 jumpers	14 pronunciation	19 collection	
5 fluent speaker	10 calligrapher	15 meaning	20 very fashionable	

Molscéal

Aonad 7 — An Ghaeilge

🌐 Branda nua

Léigh an t-eolas thíos agus déan na tascanna a théann leis.

I bhFómhar sa bhliain 2018, chuir TG4 tús le branda nua, Molscéal. Theastaigh ó TG4 branda nua a thosú chun **díriú ar**[1] chroí phobal na Gaeilge agus chun **ardán**[2] a thabhairt don **lucht féachana**[3] faoi bhun 25 bliana. Tá Molscéal dírithe ar dhaoine a bhfuil an Ghaeilge mar **theanga dhúchais**[4] acu. Eisíonn Molscéal físeáin agus **gearrthóga**[5] a thugann **léargas**[6] ar ócáidí, imeachtaí agus gnéithe den saol Gaeltachta. Bíonn físeáin agus gearrthóga Molscéal ar fáil ar leathanach YouTube TG4. Seo daoibh samplaí de na físeáin.

Spórt

Labhair Deividas Uosis ó Chontae Chiarraí le Molscéal nuair a shínigh sé conradh dhá bhliain chun dul ag imirt AFL go gairmiúil leis na Brisbane Lions san Astráil.

© TG4

Siamsaíocht

Thaispeáin Gráinne agus Carrie an obair a dhéanann siad sna conchróite do Molscéal. Is saineolaithe traenála iad agus cinntíonn an bheirt acu go mbíonn saol an mhadra bháin ag na madraí i gcónaí.

© TG4

Nuacht

Labhair buaiteoirí Eolaí agus Teicneolaí Óg na Bliana (2020), Cormac Harris agus Alan O'Sullivan, le Molscéal. Freastalaíonn an bheirt acu ar Choláiste Choilm i mBaile an Chollaigh i gContae Chorcaí. Bhí tionscadal na ndaltaí dírithe ar steiréitíopaí inscne i measc daltaí bunscoile.

© TG4

🔤 Tasc foclóra

Téigh abhaile agus roghnaigh físeán amháin ón liosta thuas. Féach ar an bhfíseán agus scríobh síos deich bhfocal nua.

✏️ Scríobh

Freagair na ceisteanna seo ar an bhfíseán a roghnaigh tú.

1. Ar thaitin an físeán leat?
2. Cad é an rud is fearr faoin bhfíseán?
3. Ar mhothaigh tú áthasach nó brónach ag féachaint air?

💬 Labhairt

Os comhair an ranga, labhair faoin bhfíseán a roghnaigh tú. Beidh sé seo bunaithe ar an obair bhaile thuas.

> **Vocabulary**
>
> Tá stór focal an aonaid seo le fáil ar lch 309.
>
> **LG** Déan na tascanna ar lgh 99–100.

> **Moladh**
> Déan taifeadadh digiteach den obair seo.

---

[1] focus on   [2] platform   [3] audience   [4] native language   [5] clips   [6] insight

Croí na Gaeilge 1

✓ Measúnú an aonaid

Piarmheasúnú: Tráth na gceist

Déan staidéar ar an aonad seo agus ansin déan an tráth na gceist seo le daoine eile sa rang.

Treoracha

1. Téigí i mbeirteanna. Imríonn beirt in aghaidh beirte.
2. Déanann gach bord 24 stiallach páipéir. Cuir uimhreacha orthu agus cuir iad i gcupán nó bunoscionn ar an mbord.
3. Piocann foireann amháin 15 stiallach.
4. Freagraíonn foireann amháin na ceisteanna sin ón liosta thuas.
5. Freagraíonn an fhoireann eile na ceisteanna eile.
6. Déanaigí seiceáil ar an scór ag an deireadh.

Na ceisteanna

1. Cad is ainm don stáisiún raidió ar 106.4 FM?
2. Cén t-am a thosaíonn an clár *An Bricfeasta Blasta* gach maidin?
3. Scríobh an abairt seo san aimsir chaite: 'Níl aon pheann agam.'
4. Scríobh an abairt seo san aimsir chaite: 'Is peann dearg é.'
5. Scríobh an cheist seo san aimsir chaite: 'Nach múinteoir maith í?'
6. Scríobh an cheist seo san aimsir chaite: 'Nach bhfuil sé sa scoil chéanna?'
7. Cuir an dá fhocal seo san aimsir fháistineach: 'chuaigh mé'.
8. Cuir an dá fhocal seo san aimsir fháistineach: 'fuair mé'.
9. Cuir an focal seo san aimsir fháistineach: 'rinneamar'.
10. Cuir an focal seo san aimsir fháistineach: 'd'itheamar'.
11. Ainmnigh an contae ina bhfuil Cruach Phádraig suite.
12. Ainmnigh an contae ina bhfuil an club iománaíochta Tobar Pádraig.
13. Ainmnigh an chathair ina bhfuil Cultúrlann McAdam Ó Fiaich.
14. Ainmnigh an chathair ina bhfuil Club Chonradh na Gaeilge.
15. Litrigh an forainm réamhfhoclach: *chuig* + *sí* = _____
16. Litrigh an forainm réamhfhoclach: *chuig* + *siad* = _____
17. Líon an bhearna sa seanfhocal seo: 'Giorraíonn _____ bóthar.'
18. Líon an bhearna sa seanfhocal seo: 'Tús maith _____ na hoibre.'
19. Cad a deir daoine i gcanúint Chonnacht in ionad *práta*?
20. Cad a deir daoine i gcanúint Uladh in ionad *freisin*?
21. Cad a deir daoine i gcanúint na Mumhan in ionad *ar ais*?
22. Cad a deir daoine i gcanúint Uladh in ionad *bord*?
23. Cad is ainm do mháthair Niamh Chinn Óir?
24. Cad is ainm do mháthair Oisín?
25. Cé a chuir ceol leis na liricí d''Amhrán na bhFiann'?
26. Cé a chuir Gaeilge ar an amhrán náisiúnta?
27. Cad é an Ghaeilge ar 'stationery'? *Leid: Tosaíonn sé le* p.
28. Cad é an Ghaeilge ar 'make-up bag' *Leid:* m_____ s_____.
29. Cad é an Ghaeilge ar 'clips'? *Leid: Tosaíonn sé le* g.
30. Cad é an Ghaeilge ar 'platform'? *Leid: Tosaíonn sé le* a.

Clár na scór	
Foireann A	**Foireann B**
Ainmneacha:	Ainmneacha:
Scór /15:	Scór /15:

Téigh go dtí **www.edco.ie/croinagaeilge1** agus bain triail as na hidirghníomhaíochtaí.

Conversation video

Worksheet

Aonad 7 — An Ghaeilge

Féinmheasúnú

Nuair atá an piarmheasúnú déanta agat, comhlánaigh an ghreille seo thíos. Léigh gach intinn foghlama agus abairt mhachnaimh sa chéad cholún. An ndearna tú dul chun cinn? Cuir tic sa cholún cuí.

Anois táim in ann . . .	🙂	😐	🙁
m'ainm a scríobh sa chló Gaelach.			
an chopail a úsáid san aimsir chaite.			
litir a leagan amach i gceart.			
plé leis na huimhreacha éagsúla sa Ghaeilge.			
canúintí na Gaeilge a aithint.			
an réamhfhocal *chun/chuig* a úsáid i gceart.			
amhrán náisiúnta na hÉireann a léamh ón tús go dtí an deireadh.			
seanfhocal a chur i mo chuid Gaeilge.			
Déanfaidh mé machnamh ar na habairtí seo a leanas:			
Tá sé suimiúil go bhfuil uimhreacha pearsanta faoi leith ann sa Ghaeilge.			
Cuireann na seanfhocail mé ag smaoineamh faoi rudaí. Tá siad cliste, i mo thuairim.			
Is cinnte go bhfuil an chéad litir i ngach focal Gaeilge fíor-thábhachtach.			

Anois comhlánaigh an plean feabhsúcháin seo thíos. Tá tuilleadh eolais le fáil ar lch 300 chun cabhrú leat.

Trí rud a d'fhoghlaim mé
1 _____
2 _____
3 _____

Dhá rud atá le cleachtadh agam
1 _____
2 _____

Rud a dhéanfaidh mé chun feabhas a chur ar mo chuid Gaeilge

✓ Seiceáil amach

Mar iarfhoghlaim don aonad seo, déan an ghníomhaíocht 'Seiceáil amach' ag **www.edco.ie/croinagaeilge1**. Conas a d'éirigh leat?

Aonad 8
Spórt agus Sláinte

Is fearr an tsláinte ná na táinte.

Torthaí foghlama an aonaid

Cumas cumarsáide
1.6, 1.10, 1.12, 1.14, 1.16, 1.24, 1.25, 1.28

Feasacht teanga agus chultúrtha
2.1, 2.5, 2.6

Féinfheasacht an fhoghlaimeora
3.2, 3.4, 3.6, 3.8

Téacsanna an aonaid

Téacs litríochta

Úrscéal: *An bhFaca Éinne Agaibh Roy Keane?* le Mícheál Ó Ruairc

Téacsanna tacúla eile

Téacs litríochta (rogha eile): *An Rinceoir* (gearrscannán)

Téacsanna eile: An Ghaeilge in Inis, SOAR, Eimear Considine: imreoir den chéad scoth

Acmhainní eile: teanglann.ie, focloir.ie, abair.ie, léaráidí gramadaí, acmhainn punainne, acmhainní digiteacha ag edco.ie/croinagaeilge1

Achoimre ar an aonad seo

Tá an t-aonad seo bunaithe ar an téama 'Spórt agus Sláinte'. Is aonad dul siar é, ina dhaingneoidh na daltaí a gcumas cumarsáide sna scileanna teanga difriúla. Cuirfear béim ar fheasacht teanga agus chultúrtha. Díreofar go háirithe ar an nGaeilge mar theanga, agus ar fheasacht na ndaltaí ar chultúr na teanga agus ar an ilteangachas a chothú. Spreagfar na daltaí chun aiseolas a úsáid, chun cinntí neamhspleácha a dhéanamh mar fhoghlaimeoirí, agus chun féinmheasúnú a dhéanamh ar a ndul chun cinn ag deireadh na chéad bhliana.

San aonad seo foghlaimeoidh an dalta na scileanna seo:

Réamhfhoghlaim	Seiceáil isteach (lch 205)
Léamh	Pól Ó Flannagáin (lch 206), Líon na bearnaí (lch 207), Léamh (lgh 209, 210, 212, 222), An Ghaeilge in Inis (lch 208), Úrscéal: *An bhFaca Éinne Agaibh Roy Keane?* (lch 216), Eimear Considine: imreoir den chéad scoth (lch 224)
Scríobh	Scríobh (lgh 206, 210, 211, 213, 214, 215, 217, 218, 221, 225), Blag (lch 211), Tasc pictiúir (lch 212), Tasc ealaíne (lch 227)
Éisteacht	Éisteacht (lgh 210, 214, 216, 219, 221, 223), Podchraoladh (lch 219)
Labhairt	Labhairt (lgh 207, 210, 211, 213, 218, 221, 225)
Idirghníomhú cainte	Idirghníomhú cainte (lgh 207, 211, 213, 215, 218, 219, 221, 222, 223, 225, 227, 228)
Gramadach	Scríobh (lgh 207, 209, 223), Súilín siar ar na réamhfhocail *ar* agus *ag* (lch 214), Aistriúchán (lch 214), An uimhearthacht (lch 223)
Foclóir	Tasc foclóra (lgh 209, 212, 215, 217, 218, 223, 225), Stór focal (lch 210), Meaitseáil (lgh 211, 213, 219, 220, 226), Líon na bearnaí (lch 217)
Cultúr	An Ghaeilge in Inis (lch 208), Gaeilge faoin spéir (lch 215)
Leabhar gníomhaíochta	Tascanna (lgh 101–16), Cluastuiscint (lgh 151–4)
Measúnú	Piarmheasúnú (lch 228)
Machnamh	Féinmheasúnú (lch 229), Seiceáil amach (lch 229)

Ag deireadh an aonaid seo beidh mé in ann:

- stór focal a bhaineann le spórt a aithint agus a litriú i gceart.
- cur síos níos fearr a dhéanamh ar mo cheantar.
- labhairt faoi spóirt éagsúla sa Ghaeilge.
- tráchtaireacht a dhéanamh as Gaeilge.
- an chopail a cheangal le haidiachtaí i gceart.
- stór focal a bhaineann leis an mbia a aithint agus a litriú i gceart.
- lárnú trí Ghaeilge.
- cluichí a imirt trí Ghaeilge.

Clár an aonaid

Pól Ó Flannagáin 206

An Ghaeilge in Inis 208

Rang corpoideachais 210

An cluiche ceannais 212

Tráchtaireacht ar an spórt 213

Súilín siar ar na réamhfhocail *ar* agus *ag* 214

Gaeilge faoin spéir 215

Úrscéal: *An bhFaca Éinne Agaibh Roy Keane?* 216

Trealamh spóirt 219

An tsláinte 220

An mheabhairshláinte 222

An uimhearthacht 223

Eimear Considine: imreoir den chéad scoth 224

Cluiche corr as Gaeilge 226

Measúnú an aonaid 228

Seiceáil isteach

Mar réamhfhoghlaim don aonad seo, déan an ghníomhaíocht 'Seiceáil isteach' ag **www.edco.ie/croinagaeilge1**. Conas a d'éirigh leat?

Téigh go dtí **www.edco.ie/croinagaeilge1** agus bain triail as na hidirghníomhaíochtaí.

Croí na Gaeilge 1
Pól Ó Flannagáin

📖 Léamh

Léigh an phróifíl seo a scríobh Pól Ó Flannagáin agus freagair na ceisteanna a théann léi.

Pól Ó Flannagáin is ainm dom. Rugadh agus tógadh mé i mBaile Uí Aodha i gContae an Chláir. D'fhreastail mé ar scoil náisiúnta Bhaile Uí Aodha agus ar Choláiste Fhlannáin Naofa in Inis. Is múinteoir Gaeilge agus corpoideachais mé atá ag múineadh in Ardscoil Rís i Luimneach anois. Tá an-suim agam i gcúrsaí Gaeilge agus bhain mé an-taitneamh as an teanga ar scoil. Chuaigh mé chun na Gaeltachta nuair a bhí mé ar meánscoil.

Is aoibhinn liom spórt agus is fearr liom a bheith ag imirt iománaíochta. Téim ag traenáil le mo chlub áitiúil, Baile Uí Aodha. Táim ag imirt le mo chlub le blianta anuas agus is aoibhinn liom a bheith ag dul amach agus ag baint taitnimh as an am faoin spéir. Déanaim cuid anailíse le TG4 ar chluichí Chumann Lúthchleas Gael freisin.

Ceapaim go bhfuil an spórt agus an tsláinte an-tábhachtach. Is rud sóisialta é atá ar fáil san áit ina bhfuil tú i do chónaí agus ar scoil. Má tá tú i do chónaí sa bhaile mór nó amuigh faoin tuath is féidir leat páirt a ghlacadh sa chlub áitiúil. Is é an rud is fearr nó is tábhachtaí faoin spórt ná go ndéanann sé maitheas don tsláinte agus don mheabhairshláinte ach go háirithe.

Bain taitneamh as an gcorpoideachas, as a bheith amuigh san aer, as a bheith folláin agus as a bheith ag dul chun cinn!

✏️ Scríobh

Freagair na ceisteanna seo a leanas.

1. Cár rugadh Pól Ó Flannagáin?
2. Cén mheánscoil ina raibh Pól?
3. Cad é an spórt is fearr leis?
4. Cén obair a dhéanann Pól le TG4?
5. An gceapann Pól go bhfuil an spórt go maith don tsláinte? Cuir tic sa bhosca ceart.

   Ceapann. ☐   Ní cheapann. ☐   Ní deir sé aon rud faoi. ☐

Líon na bearnaí

Léigh an t-alt seo agus líon na bearnaí sna habairtí a ghabhann leis.

Mar a dúirt mé cheana, rugadh agus tógadh mé i (1)_____ Uí Aodha i gContae an Chláir. Tá an Cumann Lúthchleas (2)_____ tábhachtach sa cheantar. (3)_____ an club sa bhliain 1934. Téim ag traenáil trí lá sa tseachtain. Faighim (4)_____ ó mo mham chun na traenála. Éistim leis an gcóitseálaí i gcónaí. Bím ag caint agus ag comhrá le mo chairde sa chlub. Bíonn cluichí ar siúl ag an deireadh (5)_____ sa pháirc áitiúil nó sa bhaile mór. Féachaim ar na cluichí ar an teilifís ar TG4 nó RTÉ ag an deireadh seachtaine sa bhaile. Imríonn Tony Kelly le mo chlub. Is sáriománaí é ach oibríonn sé go crua. Is imreoir sciliúil aclaí é. D'imir sé leis an (6)_____ scoile agus le foireann an chontae chomh maith. Bíonn sé ag cleachtadh gach lá. Sa bhliain 2017 bhuaigh an club (7)_____ an chontae den dara huair. Ba lá speisialta é do gach duine.

Banc focal
Thosaigh, bhfoireann, seachtaine, Gael, síob, craobh, mBaile

Scríobh

Críochnaigh na habairtí seo chun cleachtadh a dhéanamh ar an réamhfhocal sa, ar an gcopail, is, agus ar an aidiacht shealbhach mo.

> Bí cúramach le **d**, **t** agus **s** leis an réamhfhocal **sa** – mar shampla, **sa seomra**.

> Féach ar lgh 239 agus 241 agus ar Léaráid A, Cuid 1 (lch 266).

1. _____ imreoir den scoth é Cian Lynch.
2. Bhuaigh mé an chraobh sa _____ (bliain) 2016.
3. Bím ag cleachtadh sa _____ (baile) gach lá.
4. _____ cóitseálaí maith í mar éisteann sí lena cuid imreoirí.
5. Tá an pháirc áitiúil suite sa _____ (ceantar).
6. Ag an deireadh seachtaine faighim síob ó mo _____ (máthair).
7. Tá mo chlub tábhachtach do gach duine _____ (sa) áit. *Leid: Athraigh an focal sa anseo más gá.*
8. _____ maith liom a bheith ag caint agus ag comhrá le mo _____ (cairde).
9. Féachaimid ar na cluichí ag an deireadh seachtaine sa _____ _____ (seomra suí).
10. Níor éist mé leis an raidió mar níor bhuamar an corn sa _____ (comórtas).

Idirghníomhú cainte

Déan taighde faoi chlub spóirt nó faoi chumann eile i do cheantar agus ansin freagair na ceisteanna thíos do dhuine éigin eile sa rang.

1. Cén bhliain a thosaigh an club seo?
2. Conas a théann siad ag traenáil?
3. Cé hé/hí an t-imreoir is fearr sa chlub?
4. Cén bhliain a bhuaigh siad an chraobh dheireanach?
5. Cén fáth ar maith leat an club?

Critéir ratha:
- Tá abairtí iomlána ag teastáil leis na ceisteanna oscailte anseo.
- Bíodh na freagraí bunaithe ar chlub ó do cheantar féin.

Moladh
Déan taifeadadh digiteach de seo agus coinnigh é i dtaisce.

Labhairt

Déan cur síos ort féin agus ar do cheantar agus labhair ar feadh 45 soicind os comhair an ranga. Is féidir nótaí scríofa a ullmhú don tasc seo. *Leid: Gheobhaidh tú neart tuairimí ón scéal atá ráite ag Pól Ó Flannagáin thuas.*

Croí na Gaeilge 1

An Ghaeilge in Inis

📖 Léamh

Léigh an t-alt seo faoi **athbheochan**[1] na Gaeilge in Inis.

> Beatha an teanga í a labhairt.

Sa bhliain 1900, ní raibh mórán daoine ag labhairt Gaeilge in Inis. Bhí Gaeilge sa cheantar timpeall an bhaile ach ní raibh sí le cloisteáil ar na sráideanna sa bhaile féin. I mí na Samhna 1900 bhunaigh daoine sa bhaile Craobh na hInse de Chonradh na Gaeilge sa tSeanscoil Náisiúnta. Rinne an conradh an-chuid oibre chun an Ghaeilge a choinneáil beo sa cheantar nuair a bhí sé deacair go leor é sin a dhéanamh.

Sa bhliain 1980 tháinig daoine le chéile arís chun an chraobh in Inis a chur ar a cosa. Thosaigh ré nua i saol na Gaeilge in Inis ag an am sin. Chuir daoine tús leis an gComóradh Mhíchíl Cíosóg sa bhliain 1982 agus as sin tháinig naíonra nua agus d'oscail Gaelscoil Mhíchíl Cíosóg in 1983. Tá timpeall 480 dalta ag freastal ar an scoil sin anois. Tá 80 páiste cláraithe sa Naíonra Céimeanna Beaga in aice leis an mbunscoil. Tá an dá ionad Gaeilge seo suite ar an gcampas céanna.

Sa bhliain 1984, bhuaigh Inis Comórtas Náisiúnta Ghlór na nGael, agus as an gceiliúradh den bhua sin tháinig Féile na hInse. Is í sin an Fhéile Ghaeilge is mó sa réigiún, leis na mílte daoine óga ag glacadh páirte inti gach bliain.

Ansin, sa bhliain 1993, d'oscail na doirse i nGaelcholáiste an Chláir. Tá foirgneamh nua á thógáil don scoil faoi láthair. Thosaigh an eagraíocht An Clár as Gaeilge ag obair sa bhliain 2002 chun an Ghaeilge a chur chun cinn mar theanga phobail. Eagraíonn siad raon leathan imeachtaí – mar shampla, Féile Scoldrámaíochta an Chláir, Scléip an tSamhraidh (campaí samhraidh), Gradam Gaeilge an Chláir (do ghnóthaí atá ag feidhmiú trí mheán na Gaeilge), An Ciorcal Cainte (ócáidí seachtainiúla le teacht le chéile trí mheán na Gaeilge) agus Inis Dom (chun siopadóireacht trí mheán na Gaeilge a chur chun cinn).

[1] *revival*

Tá a lán duaiseanna agus gradaim don Ghaeilge buaite ag Inis thar na blianta. Is é an rud is mó a tharla don Ghaeilge i gContae an Chláir leis na blianta ná go bhfuil stádas ag Inis anois mar Bhaile Líonra Gaeilge. Beidh an baile mar chroílár do phleanáil teanga do cheantair na hInse, agus tá fáilte roimh gach duine, idir óg is aosta, a bheith páirteach ann. Nach scéal maith é sin don todhchaí?

Tasc foclóra

Aimsigh na focail seo san fhoclóir nó ar líne le do pháirtnéir in aice leat.

> Chun tuilleadh eolais a fháil faoi conas foclóir a úsáid, féach ar lch 302.

1. sráideanna
2. craobh
3. conradh
4. beo
5. céimeanna
6. faoi láthair
7. ré nua
8. comóradh
9. mílte
10. naíonra
11. foirgneamh
12. teanga phobail
13. ceiliúradh
14. campaí samhraidh
15. féile scoldrámaíochta
16. gnóthaí

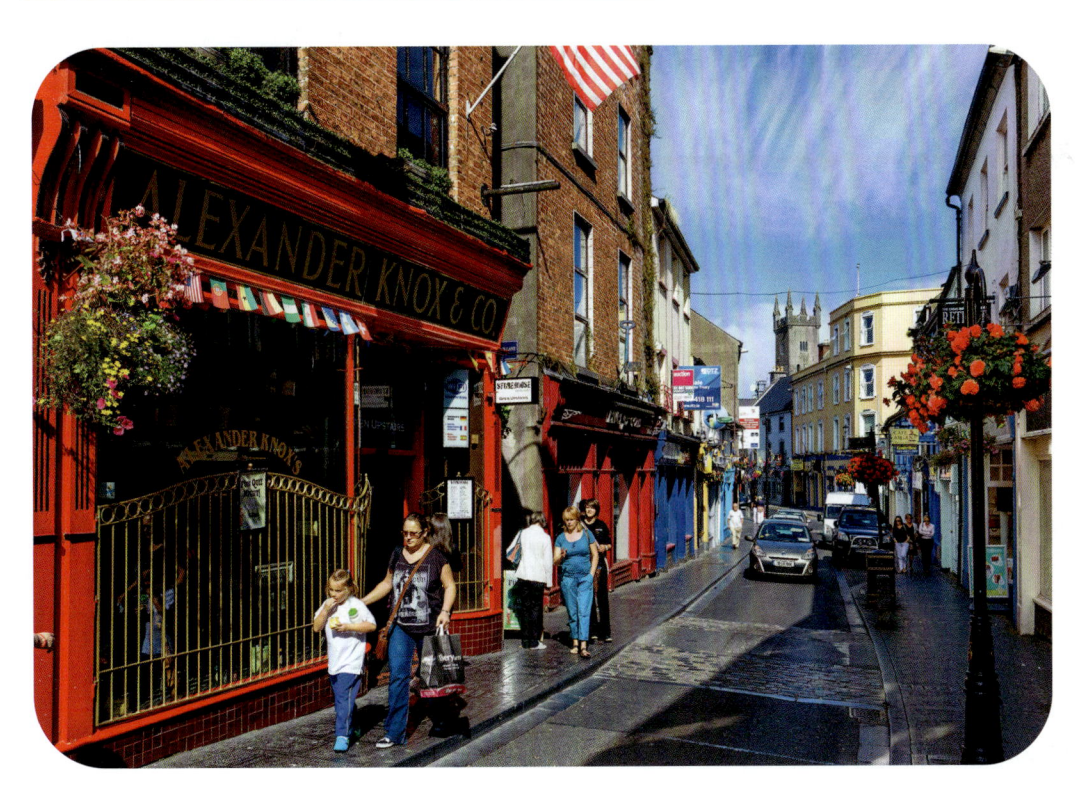

Scríobh

Pioc amach na háiteanna sa téacs thuas ina bhfuil sa + séimhiú agus a + séimhiú.

Sampla: *sa cheantar*

Léamh

Freagair na ceisteanna seo.

1. Cad a bhunaigh daoine in Inis sa bhliain 1900? (Alt 1)
2. Cén fáth a raibh ré nua Ghaeilge in Inis? (Alt 2)
3. Cé mhéad duine óg a ghlacann páirt i bhFéile na hInse? (Alt 3)
4. Céard atá á thógáil ag an ngaelcholáiste faoi láthair? (Alt 4)
5. Conas a chuireann An Clár as Gaeilge an teanga chun cinn? (Alt 4)
6. Cén stádas ó thaobh na Gaeilge atá ag Inis anois? (Alt 5)

LG Déan na tascanna ar lch 101.

Croí na Gaeilge 1

Rang corpoideachais

🔊 Éisteacht Rian 2.18   Animation

> Mol an óige agus tiocfaidh sí.

Líon na bearnaí sa script thíos. Cloisfidh tú an blúirín cainte ó Sheán faoi dhó.

Haigh! Is mise Seán Ó Catháin. Táim ag freastal ar Mheánscoil Iósaf i gContae (1)_____. Bhí imní orm faoi theacht isteach sa chathair den chéad uair don scoil nua. Ach is (2)_____ liom an rang corpoideachais anois ar scoil. Ag tús na bliana, chuir mé síos mo chuid (3)_____. (4)_____ _____ mé páirt i mórán spórt sa bhunscoil agus bhí mé neirbhíseach. Thug mo mhúinteoir cabhair dom. Rinne mé (5)_____ chun na spriocanna seo a chur síos. Ag deireadh na bliana, ba mhaith liom a bheith (6)_____ _____ agus (7)_____ _____. B'fhéidir go ndéanfaidh mé rás áitiúil sa bhaile. Ní dhearna mé ceann riamh! Is (8)_____ iontach é.

Stór focal

ghlac mé páirt	I took part
sprioc/spriocanna	goal/goals
cinneadh	decision
aclaí	fit
níos aclaí	fitter
sláintiúil	healthy
níos sláintiúla	healthier
gaisce	achievement

📖 Léamh

Leis na bearnaí líonta anois, freagair na ceisteanna a ghabhann leis an alt.

1. Cén mheánscoil ar a bhfuil Seán ag freastal?
2. Conas a bhraith sé ar an gcéad lá ar scoil?
3. Cén fáth a raibh sé neirbhíseach ar scoil?
4. Céard ar mhaith leis a bheith in ann a dhéanamh ag deireadh na bliana?

✏️ Scríobh

Cad iad na pleananna agus na spriocanna atá agat don samhradh?
Critéir ratha:

- Scríobh an freagra san aimsir fháistineach.
- Scríobh trí rud a dhéanfaidh tú agus bain úsáid as cúig bhriathar dhifriúla don tasc.
- Níl tú teoranta don spórt don tasc seo.
- Scríobh thart ar 100 focal.

🗣️ Labhairt Réamh-MRB

Roghnaigh cúpla ainm ó hata. Beidh ar na daoine sin labhairt faoi na spriocanna atá acu os comhair an ranga. Bain úsáid as an acmhainn punainne (lch 61) mar chabhair duit.

> **Moladh**
> Déan taifeadadh digiteach de seo agus coinnigh é i dtaisce.

Aonad 8

Spórt agus Sláinte

Idirghníomhú cainte

Labhair faoi na spriocanna atá agat le duine eile sa rang. Cuir ceisteanna ar an duine sin faoi na spriocanna atá acu agus freagair na ceisteanna atá acu faoi do spriocanna féin.
Féach ar lch 5 chun tuairimí a fháil do na ceisteanna.

Scríobh

Cuir na spriocanna seo i do chóipleabhar nó i do dhialann mhachnaimh.

Meaitseáil

LG Déan na tascanna ar lch 102.

Meaitseáil na focail leis na pictiúir thíos.

- **A** fitness app
- **B** orienteering 
- **C** fitness watch 
- **D** basketball game 
- **E** football skills 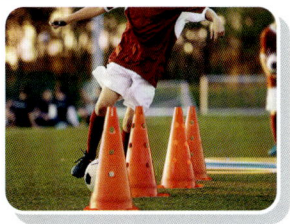
- **F** digital media 
- **G** achievement 
- **H** challenges 
- **I** whistle 
- **J** outdoor adventure 

1 na meáin dhigiteacha	6 eachtraíocht faoin spéir
2 éacht	7 scileanna sacair
3 cluiche cispheile	8 uaireadóir aclaíochta
4 dúshláin	9 feadóg
5 treodóireacht	10 aip aclaíochta

Blag *Réamh-MRB*

Scríobh blag d'irisleabhar na scoile faoin gcorpoideachas ar scoil (80 focal). Bain úsáid as an acmhainn punainne (lch 63) mar chabhair duit.

Critéir ratha:
- Scríobh an blag san aimsir láithreach.
- Bain úsáid as na huimhreacha pearsanta sa bhlag, mar aon le trí fhocal ón liosta thuas.
- Scríobh cúig phointe; bain úsáid as cúig bhriathar éagsúla agus seanfhocal amháin.

Labhairt

Déan taifeadadh den bhlag sa bhaile ar d'fhón póca agus sábháil é don todhchaí.

Moladh
Déan taifeadadh digiteach de dhaoine ag labhairt anseo.

Croí na Gaeilge 1

An cluiche ceannais

> Cleachtadh a dhéanann máistreacht.

🅰 Tasc foclóra

Aimsigh na focail seo san fhoclóir nó ar líne.

1. corn
2. aclaí
3. sciliúil
4. craobh
5. lucht leanúna
6. seomra feistis
7. cluiche ceannais
8. ócáid
9. captaen na foirne
10. óráid
11. meas
12. comhimreoirí

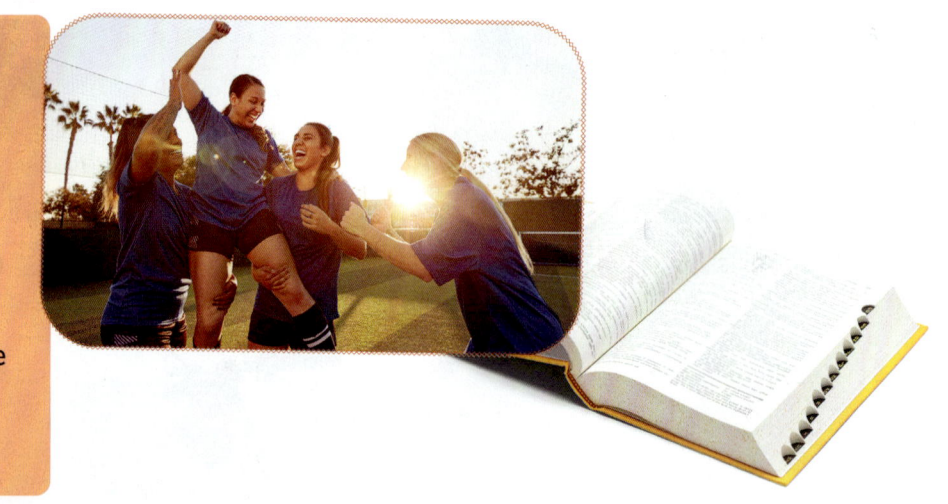

📝 Tasc pictiúir *Réamh-MRB*

Aimsigh pictiúr a bhaineann le spórt agus scríobh alt faoin bpictiúr. Bain úsáid as an acmhainn punainne (lch 65) mar chabhair duit.

Critéir ratha:

- Scríobh é seo san aimsir láithreach agus cuir cúig fhocal ón liosta thuas san alt.
- Coinnigh an pictiúr agus an script i do phunann.
- Is féidir an chéad agus an dara dréacht den script a chur leis an bpictiúr más fearr sin.

📖 Léamh

Léigh an píosa tráchtaireachta seo.

> **ag an + urú**
> Sampla: ag an **bh**foireann

Bhí cumas scórála Clifford thar barr ar an Domhnach. Fuair sé trí chúl. Bhí ionsaithe le luas ag Ciarraí sa chéad leath, ach bhí ráta oibre na Gaillimhe go hiontach agus bhí siad ar ais sa chluiche sa dara leath. Bhí taithí na Gaillimhe le feiceáil go minic sa dara leath. Fuair siad cúl ag an am ceart agus cic éirice ag deireadh an chluiche. Bhí ionsaithe cliste ag an bhfoireann.

Tráchtaireacht ar an spórt

Aonad 8 — Spórt agus Sláinte

Aa Meaitseáil

Meaitseáil na nathanna leis na pictiúir chearta. Gheobhaidh tú tuairimí ón tráchtaireacht thuas.

1	cumas scórála Clifford	5	ionsaithe cliste
2	cúilíní Thiobraid Árann	6	ráta oibre na Gaillimhe
3	cúl ag Tiobraid Árann	7	ionsaí le luas
4	sárthaispeántas	8	cic éirice

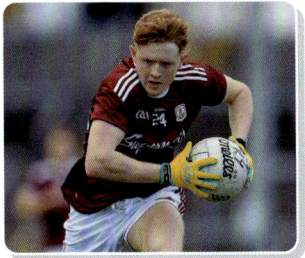

A a speed attack
B Clifford's scoring power 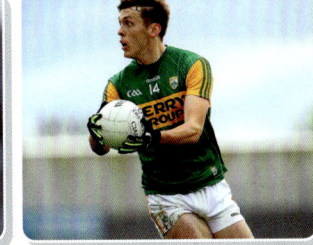
C Galway's rate of work 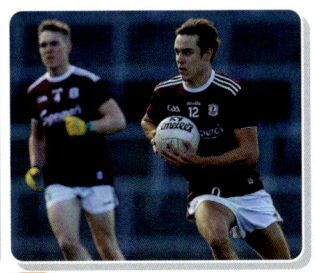
D clever attacks 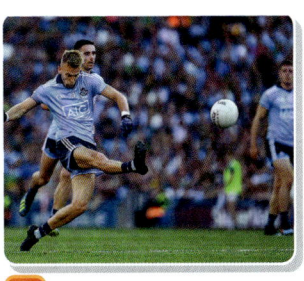
E an excellent exhibition 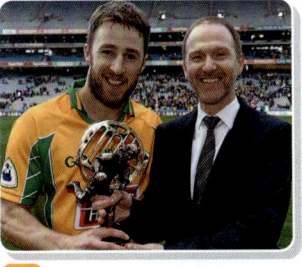
F a goal for Tipperary 
G Tipperary's points 
H a penalty kick 

A	B	C	D	E	F	G	H

Idirghníomhú cainte

Labhair le duine eile sa rang faoi chluiche a chonaic tú le déanaí – beo nó ar an teilifís.

Critéir ratha:

Cé a bhí ag imirt? Cá raibh an cluiche ar siúl? Cén scór a bhí ann? Conas a bhí an aimsir?

Smaoineamh

Déan iarracht an Ghaeilge a labhairt agus tú ag imirt spóirt.

Scríobh

Cuardaigh ar YouTube le haghaidh 'Comórtas Peile na Gaeltachta 2019' agus scríobh tuairisc ar an gcluiche a chonaic tú.

Critéir ratha:

Scríobh trí phointe. Bain úsáid as cúig bhriathar.
Bain úsáid as seanfhocal amháin.

Labhairt

Déan taifeadadh den tuairisc faoin gcluiche a chonaic tú.

Moladh
Déan taifeadadh digiteach de dhaoine ag labhairt anseo.

Croí na Gaeilge 1

Súilín siar ar na réamhfhocail *ar* agus *ag*

Ar agus *ag*

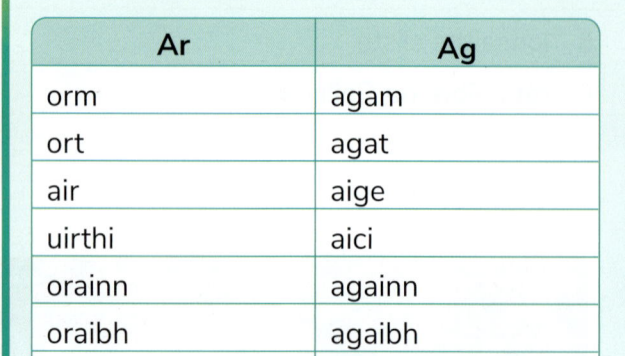

Grammar

Féach ar lch 256.

Ar	Ag
orm	agam
ort	agat
air	aige
uirthi	aici
orainn	againn
oraibh	agaibh
orthu	acu

Nuair atá tú ag caint faoin gcorp tá difríocht mhór ann idir **ar** agus **ag**. Úsáideann tú **ar** do rudaí ar an taobh amuigh – mar shampla, 'Tá gruaig dhubh uirthi.' Úsáideann tú **ag** do rudaí ar an taobh istigh – mar shampla, 'Tá croí mór aige.'

Aistriúchán

LG Déan an tasc ar lch 103.

Cuir Gaeilge ar na habairtí seo.

1. Seán was at the match last night.
2. We will have a match tomorrow.
3. Áine will be watching the television. Leid: DNTLS – bí cúramach!
4. I will be watching them because they are exciting (*corraitheach*).
5. There was a lot of pressure (*brú*) on you (*plural*).
6. The players are wearing green jerseys.
7. We had water at half-time (*leath-am*).
8. You have his football boots.
9. Does she have a brother on the team?
10. She is sad because she didn't see the game.

Éisteacht Rian 2.19

Éist leis na freagraí agus déan seiceáil ar na freagraí atá agat.

Scríobh

Scríobh blag faoin gcaitheamh aimsire nó faoin spórt is fearr leat.

Critéir ratha:
- Cuir cúig phointe san alt.
- Bain úsáid as cúig bhriathar dhifriúla agus seanfhocal amháin sa bhlag.

Gaeilge faoin spéir

Aonad 8 — Spórt agus Sláinte

Tascanna foclóra

Téigí amach (le cead ón múinteoir) ar shiúlóid idir dhá agus trí chiliméadar. Is féidir páirc na scoile a úsáid, fiú (nó is féidir é seo a dhéanamh i mbeirteanna mar obair bhaile). Déan ceann amháin nó dhá cheann de na tascanna seo agus tú ag siúl.

1. Déan nóta ar dheich bhfocal nach bhfuil ar eolas agat fós sa Ghaeilge. Aimsigh iad san fhoclóir sa bhaile. **Sampla:** *footpath – cosán*
2. Céard iad na logainmneacha a thug tú faoi deara ar do shiúlóid? Déan nóta ar an litriú. Bain úsáid as logainm.ie chun iad a aimsiú sa bhaile. Cén míniú atá ar na logainmneacha?
3. Tóg pictiúr nó íomhá i do cheann den radharc is fearr leat ar an tsiúlóid. Aimsigh ceithre fhocal san fhoclóir chun cur síos air. Tarraing pictiúr um thráthnóna don obair bhaile.

> Maireann croí éadrom i bhfad.

Idirghníomhú cainte

Labhair le daoine eile sa rang faoi cheann de na rudaí seo a leanas: mé féin, an spórt, mo theaghlach, mo scoil.

Scríobh

Déan taighde faoi na rudaí éagsúla seo sa cheantar agus scríobh nótaí fúthu.

- logainmneacha
- stair na háite
- comharthaí as Gaeilge

Critéir ratha:

- Scríobh cúig phointe eolais faoin gceantar.
- Bain úsáid as cúig bhriathar dhifriúla.
- Scríobh rud nua nach raibh ar eolas agat cheana.

LG Déan na tascanna ar lgh 104–6.

Smaoineamh

Uaslódáil cúpla grianghraf ón tsiúlóid ar na meáin shóisialta. Déan iarracht na fotheidil a scríobh as Gaeilge.

Croí na Gaeilge 1

Úrscéal: *An bhFaca Éinne Agaibh Roy Keane?*

🔊 **Éisteacht agus léamh** Rian 2.20

Éist leis an sliocht seo as an leabhar *An bhFaca Éinne Agaibh Roy Keane?* agus tú ag léamh.

AN bhFACA ÉINNE AGAIBH ROY KEANE?
le Mícheál Ó Ruairc

Caibidil 14*

Chaith Brian agus Imelda laethanta saoire na Cásca ag staidéar i dteannta a chéile i Leabharlann na Cathrach. Bhíodh Brian ag **dianthraenáil** [sic] gach maidin agus gach tráthnóna **théadh sé** chuig an leabharlann, áit a mbuaileadh sé le hImelda.

Bhí nótaí staidéir iontacha faighte ag Imelda óna múinteoirí agus thug sí do Bhrian iad. Chuidigh na nótaí céanna go mór leis mar bhí sé **titithe siar** go mór ina chuid oibre.

'Má fhaighim onóracha sa Ghaeilge agus sa Bhéarla, is cuma liom faoi na hábhair eile,' dúirt sé léi lá amháin.

'Má éiríonn leat bheith i do réalt mór sacair, déanfaidh tú dearmad ormsa!' arsa Imelda leis lá eile.

Dheargaigh Brian go **bun na gcluas**.

'Ní dhéanfaidh mise dearmad ortsa go deo, a Imelda,' ar seisean os íseal. 'Má éiríonn liom bheith i mo réalt mór sacair an mbeidh tú sásta teacht trasna go Manchain chun a bheith i mo theannta?'

Ba í Imelda a dheargaigh an **babhta** seo.

'Cinnte dearfach beidh mé sásta!' ar sise agus í ag gáire, 'ach caithfimid an Teastas Sóisearach a dhéanamh ar dtús!'

Bhí áthas ar Bhrian go raibh Imelda ina cara aige. Bhí **géarghá** aige le cara maith ag an am sin. Theastaigh uaidh a chuid fadhbanna a roinnt le duine éigin agus bhí Imelda thar a bheith tuisceanach agus báúil.

Thuig sí cé chomh crua is a bhí a shaol sa bhaile agus thuig sí go mbeadh éigeandáil uafásach i ndán dó nuair a chaillfí a athair. Gach oíche deireadh sí paidir roimh dhul a chodladh di go bhfaigheadh Brian áit ar ógfhoireann *Man Utd* mar bheadh sé tubaisteach muna bhfaigheadh agus a athair ag fáil bháis.

Chabhraigh sí leis ina chuid oibre scoile mar thuig sí go mbeadh na laethanta a bhí fágtha idir seo agus an scrúdú ar na laethanta **ba dheacra** i saol Bhriain.

*ábhar dílis

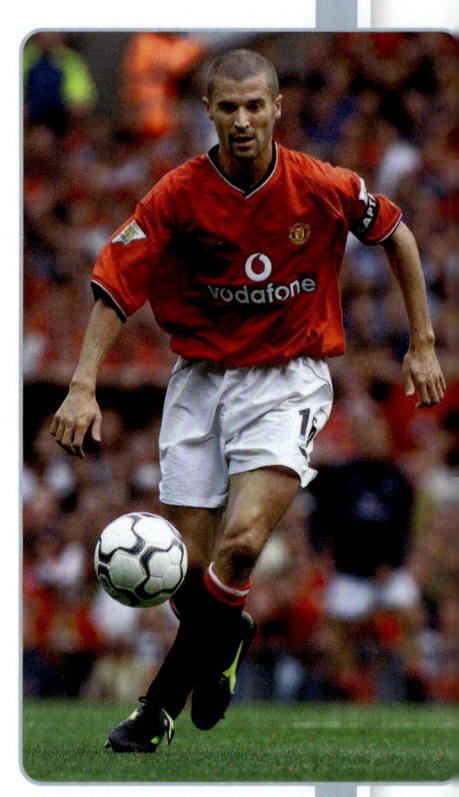

Tá téarmaí úrscéalaíochta le fáil ar lch 290.

Tasc foclóra

Aimsigh na focail seo ar fad san fhoclóir. Déan seiceáil ar gach ceann: an ainmfhocal, briathar nó aidiacht atá ann?

1. réalt
2. cuidigh
3. Manchain
4. babhta
5. géarghá
6. cabhraigh
7. saol
8. paidir
9. tubaisteach

Scríobh

Freagair na ceisteanna seo a leanas.

> Déan na tascanna ar lgh 107–10.

1. Cá raibh Imelda agus Brian ag staidéar?
2. Céard a bhí á dhéanamh ag Brian gach maidin?
3. Conas a thug Imelda cabhair do Bhrian?
4. Cén fáth a raibh géarghá aige le cara maith ag an am sin?
5. Céard a bhí á rá ag Imelda roimh dhul a chodladh?

Líon na bearnaí

Aimsigh na haidiachtaí seo san fhoclóir agus líon na bearnaí sna habairtí thíos.

Banc focal
tuisceanach, dícheallach, dearfacha, dílis

1. Is duine _____ í Imelda mar éisteann sí le fadhbanna Bhriain.
2. Is duine _____ é Brian mar bíonn sé ag traenáil ar maidin agus ag staidéar san oíche.
3. Is duine _____ í Imelda mar bíonn sí ar thaobh Bhriain i gcónaí.
4. Is daoine _____ iad mar smaoiníonn siad ar Bhrian ag imirt mar imreoir proifisiúnta i Sasana.

Idirghníomhú cainte

Labhair le duine eile sa rang faoin bpíosa litríochta seo.
- An cara maith í Imelda?
- Cén fáth?
- Céard iad na tréithe a bhaineann le cara maith?

Noda: cineálta, cneasta, tuisceanach, cairdiúil, beomhar, gealgháireach, cainteach, go maith ag éisteacht, grinn, dílis, srl.

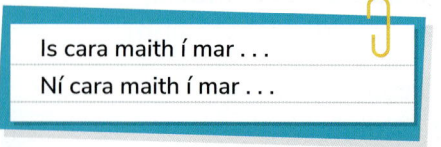

Is cara maith í mar . . .
Ní cara maith í mar . . .

Scríobh

Freagair na ceisteanna seo.
1. Cén sórt duine í Imelda agus cén fáth?
2. Cén sórt duine é Brian agus cén fáth?

Tasc foclóra

Scríobh cúig fhocal nua a d'fhoghlaim tú ón sliocht as an úrscéal.

Scríobh trí bhriathar nua a d'fhoghlaim tú ón sliocht.

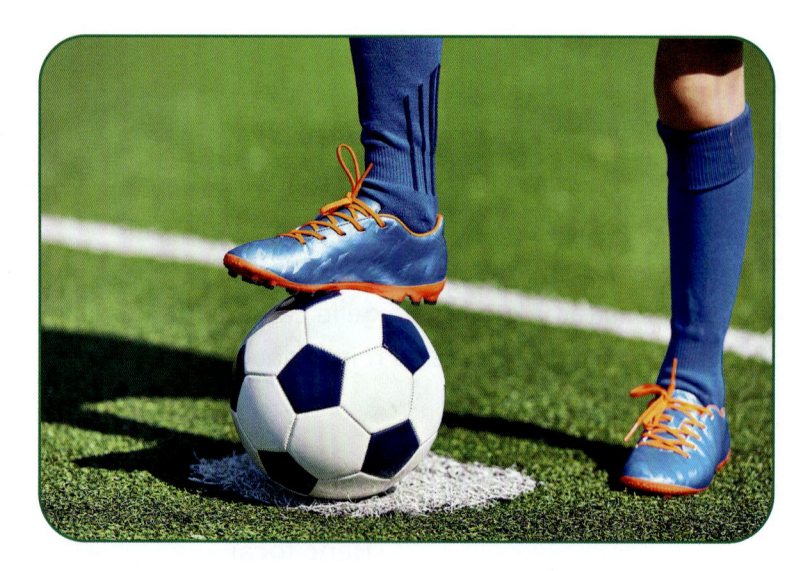

Labhairt *Réamh-MRB*

Labhair ar feadh 30 soicind faoin leabhar nó faoin scannán is fearr leat (níl tú teoranta don spórt anseo). Bain úsáid as an acmhainn punainne (lch 67) mar chabhair duit.

Critéir ratha:
- Labhair faoi na rudaí maithe faoin leabhar nó faoin scannán.
- Labhair faoi rud amháin nach raibh go maith ann.

Moladh
I mbeirteanna, déanaigí taifeadadh digiteach de dhaoine ag caint agus coinnígí é i dtaisce ar do chuntas scoile.

Trealamh spóirt

Aonad 8 — Spórt agus Sláinte

> Ní dhéanfaidh smaoineamh an treabhadh duit.

Meaitseáil

Aimsigh na focail seo san fhoclóir nó ar líne agus meaitseáil na focail leis na pictiúir thíos.

1. mata gleacaíochta
2. dhá chón
3. cuaille
4. meáchain
5. tomhais
6. seisiún aclaíochta
7. siúlóid
8. rothaíocht
9. faoi ghlas
10. blípthástáil
11. bróga reatha
12. culaith chorpoideachais

Podchraoladh

Éist leis *An Spota Dubh* mar phodchraoladh ar spórt (Raidió na Life, 106.4 FM). Cuir meabhrán (*reminder*) ar d'fhón póca ar an lá ina mbeidh rang corpoideachas agat.

Éisteacht   Rian 2.21

Líon na bearnaí. Bain úsáid as na focail atá thuas. Cloisfidh tú an taifead faoi dhó.

Bíonn (1)_____ _____ le Joe Wicks ar siúl gach uile lá ar YouTube agus is breá liom a bheith ag féachaint air roimh an scoil. Go minic téim ag siúl nó ag (2)_____ le mo chairde. Nuair a rothaím ar scoil cuirim mo rothar (3)_____ _____. Bíonn mo dhearthair Séamas ag úsáid na (4)_____ don aclaíocht chomh maith sa teach. Uaireanta cuireann an múinteoir (5)_____ _____ amach sa halla agus glacaim páirt sa (6)_____. Úsáidim (7)_____ éagsúla chun seiceáil a dhéanamh an bhfuil mé ag dul i bhfeabhas. Scríobhaim an t-eolas seo síos i mo leabhar corpoideachais. Nuair a bhíonn rang corpoideachais ar siúl caithim mo (8)_____ _____ agus mo (9)_____ _____.

Idirghníomhú cainte

Labhair leis an duine in aice leat faoi na héadaí spóirt nó faoin bhfaisean is fearr leat.

- Cén siopa is fearr leat?
- An mbíonn na héadaí sin costasach?

Croí na Gaeilge 1
An tsláinte

Aa Meaitseáil

Meaitseáil na pictiúir seo leis na focail. Bain úsáid as tearma.ie nó as d'fhoclóir.

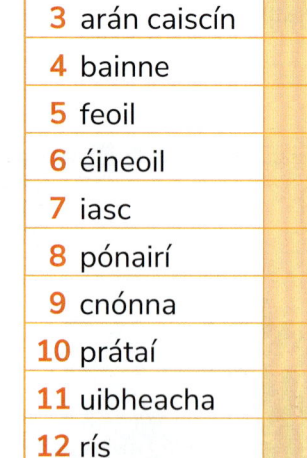

1	glasraí
2	torthaí
3	arán caiscín
4	bainne
5	feoil
6	éineoil
7	iasc
8	pónairí
9	cnónna
10	prátaí
11	uibheacha
12	rís
13	sailéad

Bia Sláintiúil don Bheatha
Pirimid an Bhia

Do dhaoine fásta, déagóirí agus leanaí os cionn cúig bliana d'aois

- **Bianna agus deochanna ina bhfuil a lán saille, siúcra agus salann** — Ní gach lá — Uair nó dhó sa tseachtain ar a mhéad
- **Saillte, leatháin agus olaí** — Méid an-bheag
- **Feoil, éineoil, iasc, uibheacha, pónairí agus cnónna** — 2 Sciar sa lá
- **Bainne, iógart agus cáis** — 3 Sciar sa lá (5 do leanaí idir 9–12 bl. agus leanaí idir 13–18 bl.)
- **Gránaigh agus aráin chaiscín, prátaí, pasta agus rís** — 3–5* Sciar sa lá (Suas le 7* do bhuachaillí sna déaga agus fir idir 19–51 bl.)
- **Glasraí, sailéid agus torthaí** — 5–7 Sciar sa lá

Ól 8 gcupán leachta sa lá, ar a laghad – is é an t-uisce is fearr.

Bí Gníomhach! Chun meáchan sláintiúil a chinntiú, tá sé riachtanach go ndéanfadh daoine fásta gníomhaíocht mheasartha ar feadh 30 nóiméad sa lá, ar a laghad, 5 lá sa tseachtain (nó 150 nóiméad sa tseachtain) ní mór do leanaí gníomhaíocht mheasartha nó dhian a dhéanamh 60 nóiméad gach lá, ar a laghad.

*Treoir Um Sciar Laethúil – gránaigh agus aráin chaiscín, prátaí, pasta agus rís

Gníomhach	Leanbh (5–12)	Déagóir (13–18)	Duine Fásta (19–50)	Duine Fásta (51+)	Neamhghníomhach	Déagóir (13–18)	Duine Fásta (19–50)	Duine Fásta (51+)
👤	3–4	4	4–5	3–4	👤	3	3–4	3
👤	3–5	5–7	5–7	4–5		4–5	4–6	4

Níl aon treoirlínte i dtaca le leanaí neamhghníomhacha mar tá sé riachtanach go mbeadh gach leanbh gníomhach.

Foinse: An Roinn Sláinte/Feidhmeannacht na Seirbhíse Sláinte 2016.

Aonad 8

Spórt agus Sláinte

🔊 Éisteacht Rian 2.22

Éist leis an taifead agus líon na bearnaí, ag féachaint ar an bpirimid ar lch 220.

1. Is féidir leat _____ agus _____ a ithe idir cúig agus seacht n-uaire i rith an lae.
2. Ól ocht _____ leachta sa lá ar a laghad. Is é an t-uisce is fearr.
3. Ithim dhá sciar _____ agus _____ i rith an lae.
4. Uair nó dhó sa tseachtain ithim bianna agus deochanna ina bhfuil a lán _____.
5. Itheann buachaillí sna déaga arán caiscín, _____ agus _____ suas le seacht _____ i rith an lae.
6. Ithim méid _____ saillte, leatháin agus olaí.
7. Is féidir leat _____, _____ agus _____ a ithe trí _____ sa lá.
8. Bí _____ chun meáchan sláintiúil a chinntiú.
9. Déan iarracht 150 _____ gníomhaíochta sa tseachtain a fháil.
10. Tá pirimid an bhia do _____ fásta, do dhéagóirí agus do leanaí os cionn cúig bliana d'aois.

💬 Idirghníomhú cainte

Labhair leis an duine in aice leat faoi do chuid bia. Tá cúpla ceist anseo chun sibh a chur ag caint.

- Cad iad na glasraí a itheann tú?
- An itheann tú feoil nó an feoilséantóir (*vegetarian*) thú?
- An maith leat a bheith ag cócaireacht?
- An itheann tú go leor torthaí gach lá?
- An ólann tú mórán uisce gach lá?

Tóg grianghraf de do dhinnéar sa bhaile agus cuir an haischlib #MammaBia air.

✏️ Scríobh Réamh-MRB

Coinnigh dialann bhia ar feadh trí lá. Líon í gach oíche ag an am céanna agus déan cinnte go bhfuil na briathra san aimsir chaite. Bain úsáid as an acmhainn punainne (lch 69) mar chabhair duit.

Critéir ratha:

- Cad a d'ith mé don bhricfeasta/don lón/don dinnéar?
- An raibh aon sneaic agam?
- Ar ól mé bainne nó uisce nó mianra (*fizzy drink*) i rith an lae?
- Scríobh abairt mhachnaimh ar an dialann.

Moladh
Déan taifeadadh digiteach de dhaoine ag labhairt anseo.

🗣️ Labhairt

Déan taifeadadh (ar d'fhón póca) den eolas atá sa dialann.

LG Déan na tascanna ar lgh 111–12.

Croí na Gaeilge 1

An mheabhairshláinte

> Is é an caidreamh is tábhachtaí sa saol seo ná an ceann leat féin.

Machnamh

Cuardaigh ar YouTube le haghaidh 'Machnamh as Gaeilge: Lárnú' agus bain triail as sa rang. Suigh go compordach ar do chathaoir. Is féidir é seo a dhéanamh sa rang nó lasmuigh faoin spéir. Bain triail as roimh am scoile gach lá.

1. Coinnigh aird ar shruth d'análaithe isteach agus amach.
2. Déan iarracht é a choimeád le ceithre shoicind ar bharr.
3. Déan é seo cúig huaire.

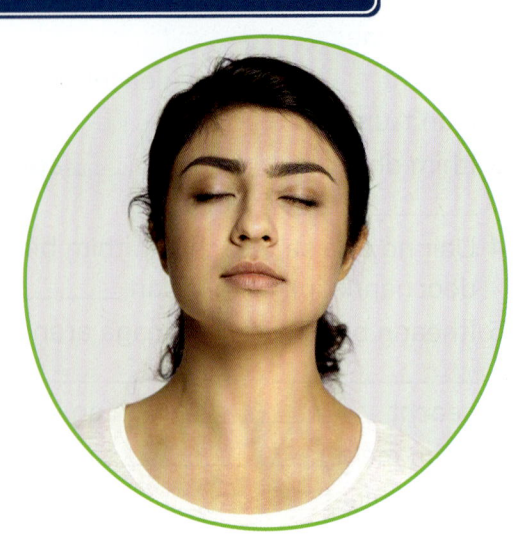

Léamh

Léigh an t-alt thíos agus freagair na ceisteanna a théann leis.

Bhunaigh Tony Griffin agus Karl Swan an eagraíocht SOAR sa bhliain 2012. Is í an aidhm atá ag an eagraíocht ná cumas na ndaoine óga idir 13 agus 18 a fhorbairt. Fuair Tony agus Karl an smaoineamh as an obair a rinne Jim Stynes agus an eagraíocht Reach san Astráil. Tugann a gcuid **ceardlanna**[1] seans do dhaoine óga a bheith iad féin agus cumhacht a fháil as sin. Ó 2012, d'oibrigh an fhoireann seo le níos mó ná 34,000 daoine óga ar fud na tíre. Tugann siad comhairle agus tacaíocht do dhaoine óga trí na ceardlanna seo.

SOAR

'Bí tú féin. Is é sin an rud is cumhachtaí agus is cróga gur féidir leat a dhéanamh. Aimsigh é sin.'

1. Cén aois atá an eagraíocht SOAR?
2. Cé mhéad duine a bhunaigh í?
3. Cén tír ina bhfuil an eagraíocht Reach bunaithe?
4. Ainmnigh dhá rud a chuireann na ceardlanna thuasluaite ar fáil.

Idirghníomhú cainte

Labhair leis an duine in aice leat faoi na rudaí a dhéanann tú chun do scíth a ligean.
Noda: Éistim le ceol, imrím spórt, labhraím le mo chairde, téim ag rith.

Critéir ratha:
- An éisteann tú le ceol? Cén sórt?
- Cad é an spórt is fearr leat?

> do scíth a ligean – *to relax*
> Cuimhnigh: Ní thógann **sc**, **sm**, **sp** ná **st** séimhiú!

LG Déan na tascanna ar lch 113.

[1] workshops

An uimhearthacht

Aonad 8 — Spórt agus Sláinte

Cuimhnigh: *ar* + séimhiú

Súil siar ar na huimhreacha

Scríobh an fhoirm cheart de na focail idir lúibíní. Cuir focail in áit na bhfigiúirí.

1. Bhí ceithre _____ (cluiche) á imirt sa halla spóirt inné.
2. Déanaim taifeadadh[1] ar chúig _____ (gníomhaíocht[2]) sa rang.
3. Ghlac _____ (7) páirt sa chluiche cispheile.
4. Scríobh mé síos sprioc _____ (1) don bhliain.
5. Thug mé cabhair don mhúinteoir agus bhailigh[3] mé trí _____. (cuaille[4])
6. Bhí foireann le _____ (5) os comhair _____ (3) agus bhí sé míchothrom[5].
7. Bhain mé taitneamh as an rang, cé nach raibh ach _____ (10) ann.
8. Ní fhaca mé an _____ (2) liathróid ag teacht i mo threo agus shleamhnaigh mé sa halla.
9. Tá trí _____ (aip) aclaíochta ar m'fhón anois. Is rudaí áisiúla iad.
10. Chuaigh _____ (7) ar an mbus chuig an gcluiche cispheile.

Tasc foclóra

Cuir Gaeilge ar na himeachtaí seo.

1.
2.
3.
4.

Anois, aimsigh sé ghníomhaíocht eile.

> Tá tuilleadh cleachtaí le fáil sa mhír ghramadaí (lch 230).

Scríobh

Cuir na briathra seo san aimsir láithreach.

(1)_____ (Éirigh + mé) réidh sa seomra feistis. (2)_____ (Téigh + mé) isteach sa rang ag caint agus ag comhrá le mo chairde. (3)_____ (Éist + mé) leis an múinteoir faoi sprioc an ranga. (4)_____ (Glac + mé) páirt i ngníomhaíochtaí éagsúla – mar shampla, an eitpheil agus an chispheil. (5)_____ (Faigh + mé) eolas amach faoi na tascanna a bhíonn ar siúl gach seachtain. (6)_____ (Cuir + mé) plean le chéile le mo chairde. (7)_____ (Déan + mé) mo chuid obair bhaile. (8)_____ (Téigh + mé) ag rith le linn na seachtaine. (9)_____ (Scríobh + mé) nótaí faoin dul chun cinn sa leabhar corpoideachais. Ba mhaith liom a bheith i mo mhúinteoir corpoideachais.

Éisteacht Rian 2.23

> **LG** Tá cluastuiscintí don aonad seo le fáil ar lgh 151–4.

Éist leis an taifead agus déan seiceáil ar do fhreagraí féin. Cloisfidh tú an taifead faoi dhó.

Idirghníomhú cainte

Labhair le duine eile sa rang faoin gcorpoideachas nó faoin ábhar is fearr leat ar scoil.

Critéir ratha: Cá mbíonn an rang ar siúl? Cathain a bhíonn sé ar siúl? An mbíonn mórán obair bhaile i gceist?

[1] recording [2] activity [3] gather up [4] goalposts [5] unfair

Eimear Considine: imreoir den chéad scoth

Léamh

Léigh an t-alt thíos agus déan na tascanna a théann leis.

Dia dhaoibh, a chairde! Is mise Eimear Considine agus is imreoir rugbaí mé. Rugadh mé i gCill Mhichíl in iarthar Chontae an Chláir. Tá cúigear i mo theaghlach – mo mham, mo dhaid, mo dheirfiúr Ailish, mo dheartháir Keith agus mé féin, dar ndóigh.

Tá suim ollmhór agam sa spórt. D'fhás mé aníos ag imirt le hAilish agus Keith ar chúl an tí. D'imir mé beagnach gach saghas spóirt nuair a bhí mé níos óige. D'imir mé peil Ghaelach, camógaíocht agus eitpheil. Ba bhall mé den chumann lúthchleasaíochta áitiúil freisin.

Nuair a d'fhreastail mé ar an meánscoil, thosaigh mé ag imirt cispheile den chéad uair agus thaitin sé go mór liom mar bhí mé ag imirt le mo chairde agus d'fhoghlaim mé scileanna nua. D'imir mé peil le Cill Mhichíl agus d'imir mé camógaíocht le Cill Mháille.

Fuair mé post i mBaile Átha Cliath mar mhúinteoir corpoideachais agus Gaeilge sa bhliain 2012. Thóg mé rugbaí suas sa bhliain 2015. Bhí sé dúshlánach ar dtús agus ní raibh a lán eolais agam faoi rugbaí ach lean mé ar aghaidh ag cleachtadh. Thosaigh mé ag imirt seachtar an taobh agus chuaigh mé timpeall an domhain ag imirt rugbaí. Bhí an t-ádh liom! Bhí mé san Astráil, sna Stáit Aontaithe agus sa Bhrasaíl. Fuair mé mo chéad chaipín sa Rúis in 2016. Ba mhór an onóir é!

tackleyourfeelings.com

Anois imrím rugbaí le UL Bohemian, le Cúige Mumhan agus le foireann na hÉireann i gCraobh na Sé Náisiún agus is lánchúlaí mé. Caithim uimhir 15 ar an bpáirc. Bímid gnóthach i rith na seachtaine ag traenáil in Sport Ireland Campus i mBaile Átha Cliath agus de ghnáth bíonn cluichí againn ag an deireadh seachtaine.

Anuraidh, thosaigh mé ag imirt peile le Cill Mhichíl arís agus bhuamar craobh an chontae den chéad uair. Gan dabht, ba é sin an lá ab fhearr i mo chuimhne mar bhuaigh mé an chraobh le mo chlann, mo chomharsana agus mo chairde.

Is ambasadóir mé do na feachtais Seachtain na Gaeilge agus Tackle Your Feelings. Tá an feachtas Tackle Your Feelings ag baint le meabhairshláinte. Tá sé tábhachtach a bheith sláintiúil i do chorp agus i d'intinn freisin.

Tasc foclóra

Aimsigh na heochairfhocail seo ar líne nó i d'fhoclóir.

1 cumann lúthchleasaíochta   2 ag cleachtadh
3 gnóthach   4 feachtas

Scríobh

Freagair na ceisteanna seo a leanas.

1 Cár rugadh Eimear?
2 Cé mhéad deartháir agus deirfiúr atá aici?
3 Céard iad na spóirt dhifriúla a d'imir sí sa bhaile?
4 Cén post atá ag Eimear?
5 Cén fhoireann a thosaigh Eimear ag imirt rugbaí léi anuraidh?
6 Cén áit ar an bpáirc ina n-imríonn Eimear anois?
7 Cá ndéanann sí a cuid traenála i rith na seachtaine?
8 Cén chraobh a bhuaigh sí le déanaí a raibh sí an-bhródúil aisti?
9 Tá Eimear mar ambasadóir i mbun feachtais Tackle Your Feelings agus Seachtain na Gaeilge. Cén fáth a bhfuil siad tábhachtach?
10 Cén fáth a bhfuil an spórt tábhachtach d'Eimear, i do thuairim féin?

Idirghníomhú cainte

Labhair le duine eile faoi na rudaí a chuireann áthas ort.

Noda: cairde nó daoine eile i do shaol, rudaí maithe ar scoil, laethanta saoire, leathlá ón scoil!

Labhairt

Scríobh nótaí ón tasc thuas agus déan script ó na nótaí seo. Léigh amach é os comhair an ranga.

Déan machnamh ar na rudaí a d'fhoghlaim tú sa tasc seo. Scríobh trí phointe machnaimh i do chóipleabhar.

Moladh
Déan taifeadadh digiteach de seo agus coinnigh é i dtaisce.

LG Déan na tascanna ar lgh 114–16.

Aonad 8 — Spórt agus Sláinte

Croí na Gaeilge 1

Cluiche corr as Gaeilge

Téigh amach sa pháirc imeartha chun cluiche corr a imirt as Gaeilge. Is féidir ullmhúchán a dhéanamh (ar an stór focal agus ar na rialacha) sa chéad rang agus ansin is féidir dul amach faoin spéir sa dara rang.

Meaitseáil

Meaitseáil na focail Ghaeilge leis na focail Bhéarla.

1 caiteoir	A third base
2 slacaí	B the next base
3 imreoir páirce	C pitcher
4 an chéad daoradh	D second base
5 an dara daoradh	E fourth base
6 an tríú daoradh	F move to
7 an ceathrú daoradh	G field player
8 gluais go dtí	H first base
9 an chéad daoradh eile	I batter

A	B	C	D	E	F	G	H	I

Vocabulary

Tá stór focal an aonaid seo le fáil ar lch 310.

Ná déan dearmad nach gcuireann tú séimhiú ar **d, t** ná **s** leis an orduimhir an **chéad**. Cuireann gach orduimhir eile **h** roimh ghuta – mar shampla, sa **dara h**áit.

Idirghníomhú cainte

Labhair leis an duine in aice leat. Pléigh an cluiche idir beirt.
1. Céard iad na rudaí atá ag teastáil do chluiche mar seo? Déan liosta.
2. Céard iad rialacha an chluiche?

Labhair leis na múinteoirí corpoideachais chun trealamh a fháil (ceithre chón, bataí, liathróidí leadóige, bibí).

Rialacha

- Bíonn dhá fhoireann ann. Bíonn foireann amháin mar shlacaithe agus foireann eile mar imreoirí páirce.
- Roghnaigh duine amháin ó na himreoirí páirce mar chaiteoir. (Athraigh é seo gach cúig nóiméad.)
- Cuir ceithre dhaoradh amach ar an bpáirc.
- Caitheann an caiteoir an liathróid chuig an slacaí agus déanann an slacaí iarracht í a bhualadh. Bíonn trí sheans ann. Mura mbuaileann an slacaí an liathróid an tríú huair, tá sé/sí amuigh.
- Marcáil spás timpeall an tslacaí le ceithre chón. Níl cead ag aon duine eile a bheith sa bhosca seo.
- Nuair a bhuaileann an slacaí an liathróid, gluaiseann sé/sí chuig an gcéad daoradh eile.
- Bí ag comhaireamh na rití a dhéanann an fhoireann slacaithe ón gcéad daoradh go dtí an deireadh.
- Ní féidir dul thar dhuine eile ag daoradh ar bith.
- Má bhuaileann na himreoirí páirce daoradh atá tú ag dul chuige, tá tú amuigh.
- Tabhair seans don chéad duine eile. Bíonn gach duine ag imirt.
- Scar an pháirc in dhá leath más maith leat dhá chluiche a bheith ar siúl ag an am céanna.

Tasc ealaíne

Tarraing pictiúr i do chóipleabhair faoin bplean chun an cluiche seo a imirt. Scríobh na focail nua atá ar eolas agat anois.

Céard a dhéanfaidh tú chun an cluiche a fheabhsú?

Leid: Aimsir fháistineach – Beidh . . .

Croí na Gaeilge 1

✅ Measúnú an aonaid

Piarmheasúnú: Idirghníomhú cainte

Labhair le duine eile sa rang faoi thrí cinn de na topaicí seo ar feadh 30 soicind do gach ceann.

• an Ghaeilge i do cheantar	• an caitheamh aimsire is fearr leat
• do rang corpoideachais	• cúrsaí sláinte agus bia
• cluiche a chonaic tú le déanaí	• na rudaí a dhéanann tú chun do scíth a ligean
• trealamh spóirt a úsáideann tú	• mná sa spórt
• an fhoireann is fearr leat	• an Ghaeilge amuigh faoin spéir

Ansin tóg comhairle ó do pháirtnéir faoi na rudaí gur féidir leat a dhéanamh chun do chuid Gaeilge labhartha a fheabhsú.

Scríobh tuairimí bunaithe ar an gcomhairle a fhaigheann tú.

Critéir ratha:
- Céard iad na topaicí a bhfuil tú compordach leo?
- Céard iad na topaicí a bhfuil ort dul siar orthu?
- Céard a cheap tú faoin aonad seo? *Leid: Aimsir chaite – Cheap mé go raibh . . .*

Téigh go dtí **www.edco.ie/croinagaeilge1** agus bain triail as na hidirghníomhaíochtaí.

Conversation video

Worksheet

Aonad 8

Spórt agus Sláinte

Féinmheasúnú

Nuair atá an piarmheasúnú déanta agat, comhlánaigh an ghreille seo thíos. Léigh gach intinn foghlama agus abairt mhachnaimh sa chéad cholún. An ndearna tú dul chun cinn? Cuir tic sa cholún cuí.

Anois táim in ann . . .	🙂	😐	😟
stór focal a bhaineann le spórt a aithint agus a litriú i gceart.			
cur síos níos fearr a dhéanamh ar mo cheantar.			
labhairt faoi spóirt éagsúla sa Ghaeilge.			
tráchtaireacht a dhéanamh as Gaeilge.			
an chopail a cheangal le haidiachtaí i gceart.			
stór focal a bhaineann leis an mbia a aithint agus a litriú i gceart.			
Iárnú trí Ghaeilge.			
cluichí a imirt trí Ghaeilge.			
Déanfaidh mé machnamh ar na habairtí seo a leanas:			
Is cinnte go bhfuil na ceistfhocail tábhachtach don chumarsáid.			
Táim ag éirí níos compordaí ag labhairt os comhair an ranga.			
Is féidir liom a lán Gaeilge a fhoghlaim ó na daltaí eile i mo rang.			

Anois comhlánaigh an plean feabhsúcháin seo thíos. Tá tuilleadh eolais le fáil ar lch 300 chun cabhrú leat.

Trí rud a d'fhoghlaim mé

1 _____
2 _____
3 _____

Dhá rud atá le cleachtadh agam

1 _____
2 _____

Rud a dhéanfaidh mé chun feabhas a chur ar mo chuid Gaeilge

☑ ### Seiceáil amach

Mar iarfhoghlaim don aonad seo, déan an ghníomhaíocht 'Seiceáil amach' ag **www.edco.ie/croinagaeilge1**. Conas a d'éirigh leat?

Gramadach

Clár

Na ranna cainte	230	Briathra frásacha	255
Litriú agus poncaíocht: liosta leideanna	232	Na forainmneacha réamhfhoclacha	256
An, rí na bhfocal	234	Na briathra: achoimre den fhoirm dhiúltach	258
Inscne an ainmfhocail: treoirlínte	236	Na briathra: achoimre den fhoirm cheisteach	260
Isteach/istigh & *Amach/amuigh*	238	An difríocht idir *tá* agus *bíonn*	262
An aidiacht shealbhach	239	An bhreischéim agus an tsárchéim	264
An séimhiú (*lenition*)	240	Léaráid A, Cuid 1: An briathar *bí* agus an chopail, *is*	266
An t-urú (*eclipsis*)	242	Léaráid A, Cuid 2: Na briathra rialta	268
Na briathra: an chéad réimniú	244	Léaráid B, Cuid 1: Na briathra neamhrialta	270
Na briathra: an dara réimniú	246	Léaráid B, Cuid 2: Na briathra neamhrialta	272
Na briathra rialta: achoimre ar an aimsir chaite	248	Léaráid C, Cuid 1: Na huimhreacha sa Ghaeilge	274
Na briathra rialta: achoimre ar an aimsir láithreach	250	Léaráid C, Cuid 2: Na bunuimhreacha agus na hainmfhocail neamhrialta	276
Na briathra rialta: achoimre ar an aimsir fháistineach	252	Léaráid D, Cuid 1: Teach na réamhfhocal	278
Tagairtí ama do na trí aimsir shimplí	254	Léaráid D, Cuid 2: Caint indíreach	280

Na ranna cainte

Seo iad na sainmhínithe de na ranna cainte ó *An Foclóir Beag* (1991).

1. **ainmfhocal**[1] *fir1* (sa ghramadach) ainm duine nó ruda (mar shampla, is ainmfhocail iad buachaill, Seán, capall, áit)
2. **forainm**[2] *fir4* ainm, sloinne; leasainm; focal ar nós mé, tú, é, í, iad, etc., a úsáidtear in ionad ainmfhocail
3. **aidiacht**[3] *bain3* focal a chuirtear le hainmfhocal chun ciall bhreise a chur leis, ar nós arán *donn*
4. **briathar**[4] *fir1* focal (*briathar béil*); (gramadach) focal a insíonn cad a dhéantar nó a tharlaíonn (*tar, imeoidh, shuigh, seasann* etc.)
5. **dobhriathar**[5] *fir1* focal a chuirtear le briathar, aidiacht nó dobhriathar eile mar bhreis eolais air agus a léiríonn conas, cá mhéad, cathain etc. (*rud a dhéanamh go mall, go hiontach mall, go han-mhall ar fad*)
6. **réamhfhocal**[6] *fir1* focal beag a chuirtear roimh ainmfhocal lena thaispeáint cén bhaint atá aige le focal eile (mar shampla; ar, as, ag, do, de, i, ó etc.)
7. **cónasc**[7] *fir1* ceangal, nasc, focal a cheanglaíonn dhá abairt nó dhá fhocal le chéile (*ach* agus *agus*, mar shampla)

[1] noun [2] pronoun [3] adjective [4] verb [5] adverb [6] preposition [7] conjunction

Torthaí foghlama ón tsonraíocht don tSraith Shóisearach

Is iad seo na torthaí foghlama a bhaineann le tábhacht an fhoclóra. Tá béim faoi leith ar an bhfoclóir sa tsonraíocht nua.

> **Ag díriú ar theanga na Gaeilge mar chóras**
> Ba chóir go mbeadh sé ar chumas an scoláire
> 2.1 difríochtaí suntasacha ó thaobh gramadaí agus comhréire idir an Ghaeilge, Béarla agus teangacha eile a thabhairt faoi deara chun míchruinneas a sheachaint
> 2.2 earráidí pearsanta i labhairt agus i scríobh na teanga a thabhairt faoi deara agus na cúiseanna leo a thuiscint
> 2.3 patrúin teanga mar chomhréir, bhriathra, ainmfhocail, srl., a aithint agus a úsáid
> 2.4 litriú agus poncaíocht cheart a aithint agus a úsáid
> 2.5 taifead a choinneáil ar dhúshláin phearsanta a bhaineann le cruinnúsáid na teanga trí bhlag foghlama pearsanta a chruthú

Scríobh

Cuir na focail seo sna boscaí cearta thíos. Tá cúpla ceann curtha sa ghreille duit mar chúnamh.

1	ceannaím	9	bhí	17	sí		
2	capall	10	faoi	18	rinne		
3	le	11	siopa	19	Luimneach	25	bó
4	mór	12	mé	20	ag	26	sinn
5	agus	13	é	21	roimh	27	ach
6	an Ghaeilge	14	téim	22	óg	28	osclaím
7	d'imríomar	15	clog	23	sean	29	geansaí
8	déanfaimid	16	ollmhargadh	24	seanbhean	30	gorm

Ainmfhocal	Forainm	Aidiacht	Briathar
bó		gorm	

Dobhriathar	Réamhfhocal	Cónasc	

Croí na Gaeilge 1
Litriú agus poncaíocht: liosta leideanna

Litriú na Gaeilge

- **Caol le caol** (*i, e*)
  Samplaí: cóisir, feirmeoir, ciseán, briseann, baileoidh

- **Leathan le leathan** (*a, o, u*)
  Samplaí: urlár, cathair, chuamar, ceannóidh

- **Na comhfhocail** (dhá fhocal curtha le chéile)
  Níl caol le caol nó leathan le leathan i bhfeidhm anseo. Cuireann tú séimhiú ar an dara focal sa chomhfhocal más féidir.
  Samplaí: breithlá, sráidbhaile, drochbhia

- **An séimhiú**
  Ní bhíonn séimhiú riamh ar: *l, n, r, sc, sm, sp* ná *st*.
  Samplaí: mo leabhar, ar scoil, dhá stampa

  > Féach ar lch 240.

- **An t-urú**
  Ní chuirtear urú ar *d* ná *t* tar éis réamhfhocal agus an t-alt.
  Samplaí: ag an dochtúir, ar an talamh

  > Féach ar lch 242.

- **An t-alt**
  an = *the* san uimhir uatha; *na* = *the* san uimhir iolra; níl aon fhocal a chiallaíonn *a* sa Ghaeilge.
  Samplaí: madra – *a dog*; madraí – *dogs*; an madra – *the dog*; na madraí – *the dogs*

- **Na hiarmhíreanna**
  Is féidir *-sa* agus *-se* a chur ar fhocal chun béim a leagan ar an tseilbh.
  Samplaí: mo chótasa, mo chathaoirse

  Is féidir iarmhír a chur ar fhorainm chun béim a leagan air.

An forainm	mé	tú	sé	sí	muid/sinn	sibh	siad
An fhoirm threise	mise	tusa	seisean	sise	muidne/sinne	sibhse	siadsan

Samplaí:

An abairt gan treisiú	An fhoirm threise
Is múinteoir mé.	Is múinteoir mise.
Níl tú ag dul amach anois.	Níl tusa ag dul amach anois.
Tá muid ag imeacht amárach.	Tá muidne ag imeacht amárach.

- **Bunuimhreacha**
  Tá sé níos fearr na huimhreacha 1–19 a scríobh i bhfocal.
  Samplaí: deich mbó, naoi gcapall déag

- **Na huimhreacha pearsanta**
  Is é *beirt* an t-aon uimhir phearsanta a chuireann séimhiú ar an gcéad fhocal eile (ach ní chuireann tú séimhiú ar *d, n, t, l* ná *s* i ndiaidh *beirt*).
  Samplaí: beirt chailíní, triúr cailíní

- **An réamhfhocal *idir***
  Ní chuireann tú séimhiú tar éis *idir* nuair atá *between* i gceist.
  Sampla: idir Baile Átha Cliath agus Corcaigh

- **An réamhfhocal *le***
  Ní chuireann tú séimhiú ar an bhfocal i ndiaidh an réamhfhocail *le*, ach amháin *le chéile*.

- **an (?), ní 👎, go 👍, nach ❌**
  Úsáideann tú *an, ní, go* agus *nach* leis an sé mór san aimsir chaite agus le gach briathar san aimsir láithreach agus san aimsir fháistineach.

- **ar (?), níor 👎, gur 👍, nár ❌**
  Úsáideann tú *ar, níor, gur* agus *nár* leis an gcúig beag san aimsir chaite agus leis na briathra rialta san aimsir chaite.

- **Laethanta na seachtaine**
  Ná déan dearmad nach gcuireann tú *Dé* roimh an lá *Déardaoin*.

- **Ceannlitriú**
  Úsáideann tú ceannlitriú le teangacha, tíortha, laethanta agus míonna.
  Samplaí: an Ghaeilge, Sasana, Dé Máirt, mí Feabhra

Poncaíocht na Gaeilge

- **An síneadh fada**
  Cuireann tú síneadh fada ar ghutaí amháin (*á, é, í, ó, ú*). Is féidir leis an síneadh fada brí focal a athrú.
  Samplaí: fear/féar, briste/bríste, malaí/málaí

- **An fleiscín**
  Tá fleiscín ann tar éis na réimíre *an* i gcónaí.
  Samplaí: an-mhaith, an-óg, an-láidir
  Tá fleiscín ann tar éis na réimíre *ró* nuair a thosaíonn an chéad fhocal eile ar ghuta.
  Samplaí: ró-ard, ró-óg (*ach* ródhéanach)
  Tá fleiscín tar éis *n* i ndiaidh an aidiacht shealbhach.
  Samplaí: ár n-athair, bhur n-aintín, a n-uncail

- **An uaschamóg**
  Athraíonn *mo* agus *do* go *m'* agus *d'* nuair a thagann siad roimh ghutaí nó roimh *f* (le guta).
  Samplaí: mo + úll = m'úll, mo + fiacla = m'fhiacla, do + asal = d'asal, do + focail = d'fhocail
  Tá uaschamóg ann leis an litir *d* roimh bhriathra a thosaíonn le gutaí nó *f* san aimsir chaite.
  Samplaí: ól → d'ól, fág → d'fhág

Croí na Gaeilge 1
An, rí na bhfocal

An focal *an*

Níl aon fhocal sa Ghaeilge atá níos tábhachtaí ná an focal *an*. Faigh é ar teanglann.ie agus léigh faoi. Beidh do chuid Gaeilge níos fearr má thuigeann tú an focal ollmhór *an*.

> Tá **an** ar an bhfocal is coitianta sa Ghaeilge.

An é sin **an** múinteoir a bhí **an**-chrosta inné nó **an** bhfuil mé mícheart leis **an** tuairim sin?

Feidhmeanna agus bríonna a bhaineann leis an bhfocal *an*

	Feidhm	Sampla	Béarla
an	an t-alt	Chuir mé **an** cupán ar **an** mbord.	the (singular)
An [briathar]...?	mír cheisteach	**An** bhfuil tú sásta? **An** ólann tú bainne? **An** raibh tú sa chistin? **An** ndearna tú an dinnéar?	Are...? Do...? Were...? Did...?
An [ainmfhocal]...?	mír cheisteach	**An** máthair í?*	Is...?
an-	réimír (aidiacht)	Bhí Síle **an**-mhaith sa dara leath den chluiche.	very
an-	réimír (ainmfhocal)	Deirtear gur **an**-fhear é.	great

* Féach ar Léaráid A, Cuid 1 (lch 266).

Aistriúchán

Aistrigh ná línte seo ó Bhéarla go Gaeilge. Beidh an focal *an* le feiceáil i ngach aistriúchán.

1. Is your mum a doctor?
2. Is Grandad in the garden?
3. Is your sister late?
4. The shopkeeper made a mistake.
5. Did your aunt get the money?
6. Where did you buy the bag?
7. Does that family own the big house on the corner?

An t-alt uatha (*an*) agus a thionchar ar an túslitir san ainmfhocal

> **Cogar** Irish nouns are split into two groups – masculine (*firinscneach*) and feminine (*baininscneach*).

- Tá gach ainmfhocal (*noun*) marcáilte leis an inscne (*gender*) san fhoclóir.
- Feictear an inscne ag tús an ainmfhocail sa Ghaeilge.
- Tá rud cosúil leis seo i dteangacha eile timpeall an domhain.
- Téann an tuairim seo ó bhun go barr na teanga. Agus foghlaimíonn daoine í céim ar chéim.

	Firinscneach (*masculine*)	Baininscneach (*feminine*)
An Ghaeilge	**an t-**athair	**an m**háthair
An Ghearmáinis	**der** Vater	**die** Mutter
An Spáinnis	**el** padre	**la** madre
An Fhraincis	**le** père	**la** mère
An Béarla	**the** father	**the** mother

Croí na Gaeilge 1
Inscne an ainmfhocail: treoirlínte

Ainmfhocail fhirinscneacha

1. Má chríochnaíonn an t-ainmfhocal ar *-ín*, tá sé firinscneach (*báinín, coinín, cailín*).
2. Tá gach **gníomhainm**[1] firinscneach (*peileadóir, imreoir, dochtúir, lasán, bioróir*).
3. Tá mórchuid na n-ainmfhocal leathan firinscneach (*bord, doras, úll, urlár, peann*).
4. Tá mórchuid na n-ainmfhocal a chríochnaíonn ar ghuta firinscneach (*madra, oráiste, mála, scrúdú*).

Ainmfhocail bhaininscneacha

1. Má chríochnaíonn an t-ainmfhocal ar *-lann*, tá sé baininscneach (*leabharlann, bialann, pictiúrlann*).
2. Má chríochnaíonn an t-ainmfhocal ar *-óg/-eog*, tá sé baininscneach (*spideog, fuinneog, bróg*).
3. Tá na teangacha baininscneach (*an Fhraincis, an Spáinnis, an Iodáilis*). **Eisceacht**[2] – *an Béarla*.
4. Más **ainmfhocal teibí**[3] atá i gceist a chríochnaíonn ar *-e*, tá sé baininscneach (*timpiste, saoirse, tine, farraige*).

> Bí cúramach le baill an teaghlaigh: **an t-athair, an mháthair, an mhamó, an daideo, an aintín, an t-uncail, an mac, an iníon**

Túsathruithe leis an alt

Túslitir	Firinscneach	Sampla	Baininscneach	Sampla
consan	níl athrú ar bith ann	an páiste	séimhiú	an pháirc
guta	t-	an t-úll	níl athrú ar bith ann	an oifig
s	níl athrú ar bith ann	an sagart	ts	an tsráid

Treoracha ginearálta a bhaineann le hinscne an ainmfhocail

Firinscneach	Baininscneach
Ainmfhocail leathana (*a, o, u* roimh chonsan)	Ainmfhocal caol (*i* roimh chonsan)
an leabhar, an t-urlár, an t-éan, an cnoc an crann, an cat, an ceann, an carr an scáileán, an dinnéar, an páipéar an focal, an séipéal, an capall, an banc	an scoil, an tsráid, an oifig, an cheist an spéir, an tsúil, an chailc an obair, an áit, an riail, an tír an fheirm, an mhaidin, an abairt
Gníomhainm	Ag críochnú ar *-lann* nó *-óg/-eog*
an feirmeoir, an peileadóir, an saighdiúir an t-imreoir, an téitheoir, an báicéir an múinteoir, an siúinéir, an cuntasóir	an bhialann, an phictiúrlann, an leabharlann an tsaotharlann, an spórtlann an fhuinneog, an chuileog, an spúnóg
Ag críochnú ar *-cht* (siolla amháin)	Ag críochnú ar *-cht* (ainmfhocal ilsiollach)
an ceacht, an t-acht, an nuacht	an fhilíocht, an bheannacht, an áilleacht
Ag críochnú ar *-ín* nó ar ghuta	Ainmfhocal teibí (den chuid is mó)
an cailín, an gairdín, an sicín, an coinín an seomra, an t-oráiste, an madra, an guta	an teanga, an oíche, an eagla, an tuairim, an fhírinne, an bhréag, an onóir

[1] agent noun   [2] exception   [3] abstract noun

Firinscneach nó baininscneach?

Cuir F (firinscneach) nó B (baininscneach) in aice na bhfocal seo a leanas. Ansin, cuir *an* roimh na focail seo a leanas agus déan pé athrú is gá. Tá dhá cheann déanta duit mar shamplaí.

Bí cúramach – tá eisceachtaí ann! Déan seiceáil san fhoclóir.

	Focal	F nó B?	*An*			F nó B?	an
1	bord	F	an bord	21	feadóg	B	an fheadóg
2	cailín			22	clann		
3	aintín			23	Gaeilge		
4	fear			24	Béarla		
5	bean			25	scoil		
6	leanbh			26	meánscoil		
7	gearrscannán			27	sióg		
8	gearrscéal			28	gúna		
9	dán			29	geansaí		
10	múinteoir			30	foclóir		
11	doras			31	file		
12	oifig			32	eitleán		
13	saotharlann			33	fillteán		
14	pictiúrlann			34	bialann		
15	litríocht			35	páirc		
16	filíocht			36	uisce		
17	nuacht			37	bainne		
18	farraige			38	féar		
19	tír			39	lá		
20	spéir			40	oíche		

Isteach/istigh & Amach/amuigh

Gníomh nó suíomh?

Baineann na ceithre fhocal seo le **gníomh** (*action*) agus **suíomh** (*location*).

Baineann tú úsáid as na focail *amach* agus *isteach* nuair atá **gníomh** i gceist.
Samplaí: Táim ag dul amach. Tháinig sé isteach.

Baineann tú úsáid as na focail *amuigh* agus *istigh* nuair atá **suíomh** i gceist.
Samplaí: Bhí mé istigh. Bhí sé amuigh.

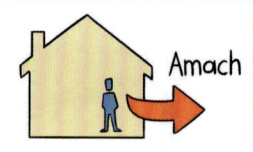

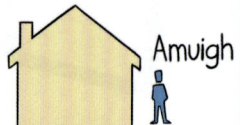

istigh (suíomh)
Samplaí: Táim istigh sa chistin.

isteach (gníomh)
Samplaí: Táim ag dul isteach sa teach.

amuigh (suíomh)
Samplaí: Táim amuigh sa ghairdín.

amach (gníomh)
Samplaí: Tá sé ag dul amach go dtí an gairdín.

Líon na bearnaí

Líon na bearnaí leis an bhfocal is oiriúnaí ón liosta thíos.

amach, amuigh, isteach, istigh

1. Tá Aaron ag dul _____ ag siúl.
2. Tá an madra _____ sa chistin.
3. Tá m'athair _____ sa ghairdín ag garraíodóireacht.
4. Tá Síle agus Liam ag siúl _____ le chéile.
5. Tháinig sé _____ ag a haon a chlog aréir.
6. Tá an cat _____ sa seomra suí.
7. D'fhéach mé _____ an fhuinneog.

Scríobh

Bain úsáid as na ceithre fhocal *isteach*, *istigh*, *amach* agus *amuigh* chun ceithre abairt a scríobh.

An aidiacht shealbhach

Rialacha

Consan		Guta (a, e, i, o, u)	
mo b**h**róg (+ séimhiú)	my shoe	**m**'asal (mo → m')	my donkey
do b**h**róg (+ séimhiú)	your shoe	**d**'asal (do → d')	your donkey
a b**h**róg (+ séimhiú)	his shoe	a asal	his donkey
a bróg	her shoe	a **h**asal (+ h)	her donkey
ár **m**bróg (+ urú)	our shoe	ár **n**-asal (+ urú)	our donkey
bhur **m**bróg (+ urú)	your shoe	bhur **n**-asal (+ urú)	your donkey
a **m**bróg (+ urú)	their shoe	a **n**-asal (+ urú)	their donkey

Cogar With groups (*ár*, *bhur*, *a*), we always use an *urú*!
Remember: **M**y **B**rother **G**ot **C**aught **N**ot **D**oing **D**ishes **T**onight.
Nobody **G**ets **B**lueberry **P**ie **B**efore **H**e **F**inishes.

Féach ar lch 242.

Leanann an litir **f** rialacha difriúla tar éis **mo/do**.
- mo f[consan]

Sampla: freagra → mo fhreagra/do fhreagra
- m'f[guta]

Sampla: fiacla → m'fhiacla/d'fhiacla

Aistriúchán

Cuir Gaeilge ar na habairtí seo.

1 I cleaned my room.
2 He lost his coat.
3 She lost her coat.
4 We will go to their school on Friday.
5 He walks to their house on Mondays.
6 He gave my phone to her brother.
7 I like their shop.
8 Did you give your copybook to my dad?

Croí na Gaeilge 1
An séimhiú (*lenition*)

Rialacha

Cuireann tú séimhiú ar an gconsan sa Ghaeilge go minic. Is é sin le rá go gcuireann tú *h* tar éis na túslitreach.

Sampla: cóta ➜ mo chóta

Is í *c* túslitir an ainmfhocail *cóta*. Is é seo séimhiú ar an túslitir.

Tá dhá ghrúpa rialacha (A agus B) ann don séimhiú.

> Ní chuireann tú séimhiú ar na túschonsain **l**, **n** ná **r** riamh.

Grúpa A

Tá naoi litir i gceist sa chéad ghrúpa rialacha. Baineann siad leis na túslitreacha *b*, *c*, *d*, *f*, *g*, *m*, *p*, *s* agus *t*.

b, c, d, f, g, m, p, s, t

- **an briathar san aimsir chaite**
  Thosaigh mé . . .
  Níor bhris sé an rud.
  Ar dhún tú an doras?

- **an chopail san aimsir chaite**
  Ba mhúinteoir í.
  Níor dhochtúir é.
  Ar theach mór é?
  Nár shiopa maith é?

- **an fhoirm dhiúltach**
  Níor ghlan tú an áit.
  Ní dhéanaim stair.
  Ní thosóidh sé!

- **na réamhfhocail** *ar*, *de*, *do*, *faoi*, *trí*, *roimh*, *thar* agus *ó*
  ar chapall, trí thine, do mhúinteoir

- **an aidiacht shealbhach** *mo*, *do*, *a* (*his*)
  mo sheomra, do theach, a chara

- **an chaint indíreach (aimsir chaite)**
  Chuala mé gur cheannaigh . . .
  Ceapaim nár thóg sé . . .

- **na bunuimhreacha 2–6**
  dhá bhord, sé phláta

Scríobh

Freagair na ceisteanna seo a bhaineann leis an séimhiú.

1. Cad iad na túschonsain nach dtógann séimhiú riamh?
2. Ainmnigh na trí aidiacht shealbhacha a chuireann séimhiú ar an ainmfhocal.
3. An gcuireann an bunuimhir *cúig* séimhiú ar an ainmfhocal ina dhiaidh?
4. Scríobh an abairt seo san aimsir chaite: 'Is múinteoir í.'
5. Scríobh an abairt seo san aimsir chaite: 'Ní teach mór é.'
6. Cén aimsir ina gcuireann tú séimhiú ar an mbriathar don fhoirm dhearfach?

Grúpa B

Tá sé litir i gceist sa dara grúpa rialacha. Baineann siad leis na túslitreacha *b*, *c*, *f*, *g*, *m* agus *p*.

b, c, f, g, m, p

- **an chéad**
  an chéad cheann
  (ach an chéad seomra)

- **an réimír *an-***
  an-fhada, an-mhaith, an-chliste
  (ach an-tinn, an-sásta, an-dána)

- **beirt**
  beirt mhúinteoirí
  (ach beirt daltaí)

- ***den*, *don*, *sa***
  Thit sé den chrann.
  (ach Thit sé den teach.)

- **aon**
  aon charr déag
  (ach aon doirteal déag)

Scríobh

Scríobh na habairtí seo arís agus athraigh na focail sna lúibíní más gá. Tá ceann déanta duit mar shampla. Leid: Bí cúramach leis na túslitreacha **d**, **s** agus **t**.

1. Thit sé den (capall). *Thit sé den chapall.*
2. Bhí aon (teach) déag ar an mbóthar.
3. Bhí sé (teach) ar an mbóthar.
4. Chonaic mé beirt (múinteoirí) sa seomra ranga.
5. Ní fhaca mé beirt (daltaí) sa seomra ranga.
6. Bhí an chéad (duine) déanach don rang.
7. Cheannaigh mé an t-albam nua sa (siopa) sin.
8. Cuirfidh mé na leabhair sa (bosca).
9. Feicfidh tú dhá (cat) faoin mbord.

Aistriúchán

Cuir Gaeilge ar na habairtí seo. Bí cúramach leis an séimhiú. Tá ceann déanta duit mar shampla.

1. I bought the house. *Cheannaigh mé an teach.*
2. Jana put the dog in the kitchen.
3. I bought two cups.
4. He saw the first person.
5. Two teachers walked into the room.
6. She was a doctor.
7. He was not a teacher.
8. There were three cups in the box.
9. I slept in the first room.

Croí na Gaeilge 1
An t-urú (*eclipsis*)

Rialacha

Is litir é seo a chuireann tú roimh an túslitir. Nuair atá urú ann tá an dara litir ciúin.

Sampla: bord ➜ ar an mbord

Ní chloiseann tú an *b* anseo.

Urú
b ➜ mb
c ➜ gc
d ➜ nd
t ➜ dt
g ➜ ng
p ➜ bp
f ➜ bhf
a, e, i, o, u ➜ n-a, n-e, n-i, n-o, n-u

Cogar My Brother Got Caught Not Doing Dishes Tonight. Nobody Gets Blueberry Pie Before He Finishes.

Nuair a thagann an t-ainmfhocal tar éis **an**, ní chuireann tú urú ar **d** ná **t**.

mb, gc, nd, bhf, ng, bp, dt

an fhoirm cheisteach san aimsir láithreach agus san aimsir fháistineach
An dtuigeann tú?
Nach mbeidh tú?

an chaint indíreach (aimsir láithreach agus aimsir fháistineach)
Ceapaim go bhfuil . . .
Ceapaim nach ndéanfaidh . . .

an aidiacht shealbhach
ár, bhur, a (*their*)
ár dteach, bhur n-aintín, a gcarr

na bunuimhreacha 7–10
seacht gcupán, deich n-úll, ocht dteach

an réamhfhocal *i*
i mbosca

na réamhfhocail + *an*
ar an, ag an, ón, as an, leis an, faoin, tríd an, roimh an, thar an, chuig an
ar an mbord, tríd an bhfuinneog, chuig an bpictiúrlann
(**ach** ar an trá, ar an droichead)

Cuireann cuid mhaith de na rialacha thuas **n-** roimh ghuta freisin ach ní chuireann gach ceann é.

Scríobh

Freagair na ceisteanna seo.

1. Cuir Gaeilge ar an bhfocal *eclipsis*.
2. Cé mhéad túslitir ar féidir urú a chur orthu?

   sé cinn ☐   seacht gcinn ☐   ocht gcinn ☐
3. Cad iad na bunuimhreacha a chuireann urú ar an ainmfhocal?

   2–6 ☐   7–10 ☐
4. Ainmnigh na trí aidiacht shealbhacha a chuireann urú ar an ainmfhocal.
5. An gcuireann *den*, *don* agus *sa* urú nó séimhiú ar an ainmfhocal?
6. Ní chuireann tú séimhiú ar na litreacha *l*, *n* ná *r* riamh. An gcuireann tú urú orthu?

Cleachtadh ar an urú

Scríobh na habairtí seo arís agus athraigh na focail sna lúibíní más gá. Tá ceann amháin déanta duit mar shampla.

1. Bhí an madra faoin (bord). *Bhí an madra faoin mbord.*
2. Téann siad ar scoil ar an (bus).
3. Bhí seacht (cathaoir) ag an (bord).
4. Nach (tá) Laura ag ithe linn anocht?
5. An (feicfidh) tú an príomhoide amárach?
6. Bhí ár (teach) faoi ghlas ag an am.
7. Dúirt sé nach (aithníonn) sé an duine sa siopa.
8. Bhí an cófra faoin (doirteal).
9. Chonaic mé bhur (uncail) ag an (siopa).

Aistriúchán

Cuir Gaeilge ar na habairtí seo. Bí cúramach leis an urú! Tá ceann déanta duit mar shampla.

1. I bought the house. *Cheannaigh mé an teach.*
2. They put their coats on the table.
3. I bought eight jumpers.
4. Do you see the teacher?
5. Do you drink water every day?
6. Did you go to the disco?
7. I spoke with the principal.
8. Áine was on the bike.
9. I saw seven cows on the grass.

Croí na Gaeilge 1
Na briathra: an chéad réimniú

Rialacha

Tá cúig thacar faoi leith i gceist sa chéad réimniú.
- Tacar A: briathra gearra le siolla amháin
- Tacar B: briathra le dhá shiolla le fada ar an dara siolla
- Tacar C: briathra le siolla amháin, gan fada, ag críochnú ar *-igh*
- Tacar D: briathra le siolla amháin, le fada, ag críochnú ar *-igh*
- Tacar E: briathra ag críochnú ar *-áil*

> **Réimniú (conjugation):** Is grúpa briathar é seo a leanann patrún sna haimsirí éagsúla.

Tacar A

Briathra gearra le siolla amháin atá i gceist i dTacar A. Sa tacar seo, is ionann an briathar agus an fhréamh.

Samplaí: bris, glan, pioc, ól, dún, sciorr

> Tá sampla caol agus sampla leathan anseo do gach tacar – mar shampla, brisim agus glanaim.

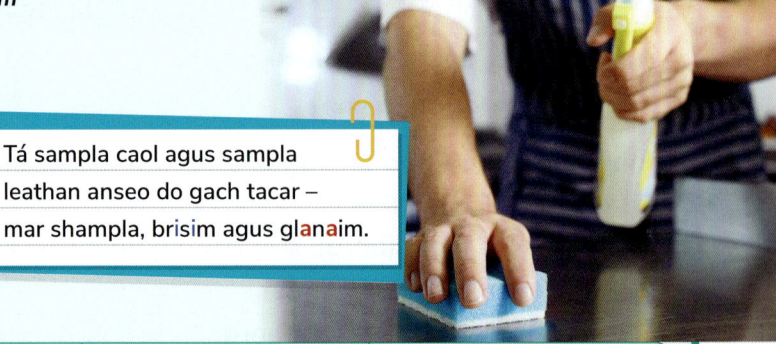

	An aimsir chaite	An aimsir láithreach	An aimsir fháistineach
Bris + mé	bhris mé	brisim	brisfidh mé
Bris + muid/sinn	bhriseamar	brisimid	brisfimid
Bris + gach cás eile	bhris Seán	briseann Seán	brisfidh Seán
Glan + mé	ghlan mé	glanaim	glanfaidh mé
Glan + muid/sinn	ghlanamar	glanaimid	glanfaimid
Glan + gach cás eile	ghlan tú	glanann tú	glanfaidh tú

Tacar B

Briathra le dhá shiolla le fada ar an dara siolla atá i gceist i dTacar B.

Samplaí: tiomáin, taispeáin, úsáid, tionóil

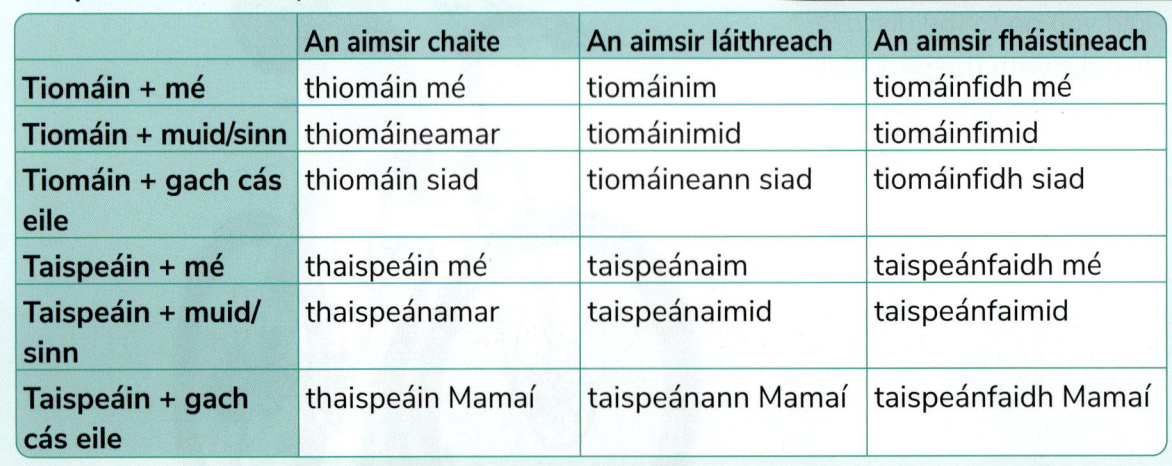

	An aimsir chaite	An aimsir láithreach	An aimsir fháistineach
Tiomáin + mé	thiomáin mé	tiomáinim	tiomáinfidh mé
Tiomáin + muid/sinn	thiomáineamar	tiomáinimid	tiomáinfimid
Tiomáin + gach cás eile	thiomáin siad	tiomáineann siad	tiomáinfidh siad
Taispeáin + mé	thaispeáin mé	taispeánaim	taispeánfaidh mé
Taispeáin + muid/sinn	thaispeánamar	taispeánaimid	taispeánfaimid
Taispeáin + gach cás eile	thaispeáin Mamaí	taispeánann Mamaí	taispeánfaidh Mamaí

Tacar C

Briathra le siolla amháin, gan fada, ag críochnú ar **-igh** atá i gceist i dTacar C.
Samplaí: nigh, suigh, luigh

	An aimsir chaite	An aimsir láithreach	An aimsir fháistineach
Nigh + mé	nigh mé	ním	nífidh mé
Nigh + muid/sinn	níomar	nímid	nífimid
Nigh + gach cás eile	nigh sé	níonn sé	nífidh sé
Suigh + mé	shuigh mé	suím	suífidh mé
Suigh + muid/sinn	shuíomar	suímid	suífimid
Suigh + gach cás eile	shuigh na daltaí	suíonn na daltaí	suífidh na daltaí

Tacar D

Briathra le siolla amháin, le fada, ag críochnú ar **-igh** atá i gceist i dTacar D.
Samplaí: léigh, dóigh, spréigh

	An aimsir chaite	An aimsir láithreach	An aimsir fháistineach
Léigh + mé	léigh mé	léim	léifidh mé
Léigh + muid/sinn	léamar	léimid	léifimid
Léigh + gach cás eile	léigh sibh	léann sibh	léifidh sibh
Dóigh + mé	dhóigh mé	dóim	dófaidh mé
Dóigh + muid/sinn	dhómar	dóimid	dófaimid
Dóigh + gach cás eile	dhóigh Síle	dónn Síle	dófaidh Síle

Tacar E

Briathra ag críochnú ar **-áil** atá i gceist i dTacar E. Nuair a athraíonn an chríoch ar na briathra seo, imíonn an *i* roimh an *l*.
Samplaí: máirseáil, sábháil, pramsáil

	An aimsir chaite	An aimsir láithreach	An aimsir fháistineach
Máirseáil + mé	mháirseáil mé	máirseálaim	máirseálfaidh mé
Máirseáil + muid/sinn	mháirseálamar	máirseálaimid	máirseálfaimid
Máirseáil + gach cás eile	mháirseáil tú	máirseálann tú	máirseálfaidh tú
Sábháil + mé	shábháil mé	sábhálaim	sábhálfaidh mé
Sábháil + muid/sinn	shábhálamar	sábhálaimid	sábhálfaimid
Sábháil + gach cás eile	shábháil sibh	sábhálann sibh	sábhálfaidh sibh

Croí na Gaeilge 1
Na briathra: an dara réimniú

Rialacha

Tá dhá shiolla nó níos mó ag **gach** briathar sa réimniú seo. Níl aon bhriathar le siolla amháin agus níl fada ar an dara siolla d'aon bhriathar sa dara réimniú. Tá trí thacar faoi leith i gceist sa dara réimniú.

- Tacar A: briathra ag críochnú ar *-(a)igh*
- Tacar B: coimriú (*syncopation*)
- Tacar C: briathar = fréamh

Tacar A

Briathra ag críochnú ar *-(a)igh* atá i gceist i dTacar A. Tóg amach an *-igh* ag an deireadh nuair atá tú ag réimniú an bhriathair.

Samplaí: réimnigh, críochnaigh, tosaigh, ullmhaigh

	An aimsir chaite	An aimsir láithreach	An aimsir fháistineach
Réimnigh + mé	réimnigh mé	réimním	réimneoidh mé
Réimnigh + muid/sinn	réimníomar	réimnímid	réimneoimid
Réimnigh + gach cás eile	réimnigh tú	réimníonn tú	réimneoidh tú
Críochnaigh + mé	chríochnaigh mé	críochnaím	críochnóidh mé
Críochnaigh + muid/sinn	chríochnaíomar	críochnaímid	críochnóimid
Críochnaigh + gach cás eile	chríochnaigh sí	críochnaíonn sí	críochnóidh sí

Tacar B

Coimriú (*syncopation*) atá i gceist i dTacar B. Cailleann tú ceann de na siollaí ón mbriathar nuair a réimníonn tú é. Críochnaíonn na briathra ilsiollacha seo ar *-ir*, *-il*, *-in* nó *-is*.

Samplaí: eitil, ceangail, oscail, codail, fuascail, taitin, freagair, labhair, imir, inis

	An aimsir chaite	An aimsir láithreach	An aimsir fháistineach
Eitil + mé	d'eitil mé	eitlím	eitleoidh mé
Eitil + muid/sinn	d'eitlíomar	eitlímid	eitleoimid
Eitil + gach cás eile	d'eitil Daideo	eitlíonn Daideo	eitleoidh Daideo
Ceangail + mé	cheangail mé	ceanglaím	ceanglóidh mé
Ceangail + muid/sinn	cheanglaíomar	ceanglaímid	ceanglóimid
Ceangail + gach cás eile	cheangail siad	ceanglaíonn siad	ceanglóidh siad

> Le cuid de na briathra coimrithe tógann tú siolla amach as an mbriathar leis an bhfréamh a chruthú.
> **Sampla:** **oscail** = an briathar; **oscl** = an fhréamh

Tacar C

Briathra le dhá shiolla nach bhfuil ag críochnú ar **-igh** agus gan coimriú atá i gceist i dTacar C. Do na briathra seo, is ionann an briathar agus an fhréamh (briathar = fréamh).

Samplaí: tuirling, foghlaim, tarraing

	An aimsir chaite	An aimsir láithreach	An aimsir fháistineach
Tuirling + mé	thuirling mé	tuirlingím	tuirlingeoidh mé
Tuirling + muid/sinn	thuirlingíomar	tuirlingímid	tuirlingeoimid
Tuirling + gach cás eile	thuirling tú	tuirlingíonn tú	tuirlingeoidh tú
Foghlaim + mé	d'fhoghlaim mé	foghlaimím	foghlaimeoidh mé
Foghlaim + muid/sinn	d'fhoghlaimíomar	foghlaimímid	foghlaimeoimid
Foghlaim + gach cás eile	d'fhoghlaim Jamal	foghlaimíonn Jamal	foghlaimeoidh Jamal

Croí na Gaeilge 1
Na briathra rialta: achoimre ar an aimsir chaite

Rialacha

1. Athraíonn an túslitir san aimsir chaite. Níl aon difríocht idir an dá réimniú anseo.
2. Tá críoch faoi leith don fhorainm *muid/sinn* leis an mbriathar san aimsir chaite agus tá difríocht anseo idir an dá réimniú.

> Féach ar Léaráid B (lch 270) do na briathra neamhrialta. Léigh na nótaí faoin dá réimniú ar leathanaigh 244–7 sula léann tú na nótaí seo.

Athrú ar an túslitir

Níl aon difríocht idir an chéad agus an dara réimniú anseo.

An túslitir	An t-athrú	Samplaí
l, n, r	níl aon athrú	léim sé, nigh sí, rith mé
sc, sm, sp, st	níl aon athrú	stopamar, sciorr mé
b, c, d, g, m, p, t, s	séimhiú	chuir siad, bhriseamar, phós sibh, shroich sí
f	d' + séimhiú	d'fhág mé, d'fhreagair sé
a, e, i, o, u	d'	d'ólamar, d'ullmhaigh sí

> Úsáideann tú an briathar ar fad san aimsir chaite ach athraíonn tú an túslitir más féidir. Sin mar atá an scéal le *mé, tú, sé, sí, sibh* agus *siad*.

> **Cogar** Use this sentence to help you remember the initials that don't take a *séimhiú*: **El**eanor **st**opped **sm**iling in **Sp**anish **sch**ool.

Muid/sinn san aimsir chaite

> *muid/sinn* = an chéad phearsa, uimhir iolra

Nuair atá *muid/sinn* i gceist, tá an t-athrú ar an túslitir mar an gcéanna, ach athraíonn críoch an bhriathair. Tabhair faoi deara go gcríochnaíonn an chéad phearsa, uimhir iolra san aimsir chaite le *-mar*.

An briathar	Réimniú	An fhréamh	Briathar + muid/sinn	Briathar + gach pearsa eile
cuir	an chéad	cuir	chuireamar	chuir sibh
éist	an chéad	éist	d'éisteamar	d'éist tú
féach	an chéad	féach	d'fhéachamar	d'fhéach na himreoirí
glan	an chéad	glan	ghlanamar	ghlan mé
ól	an chéad	ól	d'ólamar	d'ól siad
pioc	an chéad	pioc	phiocamar	phioc Mick
seinn	an chéad	seinn	sheinneamar	sheinn Jen
bailigh	an dara	bail	bhailíomar	bhailigh sí
críochnaigh	an dara	críochn	chríochnaíomar	chríochnaigh Luca
freagair	an dara	freagr	d'fhreagraíomar	d'fhreagair Eimear
imir	an dara	imr	d'imríomar	d'imir mo thuismitheoirí
rothaigh	an dara	roth	rothaíomar	rothaigh fear an phoist
tosaigh	an dara	tos	thosaíomar	thosaigh sé

- Nuair atá an briathar gearr (an chéad réimniú), tá an fhuaim (*sound*) sa lár gearr (*a/ea*).
- Nuair atá an briathar fada (an dara réimniú), tá an fhuaim sa lár fada (*ío/aío*).

Nótaí eile

- An fhoirm dhiúltach 👎: cuireann tú *níor* roimh an mbriathar agus níl aon *d'* roimh ghuta ná roimh an túslitir *f*.
  Samplaí: níor thosaigh mé, níor ól sé, níor fhág siad, níor thosaíomar

- An fhoirm cheisteach ❓: cuireann tú *ar* roimh an mbriathar agus níl aon *d'* roimh ghuta ná roimh an túslitir *f*.
  Samplaí: Ar rothaigh sé? Ar imir sí? Ar fhág siad? Ar bhailíomar?

- An cheist dhiúltach ❔: cuireann tú *nár* roimh an mbriathar, níl aon *d'* roimh ghuta ná roimh an túslitir *f* agus fágann tú gach rud eile mar atá sé.
  Samplaí: Nár ól sí? Nár cheannaigh tú? Nár bhuail siad? Nár chuireamar?

Scríobh

Cuir na habairtí thíos sa chéad phearsa, uimhir iolra (*muid/sinn*) in ionad an chéad phearsa, uimhir uatha (*mé*). Tá ceann amháin déanta duit mar shampla.

1. Ghlan mé an seomra inné. *Ghlanamar an seomra inné.*
2. D'éist mé leis an raidió ar maidin.
3. Rothaigh mé chuig an gcluiche.
4. Chuir mé seacht gcupán ar an mbord.
5. D'imir mé ar feadh uair an chloig.
6. Chríochnaigh mé leis an obair ag a cúig a chlog.
7. D'fhéach mé ar an scannán i seomra a trí sa phictiúrlann.

An fhoirm dhiúltach

Scríobh an fhoirm dhiúltach 👎 de na habairtí thíos. Tá an chéad cheann déanta duit mar shampla.

1. D'fhéach Seán ar an gcluiche inné. *Níor fhéach Seán ar an gcluiche inné.*
2. Phioc mé suas an peann.
3. Rothaíomar go dtí an trá.
4. Bhailigh mo dheartháir na cóipleabhair.
5. Thosaigh an cluiche ag a ceathair a chlog.
6. D'fhreagair sé an cheist ag deireadh an ranga.
7. Ghlanamar suas tar éis an dinnéir.

Aistriúchán

Cuir Gaeilge ar na habairtí thíos. Tá an chéad cheann déanta duit mar shampla.

1. Did you drink the milk? *Ar ól tú an bainne?*
2. He did not finish his dinner.
   Leid: a + séimhiú = his
3. She played in the second half.
4. We listened to the radio in the kitchen.
5. The movie started at five o'clock.
6. I saw the blue car in the yard.
7. Did you cycle to the match?

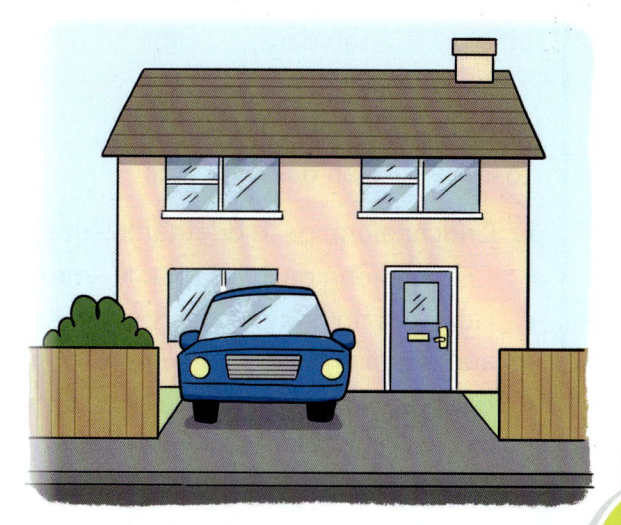

Croí na Gaeilge 1
Na briathra rialta: achoimre ar an aimsir láithreach

Athrú ar an túslitir

Níl aon difríocht idir an chéad agus an dara réimniú anseo.

- An fhoirm dhearfach 👍: ní athraíonn an túslitir.
  Samplaí: ceannaím, ólaimid, fágann sé
- An fhoirm dhiúltach 👎: cuireann *ní* séimhiú ar an túschonsan, seachas ar *l*, *n*, *r*, *sc*, *sm*, *sp* agus *st*.
  Samplaí: ní cheannaím, ní fhágann sé, ní léimid
- An fhoirm cheisteach ❓: cuireann *an* urú ar an túschonsan más féidir.
  Samplaí: An dtuigeann tú? An bhfreastalaíonn sé? An gcuireann siad?
- An cheist dhiúltach: cuireann *nach* urú ar thúschonsan agus *n-* ar thúsghuta.
  Samplaí: Nach n-ólann tú? Nach n-imrímid? Nach gcríochnaíonn sé?

> 🔗 Féach ar Léaráid B (lch 270) do na briathra neamhrialta. Léigh ná nótaí faoin dá réimniú ar leathanaigh 244–7 sula léann tú na nótaí seo.

Mé agus muid/sinn san aimsir láithreach

Tá críoch faoi leith don fhorainm *mé* agus don fhorainm *muid/sinn* leis an mbriathar san aimsir láithreach agus tá difríocht idir an dá réimniú ansin.

An briathar	Réimniú	An fhréamh	Briathar + mé	Briathar + muid/sinn	Briathar + gach pearsa eile
cuir	an chéad	cuir	cuiri**m**	cuiri**mid**	cuire**nn** siad
éist	an chéad	éist	éisti**m**	éisti**mid**	éiste**nn** sé
féach	an chéad	féach	féachai**m**	féachai**mid**	féacha**nn** na páistí
glan	an chéad	glan	glanai**m**	glanai**mid**	glana**nn** tú
ól	an chéad	ól	ólai**m**	ólai**mid**	óla**nn** an fear
pioc	an chéad	pioc	piocai**m**	piocai**mid**	pioca**nn** mo sheanmháthair
seinn	an chéad	seinn	seinni**m**	seinni**mid**	seinne**nn** an grúpa
bailigh	an dara	bail	bailí**m**	bailí**mid**	bailío**nn** sibh
críochnaigh	an dara	críochn	críochnaí**m**	críochnaí**mid**	críochnaío**nn** an scoil
freagair	an dara	freagr	freagraí**m**	freagraí**mid**	freagraío**nn** an múinteoir
imir	an dara	imr	imrí**m**	imrí**mid**	imrío**nn** an fhoireann
rothaigh	an dara	roth	rothaí**m**	rothaí**mid**	rothaío**nn** mo chara
tosaigh	an dara	tos	tosaí**m**	tosaí**mid**	tosaío**nn** sí

- Críochnaíonn gach briathar le *-m* san aimsir láithreach nuair atá *mé* i gceist.
- Críochnaíonn gach briathar le *-mid* san aimsir láithreach nuair atá *muid/sinn* i gceist.
- Nuair atá an briathar gearr (an chéad réimniú), níl aon fhada ar an *i* sa lár (*-im/-aim/-imid/-aimid*).
- Nuair atá an briathar fada (an dara réimniú), tá fada ar an *i* sa lár (*-ím/-aím/-ímid/-aímid*).

> **Cogar** To change *I* to *we* in the present tense, just add *-id*.

Nótaí eile

- Críochnaíonn gach briathar le *-nn* san aimsir láithreach nuair atá *tú, sé, sí, sibh* nó *siad* i gceist.
- An fhoirm dhiúltach 👎: cuireann tú *ní* roimh an mbriathar agus séimhiú ar an túschonsan más féidir.
  Samplaí: ní thosaím, ní ólann sé, ní fhágaimid, ní thosaíonn siad
- An fhoirm cheisteach ❓: cuireann tú *an* roimh an mbriathar agus urú ar an túschonsan más féidir.
  Samplaí: An bhfreagraíonn sibh? An mbailímid? An rothaíonn sé? An imríonn sí?
- An cheist dhiúltach ⊘: cuireann tú *nach* roimh an mbriathar agus urú ar an túschonsan nó *n-* roimh an túsghuta.
  Samplaí: Nach n-ólann tú? Nach dtuigeann tú? Nach nglanann siad?

Scríobh

Cuir na habairtí thíos sa tríú pearsa, uimhir uatha in ionad an chéad phearsa, uimhir uatha. Tá ceann amháin déanta duit mar shampla.

> Ní athraíonn an focal roimh an mbriathar riamh leis an bpearsa a athrú.

1. Glanaim an seomra ar an Satharn. *Glanann sé/sí an seomra ar an Satharn.*
2. Féachaim ar an teilifís ar an Aoine.
3. Ní éistim leis an raidió go minic.
4. Críochnaím sa scoil ag a dó ar an gCéadaoin.
5. Cuirim na plátaí sa mhiasniteoir gach oíche.
6. Ní ólaim uisce le mo bhricfeasta.
7. An rothaím ar scoil?

An fhoirm cheisteach

Scríobh an fhoirm cheisteach de na habairtí thíos. Tá an chéad cheann déanta duit mar shampla.

1. Seinneann sé an giotár gach lá. *An seinneann sé an giotár gach lá?*
2. Bailíonn Scarlett na cóipleabhair ar an Máirt.
3. Freagraíonn Ellis a lán ceisteanna sa mhata.
4. Tosaíonn an lón ag a haon a chlog.
5. Críochnaíonn an lá scoile ag a ceathair.
6. Ólann Síle bainne lena dinnéar.
7. Glanann na daltaí an seomra ranga ar an Aoine.

> Cuireann **an** urú ar an mbriathar ach ní chuireann **an n-** roimh ghuta.

Aistriúchán

Cuir Gaeilge ar na habairtí thíos. Tá an chéad cheann déanta duit mar shampla.

1. Do you eat meat? *An itheann tú feoil?*
2. Does he drink milk?
3. School starts at nine o'clock.
4. Maryam does not collect the copybooks.
5. Training finishes at a quarter past seven.
6. I do not listen to music in my bedroom.
7. Do you cycle to the shopping centre?

Croí na Gaeilge 1

Na briathra rialta: achoimre ar an aimsir fháistineach

Athrú ar an túslitir

Níl aon difríocht idir an chéad agus an dara réimniú anseo.

> Féach ar Léaráid B (lch 270) do na briathra neamhrialta. Léigh ná nótaí faoin dá réimniú ar leathanaigh 244–7 sula léann tú na nótaí seo.

- An fhoirm dhearfach 👍: ní athraíonn an túslitir.
  Samplaí: ólfaimid, fágfaimid, brisfimid
- An fhoirm dhiúltach 👎: cuireann *ní* séimhiú ar an túschonsan, seachas ar *l, n, r, sc, sm, sp* agus *st*.
  Samplaí: ní dhéanfaidh Mark, ní labhróidh mé, ní thosóidh an cluiche
- An fhoirm cheisteach ❓: cuireann *an* urú ar an túschonsan más féidir.
  Samplaí: An dtosóimid? An gceannóidh sé? An mbeidh sí? An ólfaidh tú?
- An cheist dhiúltach ⊘: cuireann *nach* urú ar thúschonsan agus *n-* ar thúsghuta.
  Samplaí: Nach n-ólfaidh tú? Nach dtaitneoidh an bia leat? Nach mbeidh tú?

Muid/sinn san aimsir fháistineach

Tá críoch faoi leith don fhoirm *muid/sinn* leis an mbriathar san aimsir fháistineach agus tá difríocht idir an dá réimniú ansin. Tá críoch amháin eile ann do gach pearsa seachas *muid/sinn* agus difríocht idir an dá réimniú.

An briathar	Réimniú	An fhréamh	Briathar + muid/sinn	Briathar + gach pearsa eile
cuir	an chéad	cuir	cuir**fimid**	cuir**fidh** sibh
éist	an chéad	éist	éist**fimid**	éist**fidh** tú
féach	an chéad	féach	féach**faimid**	féach**faidh** na déagóirí
glan	an chéad	glan	glan**faimid**	glan**faidh** mé
ól	an chéad	ól	ól**faimid**	ól**faidh** siad
pioc	an chéad	pioc	pioc**faimid**	pioc**faidh** an madra
seinn	an chéad	seinn	seinn**fimid**	seinn**fidh** an ceoltóir
bailigh	an dara	bail	baile**oimid**	baile**oidh** sí
críochnaigh	an dara	críochn	críochn**óimid**	críochn**óidh** an scannán
freagair	an dara	freagr	freagr**óimid**	freagr**óidh** mo dhaid
imir	an dara	imr	imre**oimid**	imre**oidh** na mná
rothaigh	an dara	roth	roth**óimid**	roth**óidh** an garda
tosaigh	an dara	tos	tos**óimid**	tos**óidh** sé

- Críochnaíonn gach briathar le *-imid* san aimsir fháistineach nuair atá *muid/sinn* i gceist.
- Críochnaíonn gach briathar le *-idh* san aimsir fháistineach nuair atá *mé, tú, sé, sí, sibh* nó *siad* i gceist.
- Nuair atá an briathar gearr (an chéad réimniú), tá an fhuaim sa lár gearr (*f/fa*).
- Nuair atá an briathar fada (an dara réimniú), tá an fhuaim sa lár fada (*ó/eo*).

> ### Nótaí eile
> - An fhoirm dhiúltach 👎: cuireann tú *ní* roimh an mbriathar agus séimhiú ar an túschonsan más féidir.
>   **Samplaí:** ní inseoidh mé, ní ólfaidh sé, ní fhágfaimid, ní thosóimid
> - An fhoirm cheisteach ❓: cuireann tú *an* roimh an mbriathar agus urú ar an túschonsan más féidir.
>   **Samplaí:** An bhfreagróidh siad? An mbaileoimid airgead? An rothóidh sé? An imreoidh sí?
> - An cheist dhiúltach: cuireann tú *nach* roimh an mbriathar agus urú ar an túschonsan nó *n-* roimh an túsghuta.
>   **Sampla:** Nach n-ólfaidh tú? Nach mbrisfidh sibh? Nach dtaitneoidh sé leat?

Scríobh

Cuir na habairtí thíos sa tríú pearsa, uimhir uatha in ionad an chéad phearsa, uimhir iolra. Tá ceann amháin déanta duit mar shampla.

1. Piocfaimid an dá fhoireann don chluiche anois. *Piocfaidh sé an dá fhoireann don chluiche anois.*
2. Féachfaimid ar an nuacht anois.
3. Ní chríochnóimid leis an tsiopadóireacht roimh a cúig a chlog.
4. An dtosóimid anois?
5. Cuirfimid na plátaí sa mhiasniteoir anois.
6. Glanfaimid an teach ar fad ag an deireadh seachtaine.
7. Freagróimid an cheist sin amárach.

An aimsir fháistineach

Cuir na habairtí thíos san aimsir fháistineach. Tá an chéad cheann déanta duit mar shampla.

1. Seinneann sé an giotár sa scoil. *Seinnfidh sé an giotár sa scoil.*
2. Bhriseamar an meaisín arís.
3. Freagraíonn Eithne a lán ceisteanna sa mhata.
4. D'fhreagair Ailbhe an cheist i gceart.
5. Críochnaíonn an lá scoile ag a ceathair.
6. Phioc mé an ceann is fearr.
7. Ghlanamar an áit ó bhun go barr.

Aistriúchán

Cuir Gaeilge ar na habairtí thíos. Tá an chéad cheann déanta duit mar shampla.

1. I will start at eight o'clock. *Tosóidh mé ag a hocht a chlog.*
2. Will you play in the game tonight?
3. He will finish at two o'clock.
4. He will not buy the house.
5. Will he clean his room?
6. We will put the bag in the house.
7. Joanne will not answer the question.

Croí na Gaeilge 1
Tagairtí ama do na trí aimsir shimplí

An aimsir chaite	An aimsir láithreach	An aimsir fháistineach
aréir	faoi láthair	i gceann tamaillín
inné	gach lá	anocht
arú inné (an lá roimh inné)	gach oíche	amárach
cúpla lá ó shin	gach seachtain	arú amárach (an lá tar éis amárach)
an Mháirt seo caite	gach dara lá	i gceann cúpla lá
an tseachtain seo caite	ar an Máirt (*on Tuesdays*)	an tseachtain seo chugainn
le déanaí	go minic	an samhradh seo chugainn
an bhliain seo caite	go rialta	sna laethanta amach romhainn
bliain ó shin	uaireanta	roimh dheireadh na bliana
fadó fadó	scataí	sa todhchaí
san anallód	gach bliain	feasta
roimhe seo	go hannamh	

Tasc foclóra
Aimsigh na tagairtí nach bhfuil ar eolas agat i d'fhoclóir nó ar an idirlíon.

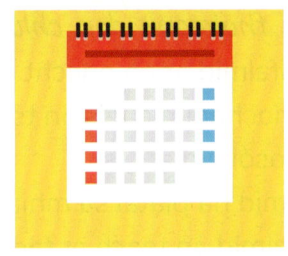

Scríobh
Athscríobh na habairtí agus tóg amach na lúibíní. Réimnigh an briathar i ngach abairt bunaithe ar an tréimhse ama san abairt. Tá sampla déanta anseo duit mar chúnamh.

1. (Téigh) mé go dtí an trá inné. *Chuaigh mé go dtí an trá inné.*
2. (Bí) mé ag an dioscó aréir.
3. (Bí) mé ag an dioscó anocht.
4. (Téigh + muid) ar an mbus chuig an scoil gach lá.
5. (Imir) sé peil i bpáirc an phobail go minic.
6. (Caith + muid) cúpla seachtain sa Ghaeltacht an bhliain seo caite.
7. (Ith + mé) i dteach mo mhamó ar an gCéadaoin.
8. (Ceannaigh) Síle a lón sa bhialann amárach.
9. (Téigh) mo dheartháir ar saoire go dtí an Astráil i gceann tamaillín.
10. (Tosaigh) sé ag cur báistí go trom arú inné.
11. (Faigh) Mícheál rothar nua le déanaí.

Briathra frásacha

Rialacha

Is féidir an briathar a athrú sa Ghaeilge (agus sa Bhéarla) má chuireann tú réamhfhocal leis an mbriathar.

Samplaí sa Bhéarla: *take, take up, take on, take off, take over*

Briathar + focal = briathar nua: chaith mé anuas (*I threw up*), chaitheamar anuas (*we threw up*)

Briathar + réamhfhocal = briathar nua: d'éirigh sí as (*she quit*), d'éiríomar as (*we quit*)

> Cuireann réamhfhocal (**ag, ar, do**, srl.) + an t-alt (**an**) urú nó séimhiú ar an gcéad fhocal eile. Féach ar leathanaigh 240 agus 242.

Briathar	Béarla	Sampla
éirigh	get up	d'éirigh sé ar maidin
éirigh as	quit	d'éirigh mé as an rás
éirigh le	succeed	d'éirigh leis an mbean
buail	hit	bhuail mé an balla
buail le	meet with	bhuail mé le Síle
caith	wear	chaith mé geansaí dearg
caith	throw	chaith sí an liathróid
caith le	treat/deal with	chaith sé go dona leis na daltaí
caith ar	spend on	chaith siad €50 ar na ticéid
abair	say	dúirt mé haigh
abair le	tell	dúirt sé leis na páistí go raibh an scoil dúnta
réitigh	resolve	réitigh mé an fhadhb
réitigh le	get along with	réitigh mé go maith leis na déagóirí eile

An briathar *bí*

- **Bhí** mé . . . = *I was . . .* (bí)
- **Bhí** áthas **ar** an mbean. = *The woman was happy.* (bí . . . ar)
- **Bhí** leabhar **ag** an dalta. = *The student had a book.* (bí . . . ag)

Croí na Gaeilge 1
Na forainmneacha réamhfhoclacha

Rialacha

- Forainm (*pronoun*): *mé, tú, sé, sí, sinn/muid, sibh, siad*
- Réamhfhocal (*preposition*): *ag, ar, chuig, de, do, faoi, le, roimh*, srl.
- Forainm + réamhfhocal = Forainm réamhfhoclach (*prepositional pronoun*): *agam, ort, romhainn*, srl.

Na forainmneacha									
Réamh-fhocal	mé	tú	é	í	muid/sinn	sibh	siad	Samplaí
ag	agam	agat	aige	aici	againn	agaibh	acu	Tá fón agam. Táim ag an siopa.
ar	orm	ort	air	uirthi	orainn	oraibh	orthu	Tá eagla orm. Bhí orainn imeacht.
chuig	chugam	chugat	chuige	chuici	chugainn	chugaibh	chucu	Táim ag dul chuig an dioscó.
de	díom	díot	de	di	dínn	díbh	díobh	Bain díot do chóta! Tá sé déanta de mhiotal.
do	dom	duit	dó	di	dúinn	daoibh	dóibh	Thug mé an t-airgead dó. Tá bronntanas agam do Shíle.
faoi	fúm	fút	faoi	fúithi	fúinn	fúibh	fúthu	Bhí madra faoin mbord. Labhair sé faoin bpeil.
le	liom	leat	leis	léi	linn	libh	leo	Cé atá ag dul leat? Is liomsa an cat.
roimh	romham	romhat	roimhe	roimpi	romhainn	romhaibh	rompu	D'ith mé roimh an gcluiche. Stop an bus roimh an siopa.

Nótaí faoin bhforainm réamhfhoclach

- Má chríochnaíonn an forainm réamhfhoclach ar *m*, baineann sé le *mé/mise*.
  Samplaí: agam, orm, liom, fúm
- Má chríochnaíonn an forainm réamhfhoclach ar *t*, baineann sé le *tú/tusa*.
  Samplaí: agat, ort, leat, fút
- Níl aon fhada ar an *i* deireanach riamh don tríú pearsa, baininscneach.
  Samplaí: aici, uirthi, léi, fúithi
- Má chríochnaíonn an forainm réamhfhoclach ar *nn*, baineann sé le *muid/sinn*.
  Samplaí: againn, orainn, linn, fúinn
- Má chríochnaíonn an forainm réamhfhoclach ar *bh*, baineann sé le *sibh* (seachas *díobh* agus *dóibh*, atá sa tríú pearsa iolra, a bhaineann le *siad*).
  Samplaí: agaibh, oraibh, libh, fúibh

Líon na bearnaí

Líon na bearnaí sna habairtí seo a leanas. Tá leideanna ar fáil ag deireadh na habairtí.

1 Bhí díomá _____ mar chaill mé an cluiche. (ar + mé)

2 Bhí Síle i dtrioblóid leis an múinteoir mar ní raibh aon leabhar _____. (ag + í)

3 Bhí ocras ar Oisín agus bhí tart _____ freisin. (ar + é)

4 Thosaigh sé ag cur báistí ach, buíochas le Dia, bhí cóta _____. (ag + mé)

5 Chuireamar _____ an rud ar fad a dhéanamh. (ar + muid/sinn)

6 Is _____ an mála scoile sin. (le + tusa)

7 Seán is ainm _____. (do + é)

8 Tá gruaig fhionn _____. (ar + í)

9 Tá súile gorma _____. (ag + í)

10 Beidh _____ dul abhaile ag a ceathair a chlog. (ar + é)

11 Tar _____ go dtí an phictiúrlann. (le + sinn)

12 Bain _____ do chóta agus bí i do shuí ar an tolg. (de + tú)

13 Theip _____ sa scrúdú an tseachtain seo caite. (ar + mise)

14 D'éirigh go geal _____ leis an obair sin. Maith thú! (le + tusa)

15 Chuir siad fáilte mhór _____. (roimh + iad)

16 Ba chóir _____ rud a dhéanamh faoi sin. (do + tú)

17 Chuir sí geansaí gorm _____. (ar + í)

18 Sheol mé litir _____. (chuig + é)

19 Thug mé an t-airgead _____. (do + í)

20 Cuir _____ an bainne. (chuig + mise)

Na briathra: achoimre den fhoirm dhiúltach

Tacar A – na briathra rialta agus an cúig beag

- San aimsir chaite, cuireann tú an focal *níor* roimh an mbriathar agus cuireann tú séimhiú ar an mbriathar.

    Samplaí:
    Níor **ch**eannaigh sé an teach.
    Níor ól sí an bainne. (níl aon séimhiú le guta)

- San aimsir láithreach agus san aimsir fháistineach, cuireann tú an focal *ní* roimh an mbriathar agus cuireann tú séimhiú ar an mbriathar.

    Samplaí:
    Ní **ch**ríochnaíonn sé leis an obair riamh. (aimsir láithreach)
    Ní ólann Tina bainne. (aimsir láithreach: ní bhíonn séimhiú le guta riamh)
    Ní **th**osóidh sé leis an obair go dtí amárach. (aimsir fháistineach)

Tacar B – cás faoi leith (an sé mór)

San aimsir chaite, san aimsir láithreach agus san aimsir fháistineach, cuireann tú an focal *ní* roimh na briathra seo.

	An aimsir chaite	An aimsir láithreach	An aimsir fháistineach
Abair	ní dúirt	ní deir	ní déarfaidh
Bí	ní raibh	níl	ní bheidh
Faigh	ní **bhf**uair	ní fhaigheann	ní **bhf**aighidh
Feic	ní fhaca	ní fheiceann	ní fheicfidh
Téigh	ní dheachaigh	ní théann	ní rachaidh
Déan	ní dhearna	ní dhéanann	ní dhéanfaidh

Ná déan dearmad:
1. Tá foirm dhiúltach faoi leith i gceist sna boscaí bándearga.
2. Ní ghlacann an briathar *abair* séimhiú riamh i bhfoirm ar bith (de réir an chaighdeáin).
3. Cuireann tú urú ar an bhfoirm dhiúltach den bhriathar *faigh* san aimsir chaite agus san aimsir fháistineach.

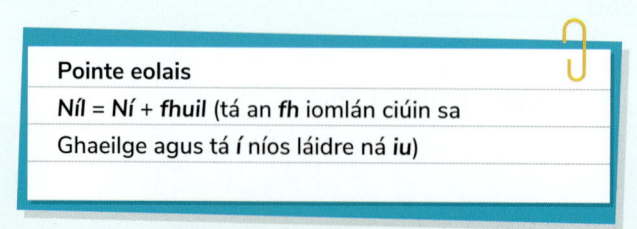

Pointe eolais
Níl = Ní + **fh**uil (tá an **fh** iomlán ciúin sa Ghaeilge agus tá *í* níos láidre ná *iu*)

Scríobh

Cuir na habairtí seo san fhoirm dhiúltach. Tá na briathra uilig rialta sa tasc seo. Tá ceann déanta duit mar shampla.

1. Thosaigh sé ag gáire. *Níor thosaigh sé ag gáire.*
2. Cuireann Rebecca na plátaí sa chófra.
3. Glanfaidh m'athair na fuinneoga amárach.
4. D'ól sí cupán tae inné.
5. Fanann Kyle ag an siopa.
6. Phioc sé an t-úll dearg.
7. Tosóidh sí ag imirt ag a trí a chlog.

An fhoirm dhiúltach

Cuir na habairtí seo san fhoirm dhiúltach. Tá na briathra uilig neamhrialta sa tasc seo. Tá ceann déanta duit mar shampla.

1. Bhí mé sa ghairdín. *Ní raibh mé sa ghairdín.*
2. Fuair sé an t-airgead faoin tolg.
3. Gheobhaidh sé an ticéad amárach.
4. Dúirt sí rud éigin don phríomhoide.
5. Chuaigh sé go dtí an siopa.
6. Rinne Hannah a hobair bhaile.
7. Itheann mo mhuintir sa chistin.

Aistriúchán

Cuir Gaeilge ar na habairtí diúltacha seo. Tá ceann amháin déanta duit mar shampla.

1. They did not wash their hands. *Níor nigh siad a lámha.*
2. He didn't eat his dinner.
3. My aunt will not buy the house.
4. Seána doesn't go on the bus.
5. My uncle will not play tonight.
6. I will not get a ticket in the shop.
7. They will not go on the train tomorrow.

Croí na Gaeilge 1

Na briathra: achoimre den fhoirm cheisteach ❓

Tacar A – na briathra rialta agus an cúig beag

- San aimsir chaite, cuireann tú an focal *ar* roimh an mbriathar agus cuireann tú séimhiú ar an mbriathar.

    Samplaí:
    Ar **ch**eannaigh sé an teach?
    Ar ól sí an bainne? (níl aon séimhiú le guta)

- San aimsir láithreach agus san aimsir fháistineach, cuireann tú an focal *an* roimh an mbriathar agus cuireann tú urú ar an mbriathar.

    Samplaí:
    An **gc**ríochnaíonn sé leis an obair riamh? (aimsir láithreach)
    An ólann Tina bainne? (aimsir láithreach: ní bhíonn urú le guta san fhoirm cheisteach)
    An **dt**osóidh sé leis an obair amárach? (aimsir fháistineach)

Tacar B – cás faoi leith (an sé mór)

San aimsir chaite, san aimsir láithreach agus san aimsir fháistineach, cuireann tú an focal *an* roimh na briathra seo.

	An aimsir chaite	An aimsir láithreach	An aimsir fháistineach
Abair	an **nd**úirt	an **nd**eir	an **nd**éarfaidh
Bí	an raibh	an **bhf**uil	an **mb**eidh
Faigh	an **bhf**uair	an **bhf**aigheann	an **bhf**aighidh
Feic	an **bhf**aca	an **bhf**eiceann	an **bhf**eicfidh
Téigh	an **nd**eachaigh	an **dt**éann	an rachaidh
Déan	an **nd**earna	an **nd**éanann	an **nd**éanfaidh

Ná déan dearmad:
1. Tá foirm cheisteach faoi leith i gceist sna boscaí bándearga.
2. Cuireann tú urú ar gach ceann i ngach aimsir seachas *an raibh* agus *an rachaidh* (ní ghlacann *l*, *n* ná *r* séimhiú riamh).

Scríobh

Cuir na habairtí seo san fhoirm cheisteach. Tá na briathra uilig rialta sa tasc seo.
Tá ceann amháin déanta duit mar shampla.

1. Bhris siad an fhuinneog. *Ar bhris siad an fhuinneog?*
2. Féachann siad ar an teilifís sa chistin.
3. Ceannóidh sé rothar nua amárach.
4. Tosóidh an cluiche ag a cúig.
5. Seinnfidh sí sa séipéal ar an Domhnach.
6. Caithfidh sí gúna chuig an dioscó.
7. Scríobhfaidh sí an litir chuig a mamó Dé Sathairn.

An fhoirm cheisteach

Cuir na habairtí seo san fhoirm cheisteach. Tá na briathra uilig neamhrialta sa tasc seo. Tá ceann amháin déanta duit mar shampla.

Féach ar Léaráid B (lch 270).

1. Rinne Ciara agus Colm an obair. *An ndearna Ciara agus Colm an obair?*
2. Tiocfaidh siad abhaile amárach.
3. Thug sé an t-airgead don mhúinteoir.
4. Dúirt sé rud beag ag an deireadh.
5. Gheobhaidh mé bia ar scoil amárach.
6. Cloiseann tú scéalta mar sin go minic.
7. Itheann do mhuintir sa chistin.

Aistriúchán

Cuir Gaeilge ar na habairtí ceisteacha seo. Tá ceann amháin déanta duit mar shampla.

1. Did you see the bike? *An bhfaca tú an rothar?*
2. Will he be at the shop tomorrow?
3. Did you buy a new car?
4. Do you go on the bus?
5. Was he in the office?
6. Did Sarah break the phone?
7. Does Alan play football in the park?

Croí na Gaeilge 1

An difríocht idir *tá* agus *bíonn*

An aimsir láithreach & an aimsir gnáthláithreach

Úsáideann tú an focal *tá* san aimsir láithreach. Úsáideann tú an focal *bíonn* san aimsir gnáthláithreach.

Tá sí san oifig anois.   Bíonn sí san oifig gach maidin roimh a hocht.

| anois | ar an Luan | ar an Máirt | ar an gCéadaoin |

An aimsir láithreach = *simple present*	An aimsir ghnáthláithreach = *present habitual*
Láithreach = rud atá fíor anois nó i gcónaí	Gnáthláithreach = rud atá fíor go minic
Sampla: Tá mé i Luimneach agus tá Luimneach in Éirinn.	**Sampla:** Bíonn sé ag cur báistí go minic in Éirinn.

Tagairtí ama . . .

. . . a bhaineann le *tá*		. . . a bhaineann le *bíonn*	
ar maidin	this morning	gach maidin	every morning
inniu	today	gach lá	every day
anois	now	go minic	frequently
faoi láthair	at the moment	uaireanta	sometimes
i gcónaí	still/always	go hannamh	rarely
Dé Sathairn	on Saturday	de ghnáth	normally
		ar an Satharn	on Saturdays
Cá bhfuil sé anois? Tá sé . . .		Cá mbíonn sé gach Aoine ag a dó? Bíonn sé . . .	

An chéad phearsa, uimhir uatha agus uimhir iolra

An chéad phearsa, uimhir uatha (*mise*)

tá + *mé* = *táim*   *bíonn* + *mé* = *bím*

Táim ar an mbus ar maidin.   Bím ar an mbus gach maidin.

An chéad phearsa, uimhir iolra (*muid/sinn*)

tá + *muid/sinn* = *táimid*   *bíonn* + *muid/sinn* = *bímid*

Táimid sa tsaotharlann inniu.   Bímid sa tsaotharlann gach Luan.

Na foirmeacha éagsúla

An fhoirm dhearfach 👍	An fhoirm dhiúltach 👎	An fhoirm cheisteach ❓	An cheist dhiúltach ❌
Tá sé ar scoil.	Níl sí ar scoil.	An bhfuil tú ar scoil?	Nach bhfuil tú ar scoil?
Táim(id) ar scoil.	Nílim(id) ar scoil.	An bhfuilim(id) ar scoil?	Nach bhfuilim(id) ar scoil?
Bíonn sí ar scoil.	Ní bhíonn sé ar scoil.	An mbíonn tú ar scoil?	Nach mbíonn siad ar scoil?
Bím(id) ar scoil.	Ní bhím(id) ar scoil.	An mbím(id) ar scoil?	Nach mbím(id) ar scoil?

Ná déan dearmad: chun **mé/mise** a athrú go **muid/sinn**, cuir **-id** ar an bhfocal. Tá sé sin fíor san aimsir láithreach agus san aimsir gnáthláithreach.

Cogar The word **bím** is close in meaning to the Hiberno-English verb **I do be**.

Léamh

Léigh na habairtí thíos agus scríobh síos an fáth a bhfuil tá nó bíonn i ngach abairt.

1. Táim ag dul abhaile anois mar tá ocras orm.
2. Bíonn ocras orm nuair a imrím cluiche peile.
3. Ní bhíonn an banc ar oscailt ar an Satharn; mar sin, níl sé ar oscailt anois.
4. Tá mise níos óige ná mo dheartháir.
   Leid: Tá sé seo fíor i gcónaí – ní athraíonn sé riamh.
5. Bíonn an trácht go dona nuair a bhíonn sé ag cur báistí.
6. Níl an trá dubh le daoine inniu.
7. Bíonn an trá dubh le daoine go minic sa samhradh.
8. Bím déanach ar scoil nuair a bhíonn an bus déanach.
9. An bhfuil tuirse ort anois?
10. An mbíonn tuirse ort tar éis an lá scoile?

Scríobh

Scríobh na trí fhoirm eile de na habairtí seo.
Tá ceann amháin déanta duit mar shampla.

1. Tá sé ar scoil. *Níl sé ar scoil. An bhfuil sé ar scoil? Nach bhfuil sé ar scoil?*
2. Bíonn sí sa ghairdín ar an Domhnach.
3. Tá Tod ag dul ar an mbus inniu.
4. Bímse ag imirt i lár na páirce de ghnáth.
5. Táimid ag déanamh mata anois.
6. Tá Conamara i nGaillimh.
7. Bíonn a lán daoine i gConamara sa samhradh.

Aistriúchán

Aistrigh na habairtí seo ón mBéarla go dtí an Ghaeilge.

1. I live in Dublin.
2. He is on the bus every day.
3. She is on the bus now.
4. We have a match today.
5. We have training every Friday.
6. She is hungry now.

Croí na Gaeilge 1

An bhreischéim agus an tsárchéim

Na haidiachtaí rialta

Breischéim = **bigger**, **smaller**, **taller**, srl.
Sárchéim = **biggest**, **smallest**, **tallest**, srl.

An chríoch	-úil	-ach	guta	eile
An aidiacht	dathúil	tábhachtach	cliste	gorm
An bhreischéim	níos dathúla	níos tábhachtaí	níos cliste	níos goirme
An tsárchéim	is dathúla	is tábhachtaí	is cliste	is goirme

Na haidiachtaí neamhrialta

Bunchéim	Béarla	Breischéim (-er/more)	Sárchéim (-est/most)
álainn	beautiful	níos áille	is áille
beag	small	níos lú	is lú
breá	good	níos breátha	is breátha
dian	strict	níos déine	is déine
fada	long	níos faide	is faide
fliuch	wet	níos fliche	is fliche
furasta	easy	níos fusa	is fusa
gearr	short	níos giorra	is giorra
leathan	broad	níos leithne	is leithne
maith	good	níos fearr	is fearr
mór	big	níos mó	is mó
olc	bad	níos measa	is measa
ramhar	fat	níos raimhre	is raimhre
saibhir	rich	níos saibhre	is saibhre
te	hot	níos teo	is teo

Scríobh

Athraigh na focail idir lúibíní. Tá an bhreischéim i gceist i ngach ceann. Tá an chéad cheann déanta duit mar shampla.

1. Tá an cáca _____ _____ ná an bhorróg. (níos + mór) *Tá an cáca níos mó ná an bhorróg.*
2. Tá an aimsir _____ _____ inniu ná inné. (níos + fliuch)
3. Tá an scannán _____ _____ ná an leabhar. (níos + maith)
4. Tá sé _____ _____ sa Spáinn ná in Éirinn. (níos + te)
5. Tá mo chuid gruaige _____ _____ ná do chuid gruaige. (níos + gearr)

Aistriúchán

Aistrigh na habairtí seo a leanas.

1. The sports hall is smaller than the yard.
2. The principal is stricter than the teacher.
3. Your ruler is longer than my ruler.

An tsárchéim

Athraigh na focail idir lúibíní. Tá an tsárchéim i gceist i ngach ceann. Tá an chéad cheann déanta duit mar shampla.

1. Is ábhar furasta é an mhata ach is í an Ghaeilge an t-ábhar _____ _____. (is + furasta) *Is ábhar furasta é an mhata ach is í an Ghaeilge an t-ábhar is fusa.*
2. Is bean álainn í Máire ach is í mo mháthair an bhean _____ _____. (is + álainn)
3. Is maith liom an pheil ach is í an leadóg an spórt _____ _____ liom. (is + maith)
4. Is contae mór é Contae na Gaillimhe ach is é Contae Chorcaí an contae _____ _____. (is + mór)
5. Seo an lá _____ _____ a bhí ann le fada. (is + te)

Céimeanna comparáide

Aistrigh na habairtí seo a leanas.

1. That way (*bealach*) is a lot shorter.
2. This is the shortest road in the area.
3. This is the wettest day for a while.
4. The lab is big but the library is bigger.
5. The house on the left is smaller.

Léaráid A, Cuid 1: An briathar *bí* agus an chopail, *is*

An aimsir láithreach

Croí na Gaeilge

Tá sé [aidiacht (*adjective*)].   Is [ainmfhocal (*noun*)] é.

An briathar be			
Tá (rud **sealadach**[1])		**Is** (rud **buan**[2])	
Feidhmeanna[3]			
1 Tá mé dhá bhliain déag d'aois.	aois	a Taylor is ainm dom.	ainm
2 Tá mé ar scoil.	**suíomh**[4]	b Is múinteoir é.	post
3 Tá fearg orm.	mothúcháin	c Is maith liom an Ghaeilge.	**roghanna**[5]
4 Tá an liathróid agam.	**seilbh**[6]	d Is liomsa an liathróid.	**úinéireacht**[7]
5 Tá an scoil níos sine ná mise.	breischéim (mar shampla, *older*)	e Is mise an duine is sine sa scoil.	sárchéim (mar shampla, *oldest*)

Baineann *tá* le rudaí sealadacha (de ghnáth) – mar shampla, aois, am agus áit.
Sampla: Tá mé san oifig.
Baineann *is* le rudaí seasta, nó buan, den chuid is mó.
Sampla: Is dalta mé.

Tábhacht an dá fhocal seo
Is é an briathar **bí** an dara focal is coitianta sa Ghaeilge (foinse: potafocal.com).
Is í an chopail, **is**, an cúigiú focal is coitianta sa Ghaeilge (foinse: potafocal.com).
Is é an difear idir an dá fhocal ná croí na Gaeilge!

	Tá	Is
👍	Tá sé sásta.	Is múinteoir í.
👎	Níl sé sásta.	Ní múinteoir í.
❓	An bhfuil sé sásta?	An múinteoir í?
❓	Nach bhfuil sé sásta?	Nach múinteoir í?

Moladh
Tá an léaráid seo le fáil san acmhainn punainne (lch 71).

| 1 temporary | 3 functions | 5 preferences | 7 ownership |
| 2 permanent | 4 location | 6 possession | |

Aistriúcháin

1 Aistrigh na habairtí seo go Gaeilge. Tá siad bunaithe ar an gcopail san aimsir láithreach (*is*, *ní*, *an* agus *nach*).

   1 He is a doctor.
   2 She is not a teacher.
   3 Are you a student?
   4 Her name is Siobhán.
   5 Lionel likes football.
   6 Isn't he a teacher?
   7 We are a good team.
   8 I am the youngest person in my family.

2 Aistrigh na habairtí seo go Gaeilge. Tá siad bunaithe ar an mbriathar *bí* san aimsir láithreach (*tá*, *níl*, *an bhfuil* agus *nach bhfuil*).

   1 She is in the shop.
   2 It is on the table.
   3 I am not 13 years old.
   4 Samira is hungry. *Leid: There is hunger on Samira.*
   5 Are you hungry?
   6 Isn't she older than you?
   7 I have his mobile phone.
   8 Do you have a ticket?

3 Aistrigh na habairtí seo go Gaeilge. Tá siad bunaithe ar an gcopail, *is*, agus ar an mbriathar *bí*.

   1 He is at school.
   2 He is not a teacher.
   3 Isn't she a doctor?
   4 Áine is her name.
   5 We are a young class.
   6 What is your name?
   7 Are you bigger? *Leid: Bain úsáid as an mbriathar bí.*
   8 Are you the biggest? *Leid: Bain úsáid as an gcopail.*

Croí na Gaeilge 1
Léaráid A, Cuid 2: Na briathra rialta

Na briathra rialta sna trí aimsir shimplí

An aimsir chaite		An aimsir láithreach	An aimsir fháistineach	
mise	muid/sinn	mise (muid/sinn (+ id))	mise	muid/sinn
d'fhéach mé ar	d'fhéachamar ar	féachaim(id) ar	féachfaidh mé ar	féachfaimid ar
ghlan mé	ghlanamar	glanaim(id)	glanfaidh mé	glanfaimid
d'ól mé	d'ólamar	ólaim(id)	ólfaidh mé	ólfaimid
phioc mé	phiocamar	piocaim(id)	piocfaidh mé	piocfaimid
chaith mé	chaitheamar	caithim(id)	caithfidh mé	caithfimid
chuir mé	chuireamar	cuirim(id)	cuirfidh mé	cuirfimid
d'éist mé le	d'éisteamar le	éistim(id) le	éistfidh mé le	éistfimid le
sheinn mé	sheinneamar	seinnim(id)	seinnfidh mé	seinnfimid
labhair mé	labhraíomar	labhraím(id)	labhróidh mé	labhróimid
rothaigh mé	rothaíomar	rothaím(id)*	rothóidh mé	rothóimid
thosaigh mé	thosaíomar	tosaím(id)	tosóidh mé	tosóimid
d'ullmhaigh mé	d'ullmhaíomar	ullmhaím(id)	ullmhóidh mé	ullmhóimid
bhailigh mé	bhailíomar	bailím(id)**	baileoidh mé	baileoimid
d'éirigh mé	d'éiríomar	éirím(id)	éireoidh mé	éireoimid
d'fhreagair mé	d'fhreagraíomar	freagraím(id)	freagróidh mé	freagróimid
d'imir mé	d'imríomar	imrím(id)***	imreoidh mé	imreoimid

* fréamh = *roth* (leathan)

** fréamh = *bail* (caol)

*** fréamh = *imr* (caol)

> **Cogar** To change a verb from *I* to *we* in the present tense, just add *-id*.
> For example: glanaim (*I clean*) → glanaimid (*we clean*).

Moladh
Tá an léaráid seo le fáil san acmhainn punainne (lch 72).

Cúinne na gramadaí

Líon na bearnaí sa ghreille thíos.

An aimsir chaite		An aimsir láithreach	An aimsir fháistineach	
mise	muid/sinn	mise (muid/sinn (+ id))	mise	muid/sinn
		gearraim(id)		
			brisfidh mé	
	d'osclaíomar			
d'ordaigh mé				

Aistriúcháin

1 Aistrigh na habairtí seo go Gaeilge.

1. I broke the cup.
2. We played in the game yesterday.
3. I will buy the bike at the weekend.
4. We clean the classroom every Friday.
5. We play music in the kitchen.
6. I listen to music in my bedroom.
7. We walked to the cinema yesterday.
8. I will put the bag in the shed.

2 Aistrigh an t-alt thíos ón aimsir chaite go dtí an aimsir fháistineach. Athraigh na briathra i gcló trom. Tá an chéad cheann déanta duit mar shampla.

(1) **Bhuail** mé le mo chairde san ionad siopadóireachta. (2) **Cheannaigh** mé albam nua sa siopa ceoil. Ansin (3) **chaitheamar** dhá uair an chloig inár suí ag bord sa bhialann. (4) **Chríochnaíomar** ansin ag a ceathair a chlog agus (5) **d'fhill** mé abhaile ar mo rothar. (6) **D'éist** mé leis an albam nua i mo sheomra leapa. (7) **Chuir** mo mháthair an dinnéar ar an mbord ag a sé agus (8) **ghlan** mé agus mo dheartháir an chistin tar éis an dinnéir. (9) **D'fhéachamar** ar scannán sa seomra suí ansin.

1. *Buailfidh mé*
2. _____ _____
3. _____
4. _____
5. _____ _____
6. _____ _____
7. _____ _____ _____
8. _____ _____
9. _____

Croí na Gaeilge 1

Léaráid B, Cuid 1: Na briathra neamhrialta

Cleas cuimhne
A **B**ig **F**luffy **F**eathery **T**urkey **D**inner

An sé mór

	An fhoirm dhearfach 👍	An fhoirm dhiúltach 👎	An fhoirm cheisteach ❓/🚫
	An aimsir chaite (go, ní, an, nach)		
Abair	dúirt mé	ní dúirt tú	an/nach ndúirt tú?
Bí	bhí sí	ní raibh siad	an/nach raibh tú?
Faigh	fuair siad	ní bhfuair sé	an/nach bhfuair tú?
Feic	chonaic sé	ní fhaca sibh	an/nach bhfaca tú?
Téigh	chuaigh tú	ní dheachaigh sí	an/nach ndeachaigh tú?
Déan	rinne sibh	ní dhearna mé	an/nach ndearna tú?
	An chéad phearsa, uimhir iolra (muid/sinn)	***Ní* + séimhiú**	***An/Nach* + urú**
Abair	dúramar	ní dúramar	an/nach ndúramar?
Bí	bhíomar	ní rabhamar	an/nach rabhamar?
Faigh	fuaireamar	ní bhfuaireamar	an/nach bhfuaireamar?
Feic	chonaiceamar	ní fhacamar	an/nach bhfacamar?
Téigh	chuamar	ní dheachamar	an/nach ndeachamar?
Déan	rinneamar	ní dhearnamar	an/nach ndearnamar?
	An aimsir láithreach (go, ní, an, nach)		
Abair	deir tú	ní deir tú	an/nach ndeir tú?
Bí	tá/bíonn sé	níl/ní bhíonn sé	an/nach bhfuil/mbíonn tú?
Faigh	faigheann sí	ní fhaigheann sí	an/nach bhfaigheann tú?
Feic	feiceann sibh	ní fheiceann sibh	an/nach bhfeiceann tú?
Téigh	téann siad	ní théann siad	an/nach dtéann tú?
Déan	déanann tú	ní dhéanann tú	an/nach ndéanann tú?
	An chéad phearsa, (mé agus muid/sinn)	***Ní* + séimhiú**	***An/Nach* + urú**
Abair	deirim(id)	ní deirim(id)	an/nach ndeirim(id)?
Bí	táim(id)/bím(id)	nílim(id)/ní bhím(id)	an/nach bhfuilim(id)/mbím(id)?
Faigh	faighim(id)	ní fhaighim(id)	an/nach bhfaighim(id)?
Feic	feicim(id)	ní fheicim(id)	an/nach bhfeicim(id)?
Téigh	téim(id)	ní théim(id)	an/nach dtéim(id)?
Déan	déanaim(id)	ní dhéanaim(id)	an/nach ndéanaim(id)?
	An aimsir fháistineach (go, ní, an, nach)		
Abair	déarfaidh mé	ní déarfaidh tú	an/nach ndéarfaidh tú?
Bí	beidh sí	ní bheidh siad	an/nach mbeidh tú?
Faigh	gheobhaidh sibh	ní bhfaighidh sí	an/nach bhfaighidh tú?
Feic	feicfidh siad	ní fheicfidh sé	an/nach bhfeicfidh tú?
Téigh	rachaidh sé	ní rachaidh mé	an/nach rachaidh tú?
Déan	déanfaidh tú	ní dhéanfaidh sé	an/nach ndéanfaidh tú?
	An chéad phearsa, uimhir iolra (muid/sinn)	***Ní* + séimhiú**	***An/Nach* + urú**
Abair	déarfaimid	ní déarfaimid	an/nach ndéarfaimid?
Bí	beimid	ní bheimid	an/nach mbeimid?
Faigh	gheobhaimid	ní bhfaighimid	an/nach bhfaighimid?
Feic	feicfimid	ní fheicfimid	an/nach bhfeicfimid?
Téigh	rachaimid	ní rachaimid	an/nach rachaimid?
Déan	déanfaimid	ní dhéanfaimid	an/nach ndéanfaimid?

séimhiú | urú | níl aon athrú ann

Moladh
Tá an léaráid seo le fáil san acmhainn punainne (lch 73).

Cúinne na gramadaí

1. **Athscríobh na habairtí seo san fhoirm dhiúltach. Tá ceann amháin déanta duit mar shampla.**

    1. Chuaigh mé go dtí an dochtúir. *Ní dheachaigh mé go dtí an dochtúir.*
    2. Fuair sé an t-airgead ón bpríomhoide.
    3. Gheobhaidh tú an t-eolas sin amárach.
    4. Beidh leathlá againn ón scoil ar an Aoine.
    5. Rinne mé an obair sin do mo mhamó inné.
    6. Téann m'aintín chuig áras an phobail gach seachtain.
    7. Dúirt sé an t-amhrán ó thús go deireadh.
    8. Feicim é ag rith i bpáirc an phobail gach Domhnach.
    9. Chonaic mé an cluiche ar an teilifís.
    10. Déanfaimid é sin amárach tar éis am lóin.

2. **Athraigh na habairtí seo ón gcéad phearsa, uimhir uatha go dtí an chéad phearsa, uimhir iolra. Tá ceann amháin déanta duit mar shampla.**

    1. Chuaigh mé go dtí an dochtúir. *Chuamar go dtí an dochtúir.*
    2. Bhí mé ar an mbus.
    3. Faighim obair bhaile gach oíche.
    4. Beidh mé i mbialann anocht.
    5. Téim go dtí an t-ionad siopadóireachta ag an deireadh seachtaine.
    6. Ní dheachaigh mé ar scoil inné.
    7. Beidh mé ag dul go dtí an Ghaeltacht i mí Lúnasa.
    8. Dúirt mé leo go raibh an coileach ag fógairt an lae.
    9. Ní fhaca mé an fear ar an mbus.
    10. Ní bhfaighidh mé na torthaí ón scrúdú amárach.

3. **Líon na bearnaí sa ghreille thíos. Tá an briathar, an phearsa agus an fhoirm tábhachtach anseo. Tá an chéad cheann déanta duit mar shampla.**

	An aimsir chaite	An aimsir láithreach	An aimsir fháistineach
1	*rinne mé*	déanaim	*déanfaidh mé*
2	ní dheachaigh siad		
3		táimid	
4		ní deir sibh	
5			An bhfeicfidh tú Deirdre?
6			An bhfaighidh tú é sin?

Croí na Gaeilge 1

Léaráid B, Cuid 2: Na briathra neamhrialta

Cleas cuimhne
Can **I** **T**ake **T**he **B**us?

An cúig beag

	An fhoirm dhearfach 👍	An fhoirm dhiúltach 👎	An fhoirm cheisteach ❓/❌
An aimsir chaite (gur, níor, ar, nár)			
Clois	chuala siad	níor chuala sí	ar/nár chuala tú?
Ith	d'ith mé	níor ith sibh	ar/nár ith tú?
Tar	tháinig sibh	níor tháinig sé	ar/nár tháinig tú?
Tabhair	thug sé	níor thug tú	ar/nár thug tú?
Beir	rug tú	níor rug siad	ar/nár rug tú?
	An chéad phearsa, uimhir iolra (muid/sinn)	***Níor* + séimhiú**	***Ar/Nár* + urú**
Clois	chualamar	níor chualamar	ar/nár chualamar?
Ith	d'itheamar	níor itheamar	ar/nár itheamar?
Tar	thángamar	níor thángamar	ar/nár thángamar?
Tabhair	thugamar	níor thugamar	ar/nár thugamar?
Beir	rugamar	níor rugamar	ar/nár rugamar?
An aimsir láithreach (go, ní, an, nach)			
Clois	cloiseann tú	ní chloiseann tú	an/nach gcloiseann tú?
Ith	itheann sí	ní itheann sí	an itheann tú? / nach n-itheann tú?
Tar	tagann sibh	ní thagann sibh	an/nach dtagann tú?
Tabhair	tugann sé	ní thugann sé	an/nach dtugann tú?
Beir	beireann siad	ní bheireann siad	an/nach mbeireann tú?
	An chéad phearsa, (*mé* agus *muid/sinn*)	***Ní* + séimhiú**	***An/Nach* + urú/*n-* roimh ghuta**
Clois	cloisim(id)	ní chloisim(id)	an/nach gcloisim(id)?
Ith	ithim(id)	ní ithim(id)	an ithim(id)? / nach n-ithim(id)?
Tar	tagaim(id)	ní thagaim(id)	an/nach dtagaim(id)?
Tabhair	tugaim(id)	ní thugaim(id)	an/nach dtugaim(id)?
Beir	beirim(id)	ní bheirim(id)	an/nach mbeirim(id)?
An aimsir fháistineach (go, ní, an, nach)			
Clois	cloisfidh sé	ní chloisfidh siad	an/nach gcloisfidh tú?
Ith	íosfaidh sibh	ní íosfaidh tú	an íosfaidh tú? / nach n-íosfaidh tú?
Tar	tiocfaidh siad	ní thiocfaidh sibh	an/nach dtiocfaidh tú?
Tabhair	tabharfaidh sí	ní thabharfaidh sí	an/nach dtabharfaidh tú?
Beir	béarfaidh tú	ní bhéarfaidh mé	an/nach mbéarfaidh tú?
	An chéad phearsa, uimhir iolra (*muid/sinn*)	***Ní* + séimhiú**	***An/Nach* + urú/*n-* roimh ghuta**
Clois	cloisfimid	ní chloisfimid	an/nach gcloisfimid?
Ith	íosfaimid	ní íosfaimid	an íosfaimid? / nach n-íosfaimid?
Tar	tiocfaimid	ní thiocfaimid	an/nach dtiocfaimid?
Tabhair	tabharfaimid	ní thabharfaimid	an/nach dtabharfaimid?
Beir	béarfaimid	ní bhéarfaimid	an/nach mbéarfaimid?

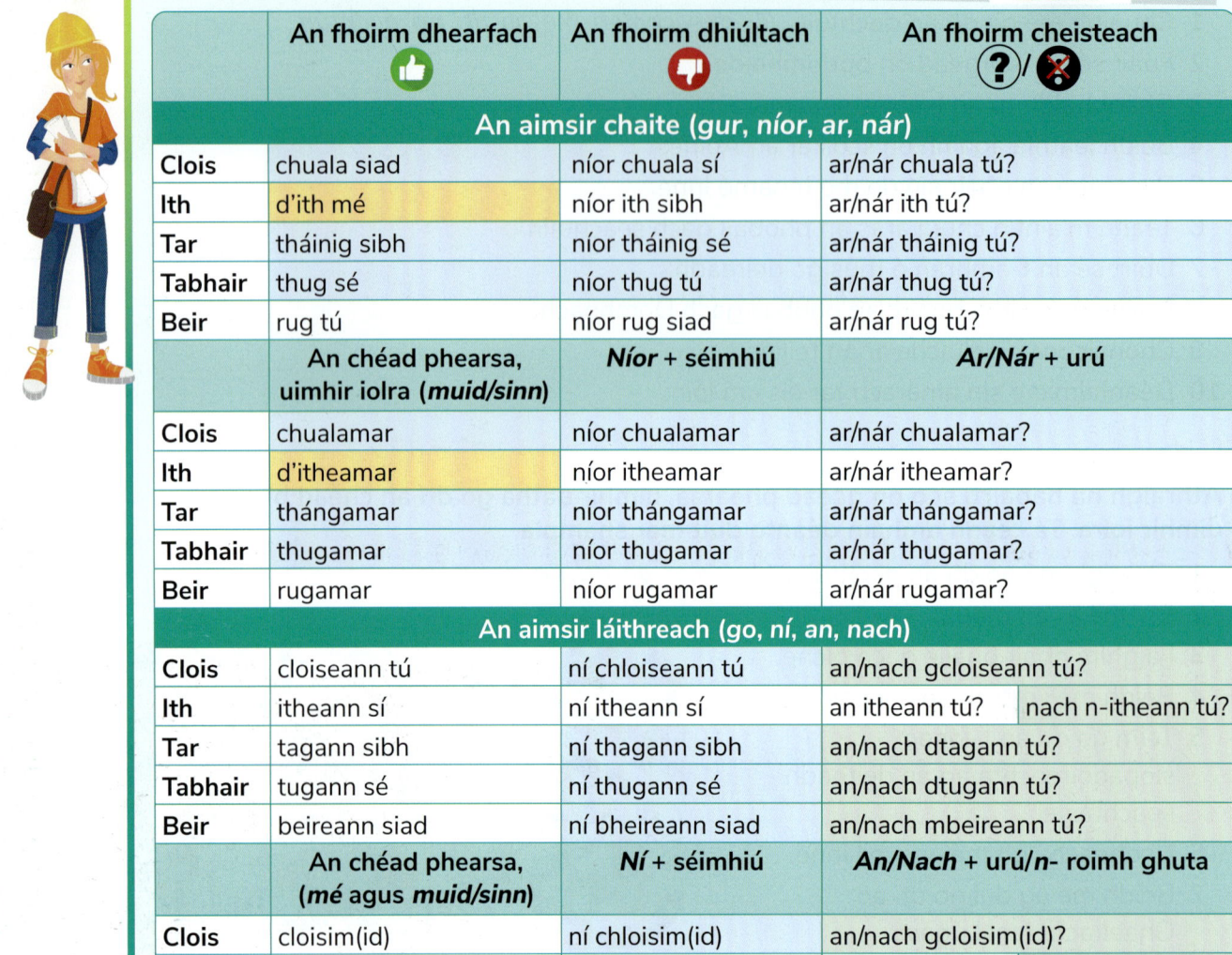

séimhiú | urú | d' roimh ghuta | níl aon athrú ann

Moladh
Tá an léaráid seo le fáil san acmhainn punainne (lch 74).

Cúinne na gramadaí

1 Athscríobh na habairtí seo san fhoirm dhiúltach. Tá ceann amháin déanta duit mar shampla.

1. Chuala mé go raibh Ricky sa siopa inné. *Níor chuala mé go raibh Ricky sa siopa inné.*
2. D'ith mé mo bhricfeasta go luath ar maidin.
3. Tabharfaidh Elisa bronntanas duit amárach.
4. Tagann Breandán amach ón bhfarraige nuair a bhíonn sé fuar.
5. Rug mé ar an liathróid sa chluiche.
6. Íosfaidh siad i mbialann anocht.
7. Tiocfaidh an bus ag a hocht a chlog.
8. Béarfaidh sí ar do pheann má chaitheann tú é.
9. Chuala na comharsana do mhadra ag tafann.
10. Thug sibh aire mhaith don bhabaí.

2 Athraigh na habairtí seo ón gcéad phearsa, uimhir uatha go dtí an chéad phearsa, uimhir iolra. Tá ceann amháin déanta duit mar shampla.

1. Ithim go rialta sa siopa caife seo. *Ithimid go rialta sa siopa caife seo.*
2. Thug mé féirín do bhean an tí.
3. Ní bheirim ar an mbus gach maidin.
4. Cloisfidh mé an scéal uilig amárach.
5. Níor tháinig mé díreach abhaile tar éis na cóisire.
6. Chuala mé go raibh tú tinn.
7. Rug mé ar ghadaí san ollmhargadh.
8. Ní thabharfaidh mé airgead ar bith duit!
9. Íosfaidh mé píosa mór den cháca sin.
10. Tagaim ar ais ón traenáil ag a seacht.

3 Líon na bearnaí sa ghreille thíos. Tá an briathar, an phearsa agus an fhoirm tábhachtach anseo. Tá an chéad cheann déanta duit mar shampla.

	An aimsir chaite	An aimsir láithreach	An aimsir fháistineach
1	d'ith sí	itheann sí	íosfaidh sí
2			ní bhéarfaimid
3	thángamar		
4		ní thugann siad	
5		cloiseann tú	

> **Moladh**
> Tá an léaráid seo le fáil san acmhainn punainne (lch 74).

Croí na Gaeilge 1
Léaráid C, Cuid 1: Na huimhreacha sa Ghaeilge

Rialacha

Maoluimhreacha	Bunuimhreacha	Uimhreacha pearsanta	Orduimhreacha
1–10			
seomra a haon	teach amháin	cara	an chéad cheacht/áit
seomra a dó	dhá theach	beirt chairde	an dara háit
seomra a trí	trí theach	triúr cairde	an tríú háit
seomra a ceathair	ceithre theach	ceathrar cairde	an ceathrú háit
seomra a cúig	cúig theach	cúigear cairde	an cúigiú háit
seomra a sé	sé theach	seisear cairde	an séú háit
seomra a seacht	seacht dteach	seachtar cairde	an seachtú háit
seomra a hocht	ocht dteach	ochtar cairde	an t-ochtú háit
seomra a naoi	naoi dteach	naonúr cairde	an naoú háit
seomra a deich	deich dteach	deichniúr cairde	an deichiú háit
11–12			
seomra a haon déag	aon cheacht/teach déag	aon chara dhéag**	an t-aonú háit déag
seomra a dó dhéag	dhá theach déag	dháréag cairde	an dara háit déag
13 +			
seomra fiche	fiche teach	fiche duine	an fichiú háit
seomra tríocha a trí	trí theach is* tríocha	trí dhuine is tríocha	an tríú háit is tríocha
seomra daichead a seacht	seacht dteach is daichead	seacht nduine is daichead	an seachtú háit is daichead

* Go minic cuireann tú *is* in áit *agus* nuair atá tú ag comhaireamh.

** Má tá guta ag deireadh an fhocail, is gá séimhiú a chur ar *déag* sna bunuimhreacha agus sna huimhreacha pearsanta – mar shampla, *aon teach déag* ach *aon chara dhéag*.

séimhiú	urú/n- roimh ghuta	h- roimh ghuta	níl aon athrú ann

Nótaí

- **DNTLS:** Ní chuireann tú séimhiú ar ainmfhocal a thosaíonn le *d*, *t* ná *s* leis na huimhreacha *aon*, *beirt* ná *an chéad* – mar shampla, *aon seomra is fiche*, *beirt daltaí*, *an chéad teach*.
- **Na bunuimhreacha 2–6:** Cuireann tú séimhiú ar *b*, *c*, *f*, *g*, *m* agus *p*. Cuireann tú séimhiú ar *d*, *t* agus *s* freisin – mar shampla, *dhá charr*, *ceithre fhuinneog*, *sé dhoras*.
- **Na bunuimhreacha 7–10:** Cuireann tú urú ar chonsan más féidir nó *n-* roimh ghuta de ghnáth.
- **Na bunuimhreacha:** Níl aon séimhiú ná urú ar *fiche*, *tríocha*, *daichead*, *caoga*, srl. – mar shampla, *fiche teach*, *tríocha capall*. Úsáideann tú an uimhir uatha den ainmfhocal (de ghnáth) leis na huimhreacha seo. Féach ar Léaráid C, Cuid 2 (lch 276).
- **Na huimhreacha pearsanta 1–12:** Úsáideann tú an uimhir iolra den ainmfhocal (de ghnáth) leis na huimhreacha seo – mar shampla, *triúr altraí*, *naonúr páistí*.
- **Na huimhreacha pearsanta ó 13 ar aghaidh:** Úsáideann tú bunuimhreacha anseo – mar shampla, *ceithre bhean is tríocha*, *ocht rinceoir is seasca*.
- **Na horduimhreacha:** Cuireann na horduimhreacha (seachas *an chéad*) ar fad *h-* roimh ghuta – mar shampla, *an seachtú húll*, *an t-ochtú hainmhí is fiche*. Níl aon athrú ann má thosaíonn an focal le consan (seachas *an chéad*) – mar shampla, *an chéad cheacht*, *an dara ceacht*, *an ceathrú ceacht*.

Cuir na samplaí seo de ghlanmheabhair mar threoir ar na huimhreacha éagsúla.

Uimhir 2: Chonaic mé **beirt** chairde ar **dhá** bhus ag **a dó** a chlog don **dara** huair inné.

Uimhir 4: Chonaic mé **ceathrar** cairde ar **cheithre** bhus ag **a ceathair** a chlog don **cheathrú** huair inné.

Cúinne na gramadaí

1. Freagair na ceisteanna ilrogha seo. Seo an rogha atá agat do gach ceann:

   A Cuireann tú séimhiú ar an túslitir.
   B Cuireann tú urú ar an túslitir nó *n-* roimh ghuta.
   C Cuireann tú *h-* roimh ghuta.
   D Ní athraíonn an túslitir sa chás seo.

   Tá an chéad cheann déanta duit mar shampla.

   1. Cad a tharlaíonn don túslitir tar éis an fhocail *dhá*?
      A Cuireann tú séimhiú ar an túslitir.
   2. Cad a tharlaíonn don túslitir tar éis an fhocail *beirt*?
   3. Cad a tharlaíonn don túslitir tar éis an fhocail *seacht*?
   4. Cad a tharlaíonn don túslitir tar éis an fhocail *dara*?
   5. Cad a tharlaíonn don túslitir tar éis an fhocail *chéad* más *d*, *t* nó *s* atá ann?
   6. Cad a tharlaíonn don túslitir tar éis an fhocail *ocht*?

2. Athscríobh na habairtí seo agus cuir foca(i)l in áit an fhigiúir. Tá an chéad cheann déanta duit mar chúnamh.
   1. Chonaic mé (2) mhúinteoirí sa chlós. *Chonaic mé beirt mhúinteoirí sa chlós.*
   2. Cheannaigh mé (4) leabhar sa siopa.
   3. Téim ar scoil ar bhus uimhir (4).
   4. Tosóidh an cluiche ag (7) a chlog.
   5. Tá (3) deartháireacha agam.
   6. Chaith mé (2) uair an chloig ag déanamh obair bhaile.

3. Líon na bearnaí sa ghreille thíos. Tá an chéad sraith déanta duit mar shampla.

	Figiúr	Maoluimhir	Bunuimhir	Uimhir phearsanta	Orduimhir
1	2	*a dó*	*dhá*	*beirt*	an dara
2	4		ceithre		
3	5			cúigear	
4	8	a hocht			
5	10				an deichiú

> **Moladh**
> Tá an léaráid ar chlé le fáil san acmhainn punainne (lch 75).

Léaráid C, Cuid 2: Na bunuimhreacha agus na hainmfhocail neamhrialta

Rialacha

	Ceann (item)	Bliain (year)	Seachtain (week)	Uair (time)	Troigh (foot)	Orlach (inch)
	Aonad 6 (lch 163)	Aonad 2 (lch 38)	Aonad 6 (lch 163)	Aonad 6 (lch 163)	Aonad 2 (lch 43)	Aonad 3 (lch 75)
1	ceann amháin	bliain amháin	seachtain amháin	uair amháin	troigh amháin	orlach amháin
2	dhá cheann	dhá bhliain	dhá sheachtain	dhá uair	dhá throigh	dhá orlach
3–6	cinn	bliana	seachtaine	huaire	troithe	horlaí
7–10	gcinn	mbliana	seachtaine	n-uaire	dtroithe	n-orlaí
11	aon cheann déag	aon bhliain déag	aon seachtain déag	aon uair déag	aon troigh déag	aon orlach déag
20	ceann	bliain	seachtain	uair	troigh	orlach
35	cúig cinn is tríocha	cúig bliana is tríocha	cúig seachtaine is tríocha	cúig huaire is tríocha	cúig troithe is tríocha	cúig horlaí is tríocha
57	seacht gcinn is caoga	seacht mbliana is caoga	seacht seachtaine is caoga	seacht n-uaire is caoga	seacht dtroithe is caoga	seacht n-orlaí is caoga

séimhiú | urú/*n*- roimh ghuta | *h*- roimh ghuta | níl aon athrú ann

Nótaí

- **Ceann agus uair:** *Ceann amháin* = *one item* agus *uair amháin* = *one time* (ní deir tú *aon uair* sa chás sin).
- **An bhunuimhir 2:** Ní bhriseann dhá aon riail riamh, fiú leis na hainmfhocail neamhrialta (*dhá* + séimhiú i gcónaí).
- **Na bunuimhreacha 3–6:** Cuireann tú *h*- roimh ghuta leis na hainmfhocail neamhrialta – mar shampla, *trí huaire* agus *cúig horlaí*.
- **Na bunuimhreacha 7–10:** Cuireann tú urú nó *n*- roimh ghuta más féidir, mar is gnáth leis na hainmfhocail rialta.
- **Na bunuimhreacha 11–19:** Ní chuireann tú séimhiú ar an bhfocal *déag* leis na hainmfhocail neamhrialta – mar shampla, *trí bliana déag* ach *trí bhó dhéag*.

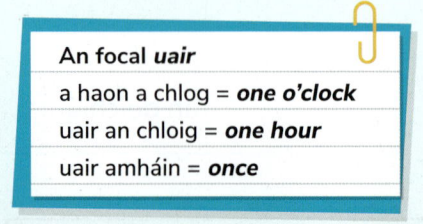

An focal *uair*
- a haon a chlog = **one o'clock**
- uair an chloig = **one hour**
- uair amháin = **once**

Moladh
Tá an léaráid seo le fáil san acmhainn punainne (lch 76).

Cúinne na gramadaí

1. Líon na bearnaí sa ghreille thíos. Tá cúpla bosca líonta duit mar chúnamh.

	Figiúr	Ceann	Bliain	Seachtain	Uair	Troigh	Orlach
1	1		bliain amháin				
2	2			dhá sheachtain			
3	3						trí horlaí
4	7				seacht n-uaire		
5	11	aon cheann déag					
6	20					fiche troigh	

2. Athscríobh na habairtí thíos agus athraigh na focail sna lúibíní más gá. Tá ceann amháin déanta duit mar shampla.

   1. Tá mo dheartháir trí (orlach) níos airde ná mise. *Tá mo dheartháir trí horlaí níos airde ná mise.*
   2. Chaitheamar dhá (seachtain) sa Fhrainc.
   3. Bhí mé sa Ghréig trí (bliain) ó shin.
   4. Chonaic mé an scannán sin ceithre (uair).
   5. Táim cúig (troigh) agus ceithre (orlach) ar airde.
   6. Ceapaim go bhfuil sé seacht (bliain) déag d'aois.
   7. Thaitin an leabhar go mór liom agus cheannaigh mé ocht (ceann) do mo chairde.

Aistriúchán

Cuir Gaeilge ar na habairtí seo.

1. I read the book two times.
2. We went to the Gaeltacht five times.
3. She is five feet tall.
4. I am thirteen years old.
5. He will spend two weeks in Spain.
6. He will buy seven of them. *Leid: ceann*

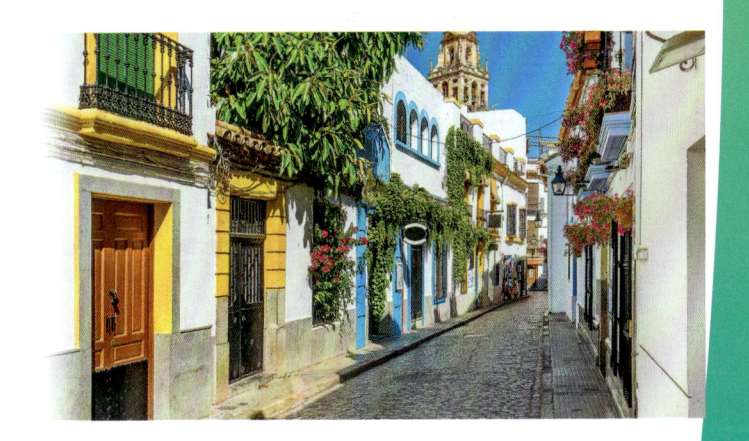

Léaráid D, Cuid 1: Teach na réamhfhocal

Réamhfhocail

> **réamhfhocal** *fir1* focal beag a chuirtear roimh ainmfhocal lena thaispeáint cén bhaint atá aige le focal eile (mar shampla; ar, as, ag, do, de, i, ó etc.)

Foinse: *An Foclóir Beag*

An réamhfhocal Ainmfhocal éiginnte (mar shampla, *i mbosca(í)*)	An réamhfhocal + *an* Ainmfhocal cinnte, uimhir uatha (mar shampla, *sa bhosca*)	An réamhfhocal + *na* Ainmfhocal cinnte, uimhir iolra (mar shampla, *sna boscaí*)
Séimhiú ar de do faoi ó roimh thar trí	**Urú (DT)** ar an as an chuig an roimh an thar an ón (ó + an) faoin (faoi + an) leis an (le + an) tríd an (trí + an)	**h- roimh ghuta** trí na roimh na thar na ar na as na chuig na faoi na ó na leis na (le + na) de na do na sna (i + na)
Gan athrú ag, as, chuig		
h- roimh ghuta le go	**Séimhiú (DTS)** den (de + an) don (do + an) sa (i + an)	
Urú i (ach *in* roimh ghuta)		

Nótaí

- **Urú:** Ní chuireann tú urú ar *d* ná *t* san ainmfhocal tar éis na litreach *n* – mar shampla, *ar an trá*.
- **Séimhiú:** Ní chuireann tú séimhiú ar *d*, *t* ná *s* tar éis na litreach *n* – mar shampla, *don dochtúir* ach *don mhúinteoir*.
- **i + an = *ins an***, ach scríobhann tú *sa* de ghnáth. Mar sin, níl aon séimhiú ar *d*, *t* ná *s* tar éis *sa* – mar shampla, *sa teach*.
- **ar an, leis an, as an, chuig an, ón, faoin, srl.:** Ní chuireann tú *n-* roimh ghuta – mar shampla, *ar an urlár*.

Cleas cuimhne
My **B**rother **G**ot **C**aught **N**ot **D**oing **D**ishes **T**onight.
Nobody **G**ets **B**lueberry **P**ie **B**efore **H**e **F**inishes.

Moladh
Tá an léaráid seo le fáil san acmhainn punainne (lch 77).

Cúinne na gramadaí

1 Freagair na ceisteanna ilrogha seo. Seo an rogha atá agat do gach ceann:

   A Cuireann tú séimhiú ar an túslitir.
   B Cuireann tú urú ar an túslitir (ní chuireann tú *n-* roimh ghuta).
   C Cuireann tú *h-* roimh ghuta.
   D Ní athraíonn an túslitir sa chás seo.

   Tá an chéad cheann déanta duit mar shampla.

   1 Cad a tharlaíonn don túslitir tar éis an réamhfhocail *ar*? *A Cuireann tú séimhiú ar an túslitir.*
   2 Cad a tharlaíonn don túslitir tar éis an réamhfhocail *den*?
   3 Cad a tharlaíonn don túslitir tar éis an réamhfhocail *i*?
   4 Cad a tharlaíonn don túslitir tar éis an réamhfhocail *le*?
   5 Cad a tharlaíonn don túslitir tar éis *ar an* más *d* nó *t* atá i gceist?
   6 Cad a tharlaíonn don túslitir tar éis *leis na*?
   7 Cad a tharlaíonn don túslitir tar éis *sna*?

2 Athscríobh na habairtí thíos agus athraigh na focail sna lúibíní más gá.
   Tá sampla déanta duit mar chúnamh.

   1 Chonaic mé trí chupán ar an (bord).
      Chonaic mé trí chupán ar an mbord.
   2 Thit an t-úll den (crann).
   3 Bhí mé i (ponc) ceart ansin.
   4 Téim ar an (bus) go dtí an scoil gach lá.
   5 Chuaigh mé go dtí an oifig le (Áine).
   6 Bím ag obair ó (dubh) go (dubh).
   7 Codlaíonn an cat i (ciseán) ar an (urlár) faoin (bord) sa (cistin).

Aistriúchán

Cuir Gaeilge ar na habairtí seo. Tá sampla déanta duit mar chúnamh.

1 I put the apples in water. *Chuir mé na húlla in uisce.*
2 I put the ball on the table yesterday.
3 He was in the cinema.
4 Rupert fell off the wall.
5 I did my homework on the computer.
6 I will go on the bus tomorrow.
7 He will put the money in the box.

Croí na Gaeilge 1

Léaráid D, Cuid 2: Caint indíreach

Rialacha

	An aimsir chaite	Gach aimsir eile
An fhoirm dhearfach 👍	gur	go
An fhoirm dhiúltach 👎	nár	nach

| séimhiú | urú/*n-* roimh ghuta |

> Dúirt duine liom go ndúirt duine leo gur chuala siad é ó dhuine eile.

Leis an sé mór, baineann tú úsáid as **go** agus **nach** san aimsir chaite, mar aon le gach aimsir eile.
Cleas cuimhne
Go nach an *your* ní!

Tá ocras orm!

Dúirt sí go bhfuil ocras uirthi.

Samplaí

Abairt dhíreach	Caint indíreach
Sheinn Jade an giotár.	Dúirt Kyle gur sheinn Jade an giotár.
Imríonn Megan cispheil.	Ceapaim go n-imríonn Megan cispheil.
Chríochnaigh mé m'obair bhaile ag a trí.	Dúirt sé gur chríochnaigh sé a obair bhaile ag a trí.
Níor thosaigh an cluiche roimh a cúig.	Chuala mé nár thosaigh an cluiche roimh a cúig.
Ní ólann Olga bainne.	Ceapaim nach n-ólann Olga bainne.
Caithimid éide scoile.	Dúirt sé go gcaitheann siad éide scoile.
D'fhreagair an múinteoir an cheist.	Chuala mé gur fhreagair an múinteoir an cheist.
An sé mór (*go/nach* san aimsir chaite/láithreach/fháistineach)	
Dúirt sé rud suimiúil.	Is cinnte go ndúirt sé rud suimiúil.
Ní raibh mé tinn.	Dúirt sé nach raibh sé tinn.
Chuaigh an cailín abhaile.	Ceapaim go ndeachaigh an cailín abhaile.
Gheobhaidh tú H2.	Dúirt an múinteoir go bhfaighidh mé H2.
Ní fhaca mé an gadaí.	Dúirt sí nach bhfaca sí an gadaí.
Rinne mé m'obair bhaile inné.	Dúirt sé go ndearna sé a obair bhaile inné.
An cúig beag (*gur/nár* san aimsir chaite; *go/nach* sna haimsirí eile)	
Chuala mé an torann.	Dúirt sí gur chuala sí an torann.
Itheann Pablo feoil gach lá.	Ceapaim go n-itheann Pablo feoil gach lá.
Ní thiocfaidh an litir amárach.	Ceapaim nach dtiocfaidh an litir amárach.
Níor thugamar an leabhar don mhúinteoir.	Dúirt sí nár thug siad an leabhar don mhúinteoir.
Beirim ar an liathróid gach lá.	Ceapaim go mbeireann sé ar an liathróid gach lá.

Moladh
Tá an léaráid seo le fáil san acmhainn punainne (lch 78).

Cúinne na gramadaí

1 **Freagair na ceisteanna ilrogha seo. Tá an chéad cheann déanta duit mar chúnamh.**

   1 Bhí Bláthnaid ar scoil inné.
      Cheap mé *go raibh* Bláthnaid ar scoil inné.
      nach raibh   go raibh   bhí   an raibh

   2 Ní bheidh Máire ag an gcóisir.
      Dúirt Máire liom _____ sí ag an gcóisir.
      nach mbeidh   go mbeidh   beidh   an mbeidh

   3 Gheobhaidh mo mháthair cáca don chóisir.
      Ceapaim _____ mo mháthair cáca don chóisir.
      nach bhfaighidh   go bhfaighidh   gheobhaidh   an bhfaighidh

   4 Chuaigh Síle go dtí an pháirc inné.
      Cheap Seán _____ Síle go dtí an pháirc inné.
      nach ndeachaigh   go ndeachaigh   chuaigh   an ndeachaigh

   5 Caitheann siad a n-éide scoile gach lá.
      Dúirt an príomhoide _____ siad a n-éide scoile gach lá.
      nach gcaitheann   go gcaitheann   caitheann   an gcaitheann

2 **Athscríobh na habairtí thíos san fhoirm dhearfach agus san fhoirm dhiúltach. Bain úsáid as an gcaint indíreach. Tá an chéad cheann déanta duit mar shampla.**

   1 Rith Saira abhaile inné.
      Ceapaim *gur rith Saira abhaile inné*. 👍
      Ceapaim *nár rith Saira abhaile inné*. 👎

   2 Beidh cóisir ar siúl amárach.
      Dúirt Síle _____. 👍
      Dúirt Síle _____. 👎

   3 Rachaimid go dtí an pháirc ar an mbealach abhaile.
      Chualamar _____. 👍
      Chualamar _____. 👎

   4 D'fhéach na páistí ar scannán aréir.
      Dúirt Daid _____. 👍
      Dúirt Daid _____. 👎

   5 Foghlaimeoimid briathra nua ar scoil amárach.
      Mhínigh an múinteoir dúinn _____. 👍
      Mhínigh an múinteoir dúinn _____. 👎

Litríocht

Clár

Gearrscannán	282	Amhránaíocht	288
Filíocht	284	Úrscéal	290
Gearrscéal	286		

Gearrscannán

Téarmaí litríochta

gearrscannán	a short film
gearrscannáin	short films
plota	a plot
radharc	a scene
tús an ghearrscannáin*	the beginning of the short film
críoch an ghearrscannáin*	the end of the short film
carachtar	a character
carachtair	characters
príomhcharachtar	a main character
mioncharachtar	a minor character
aisteoir	actor
aisteoirí	actors
foireann aisteoirí*	cast
stiúrthóir	director
seánra	genre
buaicphointe	a climax
tréithe	traits
fotheidil	subtitles
stiúrthóir	a director
seat	a shot
seatanna	shots
scáileán	a screen
príomhpháirt	a main part
creidiúintí	credits

* Is sampla den tuiseal ginideach é seo. Foghlaimeoidh tú níos mó faoi seo an bhliain seo chugainn.

Frásaí úsáideacha

Thaitin an gearrscannán go mór liom.	I really liked the short film.
Níor thaitin an gearrscannán liom.	I didn't like the short film.
Tá carachtair shuimiúla sa ghearrscannán.	There are interesting characters in the short film.
Is gearrscannán corraitheach/spreagúil/taitneamhach é.	It is an exciting/inspiring/enjoyable short film.
Tá an gearrscannán bunaithe ar fhíorscéal.	The short film is based on a true story.
Tá go leor grinn sa ghearrscannán.	There is a lot of humour in the short film.
Níor thuig mé teachtaireacht an ghearrscannáin.	I didn't understand the message of the short film.
Chuir an gearrscannán eagla an domhain orm/áthas an domhain orm.	The short film terrified me/made me really happy.
Tá foireann aisteoirí an-chumasach sa ghearrscannán.	There is a very talented cast in the short film.
Thaitin buaicphointe an ghearrscannáin go mór liom.	I really enjoyed the climax of the short film.

Filíocht

Téarmaí litríochta

dán	a poem	rím	rhyme
dánta	poems	athrá	repetition
file	a poet	príomhthéama	a main theme
filí	poets	pearsantú	personification
téama	a theme	rann	a stanza
téama an dáin*	the theme of the poem	véarsa	a verse
atmaisféar	atmosphere	líne	a line
atmaisféar an dáin*	the atmosphere of the poem	friotal	language
íomhá	an image	fileata	poetic
íomhánna	images	ceolmhar	musical
meafar	a metaphor	suaimhneach	peaceful
meafair	metaphors	príomh-mhothúchán	a main emotion

* Is sampla den tuiseal ginideach é seo. Foghlaimeoidh tú níos mó faoi seo an bhliain seo chugainn.

Frásaí úsáideacha

Taitníonn an dán seo go mór liom.	I really like this poem.
Ní thaitníonn an dán seo liom.	I don't like this poem.
Chuir an dán brón/áthas/fearg/díomá orm.	The poem made me sad/happy/angry/disappointed.
Spreag an dán mo shamhlaíocht.	The poem inspired my imagination.
Is file cumhachtach é/í.	He/She is a powerful poet.
Tá atmaisféar rómánsúil/iontach/breá suaimhneach/spleodrach sa dán.	There is a romantic/wonderful/very peaceful/fun atmosphere in the poem.
Tá mothúcháin láidre sa dán.	There are strong emotions in the poem.
Baineann an file úsáid as meafair.	The poet uses metaphors.
Feictear íomhánna tuairisciúla sa dán.	Descriptive images can be seen in the poem.
Is duine uaigneach/áthasach/tuisceanach/soineanta é/í an file.	The poet is a lonely/happy/understanding/innocent person.

Gearrscéal

Téarmaí litríochta

gearrscéal	a short story
gearrscéalta	short stories
tús an ghearrscéil*	the beginning of the short story
críoch an ghearrscéil*	the end of the short story
alt	a paragraph
gearrscéalaí	a short-story writer
cnuasach gearrscéalta*	a collection of short stories
plota	a plot
téama	a theme
téama an ghearrscéil*	the theme of the short story
carachtar	a character
carachtair	characters
príomhcharachtar	a main character
ról tánaisteach	a minor role
scríbhneoireacht	writing
buaicphointe	a high point/climax
suíomh	a setting
scéalaí	a narrator
reacaireacht	narration
dialóg/comhrá	dialogue
coimhlint	conflict
forbairt	development
cor sa scéal	a twist in the tale
iardhearcadh	a flashback

* Is sampla den tuiseal ginideach é seo. Foghlaimeoidh tú níos mó faoi seo an bhliain seo chugainn.

Frásaí úsáideacha

Bhí mé an-tógtha leis an ngearrscéal seo.	I was very impressed with this short story.
Ní raibh mé róthógtha leis an ngearrscéal seo.	I wasn't too impressed with this short story.
Is gearrscéalaí an-éirimiúil é/í.	He/She is a very talented short-story writer.
Thaitin carachtair an ghearrscéil go mór liom.	I really liked the characters of the short story.
Bhí sé an-éasca le léamh.	It was very easy to read.
Ní raibh sé ró-éasca le léamh.	It wasn't too easy to read.
Thaitin príomhcharachtar an ghearrscéil go mór liom mar bhí sé/sí . . .	I really liked the main character of the short story because he/she was . . .
Is maith liom scríbhneoireacht chruthaitheach agus mar sin bhain mé an-sult as an ngearrscéal.	I like creative writing and therefore I really enjoyed the short story.
Bhí mé in ann ionannú le príomhcharachtar an ghearrscéil.	I was able to relate to the main character of the short story.
Táim ag tnúth go mór le gearrscéal eile a léamh.	I'm really looking forward to reading another short story.

Seilge 1: Amhránaíocht

Téarmaí litríochta

amhrán	a song
amhráin	songs
amhránaí	a singer
amhránaithe	singers
cumadóir	a composer
véarsa	a verse
curfá	a chorus
ceol	music
ceoltóir	a musician
liricí	lyrics
rithim	rhythm
buille	a beat
albam	an album
teachtaireacht	a message
amhrán traidisiúnta	a traditional song
uirlisí ceoil*	musical instruments
luas an cheoil*	the pace of the music
ceol beomhar	lively music
geantraí	fun-filled music
suantraí	a lullaby
goltraí	slow, sad music
teideal an amhráin*	the title of the song
dísréad	a duet
tuin an cheoil*	tone of the music

* Is sampla den tuiseal ginideach é seo. Foghlaimeoidh tú níos mó faoi seo an bhliain seo chugainn.

Frásaí úsáideacha

Bhain mé an-sult as an amhrán.	I really enjoyed the song.
Níor bhain mé sult as an amhrán.	I didn't enjoy the song.
Déanaim staidéar ar an gceol ar scoil agus mar sin is breá liom an seánra seo.	I study music in school so I love this genre.
Seinnim ceol traidisiúnta agus mar sin cuirim suim san amhrán seo.	I play trad music and therefore I have an interest in this song.
D'éisteamar le cúpla leagan difriúil den amhrán.	We listened to a few different versions of the song.
Is sampla den gheantraí é seo agus cuireann an ceol spion maith orm.	This is an example of upbeat music and it puts me in a good mood.
Is sampla den tsuantraí é seo agus cuireann an ceol mé ar mo shuaimhneas.	This is an example of a lullaby and it makes me feel calm.
Is sampla den gholtraí é seo agus cuireann an t-amhrán brón orm.	This is an example of slow, sad music and the song makes me sad.
Baineann an t-amhrán seo le traidisiúin agus scéal na hÉireann.	This song is connected to the traditions and story of Ireland.
Cuireann an ceol go mór le teachtaireacht an amhráin.	The music adds greatly to the message of the song.

Téarmaí litríochta

úrscéal	a novel	ag deireadh na caibidle	at the end of the chapter
úrscéalta	novels	an chaibidil dheireanach	the final chapter
úrscéalaí	a novelist	an chaibidil leathdhéanach	the second-last chapter
údar	an author	deireadh oscailte	an open ending
carachtar	a character	deireadh malartach	an alternative ending
carachtair	characters	sliocht	an excerpt
tús an úrscéil*	the beginning of the novel	téama an úrscéil*	the theme of the novel
croí an úrscéil*	the heart of the novel	plota an úrscéil*	the plot of the novel
críoch an úrscéil*	the end of the novel	struchtúr an úrscéil*	the structure of the novel
leathanach	a page	teachtaireacht an úrscéil*	the message of the novel
caibidil	a chapter	friotal an úrscéil	the language of the novel
ag tús na caibidle*	at the start of the chapter	stíl scríbhneoireachta*	writing style
i lár na caibidle*	in the middle of the chapter	stíl an údair*	the author's style

* Is sampla den tuiseal ginideach é seo. Foghlaimeoidh tú níos mó faoi an bhliain seo chugainn.

Frásaí úsáideacha

Chuaigh an t-úrscéal seo go mór i bhfeidhm orm.	This novel made a really big impression on me.
Ní dheachaigh an t-úrscéal i bhfeidhm orm.	The novel didn't make an impression on me.
Tá an t-úrscéal seo coscrach/géar/suimiúil.	This novel is piercingly sad/truthful/interesting.
Léitheoireacht throm a bhí ann.	It was heavy reading.
Léitheoireacht éadrom a bhí ann.	It was light reading.
Thaitin caibidil a haon/a dó/a trí go mór liom.	I really liked chapter one/two/three.
Tá pearsantacht an-láidir ag an bpríomhcharachtar.	The main character has a very strong personality.
Ní raibh mé in ann an t-úrscéal a fhágáil uaim.	I couldn't put the novel down.
Chuaigh teachtaireacht an úrscéil i gcion go mór liom.	The novel's message struck home with me.
Mholfainn do léitheoirí óga an t-úrscéal seo a léamh.	I'd advise young readers to read this novel.

Scríbhneoireacht

Clár

An litir 292	Cárta poist 296
An blag 294	An pictiúr 298
An ríomhphost 295	Machnamh ar do thuras foghlama 300

An litir

seoladh — 11 Bóthar na Trá
Droichead Átha
Co. Lú

beannú

tús na litreach   **dáta** — 13ú Meitheamh 2021

A Liam, a chara,

Bhí mé ar mhuin na muice nuair a tháinig fear an phoist le do chárta. Tá áthas orm a chloisteáil go bhfuil tú go breá. Conas atá do mhuintir? Tá súil agam go bhfuil siad ar fónamh.

Caithfidh mé a rá go bhfuilim scriosta! Chaith mé an deireadh seachtaine ag ceiliúradh. D'eagraigh mo chairde cóisir lá breithe dom – cóisir thar oíche a bhí i gceist. Bhí an chóisir ar siúl i dteach Mháire. Tháinig na cailíní go léir ón scoil agus thug siad féiríní beaga dom. Bhí siad an-chineálta. D'ordaíomar bia Síneach agus bhí císte breithlae againn don mhilseog. Chuir Máire an meaisín cáirióice ar siúl agus chaitheamar an tráthnóna ag canadh in ard ár gcinn agus ár ngutha. D'fhéachamar ar scannáin uafáis agus chuir siad eagla an domhain orm. Ní raibh codladh maith agam, faraor. An bhfuil aon phlean agat do do bhreithlá go fóill?

D'fhill mé abhaile ag a leathuair tar éis a deich maidin Domhnaigh agus nuair a shroich mé an teach bhí m'athair ina sheasamh ag an doras le bosca cairtchláir ina lámh. Céard a bhí sa bhosca ach coileán beag gleoite?! Ní fhéadfainn a chreidiúint gur cheannaigh siad peata dom. Bhí mé breá sásta. Thug mé Nigel air. Is smutmhadra é agus tá dath dubh air. Tá sé an-aoibhinn ar fad. Ar mhaith leat bualadh leis an tseachtain seo chugainn?

Caithfidh mé imeacht anois mar táim ag dul ar shiúlóid le Nigel! Feicfidh mé go luath thú, gan dabht. Idir an dá linn, abair le gach duine sa bhaile go raibh mé ag cur a dtuairisce.

Do chara buan, ——— **críoch na litreach**

Meg   **beannú scoir**

Stór focal

Seoladh baile

Sa bhaile	Thar lear	Sa Ghaeltacht	Ar saoire in Éirinn
11 Bóthar na Trá	Hotel del Mar	Coláiste Lurgan	11 Bóthar na Trá
Droichead Átha	Marbella	Indreabhán	Eochaill
Co. Lú	An Spáinn	Co. na Gaillimhe	Co. Chorcaí

Dáta

13ú Bealtaine 2021
24ú Meitheamh 2022
7ú Nollaig 2023

Beannú

Do chairde	Do theaghlach
A Liam, a chara,	A mháthair dhil,
A Mháire, a ghrá,	A athair dhil,

> Déan cinnte go bhfuil míonna na bliana ar eolas agat.

Tús na litreach

Cén chaoi a bhfuil tú/sibh?	How are you?
Bhí áthas an domhain orm do litir a fháil!	I was so happy to get your letter!
Bhí áthas an domhain orm nuair a tháinig fear an phoist le do litir.	I was so happy when the postman came with your letter.
Tá ag éirí go maith liom.	I am getting on well.
Conas atá cúrsaí leat?	How are things with you?

Críoch na litreach

Caithfidh mé imeacht anois mar . . .	I have to go now because . . .
. . . tá obair bhaile le déanamh agam.	. . . I have homework to do.
. . . beidh an céilí ag tosú i gceann tamaill.	. . . the céilí will be starting in a while.
. . . táimid ag dul chun na trá.	. . . we're going to the beach.
Táim ag tnúth le litir uait.	I'm looking forward to a letter from you.

Beannú scoir

Do chairde	Do thuismitheoirí
Do chara buan, Síle	D'iníon cheanúil, Naoise
Do chara, Seán	Do mhac ceanúil, Marc

Scríbhneoireacht

blag

www.miseméféinblag.ie

An Mháirt 07.10.21

Haigh, a chairde,

Is fada an lá ó labhair mé libh. Táim an-ghnóthach ar na meáin shóisialta, áfach. Is féidir libh m'fheistis an lae a fheiceáil ar Instagram – uaslódálaim scéalta éagsúla gach uile lá gan teip. Táim ag obair ar thionscadal nua faoi láthair agus is rún mór é. Ní féidir liom mórán eolais a thabhairt daoibh faoi ach tá an scéal amuigh go mbeidh vlaganna YouTube á dtaifeadadh agam.

Chaith mé an deireadh seachtaine ag siopadóireacht i gCathair Bhaile Átha Cliath agus bhain mé triail as bialann nua. Is blagálaí bia mé ag deireadh an lae! Bhí béile iontach blasta agam agus thug an bhialann cód lascaine agam daoibh! Téigh go Fiáin ar Shráid Grafton, luaigh m'ainm agus gheobhaidh tú lascaine 10%!

Tá comórtas ollmhór ar siúl agam faoi láthair freisin. Caithigí súil ar mo chuntas Instagram agus feicfidh sibh go bhfuil duaiseanna iontacha ann le buachan. Ní gá daoibh ach an haischlib #miseméféin a chur ar ghrianghraf Instagram le cur isteach ar an gcomórtas!

Foilseoidh mé blag nua oíche Dé Sathairn. Bíodh deireadh seachtaine den scoth agaibh!

Caoimhe

Stór focal

na meáin shóisialta	social media	cód lascaine	a discount code
feistis an lae	outfits of the day	comórtas ollmhór	a huge competition
scéalta éagsúla	various stories	cuntas Instagram	Instagram account
tionscadal nua	a new project	duaiseanna iontacha	wonderful prizes
rún mór	a big secret	haischlib	hashtag
blagálaí bia	a food blogger	foilsigh	publish

Nathanna

Is fada an lá ó labhair mé libh.	It's been a while since I spoke to you (*plural*).
Is féidir libh . . . a fheiceáil ar Instagram.	You can see . . . on Instagram.
Uaslódálaim scéalta . . .	I upload stories . . .
Táim ag obair ar . . .	I'm working on . . .
Bhain mé triail as . . .	I tried . . .
Caithigí súil ar . . .	Keep an eye on . . .

An ríomhphost

Ó: priomhoide@scoilnasaiochta.ie

Chuig: [Tuismitheoirí/Caomhnóirí ón gcéad bhliain]

Ábhar: Liosta seoltaí don ríomhphost

An Luan 06.10.21 ag 09.27 r.n.

A chairde dile,

Ba mhaith liom teachtaireacht bheag a sheoladh chuig na tuismitheoirí/caomhnóirí ón gcéad bhliain. Cuirfidh mé sibh ar an eolas faoi chúrsaí cumarsáide na scoile.

Ag an bpointe seo tá 90 faoin gcéad de na seoltaí ríomhphoist ag an rúnaí. Iarraim ar gach duine na sonraí teagmhála éigeandála a sheoladh chuig an scoil nuair atá deis agaibh. Fuair an rúnaí cúpla teachtaireacht phreabtha le linn mhí Mheán Fómhair. Is dócha go ndearna daoine botún cló. Tarlaíonn sin do gach duine. Cuirfear nótaí abhaile leis na daltaí chuig na tuismitheoirí/caomhnóirí nach bhfuil seoladh ríomhphoist ceart againn dóibh. Agus ná bígí buartha – ní bhfaighidh sibh aon turscar ón scoil seo.

Beidh mé féin as an oifig ar an Luan. Mar sin, má théann aon duine i dteagmháil liom, gheobhaidh siad freagra uathoibríoch.

Le gach dea-ghuí,
An tUasal Mac Gabhann

Stór focal

ríomhaire	computer	turscar	spam
ríomhphost	email	liosta seoltaí	mailing list
seoladh	address	faighteoir	recipient
seoladh ríomhphoist	email address	as an oifig	out of office
ábhar	subject	teachtaireacht	message
líne an ábhair	the subject line	bosca isteach	inbox
seoltóir	sender	freagra uathoibríoch	auto-reply
sonraí teagmhála éigeandála	emergency contact details	teachtaireacht phreabtha	bounced-back message
botún cló	typo	le gach dea-ghuí	kind regards

Nathanna úsáideacha

Maith dom as ucht na moille leis an bhfreagra.	Please forgive the lateness of my reply.
Ní fhaca mé do ríomhphost go dtí anois beag.	I only saw your email now.
Theip ar an ríomhphost.	The email failed to send.
Tá an clúdach sa cheantar seo go dona.	The coverage in this area is poor.
Seolfaidh mé freagra níos déanaí.	I will send a reply later.
Féach ar an eolas sa cheangaltán.	Look at the information in the attachment.

Cárta poist

seoladh an fhaighteora

A Liam, a chara,

Beannachtaí ó Leitir Mór. Táim anseo le coicís anuas agus táim ag baint an-sult as an gcúrsa Gaeltachta. Táim ag fanacht i dteach ollmhór atá cúpla nóiméad ón trá.

Rinne mé go leor cairde nua agus bíonn an-chraic agam leo! Tá an t-ádh orainn go bhfuil an aimsir ar fheabhas. Bhí an ghrian ag spalpadh anuas orainn inniu.

Fillfidh mé abhaile an tseachtain seo chugainn. Feicfidh mé ansin thú.

Slán go fóill!

Do chara, Áine

€1.10

23 Bóthar na Mara
Domhnach Bat
Baile Átha Cliath
Éire

A Aoife, a chara,

Beannachtaí ó Chionn tSáile. Táim ar saoire sa bhaile in éineacht le mo theaghlach.

Chaitheamar cúpla lá i gCathair Chorcaí ar dtús ach táimid ag fanacht i dteach ósta i gCionn tSáile anois. Chuamar ar bhus turasóireachta sa chathair agus chonaiceamar radhairc iontacha. Chuaigh mé féin agus mo dheirfiúr ag snámh san fharraige ar maidin agus rinneamar caisleán gainimh ar an trá freisin.

Tá an t-ádh dearg orainn go bhfuil an aimsir ar fheabhas. Tá an ghrian ag scoilteadh na gcloch.

Nílim ag iarraidh teacht abhaile ach beidh mé ann i gceann cúpla lá. Feicfidh mé ansin thú.

Slán!

Do chara, Seán

€1.10

45 Ascaill Uí Áinle
Loch Glinne
Co. Ros Comáin
Éire

Abairtí úsáideacha

An tús

Beannachtaí ó . . .	Greetings from . . .
Táim anseo le cúpla lá anuas.	I've been here for a couple of days now.
Táim ag fanacht le . . .	I am staying with . . .
Tá . . . in éineacht liom.	. . . is/are with me.

An aimsir

Tá an ghrian ag spalpadh anuas orainn.	The sun is beating down on us.
Tá an ghrian ag scoilteadh na gcloch.	The sun is splitting the stones.
Tá ceathanna ann.	There are rain showers.
Táim préachta leis an bhfuacht.	I'm freezing with the cold.

An deireadh

Táim ag tnúth le teacht abhaile.	I'm looking forward to coming home.
Nílim ag iarraidh dul abhaile.	I don't want to go home.
Beidh mé sa bhaile i gceann coicíse.	I will be home in a fortnight.
Fillfidh mé abhaile an tseachtain seo chugainn.	I will go back home next week.
Feicfidh mé go luath thú.	I will see you soon.

Frásaí eile

Táim ag baint an-sult as . . .	I am really enjoying . . .
Tá an t-ádh orainn.	We are lucky.
Bíonn an-spraoi agam leo.	I have great fun with them.

Pictiúr A

Pictiúr B

Cur síos ar Phictiúr A

Feicim ceathrar sa phictiúr seo agus tá siad san ospidéal. Tá bean amháin ina suí ar chathaoir ar chlé sa phictiúr. Tá sí ag caitheamh stocaí bándearga. Ceapaim go bhfuil eagla ar an mbean seo.

Feicim dochtúir, ar dheis, ag siúl timpeall. Tá an fear seo ag caitheamh éadaí gorma.

Tá mála ar an urlár thíos ar chlé sa phictiúr agus tá dath an fhíona ar an mála seo. Tugaim faoi deara an chathaoir rothaí ar dheis sa phictiúr.

Ní maith liom dul go dtí an t-ospidéal. Mar sin, cuireann an pictiúr seo brón orm.

Cur síos ar Phictiúr B

Sa phictiúr seo tá na daoine ar an trá agus in aice na farraige. Is léir go bhfuil siad ag imirt peile. Buíochas le Dia, tá an aimsir go maith agus níl sé ag cur báistí. Mar sin, tá na daoine sa phictiúr ag caitheamh brístí gearra agus T-léinte.

Tá na daoine sa phictiúr seo níos sásta ná na daoine sa phictiúr eile. Feicim seisear ag imirt sa chluiche. Is léir dom ón bpictiúr go bhfuil siad sona sásta ar an trá. Tá an buachaill thuas ar dheis ag caitheamh spéaclaí gréine agus tá gruaig dhubh air. Is maith liom an hata atá ar an mbean ar chlé.

Is maith liom féin an trá. Mar sin, cuireann an pictiúr seo áthas orm.

Túsphointí don tasc seo
- Cé mhéad duine atá sa phictiúr?
- Cá bhfuil siad suite?
- Scríobh faoi na dathanna sa phictiúr.
- Conas atá an aimsir sa phictiúr?
- Scríobh faoi na héadaí sa phictiúr.
- An bhfuil na daoine sa phictiúr sásta?
- An maith leat an pictiúr?

Codanna den phictiúr

thuas ar chlé	sa chúlra	thuas ar dheis
ar chlé	sa lár	ar dheis
thíos ar chlé	sa tulra	thíos ar dheis

Machnamh ar do thuras foghlama

Mar chuid den tSraith Shóisearach, tá ort machnamh a dhéanamh ar an tslí a bhfoghlaimíonn tú rudaí áirithe sa teanga. Ba chóir dialann mhachnaimh a choimeád mar chuid den turas seo.

Rudaí atá curtha sa mhála agam

- Rinne mé staidéar ar [an aimsir chaite] don tasc seo.
- Bhain mé tuiscint níos fearr amach ar [an gcopail] sa tasc seo.
- Chuir mé le mo stór focal le linn an taisc seo.
- D'fhoghlaim mé na focail nua seo:

  _____ _____ _____

- Tuigim [na huimhreacha pearsanta] níos fearr anois.
- D'fhéach mé ar na botúin a rinne mé le linn an taisc agus cheartaigh mé iad.
- Tháinig forbairt ar mo scileanna clóscríofa.
- Fuair mé tuiscint níos fearr ar [réamhfhocail] ón saothar seo.

> Tá na rudaí sna lúibíní cearnacha (**square brackets**) inathraithe.

Rudaí atá le déanamh agam

- Beidh orm dul siar ar na [bunuimhreacha].
- Beidh orm níos mó Gaeilge a labhairt sa todhchaí.
- Beidh orm féachaint ar na ceartúcháin chun foghlaim uathu.
- Ceartóidh mé an chéad dréacht agus cuirfidh mé an dá dhréacht i mo phunann.
- Caithfidh mé an Ghaeilge a léamh níos minice.
- Ba chóir dom ceist a chur ar an múinteoir nuair nach dtuigim rud éigin.
- Ní cóir rudaí a chur ar an méar fhada.
- Ba mhaith liom níos mó a léamh faoin ábhar suimiúil seo.
- Rachaidh mé chuig an leabharlann chun an scéal a fhiosrú arís.

> Tá an turas chuig an bhfocal níos tábhachtaí ná an focal é féin.

Foinsí eolais

- Chuaigh mé go dtí an leabharlann sa scoil agus rinne mé taighde.
- Chuaigh mé go dtí an leabharlann i mo cheantar agus rinne mé taighde.
- Labhair mé le mo mhamó faoin ábhar seo.
- Sheol mé ríomhphost chuig [Mohamed] agus fuair mé an t-eolas seo.
- Bhain mé úsáid as an bhfoclóir póca atá agam.
- D'éist mé le daltaí eile sa rang/ghrúpa agus fuair mé tuairimí uathu.
- Rinne mé taighde ar an idirlíon.

Modhanna oibre

- D'oibrigh mé le daoine eile sa rang.
- D'oibrigh mé as mo stuaim féin.
- Rinneamar plean ag an tús.
- Roinneamar an obair eadrainn féin.
- Bhíomar ag obair i mbeirteanna.
- Tháinig daoine chuig mo theach/m'árasán leis an tionscadal a dhéanamh.
- Choinnigh mé dialann bheag le nótaí don tionscadal agus chuir sin go mór leis an obair.
- Bhain mé úsáid as an bhfoclóir go minic.

Tuairimíocht faoin obair

- Thaitin/Níor thaitin an tasc seo liom.
- Bhain mé sult as an tionscadal seo.
- Bhí sé deacair domsa labhairt os comhair an ranga.
- Tuigim tábhacht na litríochta níos fearr anois.
- Ceapaim anois go bhfuil an foclóir an-áisiúil.
- Chuir an tasc seo le m'fhéinmhuinín.

Foclóir Gaeilge–Béarla

Conas foclóir a úsáid

Is áis iontach é an foclóir, ach ná déanaigí dearmad nach aistritheoir é! Feicfidh tú abairtí samplacha san fhoclóir ach ní aistreoidh sé do chuid oibre. Seo daoibh cúpla nod ar conas foclóir a úsáid i gceart.

> Tá an chomhairle seo bunaithe ar an bhfoclóir ar teanglann.ie.

book[1], *s.* 1 **a** Leabhar *m*. *F*: **He talks like a book**, *cuireann sé culaith ghaisce ar a chuid cainte.* **To speak by the book**, *urra a chur le do chuid cainte.* **Class book**, *leabhar scoile.* **Reward book**, *duaisleabhar.* S.a. TOKEN 2 (c). **b** (Of opera) Leabhróg *f*. **c** (Bible) **He swore on the book**, *thug sé mionn an leabhair.* **d** *Adm*: **Blue book**, *Tuarascáil f Parlaiminte.* 2 **a** **Account book**, *leabhar cuntais.* **Bank-book**, *leabhar bainc.* S.a. DAY-BOOK, NOTE-BOOK, PASS-BOOK. **To keep the books of a shop**, *cuntais siopa a choinneáil.* **I am in his good books**, *tá dáimh aige liom, tá sé mór liom.* **I am in his bad books**, *tá fiamh aige liom, tá an cat crochta romham aige.* **He was brought to book for it**, *tugadh air cuntas a thabhairt ann.* **b** **Ship's books**, *irisleabhair loinge.* **c** **Exercise-book**, *leabhar cleachta.* **d** (Turf) *Leabhar geall.* **To make a book**, *leabhar geall a dhéanamh.* *F*: **That just suits my book**, *sin go díreach an rud a oireann dom.* **e** **Savings-bank book**, *leabhar taiscbhainc.* **Book of tickets**, *leabhar ticéad.* *Mil*: **(Soldier's) small book**, *leabhairín m.* **f** **The telephone book**, *an leabhar teileafóin.* 3 **Book of needles**, *cás m snáthaidí.*

Foinse: teanglann.ie

Feicfidh tú roinnt giorrúchán (abbreviations) san fhoclóir. Seo daoibh míniú ar chuid de na giorrúcháin.

m.*	masculine noun	n.pl. nó g.pl.	plural noun	a.	adjective
f.**	feminine noun	v.	verb	comp.	comparative

* Is ionann m. agus *(fir)* san fhoclóir seo.

** Is ionann f. agus *(bain)* san fhoclóir seo.

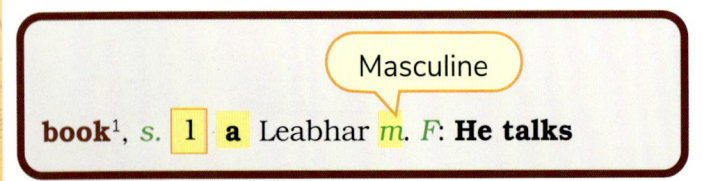

> **Masculine**
>
> **book**[1], *s.* 1 **a** Leabhar *m*. *F*: **He talks**

Bíonn dath glas ar na noda ar teanglann.ie agus is féidir míniú na nod a fheiceáil má chuireann tú an luchóg orthu.

leabhar[1], *m. (gs. & npl.* **-air**, *gpl.* **~**). Book. **1.** (*a*)~**amhrán, scéalta, staire**, song, story-, history-, book. **~ léitheoireachta, scoile, ranga**, reading-, school-, class-, book. **An chéad, an dara, ~**, the first, second, (reading-)book. *Tá sé sa tríú ~ ar scoil*, he is doing the third book, in the third class, at school. **~ pictiúr**, picture-book. **~ tagartha**, reference book. **~ don aos óg**, juvenile book. **Bheith os cionn na ~**, to be poring over books, studying. *Tá (léann agus) leabhair air*, one could write volumes about it; it is a remarkable thing. **~ Aifrinn**, Mass-book, missal. **~ iomann, urnaí**, hymn-, prayer-, book. **L~ na dTráthanna**, the Book of Hours. **~ comharthaí**, signal-book. **~ foirmlí**, formulary. **~ ginealaigh**, (i) book of genealogies, (i) stud-book. **~ teileafóin**, telephone book. **L~ Cheanannais**, the Book of Kells. **An L~ Gabhála**, the Book of Invasions. **L~ na hUidhre**, the Book of the Dun Cow. *S.a.* EOIN[1]. (*b*) (Of main division of literary work) **An chéad ~ den Íliad**, the first book of the Iliad. (*c*) (Of Bible, oath) **An ~ a thabhairt (i rud)**, to swear by the book (to sth.). *Tabhair an ~ ann*, (you may) take your oath on it. *Thug sé lán an leabhair (go)*, he swore volubly (that). **An ~ a chur ar dhuine**, to put s.o. on his oath. *Tá an ~ orm (gan labhairt air)*,

Foinse: teanglann.ie

Déan iarracht éisteacht leis an bhfocal i ngach canúint. Ar teanglann.ie, brúigh ar 'Foghraíocht'. Is féidir na focail a chloisteáil sna trí mhórchanúint.

Mura bhfuil tú róchinnte faoi fhoghraíocht an fhocail, is féidir leat canúint a roghnú agus éisteacht leis an bhfoghraíocht.

Cúige Uladh éist . . .

Cúige Chonnacht éist . . .

Cúige Mumhan éist . . .

Foclóir Gaeilge–Béarla

Aonad 1: An Scoil

Dáibhí agus na ceistfhocail (lch 5)

Cá?	Where?	Cén t-am?	What time?/When?
Cár?	Where? (*past*)	Cén fáth?	Why?
Céard?	What?	Cathain?	When?
Cad?	What?	Cén uair?	When?
Cad é?	What?	Cé?	Who?
Cén?	Which?	Cén duine?	Which person?

Éide scoile (lch 9)

blús (*fir*)	a blouse	geansaí (*fir*)	a jumper
bríste (*fir*)	trousers	léine (*bain*)	a shirt
bróg (*bain*)	a shoe	scairf (*bain*)	a scarf
bróga (*iol*)	shoes	sciorta (*fir*)	a skirt
carbhat (*fir*)	a tie	seaicéad (*fir*)	a jacket
casóg (*bain*)/bléasar (*fir*)	a blazer	stoca (*fir*)	a sock
cóta (*fir*)	a coat	stocaí (*iol*)	socks

Laethanta na seachtaine (lch 12)

An Luan (fir)	Monday	Dé Luain	on Monday
An Mháirt (bain)	Tuesday	Dé Máirt	on Tuesday
An Chéadaoin (bain)	Wednesday	Dé Céadaoin	on Wednesday
An Déardaoin (fir)	Thursday	Déardaoin	on Thursday
An Aoine (bain)	Friday	Dé hAoine	on Friday
An Satharn (fir)	Saturday	Dé Sathairn	on Saturday
An Domhnach (fir)	Sunday	Dé Domhnaigh	on Sunday

Ábhair scoile (lch 13)

an Béarla (fir)	English	an Ghearmáinis (bain)	German
an corpoideachas (fir)	physical education	an Iodáilis (bain)	Italian
an creideamh (fir)/an reiligiún (fir)	religion	an mhata(maitic) (bain)	math(ematic)s
an ealaín (bain)	art	an Spáinnis (bain)	Spanish
an eolaíocht (bain)	science	an stair (bain)	history
an Fhraincis (bain)	French	an tíos/(fir) eacnamaíocht (bain) bhaile	home economics
an Ghaeilge (bain)	Irish	an tíreolaíocht (bain)/an tíreolas (fir)	geography

> Bíonn peil againn ar an Satharn (on Saturdays).
> Tá cluiche againn Dé Sathairn (on Saturday).

Cogar All languages are feminine in Irish – except *an Béarla*.

An seomra ranga (lch 15)

cás (fir) pinn luaidhe	a pencil case	filltéan (fir)	a folder
cathaoireacha (iol)	chairs	léarscáil (bain)	a map
clár (fir) cliste	a smartboard	ríomhaire (fir)	a computer
clár fógraí	a noticeboard	taisceadán (fir)	a locker
clog (fir)	a clock	teilgeoir (fir)	a projector

Bialann Barry (lch 21)

biachlár (fir)	a menu	milseog (bain)	dessert
brioscaí (iol)	biscuits	pónairí (iol)	beans
ceapaire (fir)	a sandwich	práta (fir) bácáilte	a baked potato
cnaipíní (iol)	nuggets	rís (bain)	rice
curaí (fir)	curry	rolla (fir)	a roll
dinnéar (fir)	dinner	rollóg (bain) ispíní	a sausage roll
donnóg (bain)	a brownie	sceallaí (fir) seacláide	chocolate chips
filléad (fir) sicín	a chicken fillet	sceallóga (iol)	chips
gránóla (fir)	granola	smailc (bain)	a snack
iógart (fir)	yogurt	sú (fir) oráiste	orange juice
líreacán (fir)	a lollipop	sú úill	apple juice
líreacán reoite	an ice lolly	uisce (fir)	water

Na briathra neamhrialta san aimsir láithreach (lch 22)

An sé mór (A Big Fluffy Feathery Turkey Dinner)	
abair	say
bí	be
faigh	get
feic	see
téigh	go
déan	make/do

An cúig beag (Can I Take The Bus?)	
clois	hear
ith	eat
tar	come
tabhair	give
beir	grab

Léarscáil scoile (lch 29)

an chistin (bain)	the kitchen	an tsaotharlann (bain)	the laboratory
an leabharlann (bain)	the library	na leithris (iol)	the toilets
an oifig (bain)	the office	oifig an phríomhoide	the principal's office
an seomra (fir) ealaíne	the art room	pasáiste (fir)	a corridor
an staighre (fir)	the stairs	seomra na ríomhairí	the computer room

Aonad 2: Mé féin

Ceiliúráin (lch 44)

Eanáir (fir)/Mí Eanáir	January	Feabhra (bain)/Mí Feabhra	February
Márta (fir)/Mí an Mhárta	March	Aibreán (fir)/Mí Aibreáin	April
Bealtaine (bain)/Mí na Bealtaine	May	Meitheamh (fir)/Mí an Mheithimh	June
Iúil (fir)/Mí Iúil	July	Lúnasa (fir)/Mí Lúnasa	August
Meán (fir) Fómhair/Mí Mheán Fómhair/	September	Deireadh (fir) Fómhair/Mí Dheireadh Fómhair	October
Samhain (bain)/Mí na Samhna	November	Nollaig (bain)/Mí na Nollag	December

Dathanna (lch 52)

bán	white	corcra	purple	glas	green
bánbhuí	cream	dearg	red	gorm	blue
bándearg	pink	donn	brown	liath	grey
buí	yellow	dubh	black	liathchorcra	mauve
burgúnach	burgundy	dúghorm	navy	oráiste	orange

Aonad 3: Mo theaghlach agus mo chairde

Maidin inniu (lch 76)

cóirigh	arrange/tidy up	nigh	wash
cuir	put	pacáil	pack
dúisigh	wake	scuab	brush
éirigh	get up/arise	siúil	walk
fág	leave	tóg	take
glan	clean	ullmhaigh	prepare

Sinéad agus a teaghlach (lch 78)

aintín (bain)	an aunt	máthair (bain)	a mother
athair (fir)	a father	seanathair (fir)	a grandfather
daideo (fir)	a granddad	seanmháthair (bain)	a grandmother
deartháir (fir)	a brother	seantuismitheoir (fir)	a grandparent
deirfiúr (bain)	a sister	tuismitheoir (fir)	a parent
mamó (bain)	a granny	uncail (fir)	an uncle

Uimhreacha pearsanta (lch 89)

> Seachas *beirt*, tá gach uimhir phearsanta firinscneach.

(fir) amháin	one person	beirt (bain)	two people
triúr (fir)	three people	ceathrar (fir)	four people
cúigear (fir)	five people	seisear (fir)	six people
seachtar (fir)	seven people	ochtar (fir)	eight people
naonúr (fir)	nine people	deichniúr (fir)	ten people
aon duine dhéag	eleven people	dháréag (fir)	twelve people

Aonad 4: M'áit chónaithe

Teach Liam (lch 96)

áiléar (fir)	an attic	oifig (bain)	an office
balcóin (bain)	a balcony	paitió (fir)	a patio
bord (fir)	a table	pictiúr (fir)	a picture
cistin (bain)	a kitchen	seomra (fir) bia	a dining room
díon (fir)	a roof	seomra folctha	a bathroom
doras (fir)	a door	seomra leapa	a bedroom
garáiste (fir)	a garage	seomra suí	a sitting room
halla (fir)	a hall	simléar (fir)	a chimney
íoslach (fir)	a basement	staighre (fir)	stairs
leithreas (fir)	a toilet	taisceadán (fir)	a locker

Tithe éagsúla sa cheantar (lch 97)

árasán (fir)	an apartment	teach (fir) scoite	a detached house
bungaló (fir)	a bungalow	teach leathscoite	a semi-detached house
carbhán (fir)	a caravan	teach sraithe	a terraced house

Mo bhord staidéir (lch 102)

callaire (fir)	a loudspeaker	lampa (fir)	a lamp
cathaoir (bain) sclóine	a swivel chair	leabhair (iol) scoile	school books
clár (fir) bán	a whiteboard	léarscáil (bain)	a map
clog (fir)	a clock	mála (fir) scoile	a schoolbag
corn (fir)	a trophy/cup	méarchlár (fir)	a keyboard
deasc (bain)	a desk	ríomhaire (fir)	a computer
fillteáin (iol)	folders	tarraiceáin (iol)	drawers
giotár (fir)	a guitar		

Scáthán Síofra (lch 104)

aibhsitheoir (fir)	highlighter	donnú (fir) bréige	fake tan
béaldath (fir)	lipstick	luisneach (fir)	blusher
bonnsmideadh (fir)	foundation	pionsail (fir) malaí	an eyebrow pencil
dírtheoir (fir) gruaige	a hair straightener	sprae (fir) gruaige	hairspray
donnaitheoir (fir)	bronzer		

An gairdín (lch 106)

abhaicín (fir) gairdín	a garden gnome	duilleoga (iol)	leaves
an spéir (bain)	the sky	féileacán (fir)	a butterfly
bothán (fir)	a shed	lacha (bain)	a duck
bun (fir) na spéire	the horizon	lochán (fir)	a pond
ceapach (bain) bláthanna	a flowerbed	plásóg (bain)	a lawn
cosán (fir)	a path	scamall (fir)	a cloud
crann (fir)	a tree		

An bothán (lch 107)

bara (fir) rotha	a wheelbarrow	mála (fir) cré	a bag of earth
canna (fir) spréite	a watering can	paicéad (fir) síolta	a packet of seeds
damhán (fir) alla	a spider	píopa (fir) uisce	a hosepipe
lámhainní (iol)	gloves	ráca (fir)	a rake
líon (fir) damháin alla	a spider's web	sábh (fir)	a saw
lomaire (fir)	a lawnmower	sluasaid (bain)	a shovel

Peataí tí (lch 109)

ag meamhlach	meowing	fionnadh (fir)	fur
ag tafann	barking	iasc (fir) órga	a goldfish
ciaróga (iol)	beetles	laghairt (bain)	a lizard
cuileoga (iol)	flies	osbhuí	fawn (coloured)
dlúthchairde (iol)	best friends	riabhach	stripy
éisc (iol)	fish (*plural*)	smutmhadra (fir)	a pug
feithidí (iol)	insects	uisceadán (fir)	an aquarium

An seomra suí maidin Nollag (lch 114)

bláthfhleasc (bain)	a wreath	mála (fir)	a bag
bronntanais (iol)	presents	mata (fir) dorais	a doormat
coinnle (iol)	candles	ornáid (bain)	an ornament
crann (fir) Nollag	a Christmas tree	réalta (bain) órga	a golden star
cuirtíní (iol)	curtains	ribín (fir)	a ribbon
cúisín (fir)	a cushion	ruga (fir)	a rug
cupán (fir)	a cup	stocaí (iol) Nollag	stockings
drualus (fir)	mistletoe	tinteán (fir)	a fireplace
maisiúcháin (iol)	decorations	tolg (fir)	a sofa

Dinnéar na Nollag (lch 115)

bachlóga (iol) Bruiséile	Brussels sprouts	meacain (iol) dhearga	carrots
búiste (fir)	stuffing	prátaí (iol) rósta	roast potatoes
liamhás (fir)	ham	súlach (fir)	gravy
maróg (bain) Nollag	a Christmas pudding	turcaí (fir) rósta	roast turkey

Ag glanadh suas (lch 117)

babhla (fir)	a bowl	piobar (fir)	pepper
crúiscín (fir) bainne	a milk jug	pláta (fir)	a plate
cupán (fir)	a cup	salann (fir)	salt
eascra (fir) anlainn	a sauce boat	scian (bain)	a knife
fochupán (fir)	a saucer	siúcra (fir)	sugar
forc (fir)	a fork	spúnóg (bain) adhmaid	a wooden spoon
gloine (bain)	a glass	spúnóg	a spoon
greadtóir (fir)	a whisk	tuáille (fir) gréithe	a dish cloth/tea towel

Aonad 5: Mo cheantar

An teach béal dorais (lch 124)

aer (fir) úr	fresh air	cuirtín (fir)	a curtain
ag feadaíl	whistling	féar (fir)	grass
beagán (fir) airgid	a little money	mála (fir) sceallóg	a bag of chips
béal dorais	next door	pingin (bain) shona	a lucky penny
briosca (fir)	a biscuit	scríobchártaí (iol)	scratchcards
comharsana (iol)	neighbours	sin an méid	that's all

caife (lch 126)

bainín (fir)	a flat white	caife latte	a latte
bainne (fir) almóinne	almond milk	caife oighrithe	an iced coffee
bainne cnó cócó	coconut milk	ceapaire (fir) tóstáilte	a toasted sandwich
bainne soighe	soya milk	donnóg (bain) seacláide	a chocolate brownie
briosca (fir) sceallaí seacláide	a chocolate chip cookie	seacláid (bain) the síoróip (bain)	a hot chocolate syrup
caife (fir)	a coffee	tae (fir)	tea

Na horduimhreacha (lch 131)

an chéad	the first	an dara	the second
an tríú	the third	an ceathrú	the fourth
an cúigiú	the fifth	an séú	the sixth
an seachtú	the seventh	an t-ochtú	the eighth
an naoú	the ninth	an deichiú	the tenth

Crosfhocal (lch 138)

Ainmhí		Fuaim		Áit chónaithe	
asal (fir)	a donkey	ag grágaíl	braying	stábla (fir)	a stable
beach (bain)	a bee	ag dornán	buzzing	coirceog (bain)	a hive
bó (bain)	a cow	ag géimneach	lowing	páirc (bain)/gort (fir)	a field
caora (bain)	a sheep	ag méileach	bleating	pionna (fir)/loca (fir)	a pen
capall (fir)	a horse	ag seitreach	neighing	stábla	a stable
coileach (fir)	a rooster	ag fógairt an lae	crowing	cúb (bain)/clós (fir)	a coop/yard
coinín (fir)	a rabbit	ag díoscán	squeaking	poll (fir) coinín/uachais (bain)	a burrow
gabhar (fir)	a goat	ag méileach	bleating	sléibhte (iol)	mountains
lacha (bain)	a duck	ag vácarnach	quacking	lochán (fir)	a pond
madra (fir)	a dog	ag tafann	barking	cró (fir) madra	a kennel
muc (bain)	a pig	ag gnúsachtach	grunting	fail (bain) muice/cró muice	a pigsty
tarbh (fir)	a bull	ag búireach	bellowing	páirc/gort	a field

Aonad 6: Caitheamh aimsire

An fón póca (lch 156)

Aimsir (bain)	Weather	Nótaí (iol)	Notes
Aipmhargadh (fir)	App Store	Nuacht (bain)	News
Baile (fir)	Home	Podchraoltaí (iol)	Podcasts
Ceamara (fir)	Camera	Ríomhphost (fir)	Mail
Ceol (fir)	Music	Sláinte (bain)	Health
Clog (fir)	Clock	Socruithe (iol)	Settings
Féilire (fir)	Calendar	Sparán (fir)	Wallet
Grianghraif (iol)	Photos	Téacsteachtaireachtaí (iol)	Text Messages
Idirlíon (fir)	Internet	Teagmhálaithe (iol)	Contacts
Leabhair (iol)	Books	Teilifís (fir)	Television
Léarscáileanna (iol)	Maps		

Teicneolaíocht (lch 162)

ceap (fir) tadhaill	a touchpad	méaróg (bain) USB	a USB key
fón (fir) cliste	a smartphone	ríomhaire (fir) glúine	a laptop
luchtaire (fir)	a charger	scáileán (fir)	a screen

Faisean paisean (lch 164)

blagálaí (fir) faisin	a fashion blogger	feisteas (fir)	an outfit
culaith (bain) fhoirmeálta	a formal suit	gearrmhuinchilleach	short sleeved
éadaí (iol) seanré	vintage clothes	gnáthéadaí (iol)	ordinary clothes
éadaí dearthóra	designer clothes	grianghraf (fir)	a photo
éadaí geala ildaite	bright, colourful clothes	margadh (fir) maith	a good deal
faisean (fir) inbhuanaithe	sustainable fashion	siopa (fir) carthanais	a charity shop
faisean eiticiúil	ethical fashion	siopaí (iol) na mórshráide	high-street shops

#Feisteasanlae (lch 165)

bairéidín (fir)	a cap	hata (fir)	a hat
bríste (fir) géine	jeans	léine (bain)	a shirt
bróga (iol) reatha	runners	mála (fir) láimhe	a handbag
buataisí (iol)	boots	stocaí (iol) glúine	knee socks
crios (fir)	a belt	T-léine (bain)	a T-shirt
gúna (fir)	a dress	uaireadóir (fir)	a watch

Cineálacha ceoil (lch 170)

ceol (fir) damhsa	dance music	popcheol (fir)	pop music
ceol clasaiceach	classical music	rac-cheol (fir)	rock music
ceol dioscó	disco music	rapcheol (fir)	rap music
ceol Gaelach	Irish music	snagcheol (fir)	jazz

An Ghaeilge ar na meáin shóisialta (lch 174)

an gréasán (fir) domhanda	the worldwide web	leantóirí (iol)	followers
ardáin (iol)	platforms	lorgán (fir)	a handle
beoshruth (fir)	live stream	maide (fir) féinín	a selfie stick
físbhlagálaí (fir)	a vlogger	mol (fir) sóisialta	a social hub
físeáin (iol)	videos	seomra (fir) comhrá	a chatroom
gearrthóga (iol)	clips	suíomh (fir) idirlín	a website
giolc (fir)	a tweet	teachtaireacht (bain)	a message
haischlib (bain)	a hashtag	tionchairí (iol)	influencers

Aonad 7: An Ghaeilge

An Ghaeilge i gCathair Bhaile Átha Cliath (lch 188)

anuas air sin	on top of that
cuir chun cinn	promote
cumann (fir)	an association
daoine (iol) fásta	adults
faoi aois	underage
na baill (iol) foirne	the team members
ócáidí (iol) sóisialta	social events
ranganna (iol) seachtainiúla	weekly classes
trí mheán	through the medium

...haeilge i gCathair Bhéal Feirste (lch 190)

...riú (fir)	renovation	iarthar	west
bliantúil	annual	imeachtaí (iol)	activities
clú (fir) agus cáil (bain)	fame	ionad (fir)	a centre
deiseanna (iol) foghlamtha Gaeilge	opportunities to learn Irish	na nóchaidí (iol)	the nineties
den chéad uair	for the first time	seisiúin (iol) cheoil	music sessions
eagraíocht (bain)	an organisation	tosaitheoirí (iol)	beginners
féile (bain)	a festival	turais (iol) éagsúla	various trips

Dán: 'Oisín i nDiaidh na Féinne' (lch 196)

ag dul in óige	getting younger	glór (fir)	a voice
ar fán	wandering/astray	i gcéin	far away
béaloideas (fir)	folklore	i ndiaidh	after
comhairle (bain)	advice	uaigh (bain)	a grave

Naomh Pádraig (lch 198)

cnoc (fir)	a hill	iománaíocht/iomáint (bain)	hurling
Domhnach (fir) na Cruaiche	Reek Sunday	mórshiúl (fir)	a parade

Féiríní Gaelacha (lch 200)

an-fhaiseanta	very trendy	geansaithe (iol)	jumpers
bailiúchán (fir)	a collection	i gceannas ar	in charge of
brí (bain)	a meaning	íomhánna (iol) digiteacha	digital images
cainteoir (fir) líofa	a native speaker	mála (fir) smididh	a make-up bag
callagrafaí (fir)	a calligrapher	nua-aimseartha	modern
ceap (fir) nótaí	a notepad	páipéarachas (fir)	stationery
comhlacht (fir) beag Éireannach	a small Irish company	pleanálaí (fir) seachtainiúil	a weekly planner
dear	design	réimse (fir) leathan de	a wide range of
ealaíontóir (fir)	an artist	suíomh (fir) gréasáin	a website
foghraíocht (bain)	pronunciation	tacaigh le	support
Gaeilgeoirí (iol) bródúla	proud Irish-speakers	táirgí (iol)	products

Molscéal (lch 201)

ardán (fir)	a platform	léargas (fir)	an insight
dírigh ar	focus on	lucht (fir) féachana óg	a young audience
gearrthóga (iol)	clips	teanga (bain) dhúchais	a native language

Aonad 8: Spórt agus sláinte

Rang corpoideachais (lch 210)

aip (bain) aclaíochta	a fitness app
cluiche (fir) cispheile	a basketball game
dúshláin (iol)	challenges
éacht (fir)	an achievement
eachtraíocht (bain) faoin spéir	outdoor adventure
feadóg (bain)	a whistle
na meáin (iol) dhigiteacha	digital media
scileanna (iol)	skills
treodóireacht (bain)	orienteering
uaireadóir (fir) aclaíochta	a fitness watch

An cluiche ceannais (lch 212)

aclaí	fit	lucht (fir) leanúna	fans/followers
captaen (fir) na foirne	a team captain	meas (fir)	respect
cluiche (fir) ceannais	a tournament final	ócáid (bain)	an occasion
comhimreoirí (iol)	fellow players	óráid (bain)	a speech
corn (fir)	a cup/trophy	sciliúil	skilful
craobh (fir)	a championship	seomra (fir) feistis	a changing room

Tráchtaireacht ar an spórt (lch 213)

cic (fir) éirice	a penalty (football)	ionsaí (fir) le luas	a swift or rushing attack
cúilíní (iol)	points	ionsaithe (iol) cliste	clever attacks
cúl (fir)	a goal	poc (fir) éirice	a penalty (hurling)
cumas (fir) scórála	ability to score	ráta (fir) oibre	work rate
gluaiseacht (bain)	movement	sárthaispeántas (fir)	a great display

Úrscéal: An bhFaca Éinne Agaibh Roy Keane? (lch 216)

ba dheacra	hardest (past)	géarghá (fir)	a major need
babhta (fir)	a round/a turn	ógfhoireann (bain)	a young team
bun (fir) na gcluas	the bottom of the ears	théadh sé	he used to go
deargaigh	blush	tit siar	fall behind
diantraenáil (bain)	intense training		

Trealamh spóirt (lch 219)

blípthástáil (bain)	a bleep test	mata (fir) gleacaíochta	a gymnastics mat
bróga (iol) reatha	runners	meáchain (iol)	weights
cón (fir)	a cone	rothaíocht (bain)	cycling
cuaille (fir)	a pole/post (of a goal)	seisiún (fir) aclaíochta	a fitness session
culaith (bain) chorpoideachais	P.E. gear	siúlóid (bain)	a walk
faoi ghlas	locked	tomhais (iol)	measurements

An tsláinte (lch 220)

arán (fir) caiscín	wholemeal bread	iasc (fir)	fish
bainne (fir)	milk	pónairí (iol)	beans
cáis (bain)	cheese	prátaí (iol)	potatoes
cnónna (iol)	nuts	rís (bain)	rice
éineoil (bain)	poultry	sailéad (fir)	salad
feoil (bain)	meat	torthaí (iol)	fruit
glasraí (iol)	vegetables	uibheacha (iol)	eggs

Eimear Considine: imreoir den chéad scoth (lch 224)

ag cleachtadh	practising
cumann (fir) lúthchleasaíochta	an athletics club
feachtas (fir)	a campaign
gnóthach	busy

Cluiche corr as Gaeilge (lch 226)

caiteoir (fir)	a pitcher	gluais go dtí	move to
cluiche (fir) corr	rounders	imreoir (fir) páirce	a field player
daoradh (fir)	a base	slacaí (fir)	a batter

Foclóir Gaeilge-Béarla

Creidiúintí

Cóipcheart
Gabhaimid buíochas leo seo a leanas a thug cead dúinn ábhar dá gcuid a úsáid sa leabhar seo: BBC, *4 O'Clock Club*; Gaelscoil Phort Láirge; Jacqueline de Brún, *Scoil an Chnoic*, An Gúm; Sean Mannion don ghrianghraf de Ógie Ó Céilleachair; Ógie Ó Céilleachair, *Cúpla*, Cló Iar-Chonnacht; Daniel O'Hara, Dough Productions, *Yu Ming is Ainm Dom*; Séamas Ó Néill, 'Subh Milis', Eoin P. O'Neill; Mícheál Ó Lionáird, Folláin Teo.; Skelligs Chocolate; Criostal na Rinne; Louis Mulcahy Pottery; Macroom Buffalo Cheese; Coláiste UISCE; Irish Fish Canners; Grianghrafadóir Avril O'Reilly, Zanzibar Films, *Clare sa Spéir*, Cló Iar-Chonnacht, beathaisnéis an scéalaí Pádraig Ó Murchú; TG4, *An t-Ádh*; TW Films, *Céad Ghrá*, faoi stiúradh Brian Deane, 2014; 'Pop Up Gaeltacht'; Fáinne Óir, Club Chonradh na Gaeilge; Na Gaeil Óga CLG; Martin Keenan, Bayview Media Ltd, Cultúrlann McAdam Ó Fiaich; Tomás F. Mac Anna, 'Oisín i nDiaidh na Féinne'; Connect the Dots Design; Gaeilgheansaí; Three Little Birds; Beanantees Team, Beanantees; TG4, Molscéal; An Clár as Gaeilge; Mícheál Ó Ruairc, *An bhFaca Éinne Agaibh Roy Keane?*; Healthy Ireland, Department of Health; SOAR; Tackle Your Feelings, tackleyourfeelings.com; Sport Endorse Limited

Íomhánna
Alamy: Jason Richardson, MediaPunch Inc., Collection Christophel, Dermot Blackburn, Catchlight Visual Services, PjrTravel, SC Photography, David Kilpatrick, jackie ellis, jackie ellis, chrisstockphotography, Dmitrii Melnikov, Anatolii Babii, Natmac Stock, Daniel Constante, Boumen Japet, Richard Wayman, Michael Cullen, Ian Dagnall, Reuters, Homer Sykes, PA Images, Image Source, Michael Grubka, Pixel-shot, ANDRYPHOT, Dorling Kindersley Ltd
Getty Images: Pool/Groep, Ray McManus, Handout
Inpho Photography: Tommy Dickson, Ryan Byrne, Laszlo Geczo, Bryan Keane, Donall Farmer
iStock by Getty Images: MSRPhoto, boygovideo, kokouu, SolStock, ababil12, franckreporter, kimberrywood, m-imagephotography, Thurtell, oleg66, Saadetalkan, Hirurg, stockfour, kali9, SeventyFour, funkypancake, kate_sept2004, MStudioImages, Niall_Majury, Courtney Hale, DGLimages, SolStock
Shutterstock: potatosapiens, Saxarinka, Monkey Business Images, valeriya kozoriz, mentatdgt, Suttipun, Pakhnyushchy, studiovin, Andrey Lobachev, Volosovich Igor, Mountain Brothers, Feng Yu, luckyraccoon, Africa Studio, Fahmidesign, Pavlov Roman, Sergey Nivens, michaeljung, BadBrother, nikiteev_konstantin, Boris Ryaposov, Marusya Chaika, Martial Red, Nsit, chrisdorney, Crazy nook, Anastasija Popova, M.KOS, Rvector, Kraphix, Just dance, Moving Moment, Africa Studio, New Africa, Vectrends, thkatefox, Inspiring, Monkey Business Images, Ollyy, Viktoriia Hnatiuk, LightField Studios, New Africa, Dragon Images, VaLiza, MPH Photos, Monkey Business Images, szefei, Ljupco Smokovski, Inspiration GP, Lincoln Beddoe, Ben Schonewille, Evgeny Karandaev, Duda Vasilii, AG-PHOTOS, Uswa KDT, cobalt88, Suradech Prapairat, Andramin, Paisit Teeraphatsakool, 4zevar, Linefab Portfolio, happymay, Arina P Habich, SpeedKingz, WDG Photo, Grishkov, Volodymyr Burdiak, Vertes Edmond Mihai, Monkey Business Images, Valua Vitaly, Monkey Business Images, krugloff, KateStone, Victor Brave, Cookie Studio, ZUMA Press, Inc., Ben Houdijk, BAKOUNINE, lev radin, Ovidiu Hrubaru, Ververidis Vasilis, Anastasiia Sorokina, Arina P Habich, Kyle Lee, SpeedKingz, Stock High angle view, fizkes, somyot pattana, Konstantin Tronin, Zurijeta, Cookie Studio, Marian Fil, LightField Studios, travelview, Africa Studio, Cultura Motion, sasha2109, Galina Kovalenko, Dfree, Twocoms, ixpert, Fabrizio Melgar, Karkas, Vitalii M, erashov, Cherdchai charasri, Evgeny Karandaev, Muenchbach, IB Photography, Richard Peterson, Andrew Mayovskyy, Vania Zhukevych, OlesyaNickolaeva, RomanJuve, pxl.store, gogoiso, JRP Studio, Samuel Borges Photography, Jambronk, Al Khadafi, Makkuro GL, Dean Drobot, Cait Eire, irishe4kaaa, Julenochek, BELINDA SULLIVAN, Rudmer Zwerver, Piotr Krzeslak, Ljupco Smokovski, WAYHOME studio, potowizard, skvalval, Veronika_Decart, Prostock-studio, rufat42, Dragon Images, antoniodiaz, Krakenimages.com, Monkey Business Images, MintImages, kostrez, ARIMAG, Svetography, Richard Griffin, Aleksandrs Samuilovs, Studio Araminta, Danny Smythe, Dragon Images, wavebreakmedia, Kzenon, Slatan, Jaromir Chalabala, Syda Productions, Just dance, Julia Zavalishina, Monkey Business Images, fizkes, oneinchpunch, ArtMari, Prostock-studio, MilaArt, Pixel Embargo, Aha-Soft, veronchick_84, NadyaEugene, fizkes, Indigo Photo Club, Gajus, Savvapanf Photo, MicroOne, lifeisinthedetails, Grand Warszawski, Atlaspix, Semmick Photo, Eoghan McNally, karamysh, M-vector, vanilasky, MaraZe, Sky Motion, Pixel-Shot, Paulo Vilela, murattellioglu, Dimo Moroz, Ewelina Wachala, Subbotina Anna, Bestseller Vector, gresei, DuxX, Africa Studio, FotoDuets, Olena Yakobchuk, Kabardins photo, Pixel-Shot, Diana Vucane, DStarky, Lim Yong Hian, Sergey Peterman, David Pereiras, Bochkarev Photography, Elena Shashkina, Tatiana Volgutova, Marian Weyo, studio presence, Brent Hofacker, Shebeko, Brent Hofacker, Monkey Business Images, notbad, Canon Boy, Ann Kosolapova, Drazen Zigic, popout, Juice Flair, Javani LLC, Photographee.eu, Photographee.eu, Photographee.eu, zhu difeng, Paul Maguire, tutti-frutti, anyaivanova, Rawpixel.com, amenic181, Drozhzhina Elena, MisterStock, Tyler Olson, Dragana Gordic, bodnar.photo, Makistock, THINK A, Undrey, John Williams RUS, Stock-Studio, Daniel M Ernst, Monkey Business Images, Vimagem, Mr.Creative, HuHu, kapona, SannePhoto, Cherries, PalSand, Dirk Ercken, goodluz, VanderWolf Images, photomaster, New Africa, Arlee.P, Cheewin Blue, Eric Isselee, Sunet Suesakunkhrit, Eric Isselee, Eric Isselee, Svietlieisha Olena, Oleksandr Lytvynenko, UbjsP, JBOY, Juliya Shangarey, Andy-pix, Steve Bramall, Bill45, Monkey Business Images, Madrugada Verde, Anatoliy Cherkas, Asier Romero, Iakov Filimonov, Flamingo Images, stas11, Pixel-Shot, studiovin, Alexander Raths, Martial Red, Prostock-studio, Kristina Ismulyani, karnoff, Leremy, Leremy, Leremy, Max Topchii, Motortion Films, Antonio Guillem, Mix and Match Studio, fizkes, Pavel Shlykov, Peter Horrox, Rohappy, Cookie Studio, Svitlana Sokolova, Prostock-studio, PowerART, Giamportone, Svitlana Holovei, Tina Nizova, Dean Drobot, Olga Selyutina, DenisProduction.com, Losev Artyom, Dmitry Lobanov, Stokkete, fred goldstein, bbernard, Rohappy, Speedkingz, carballo, powerhak, Volodymyr Krasyuk, Evikka, Tarzhanova, Michael Thaler, antoniodiaz, silverkblackstock, Marian Fil, paulaphoto, Dobo Kristian, Oleg Kozlov, WAYHOME studio, Mega Pixel, Lukassek, Monkey Business Images, Bhaven Jani, rui vale sousa, jjmtphotography, Inspiration GP, graphic-line, pikselstock, ESB Professional, Keith Ryall, Alessandro Tumminello, Rocksweeper, Monkey Business Images, YesPhotographers, Antonio Guillem, Color Symphony, Ross Mahon, seancooneyfoto, Lorelyn Medina, Ballygally View Images, Sanit Fuangnakhon, Ben Schonewille, Jose Luis Carrascosa, jessicahyde, AmaPhoto, Monkey Business Images, matimix, andRiU92, erashov, wavebreakmedia, 3D Vector, Oppdowngalon, Lorelyn Medina, Mega Pixel, Monkey Business Images, Andrii Arkhipov, Michael Dechev, Alexander Mak, insta_photos, ESB Professional, Derick Hudson, Jojoo64, Lorelyn Medina, Pressmaster, Nook Thitipat, sergey Ryzhov, wavebreakmedia, rawf8, VH-studio, Tharnapoom Voranavin, gresei, Aleksey Mnogosmyslov, Roman Samokhin, GO DESIGN, Jacek Chabraszewski, Exclusively, MyImages – Micha, Dmitriy Prayzel, kKa4an, Scarc, New Africa, gresei, AN NGUYEN, Nataly Studio, TrotzOlga, Africa Studio, Phongphan, mahirart, Mega Pixel, Opas Chotiphantawanon, Tatik22, Elena Zajchikova, Rasulov, Dani Vincek, fizkes, Aleksey Mnogosmyslov, Monkey Business Images, Rawpixel.com, D. Ribeiro, Africa Studio, stockcreations, Lynn Wood Pics, D. Ribeiro, straga, Motortion Films, VanderWolf Images, Lelusy, alvindom, Galina Rokitska, Elnur, goodluz, Krakenimages.com, Jiang Hongyan, Peerasak sapworasakun, clarst5, Nitr, Viktor Osipenko, MO_SES Premium, Pixel-Shot, Paisit Teeraphatsakool, ESB Professional, Romariolen, Speedkingz, OH studio image gallery, Stokkete, Dux Croatorum, LStockStudio, Look Studio, Soloviova Liudmyla, sashafolly, VH-studio, Jane Kelly, Pressmaster, Viacheslav Nikolaenko, Ollyy, Vietnam Stock Images, Monkey Business Images, Stanislav Mikulski, LightField Studios, Vladimir Kramin, Petr Student, Whitevector, BrunoWeltmann, anthonycz, Kzenon, FrameStockFootages, Razym, Africa Studio, jakkapan, DenisNata, Monkey Business Images, PV Productions, kryzhov, Ezzolo, slava296, insta_photos, GaudiLab, oneinchpunch, Studio777, jakkaje879, Gcapture, tatevrika, Chris Bourloton, SnowWhiteimages, elenabsl, Inspiring, Mintybear, Kadagan, Stefano_Valeri, Africa Studio, Estrada Anton, Ljupco Smokovski, DGLimages, Sudowoodo, OLga Shishova, Lila5, likemuzzy, Fourleaflover, Dima Polies, Kilroy79, VasilkovS, Aksenova Nadezhda, Polina Tomtosova, Aksenova Nadezhda, solmariart, Bannafarsai_Stock
Sportsfile: Ray McManus, Piaras Ó Mídheach, Brian Lawless

Rinne na foilsitheoirí a ndícheall teacht ar úinéirí cóipchirt; beidh siad sásta na gnáthshocruithe a dhéanamh le haon duine eile a dhéanann teagmháil leo.